CONFISSÕES

Dados Internacionais de Catalogação na Publicação (CIP)
(Câmara Brasileira do Livro, SP, Brasil)

Agostinho, Santo, Bispo de Hipona, 354-430.
Confissões / Santo Agostinho ; tradução de J. Oliveira e A. Ambrósio de Pina. 28. ed. Petrópolis, RJ : Vozes, 2015 – (Coleção Pensamento Humano).

Título original: Confessiones.

8ª reimpressão, 2024.

ISBN 978-85-326-0060-8

1. Agostinho, Santo, Bispo de Hipona, 354-430 2. Santos cristãos – Biografia 3. Teologia – História – Igreja primitiva, ca. 30-600 I. Título.

09-02615 CDD-922.22

Índices para catálogo sistemático:

1. Santos : Igreja Católica : Autobiografia 922.22

Santo Agostinho

CONFISSÕES

Tradução de

J. Oliveira Santos e A. Ambrósio de Pina

EDITORA
VOZES

Petrópolis

Tradução do original em latim intitulado *Confessiones*

Rua Frei Luís, 100
25689-900 Petrópolis, RJ
www.vozes.com.br
Brasil

Editoração: Dora Beatriz V. Noronha
Diagramação: AG.SR Desenv. Gráfico
Capa: WM design
Adaptação: Orlando dos Reis

ISBN 978-85-326-0060-8

Este livro foi composto e impresso pela Editora Vozes Ltda.

SUMÁRIO

LIVRO XII - *A CRIAÇÃO*, 315

INTRODUÇÃO

As confissões: Uma caminhada da libertação

Santo Agostinho compôs os 13 livros das *Confissões* ao final de quatro séculos de crescimento da Cristandade na expansão do cristianismo. Cristandade não se confunde com cristianismo. A Cristandade é a graça da libertação no advento da "liberdade dos filhos de Deus" (Rm 8,21). O cristianismo vive da Cristandade para organizar e impor padrões fixos de comportamento nas ordens, nos rituais, nas respostas. Embora sempre convivam no empenho de um mesmo envio histórico, Cristandade e cristianismo não se integram nem se abraçam para sempre em todos os planos e em todas as épocas. Mas, em qualquer tempo e lugar, a cristandade é e tem sido a caminhada da "libertação da verdade" de Deus nas chegadas históricas. Apesar de seguir a Cristandade, nem sempre o cristianismo lhe tem acompanhado a libertação. Muitas vezes mesmo, tenta substituí-la por uma liberdade sem verdade. E então o desamparo toma conta e se torna um destino mundial. O niilismo, a morte de Deus e do homem, a pretensão de produzir tudo enchem de decadência os palcos da história. A Cristandade parece sucumbir de todo no cristianismo, a liberdade parece sufocar a verdade, a instituição parece garrotear a vida e a letra parece matar o espírito.

Do cristianismo Santo Agostinho se ocupou na *Cidade de Deus* e da Cristandade tratou nas *Confissões*. Em ambas nos faz experimentar os caminhos da libertação na história da verdade. Os fatos e feitos dos homens se libertam da fatalidade ou indiferença de simples ocorrências neutras e casuais. Nada acontece apenas por acaso nem como exemplo de uma regra ou fase de um processo. Os caminhos valem por si mesmos. Têm sentido e não apenas meta. Na caminhada pelos caminhos da libertação não há tempo perdido nem esforço inútil. Pois nada ocorre apenas com vistas ou por causa de um resultado. Tudo está pela e para a "verdade que liberta". Nenhum dia se dá apenas pelo dia seguinte, nenhuma busca se empenha somente por um lucro. Ao contrário. Todo momento é "o tempo da libertação", todo dia é "o dia da salvação", pois em cada busca de um vive a Cristandade de todos. Esta libertação faz explodir o grito da jovialidade que a liturgia canta em todo aleluia: "culpa venturosa, que mereceu um tal e tão grande Redentor"! A felicidade de toda culpa é que sempre merece a libertação da verdade!

Santo Agostinho chamou de *Confissões* esta libertação da verdade. *Confiteri,* confessar, não tem aqui o sentido negativo de reconhecer faltas e deficiências ou de admitir crimes e pecados: réu confesso! Confessar tem nas *Confissões* o sentido positivo do evento pascal, de proclamar a grandeza, de engrandecer a libertação dos homens pela verdade de Deus. É o que nos recorda o início do Livro V com as palavras: "Recebei o sacrifício das Confissões pelo ministério da minha língua por Vós formada e que impelistes a confessar vosso nome... Que minha alma vos louve para que vos ame; que confesse as vossas misericórdias para que vos louve. Toda a criação entoa continuamente as vossas glórias" (V, 1). As *Confissões* não proclamam a libertação de um homem nem de alguns ou de muitos homens. As *Confissões* proclamam a libertação de todos os homens e assim anunciam para todo o mundo a verdade libertadora de Deus.

O Livro X apresenta desde o início o desafio desta universalidade. A liberdade não é meramente outorgada, mas conquistada por um esforço não negativo de libertar-se: "Mas Vós amais a verdade e por isso quem a pratica alcança a luz. Quero também praticá-la, confessando-vos a Vós no meu coração e a um grande número de testemunhas nos meus escritos" (X, 1). Em que consiste um esforço não negativo de libertar-se? É o esforço da libertação da verdade que não é nem apenas negativo, liberdade de, independência, nem somente positivo, negação da negação, liberdade para, competência. O esforço não negativo de libertar-se transcende a ambos na medida em que os integra num mesmo movimento de libertação. A Confissão não é uma exigência da verdade. A verdade proclama sua grandeza na própria libertação.

A confissão é uma necessidade da libertação do homem. Pois confessar inclui praticar a verdade nas realizações da vida. Esta realização libertadora da verdade Santo Agostinho chama de vida do espírito. É que o movimento das realizações se hierarquiza pelas potências de ser e ter. Deus tem tudo o que é e é tudo que tem. O homem não, nem tudo que é ele consegue ter, nem tudo que tem consegue ser. Possibilidades inferiores de ter só se realizam assumidas em potências superiores de ser. Um corpo só se torna humano quando e na medida em que se integra na realização e pela realização do espírito. E, por sua vez, o espírito, para realizar-se como espírito, não se basta a si mesmo. Necessita do Bem e da Verdade. Por isso é que para Santo Agostinho materialismo não é reduzir tudo simplesmente à matéria. O materialismo é uma realização do espírito que pretende produzir tudo sem necessitar de nada para realizar-se. Esta atitude materialista pode-se encontrar tanto em quem acredita na existência e no valor do espírito como em quem faz da matéria o absoluto. Hierarquizando as realizações Santo Agostinho procura desvencilhar-se da alternativa de matéria e espírito. Pois coloca na própria dinâmica de realização de todo real a presença e a ausência provocante da verdade e do bem. O homem atinge a realização de sua verdade e alcança a plenitude de sua bondade, desprendendo-se das dependências de um ter sem nenhum ser para recomendar-se à integração de ter e ser na realidade de Deus. A caminhada deste itinerário do homem até Deus libera as realizações das *Confissões*.

Trata-se de uma caminhada que não acontece somente dentro do homem, mas também diante dos homens. A abertura para Deus nas realizações é pública por comprometer e mobilizar todos os homens. Qualquer conquista de um homem se edifica numa comunhão de ser e ter, embora seja sempre uma comunhão fraturada e por isso mesmo exposta continuamente aos avanços do ter sobre as fissuras do ser. É a experiência que Santo Agostinho nos traz nas advertências contra a curiosidade e o sensacionalismo: "Que tenho eu a ver com os homens, para que me ouçam as confissões, como se houvessem de me curar das minhas enfermidades? Que gente curiosa para conhecer a vida alheia e indolente para corrigir a própria! Por que pretendem que lhes declare quem sou, se não desejam também ouvir de Vós quem eles são? Ouvindo-me falar de mim, como hão de saber que lhes declaro a verdade, se ninguém sabe o que se passa num homem a não ser o espírito que nele habita?" (X, 3).

Ouvir ainda não é escutar. Para escutar é necessário encontrar-se na realização da verdade libertadora de Deus. Só assim as *Confissões* poderão dispor de acolhimento no próprio seio das diferenças. A superação da dúvida brota da comunhão numa mesma proveniência. A verdade se torna a causa de todos porque a libertação é um destino comum. Daí acrescentar Santo Agostinho: "Se, porém, vos ouvem falar a seu respeito, não poderão dizer: o Senhor mente. Pois o ouvirem-Vos falar a seu respeito equivale a conhecerem-se a si mesmos! E quem há que, conhecendo-se, diga sem mentir: 'é falso'?" (X, 3).

Compreender um homem e a palavra de sua realização só consegue quem o ama a ponto de sustentar-lhe o empenho pela libertação da verdade: "A caridade tudo crê, sobretudo entre os que ela unifica, ligando-os entre si. Por isso também eu, Senhor, me confesso a Vós, para que os homens, a quem não posso provar que falo a verdade, me ouçam. E aqueles a quem a caridade abre em meu proveito os ouvidos acreditam em mim" (X, 3).

Neste sentido de socialidade e fraternidade, confessar aos homens a libertação do homem em si mesmo é praticar obra de caridade, pois colabora na libertação deles, e os anima a realizar sua verdade em Deus. É uma das lições que nos deu a Encarnação: o homem é para o próprio homem o único caminho de realização em Deus: "Na verdade, as confissões de meus males passados – que perdoastes e esquecestes para me tornardes feliz em Vós, transformando-me a alma com a fé e com o Vosso sacramento – quando se leem ou ouvem, despertam o coração para que não durma no desespero nem diga: 'não posso'" (X, 3).

Santo Agostinho é pensador. E é como pensador que, desde sempre, está conosco. Cada ato ou atitude de todos nós luta e se empenha por uma única realização: a saber, no desprendimento, o homem tem de conquistar as virtualidades de sua própria humanidade. Por isso sempre de novo tem de abandonar tudo e ser abandonado por tudo a fim de se recuperar e se recolocar de uma maneira cada vez mais livre. Deve deixar, pois, toda ideologia quem quiser colocar-se no ponto de origem de uma verdade realmente libertadora. Também aqui valem as palavras: quem quiser salvar sua vida, perdê-la-á, mas, quem a perder continuamente, encontrará a liberdade. Só alcança o fundo de si mesmo, só conhece as profundezas da existência quem deixa tudo, aquele para quem tudo desapareceu e se viu a sós com a verdade.

O cristão é convocado para dar este passo durante toda a vida. É neste sentido que Santo Agostinho cumpre nas *Confissões* uma caminhada de libertação. Nas peripécias de sua vida não luta para chegar a si mesmo apenas a sorte individual de um homem extraordinário do final do século IV e início do século V mas o destino histórico do homem de sempre. Pois o modo como se dá a libertação da verdade é radicalmente simples. Tão simples que cansa e exaure todas as pretensões. Libertar-se será, então, investigar a verdade, viajando por dentro de seus vestígios nas vicissitudes das realizações do real. Adquirindo nesta viagem uma visão do invisível, descobrimos aos poucos o quanto estamos imersos no movimento e mergulhados no processo de nossa libertação. Aquela imersão e este mergulho constituem o desafio histórico do homem de amanhã empenhado com os recursos de ontem em novas tentativas de realizar o hoje. Pois o desafio de uma história nunca se descarta virando-se as costas e refugiando-se na ideologia.

Por seu lado, o desafio histórico da libertação nunca se exaure e por isso retorna sempre de novo. A questão decisiva é se estamos ou não indispostos o suficiente, se somos ou não desprendidos o bastante para assumi-lo e praticá-lo em atitudes e atos. Honrar, portanto, o pensamento das *Confissões*, isto é, do pensador, Agostinho, que todos nós de alguma maneira não somos, é pensar o que não somos nem temos a partir de seu pensamento fundamental.

E qual será o pensamento fundamental das *Confissões?*

Naturalmente é aquele que Santo Agostinho não nos diz nem pensa, mas de que ele sempre parte em tudo que diz e por isso mesmo nos faz pensar e pelo qual nos leva a empenhar-nos. Talvez a indicação de que as *Confissões* são uma caminhada de libertação nos sirva de escafandro para não cairmos na tentação de pretender esgotar ou mesmo chegar à profundidade de seu pensamento fundamental.

E qual o caminho que nos remete a esta caminhada e nos põe a caminhar pela liberdade?

Não há caminho já dado e pronto. É caminhando que se constroem os caminhos para as caminhadas da libertação. É que, para caminhar, torna-se indispensável o desprendimento, pois "inquieto está o coração do homem em tudo que tem e é, até chegar a repousar na verdade de Deus". O homem livre não é a soma de tudo que tem, mas a totalidade do nada de si próprio, a totalidade do que ele mesmo não tem nem é.

O movimento das *Confissões* nos joga, portanto, dentro da libertação e exige de nós que conquistemos e realizemos a liberdade. Geralmente conhecemos a liberdade como um problema, o problema do livre-arbítrio. Neste problema se discute se a vontade do homem é ou não é livre e como se poderá mostrar de maneira convincente essa propriedade da vontade. Assim colocada, a libertação não é uma questão do pensamento, é uma abstração do conhecimento. Pois não se investiga o que há de mais concreto na questão da liberdade: o que é libertação, o que é propriedade, o que é o homem e sua vontade, o que é arbítrio e verdade. Tudo isto não se investiga porque se pretende já saber. O que não se pretende saber e se investiga é apenas se a vontade dos homens dispõe ou não da propriedade de ser livre. Pois bem. Com este problema do livre-arbítrio nada têm a ver as *Confissões* enquanto caminhada da libertação. A liberdade não é para Santo Agostinho uma propriedade do homem, assim como uma caminhada não é um dado ou o fato do caminho. Muito pelo contrário. O homem é que chega a realizar-se como homem, enquanto e na medida em que é apropriado pela liberdade. A liberdade é uma dinâmica abrangente e conquistada na verdade de Deus. em cuja vigência o homem se liberta, fazendo-se homem e vice-versa. A hominização do homem se funda e se exerce na significação da liberdade pela verdade. Ademais a liberdade não é uma coisa nem uma qualidade nem uma propriedade que o homem possa ter ou deixar de ter. Liberdade não é nariz, muito embora, e precisamente por isso, no perfume da libertação o homem sinta a liberdade da verdade. A liberdade só se dá como conquista, a liberdade só existe como empenho de libertação, a liberdade só se presenteia no e como desprendimento da verdade. Somente na medida em que nos lançarmos neste pulo, no pulo do desprendimento, é que existimos como filhos da verdade. O pensamento fundamental de que parte Santo Agostinho e que as *Confissões* nos convidam a pensar pode ser caracterizado como a caminhada da libertação e assumido numa inversão radical do problema do livre-arbítrio na questão da libertação: a liberdade nunca é uma propriedade do homem. O homem é que sempre se realiza numa apropriação da liberdade no sentido de só poder existir enquanto apropriado pelo processo escatológico da verdade de Deus.

Todas as vezes que se investiga o homem, transcende-se o próprio homem e se atinge o que é mais poderoso e vital do que ele mesmo, a saber, o processo de sua libertação na verdade. As investigações do pensamento, as peripécias da história, os percalços da existência, desde seu ponto de partida e de acordo com seu vigor, já se acham além do homem, já se lançaram aquém da vontade e seu livre-arbítrio, já ultrapassaram todo o querer dos indivíduos e se jogaram no movimento de libertação da verdade de Deus. É este o sentido que Santo Agostinho desenvolve ao longo das *Confissões*.

Encaminhando-nos na caminhada da libertação, as *Confissões* nos preparam para um relacionamento livre com as realizações que somos e não temos, como também com as realizações que temos e não somos. Ora, livre é o relacionamento que abre nosso modo de ser para a vigência e expõe nossa existência ao vigor da verdade. É na correspondência a esta abertura, é dispondo-nos a esta exposição que haveremos de experimentar os limites em que se dá e viceja a essência da liberdade na história de nossas libertações.

Emmanuel Carneiro Leão

Rio de Janeiro, 14 de outubro de 1987

PARTE I

LIVRO I

A infância

1. Invocação ou louvor?

"Sois grande, Senhor, e infinitamente digno de ser louvado"[1]. "É grande o vosso poder e incomensurável a vossa sabedoria"[2]. O homem, fragmentozinho da criação, quer louvar-vos; o homem que publica a sua mortalidade, arrastando o testemunho do seu pecado e a prova de que Vós resistis aos soberbos. Todavia, esse homem, particulazinha da criação, deseja louvar-vos. Vós o incitais a que se deleite nos vossos louvores, porque nos criastes para Vós e o nosso coração vive inquieto, enquanto não repousar em Vós.

Concedei, Senhor, que eu perfeitamente saiba se primeiro Vos deva invocar ou louvar, se, primeiro, vos deva conhecer ou invocar.

Mas quem é que vos invoca se antes não vos conhece? Esse, na sua ignorância, corre perigo de invocar a outrem. - Ou, porventura não sois antes invocado para depois serdes conhecido? "Mas como invocarão Aquele em quem não acreditaram? Ou como hão de acreditar, sem que alguém lhes pregue?"[3] "Louvarão ao Senhor, aqueles que o buscarem"[4]. Na verdade os que o buscam, encontrá-lo-ão e aqueles que O encontram, hão de louvá-lo.

---

1. Sl 95,4.

2. Sl 146,5.

3. Rm 10,14.

4. Sl 21,27.

Que eu vos procure, Senhor, invocando-vos; e que vos invoque, crendo em Vós, pois nos fostes pregado. Senhor, invoca-vos a fé que me destes, a fé que me inspirastes por intermédio da humanidade de vosso Filho e pelo ministério do vosso pregador[5].

2. Deus está no homem; o homem em Deus

E como invocarei o meu Deus – meu Deus e meu Senhor –, se ao invocá-lo, o invoco sem dúvida dentro de mim? E que lugar há em mim, para onde venha o meu Deus, para onde possa descer o Deus que fez o céu e a terra? Pois será possível – Senhor meu Deus – que se oculte em mim alguma coisa que vos possa conter? É verdade que o céu e a terra que criastes e no meio dos quais me criastes vos encerram?

Será, talvez, pelo fato de nada do que existe poder existir sem Vós, que todas as coisas vos contêm? E assim, se existo, que motivo pode haver para vos pedir que venhais a mim, já que não existiria se em mim não habitásseis? Não estou no inferno e, contudo, também Vós lá estais, pois "se descer ao inferno, aí estais presente"[6].

Por conseguinte, não existiria, meu Deus, de modo nenhum existiria, se não estivésseis em mim. Ou antes, existiria eu se não estivesse em Vós "de quem, por quem e em quem todas as coisas subsistem"? Assim é, Senhor, assim é. Para onde vos hei de chamar, se existo em Vós? Ou donde podereis vir até mim? Para que lugar, fora do céu e da terra, me retirarei a fim de que venha depois a mim o meu Deus que disse: "Encho o céu e a terra"?

3. Deus está todo em toda a parte

Encerram-vos, portanto, o céu e a terra, porque os encheis? Ou enchendo-os, resta ainda alguma parte de Vós, já que eles

5. Referência a Santo Ambrósio que contribuiu para a conversão de Agostinho.

6. Sl 138,8.

não Vos contêm? E, ocupados o céu e a terra, para onde estendereis o que resta de Vós? Ou não tendes necessidade de ser contido em alguma coisa, Vós que abrangeis tudo, visto que as coisas que encheis, as ocupais, contendo-as? Não são, pois, os vasos[7] cheios de Vós que vos tornam estável, porque, ainda que se quebrem, não Vos derramais. E quando vos derramais sobre nós, não jazeis por terra, mas nos levantais, nem vos dispersais, mas nos recolheis.

Vós, porém, que tudo encheis, não ocupais todas as coisas com toda a vossa grandeza? E já que não podem conter-vos todas as criaturas, encerram elas parte de Vós e contêm simultaneamente a mesma parte? Ou cada parte contém a sua, as maiores, as partes maiores, as menores, as partes menores? Há então uma parte maior e outra menor de Vós - ou estais inteiro em toda parte e nenhuma coisa vos contém totalmente?

4. Cantando as perfeições de Deus[8]

Que sois, portanto, meu Deus? Que sois Vós, pergunto, senão o Senhor Deus? "E que outro Senhor há além do Senhor, ou que outro Deus além do nosso Deus?"[9] Ó Deus tão alto, tão excelente, tão poderoso, tão onipotente, tão misericordioso e tão justo, tão oculto e tão presente, tão formoso e tão forte, estável e incompreensível, imutável e tudo mudando, nunca novo e nunca antigo, inovando tudo e cavando a ruína dos soberbos, sem que eles o advirtam; sempre em ação e sempre em repouso; granjeando sem precisão, conduzindo, enchendo e protegendo, criando, nutrindo e aperfeiçoando, buscando, ainda que nada vos falte.

7. Santo Agostinho nesta passagem compara os seres a vasos que a presença de Deus enche até transbordarem.

8. Este capítulo é uma síntese perfeita da teodiceia agostiniana. Repare-se no jogo de antíteses e de paradoxos: "tão oculto e tão presente" etc. Agostinho não pretende dar-nos a definição de Deus.

9. Sl 17,32.

Amais sem paixão; ardeis em zelos sem desassossego; vos arrependeis sem ato doloroso; vos irais e estais calmo; mudais as obras, mas não mudais de resolução; recebeis o que encontrais, sem nunca o ter perdido.

Nunca estais pobre e vos alegrais com os lucros; jamais avaro e exigis com usura. Damo-vos mais do que pedis, para que sejais nosso devedor; mas quem é que possui coisa alguma que não seja vossa? Pagais as dívidas, a ninguém devendo, e perdoais as dívidas, sem nada perder. Que dizemos nós, meu Deus, minha vida, minha santa delícia, ou que diz alguém quando fala de Vós?... Mas ai dos que se calam acerca de Vós, porque, embora falem muito, serão mudos!

5. Lágrimas do pródigo

Quem me dera repousar em Vós! Quem me dera que viésseis ao meu coração e o inebriásseis com a vossa presença, para me esquecer de meus males e me abraçar convosco, meu único bem!

Que sois para mim? Compadecei-vos, para que possa falar! Que sou eu aos Vossos olhos para que me ordeneis que vos ame, irando-vos comigo e ameaçando-me com tremendos castigos, se o não fizer? É acaso pequeno castigo não vos amar? Ai de mim! Pelas vossas misericórdias, dizei, Senhor meu, o que sois para comigo? Dizei à minha alma: "Sou a tua salvação"[10]. Falai assim para que eu ouça. Estão atentos, Senhor, os ouvidos do meu coração. Abri-os e dizei à minha alma: "Sou a tua salvação". Correrei após esta palavra e alcançar-vos-ei. Não me escondais o rosto. Que eu morra para o contemplar, a fim de não morrer eternamente!

A minha alma é estreita habitação para vos receber; dilatai-a, Senhor. Ameaça ruína, restaurai-a. Tem manchas que ferem o vosso olhar. Eu o reconheço e o confesso. Quem há de purificá-la? A quem hei de clamar, senão a vós! "Purificai-me, Se-

10. Sl 24,3.

nhor, dos pecados ocultos e perdoai ao vosso servo os alheios"![11] Creio, e por isso falo. Vós o sabeis, Senhor. Não confessei contra mim os meus crimes e não "me perdoastes, meu Deus, a impiedade do meu coração"?[12] "Não entro em razões convosco", que sois a própria Verdade. Não me quero iludir "para que a minha iniquidade não se minta a si mesma"[13]. Não quero entrar em razões convosco, porque "se atendeis à iniquidade, Senhor, Senhor, quem permanecerá?[14]"

6. No alvorecer da vida

Permiti, porém, que "eu, pó e cinza"[15], fale à vossa misericórdia. Sim, deixai-me falar, já que à vossa misericórdia me dirijo e não ao homem que de mim pode escarnecer. Talvez vos riais de mim, mas, aplacado, vos compadecereis.

Que pretendo dizer, Senhor meu Deus, senão que ignoro donde parti para aqui, para esta que não sei como chamar, se vida mortal ou morte vital. Receberam-me na vida as consolações da vossa misericórdia, como ouvi contar aos pais da minha carne, de quem e em quem me formastes no tempo, que eu de nada disto me lembro[16].

Saboreei também as doçuras do leite humano. Não era minha mãe nem as minhas amas que se enchiam a si mesmas os peitos, de leite. Éreis Vós, Senhor, que por elas me dáveis o alimento da infância, segundo os vossos desígnios e segundo as riquezas que depositastes até no mais íntimo das coisas.

---

11. Sl 18,13.14.

12. Sl 31,5.

13. Sl 26,12.

14. Sl 129,3.

15. Gn 18,27.

16. Agostinho nasceu a 13 de novembro de 354, em Tagaste, hoje chamada Souk-Ahrás, na atual Argélia, África do Norte. Era filho de Patrício, africano romanizado, proprietário de 12 hectares de terras, e de Mônica, que teria, na altura em que Agostinho nasceu, uns 22 anos. Patrício e Mônica foram também os pais de Navígio e duma menina cujo nome se ignora, anos mais tarde freira e superiora de um convento.

Também fazíeis com que eu não desejasse mais além do que me dáveis; permitíeis às amas que me quisessem dar o que lhes concedíeis: movidas por afeição ordenada, desejavam dar-me aquilo em que graças a Vós abundavam. O meu bem recebido delas constituía para elas igualmente um bem, não que delas proviesse porque eram apenas o instrumento e não a origem: de Vós, Senhor, me acorrem todos os bens e toda a salvação.

Isto conheci, algum tempo mais tarde, falando-me Vós por meio destes mesmos dons que interior e exteriormente concedeis. Então, nada mais fazia senão sugar os peitos, saborear o prazer e chorar as dores da minha carne. Em seguida comecei também a rir, primeiro, enquanto dormia, depois, acordado. Destas minhas ações me informaram e acreditei, porque assim o vemos fazer às outras crianças, pois nada me lembra do meu passado decorrido nesse tempo.

A pouco e pouco, ia reconhecendo onde me encontrava. Queria exprimir os meus desejos às pessoas que os deviam satisfazer e não podia, porque os desejos estavam dentro e elas fora, sem poderem penetrar-me na alma com nenhum dos sentidos. Estendia os braços, soltava vagidos, fazia sinais semelhantes aos meus desejos, os poucos que me era possível esboçar e que eu exprimia como podia. Mas eram inexpressivos. Como ninguém me obedecia ou porque não entendiam ou porque receavam fazer-me mal, indignava-me com essas pessoas grandes e insubmissas, que, sendo livres, recusavam servir-me. Vingava-me delas, chorando. Reconheci que assim eram as crianças, como depois pude observar. Elas me informaram melhor inconscientemente daquilo que eu tinha sido então do que as amas com a sua experiência.

A minha infância morreu há muito; mas eu vivo ainda. Porém, Vós, Senhor, que viveis sempre e em quem nada falece – porque sois anterior à manhã dos séculos e a tudo que se possa dizer anterior –, sois Deus e Senhor de tudo quanto criastes. Em Vós estão as causas de todas as coisas instáveis, permanecem as origens imutáveis de todas as coisas mutáveis e vivem as razões eternas das coisas transitórias[17]. Dizei-me, eu vo-lo suplico, ó Deus, misericordioso para comigo que sou miserável, dizei se a minha infância sucedeu a outra idade já morta ou se tal idade foi a que levei no seio da minha mãe? Pois alguma coisa me revelaram dessa vida e eu mesmo vi mulheres grávidas.

E antes deste tempo que era eu, minha doçura, meu Deus? Existi, porventura, em qualquer parte, ou era acaso alguém?[18]

Não tenho quem me responda, nem meu pai nem minha mãe, nem a experiência dos outros, nem a minha memória. Sorris, talvez, de que tais perguntas vos faça, a Vós que me ordenais que vos louve e confesse, naquilo que me é conhecido.

Confessar-vos-ei, Senhor do céu e da terra, louvando-vos pelos alvores da vida e pela infância de que não me lembro. Concedestes ao homem a graça de conjeturar de si pelo que vê nos outros, e de acreditar muitas coisas a seu respeito, confiado na autoridade de simples mulheres. Já então verdadeiramente existia e vivia. No fim da infância, já buscava sinais com que exprimir aos outros as minhas vontades.

Donde podia vir semelhante criatura, se não de Vós, Senhor? Alguém pode ser artífice de si mesmo? Ou pode derivar-se doutra parte algum manancial por onde corram até nós o ser e a vida, diferentes dos que nos dais, Senhor - Vós em quem o ser e a vida se equivalem, porque sois o Ser supremo e a suprema Vida?

Sois o mais excelso e não mudais. O dia presente não passa por Vós, e contudo em Vós se realiza, porque todas estas coisas em Vós residem, nem teriam caminhos para passarem se com o vosso poder não as contivésseis. "Porque os vossos anos não morrem"[19], são um eterno dia sempre presente. Quantos dias não passaram já para nós e para nossos antepassados pelo dia eterno

---

17. Alusão ao exemplarismo. As ideias dos seres subsistem em Deus imutáveis, mas os seus termos ou os objetos estão sujeitos ao tempo.

18. Alusão ao problema da origem das almas: foram criadas todas ao mesmo tempo ou Deus cria cada uma isoladamente? Santo Agostinho não aderiu a esta última hipótese, a mais provável, pois hesitou sempre até ao fim da vida.

19. Sl 101,28.

de que gozais e dele receberam a existência e a duração! E hão de passar ainda outros que dele receberão igualmente o seu modo e o ser! Vós, porém, sois sempre o mesmo, e todas as coisas de amanhã e do futuro, de ontem e do passado, *hoje* as fareis, *hoje* as fizestes.

Que posso eu fazer, se alguém não compreende? Que esse exulte, dizendo: "Que maravilha é esta?"[20] Exulte muito embora, e antes vos encontre não vos compreendendo do que compreendendo não vos encontre.

7. Prognósticos de vícios

Ouvi-me, ó meu Deus! Ai dos pecados dos homens! É um homem que assim fala. Vós, Senhor, compadecei-vos dele porque sois o seu Criador e não o autor do seu pecado. Quem me poderá recordar o pecado da infância já que ninguém há que diante de Vós esteja limpo, nem mesmo o recém-nascido, cuja vida sobre a terra é apenas um dia? Quem me trará esse pecado à memória? Será porventura algum menino, ainda pequenino, onde posso ver a imagem do que fui e de que não me resta lembrança?

Em que podia pecar, neste tempo? Em desejar ardentemente, chorando, os peitos de minha mãe? Se agora suspirasse com a mesma avidez não pelos seios maternos, mas pelo alimento que é próprio da minha idade, seria escarnecido e justamente censurado.

Sem dúvida, então o meu procedimento era repreensível. Mas como não podia perceber a reprimenda, o uso e a razão não permitiam que eu fosse repreendido. Com o crescer dos anos, porém, desarraigamos e lançamos fora esta sofreguidão do apetite. Sinal evidente de que é viciosa, pois nunca vi ninguém que, para cortar o mal, rejeitasse conscientemente o bem!

Ou seria justo, mesmo para aquela idade, exigir com choros o que talvez prejudicialmente seria concedido, encolerizar-me

20. Ex 16,15: Eclo 39,17.

com violência não contra pessoas a mim sujeitas, mas contra pessoas livres e respeitáveis pela idade? Estaria bem zangar-me até contra os pais, contra muitas outras pessoas mais sensatas, só por não se curvarem a um aceno do meu capricho, batendo-lhes e esforçando-me, quanto possível, por lhes fazer mal, porque não se sujeitavam às minhas exigências, com as quais seria pernicioso condescender?

Assim, a debilidade dos membros infantis é inocente, mas não a alma das crianças[21]. Vi e observei uma, cheia de inveja, que ainda não falava e já olhava, pálida, de rosto colérico, para o irmãozinho de leite. Quem não é testemunha do que afirmo? Diz-se até que as mães e as amas procuram esconjurar este defeito, não sei com que práticas supersticiosas. Mas enfim será inocente a criança quando não tolera junto de si, na mesma fonte fecunda do leite, o companheiro destituído de auxílio e só com este alimento para sustentar a vida? Indulgentemente se permitem estas más inclinações, não porque sejam ninharias sem importância, mas porque hão de desaparecer com o andar dos anos. É este o único motivo, pois essas paixões não se podem de boa mente sofrer, quando se encontram numa pessoa mais idosa.

E Vós, Senhor e Deus meu, que destes à criança a vida e o corpo, assim como o vemos, provido dos sentidos, formado pelos membros e adornado pelos traços da sua configuração, de Vós que lhe inspirastes o instinto natural de defesa para assegurar a sua integridade e conservação, Vós me ordenais que em todas estas obras louve, confesse e exalte o vosso nome, ó Altíssimo! Sois Deus onipotente e bom, ainda que só tivésseis criado estas coisas. Nenhum outro as pode fazer senão Vós, ó Unidade, origem de toda a variedade, ó Formosura infinita que tudo formais e ordenais pela vossa lei.

Por isso, Senhor, envergonho-me de contar na minha vida terrena esta idade que não me lembro de ter vivido, somente acredito nela pelo testemunho alheio e pelas conjeturas que formei ao observar as outras crianças, conjeturas estas aliás muito fidedignas. Tudo quanto se oculta nas trevas do meu esqueci-

21. O pecado original corrompeu a natureza humana, mas não inteiramente.

mento é para mim igual ao tempo que vivi no seio materno. E se "fui concebido em iniquidade" e se "em pecado me alimentou, no ventre, minha mãe"[22], pergunto, Senhor e Deus meu, onde e quando esteve inocente este vosso servo? – Passo em silêncio esta quadra da vida. Que tenho eu que ver com ela, se nem reminiscências conservo?

8. Como aprendi a falar

Seguindo o curso da minha vida, não é verdade que da infância passei à puerícia? Ou antes, não foi esta que veio até mim e sucedeu à infância? A infância não se afastou. Para onde fugiu então? Entretanto ela já não existia, pois eu já não era um bebê que não falava, mas um menino que principiava a balbuciar algumas palavras.

Dessa época já eu me lembro, e mais tarde adverti como aprendera a falar[23]. Não eram pessoas mais velhas que me ensinavam as palavras, com método, como pouco depois o fizeram para as letras. Graças à inteligência que Vós, Senhor, me destes, eu mesmo aprendi, quando procurava exprimir os sentimentos do meu coração por gemidos, gritos e movimentos diversos dos membros, para que obedecessem à minha vontade. Não podia, porém, exteriorizar tudo o que desejava nem ser compreendido daqueles a quem me dirigia.

Retinha tudo na memória quando pronunciavam o nome de alguma coisa e quando segundo essa palavra moviam o corpo para ela. Via e notava que davam ao objeto, quando o queriam designar, um nome que eles pronunciavam. Esse querer me era revelado pelos movimentos do corpo que são como que a linguagem natural a todos os povos e consiste na expressão da fisionomia, no movimento dos olhos, nos gestos, no tom da voz que indica a afeição da alma quando pede ou possui e quando rejeita

---

22. Sl 50,7.

23. A língua corrente falada em Tagaste era o cartaginês ou púnico. Agostinho aprenderia simultaneamente as duas línguas: aquela e o latim.

ou evita. Por este processo retinha pouco a pouco as palavras convenientemente dispostas em várias frases e frequentemente ouvidas como sinais de objetos. Domando a boca segundo aqueles sinais, exprimia por eles as minhas vontades.

Assim principiei a comunicar-me com as pessoas que me rodeavam, e entrei mais profundamente na sociedade tempestuosa dos homens, sob a autoridade de meus pais e a obediência dos mais velhos.

9. Na paixão do jogo

Ó Deus, meu Deus, que misérias e enganos não experimentei, quando, simples criança, me propunham vida reta e obediência aos mestres, a fim de mais tarde brilhar no mundo e me ilustrar nas artes da língua, servil instrumento da ambição e da cobiça dos homens.

Fui mandado à escola para aprender as primeiras letras cuja utilidade eu, infeliz, ignorava. Todavia batiam-me se no estudo me deixava levar pela preguiça. As pessoas grandes louvavam esta severidade. Muitos dos nossos predecessores na vida tinham traçado estas vias dolorosas, por onde éramos obrigados a caminhar, multiplicando os trabalhos e as dores, aos filhos de Adão. Encontrei, porém, Senhor, homens que vos imploravam e deles aprendi, na medida em que me foi possível, que éreis alguma coisa de grande e que podíeis, apesar de invisível aos sentidos, ouvir-nos e socorrer-nos.

Ainda menino, comecei a rezar-vos como a "meu auxílio e refúgio"[24], desembaraçando-me das peias da língua para vos invocar. Embora criança, mas com ardente fervor, pedia-vos que na escola não fosse açoitado. Quando não me atendíeis – o que era para meu proveito – as pessoas mais velhas e até os meus próprios pais que, afinal, não me desejavam mal, riam-se dos açoites – o meu maior e mais penoso suplício.

24. Sl 93,22.

Haverá, Senhor, alma tão generosa e tão unida a Vós pelos laços de um ardente afeto, que despreze não por insensibilidade louca, mas por amor intenso e forte para convosco, os cavaletes, os garfos de ferro e os demais tormentos deste gênero dos quais os homens em toda a parte suplicam que os liberteis? Haverá alguma alma dessas que despreze essas torturas a ponto de rir dos que tão acerbamente temem esses suplícios, como meus pais caçoavam das penalidades que a nós, meninos, infligiam os mestres? Eu não temia menos os castigos do que as torturas, nem vos suplicava menos que nos livrásseis deles.

Contudo pecava por negligência, escrevendo, lendo e aprendendo as lições com menos cuidado do que de nós exigiam.

Senhor, não era a memória ou a inteligência que me faltavam, pois me dotastes com o suficiente para aquela idade. Mas gostava de jogar, e aqueles que me castigavam procediam de modo idêntico! As ninharias, porém, dos homens chamam-se negócios; e as dos meninos, sendo da mesma espécie, são punidas pelos grandes, sem que ninguém se compadeça da criança, nem do homem, nem de ambos. Um juiz reto aprovaria os castigos que me davam, por eu jogar bola, sendo pequeno, e o jogo ser um obstáculo ao meu aproveitamento nos estudos, com os quais eu havia de jogar menos inocentemente quando chegasse a homem? Agia porventura de modo diferente aquele que me batia, se em alguma questiúncula era vencido pelo seu competidor? Então esse não era mais atormentado pela ira e inveja do que eu quando superado no desafio da bola pelo meu rival?...

10. O orgulho da vitória

Contudo eu pecava contra Vós, Senhor Deus, ordenador e criador de todas as coisas da natureza, e dos pecados somente o regularizador. Eu pecava, Senhor, desobedecendo às ordens de meus pais e mestres, pois podia no futuro fazer bom uso desses conhecimentos que me obrigavam a adquirir, qualquer que fosse a intenção com que os impunham a mim. Além disso, eu não desobedecia para fazer melhor escolha, mas só pelo amor do jogo.

Amava nos combates o orgulho da vitória. Gostava dessas histórias frívolas que tanto me deleitavam os ouvidos e me excitavam com interesse sempre mais apaixonado. Essa curiosidade brilhava dia a dia mais intensa nos meus olhos, atraindo-me para espetáculos e jogos de gente crescida.

Por outro lado, aqueles que presidem aos jogos sobressaem tanto por esta dignidade que quase todos desejam que seus filhos lhes sucedam nesta honra. Apesar disso, regozijam-se em castigá-los se tais divertimentos os afastam do estudo que, segundo os seus desejos, lhes permitirá mais tarde organizar semelhantes espetáculos... Examinai, Senhor, estas fraquezas com um olhar de compaixão. Socorrei-nos que já vos invocamos e socorrei também os que ainda não vos invocam a fim de que eles também vos invoquem e sejam libertados.

11. No limiar do batistério

Ouvira eu falar, ainda criança, da vida eterna que nos é prometida, graças à humildade de vosso Filho, Deus e Senhor nosso, descido até à nossa soberba. Fui marcado pelo sinal da cruz e condimentado com sal divino, logo que saí do seio de minha mãe, que punha em Vós todas as esperanças.

Vistes, Senhor, que sendo ainda criança, sobrevindo-me certo dia uma febre alta motivada numa opressão do estômago, bati às portas da morte. Sabeis, meu Deus - pois já então por mim vigiáveis -, com que ardor e fé pedi à piedade de minha mãe e de nossa mãe comum - a vossa Igreja - o batismo de Cristo, Deus e Senhor meu. Minha mãe carnal, porque na sua fé e coração puro me gerava com maior solicitude para a vida eterna, perturbada, procurava com pressa iniciar-me e purificar-me nos sacramentos da salvação, confessando-vos eu, Senhor Jesus, para obter a remissão de meus pecados. Dentro em breve, porém, achei-me melhor e essa purificação foi diferida como se fosse necessário continuar a corromper-me, para prolongar a vida. Na verdade, depois do banho do batismo, as recaídas na imundície do pecado seriam mais graves e perigosas.

Tinha eu já verdadeira fé como minha mãe e todos os de casa, exceto meu pai[25], que não prevaleceu em mim contra os direitos da piedade materna de eu crer em Cristo, no qual ele ainda não acreditava. Minha mãe desejava ardentemente que eu vos considerasse a Vós, meu Deus, como pai, mais do que àquele que ainda não tinha fé. Nisso a ajudáveis a triunfar do marido, a quem servia melhor pelo fato de nisso obedecer as vossas ordens.

Rogo-vos, meu Deus, que me mostreis - se vos apraz - qual o desígnio por que me foi então diferido o batismo: se seria para meu bem soltarem-se ou não as rédeas do pecado. Por que razão ainda agora de toda a parte chega aos meus ouvidos a respeito de uns ou de outros: "Deixai-o fazer o que quiser, pois ainda não está batizado"; mas da saúde do corpo ninguém diz: "Deixai-o que se fira mais, porque ainda não está curado"?

Quanto não me era preferível ser logo curado obtendo, pela minha diligência e dos meus, conservar intacta, sob a Vossa proteção, a saúde da alma que me tínheis concedido!

Sem dúvida, seria melhor. Minha mãe, porém, já previra quantas e quão grandes ondas de tentações pareciam ameaçar-me depois da infância e preferiu expor-me a elas, como terra grosseira em que eu depois receberia forma, a expor-me a esse perigo já como imagem.

12. Relutância em estudar

Neste período da infância cujo perigo temiam menos para mim do que o da adolescência, não gostava do estudo e tinha horror de ser a ele obrigado. Por meio desta coação, faziam-me um bem - embora eu procedesse mal -, pois não aprenderia se não fosse constrangido. Todavia, contra vontade, ninguém procede bem, ainda que a ação em si mesma seja boa. Os que me obrigavam não agiam retamente. O bem que daí resultava vinha

25. Patrício só no fim da vida recebeu o batismo. Morreu em 371.

só de Vós, meu Deus. Nesses estudos a que me aplicavam não tinham outra finalidade senão saciar os insaciáveis desejos de opulenta miséria e de ignominiosa glória. Mas Vós, "para quem estão contados os nossos cabelos"[26], utilizáveis em meu proveito o erro dos que me coagiam. Com relação a mim, que não queria aprender, utilizáveis a minha falta para me dardes o castigo com que eu, tão pequenino e já tão grande pecador, merecia ser punido.

Era assim que Vós transformáveis em meu bem o mal que eles faziam, e me dáveis justa retribuição pelos meus pecados. Com efeito, é vosso desígnio, e assim acontece que toda a alma desregrada seja para si mesma o seu castigo.

13. Gosto do latim

Mas qual era a causa da aversão que tinha à língua grega que me ensinaram quando criança? É o que ainda hoje não sei explicar. Pelo contrário, gostava muito da língua latina, não da que ensinavam os primeiros mestres, mas da que lecionavam os gramáticos.

Aquelas primeiras lições em que se aprende a ler, escrever e contar eram-me tão pesadas e insuportáveis como as de grego. Donde me vinha este aborrecimento senão do pecado e vaidade da vida - porque "eu era carne, e espírito que passa e não volta"?[27] Aquelas primeiras letras a que devia e devo a possibilidade de não só ler qualquer escrito, mas também de escrever o que me aprouver, eram sem dúvida mais úteis e mais certas do que aquelas em que, esquecido dos meus erros, era obrigado a gravar na memória as navegações errantes de um certo Eneias e a chorar Dido que se suicidara por amor[28]. Entretanto eu, misérrimo, su-

26. Mt 10,30.

27. Sl 77,39.

28. Santo Agostinho refere-se nesta passagem ao episódio da Eneida de Virgílio, narrado no canto VI, alusivo à rainha Dido, apaixonada pelo navegante Eneias, a caminho da foz do Tibre, foragido de Troia. Segundo a lenda, este fundou Roma. Na realidade foram seus fundadores uns pastores latinos de um grupo invasor italiota.

portava com olhos enxutos a minha morte no pecado longe de Vós, ó meu Deus e minha Vida!

Nada mais digno de compaixão do que o infeliz que derrama lágrimas pela morte de Dido, originada no amor de Eneias, sem se compadecer de si mesmo nem chorar a própria morte por falta de amor para convosco, ó meu Deus, Luz de minha alma, pão da boca interior de meu espírito, poder fecundante de minha inteligência e seio de meu pensamento! Não vos amava. Prevaricava longe de Vós e em toda a parte ressoavam aos meus ouvidos de luxurioso estas palavras. "Bravo! Coragem!" A amizade deste mundo é adultério contra Vós. Proferem-se as palavras "Bravo! Coragem!" para que o homem não se envergonhe de ser pecador. Não chorava estas faltas, mas pranteava a morte de Dido, que se suicidara com uma espada. Segui atrás dos ínfimos objetos da vossa criação, abandonando-vos; como era terra, tendia para a terra.

Se me proibiam a leitura destes episódios, afligia-me por não ler aquilo que me impressionava até à dor. Ó loucura! reputavam-se tais estudos como mais honrosos e úteis do que aqueles em que aprendi a ler e a escrever!

Agora que meu Deus clame em mim e que vossa verdade me diga: "Não é assim, não é assim: aquela primeira ciência é muito superior". Eis-me mais pronto para esquecer as navegações errantes de Eneias e outras narrações semelhantes do que para esquecer a leitura e a arte de escrever.

É verdade que nas escolas de gramática há cortinas pendentes das portas, mas servem mais de cobertura aos erros do que de honra aos seus segredos. Não gritem contra mim estes mestres – que eu já não temo – enquanto vos patenteio, meu Deus, todos os desejos de minha alma e enquanto descanso na repreensão de meus perversos caminhos para amar a retidão dos vossos! Não se levantem contra mim esses vendedores e compradores de gramáticas, pois se os interrogar e lhes propuser uma dificuldade acerca da veracidade do poeta ao narrar que Eneias veio a Cartago, os néscios responderão que não sabem, os instruídos negarão a autenticidade do fato. Mas se lhes perguntar com que letras se escreve o nome de Eneias, todos os que estudaram me responderão acertadamente segundo esse contrato com que os homens fixaram o valor do alfabeto.

Do mesmo modo, quem não vê o que há de responder todo aquele que ainda não se esqueceu inteiramente de si, se eu lhe perguntar que dano seria mais sensível à vida: esquecer a leitura e a escrita ou todas aquelas ficções poéticas? Pecava, sendo ainda criança, quando antepunha todos aqueles conhecimentos vãos a estes mais úteis; ou antes, quando odiava estes para estimar aqueles.

Repetir "um mais um, dois; dois mais dois, quatro", era para mim uma cantilena fastidiosa. E, pelo contrário, encantavam-me o vão espetáculo de um cavalo feito de madeira e cheio de guerreiros, o incêndio de Troia e até a sombra de Creusa[29].

14. Aversão à língua grega

Por que aborrecia eu também a literatura grega[30] que entoava tais ficções? Homero teceu habilmente essas fábulas, e é dulcíssimo na sua frivolidade, ainda que para mim, menino, era amargo. Creio que aos jovens gregos sucederá com Virgílio o mesmo que a mim, com Homero, quando me obrigavam a estudá-lo[31]. O trabalho de aprender inteiramente essa língua estrangeira como que aspergia com fel toda a suavidade das fábulas gregas.

Não conhecia nenhuma palavra daquela língua e para me fazerem aprender ameaçavam-me com terríveis castigos e crueldades. É verdade que outrora, quando criancinha, também não sa-

29. Creusa era a esposa de Eneias, a quem apareceu depois de morta sob figura humana feita de sombra (*Eneida*, II, 772).

30. Santo Agostinho diz: *graeca grammatica. Litteratura* ou *ars grammatica* consistia, segundo Varrão, em ler, explicar e ajuizar dos poetas, oradores e historiadores.

31. Santo Agostinho sabia de cor muitos versos de Virgílio, poeta da sua predileção. Ainda nos últimos anos da vida, recordava passagens extensas e expressões que citava em escritos teológicos. Desta simpatia pelo poeta mantuano participou a Idade Média que nos legou textos virgilianos com notação musical, para serem cantados nas escolas.

bia nenhuma palavra latina, e contudo instruí-me, sem temores nem castigos, só com prestar atenção entre carícias das amas, entre os gracejos dos que se riam e as alegrias dos que folgavam. Aprendi, sem a pressão correcional de instigadores, impelido só pelo meu coração desejoso de dar à luz os seus sentimentos, o que não seria possível sem aprender algumas palavras, não da boca dos mestres, mas daqueles que falavam comigo e em cujos ouvidos eu depunha as minhas impressões.

Disto ressalta com evidência que, para aprender, é mais eficaz uma curiosidade espontânea do que um constrangimento ameaçador. Contudo, esta violência refreia, graças às vossas leis, os excessos da curiosidade; – sim, graças às vossas leis, que, desde as palmatórias dos mestres até às torturas dos mártires, sabem dosar as suas tristezas salutares, para nos chamarem a Vós, do meio das doçuras perniciosas com que nos íamos afastando.

15. "Ouvi, Senhor..."

Ouvi, Senhor, a oração para que a minha alma não desfaleça sob a vossa lei, nem esmoreça em confessar as misericórdias com que me arrancastes de perversos caminhos. Fazei que vossa doçura supere todas as seduções que eu seguia. Que eu Vos ame arrebatadamente e abrace a vossa mão com toda a minha alma para que me livreis de todas as tentações até ao fim.

Vós, Senhor, sois o meu Rei e o meu Deus. A Vós consagro tudo quanto de útil aprendi em criança. A Vós consagro tudo o que digo, escrevo, leio e conto, porque, quando aprendia vaidades, Vós me disciplináveis, perdoando-me depois os pecados de deleite, nelas cometidos. É verdade que nessas frivolidades aprendi muitas coisas úteis. Mas poder-se-iam aprender em estudos sérios, conscienciosos! Seria esta a via segura pela qual deveriam encaminhar as crianças.

16. A mitologia impura

Ai de ti, torrente dos hábitos humanos! Quem te resistirá? Até quando hás de correr, sem te secar? Até quando rolarás os filhos de Eva para o mar profundo e temeroso, somente atravessado pelos que embarcam no lenho da cruz? Não li eu em ti que Júpiter troveja e adultera? Decerto, não podia fazer estas duas coisas simultaneamente, mas representou-se assim para que tivesse autoridade para imitar um verdadeiro adultério com o encanto desse trovão imaginário.

Porém, quem, dentre esses mestres de *pênula*[32], ouve com paciência um homem nascido do mesmo pó afirmar bem alto: "Imaginava Homero estas ficções e atribuía aos deuses os vícios humanos; eu preferia que trouxesse para nós as perfeições divinas"?[33]

Mas dir-se-á, com mais verdade, que Homero fingia estas coisas para que, atribuindo aos homens viciosos a natureza divina, os vícios não fossem considerados como tais e todo aquele que os cometesse não parecesse imitar homens dissolutos, mas habitantes do céu. Todavia, ó torrente infernal, em ti se precipitam os filhos dos homens, com suas mercadorias, para aprenderem estas coisas. Tem-se como acontecimento importante representar tudo isto oficialmente no Foro, à vista das leis, que concedem um salário aos atores, além da paga dos particulares. Ferindo as penedias das margens com tuas vagas, ó torrente, clamas dizendo: "Aqui aprendem-se as palavras, aqui adquire-se a eloquência tão necessária para persuadir e expressar os pensamentos". Desconheceríamos, então, os vocábulos "chuva de ouro" *(imbrem aureum)*, "regaço" *(gremium)*, "logro" *(fucum)*, "templos do céu" *(templa caeli)* e outras palavras que naquele lugar estão escritas, se Terêncio não apresentasse um jovem escandaloso, imitando a Júpiter na libertinagem?

---

32. Pênula era uma espécie de capa ou manto romano.

33. Cícero, *Tusculanas*, I, 26.

O mancebo observa uma pintura na parede onde se desenhara a maneira como Júpiter, um dia, enviara, segundo contam, para o *regaço* de Dânae uma *chuva de ouro* a fim de a *lograr.* Repara como o jovem se excita à devassidão com este exemplo celeste:

"Mas que deus é este - pergunta - que abala o templo do céu, com sumo estrondo?

Eu, um homenzinho, não havia de fazer o mesmo?

Pois o fiz, e de bom grado"[34].

De maneira nenhuma se aprendem melhor tais palavras por meio desta torpeza, mas por estas palavras se comete mais afoitamente a devassidão. Não incrimino as palavras, quais vasos escolhidos e preciosos, mas o vinho do erro que por eles nos davam a beber os mestres embriagados. E se não bebêssemos, batiam-nos sem que pudéssemos apelar para juiz mais sóbrio. Apesar disso, ó meu Deus, em cuja presença está segura a minha lembrança, apesar disso, aprendia com gosto estas palavras, e, miserável, comprazia-me nelas, sendo tido por esta razão como menino de boas esperanças.

17. A declamação

Consenti, ó meu Deus, que também conte alguma coisa do meu talento, dádiva vossa, e em que desatinos o gastava. Era-me proposta uma tarefa de muita preocupação para o meu espírito por causa dos louvores e descrédito ou receio de ser açoitado: que dissesse as palavras de Juno encolerizada e cheia de dor por não poder "afastar da Itália o rei dos troianos"[35]. Bem sabia que Juno jamais proferira tal coisa, mas nos obrigavam a seguir errantes as pegadas das ficções dos poetas e a repetir em prosa o que o poeta cantara em verso. Recebia maiores louvores o aluno

34. "At quem deum - qui, templa caeli summo sonitu concutit? Ego homuncio id non facerem? - Ego illud vero feci ac libens" (Terêncio, *Eunuco*, ato 3, cena 5).

35. *Eneida* I, 38.

que, segundo a dignidade da personagem figurada, exprimisse mais fortemente e com maior verossimilhança os sentimentos de ira e de dor, revestindo as frases com palavras muito apropriadas.

Que me aproveitou tudo aquilo? Que me aproveitou, ó Vida verdadeira e meu Deus, ter sido mais aclamado que os contemporâneos e condiscípulos, quando recitava? Não é tudo isso fumo e vento? Não havia outra coisa em que exercitar a língua e o talento?

Que os vossos louvores, Senhor, que os vossos louvores enunciados pela Escritura levantassem a palmeira do meu coração e não seria arrebatado por quimeras vãs, qual presa imunda das aves. Com efeito, há várias maneiras de "sacrificar" aos anjos pecadores.

18. Desprezo das leis eternas

Que admira, pois, que fosse arrastado pelas vaidades e me afastasse de Vós, ó meu Deus, se me propunham exemplos dos homens, a quem uma crítica cobria de vergonha por um barbarismo ou solecismo cometido ao narrarem ações virtuosas e que se gloriavam de serem louvados quando contavam com termos castiços e bem dispostos, copiosa e elegantemente, as suas torpezas?

Vedes tudo isto, ó Senhor, e vos calais, "paciente, cheio de compaixão e de verdade"[36]. Porventura ficareis sempre calado? Agora arrancais deste abismo imenso a alma ansiosa de Vós, sequiosa das vossas delícias, e cujo coração vos diz: "Busquei o vosso rosto e torná-lo-ei a buscar, Senhor"[37].

Andava longe da vossa face, retido por afeições tenebrosas. Todavia, não nos apartamos ou nos aproximamos de Vós com os pés ou com as distâncias de lugares. Aquele vosso filho mais

36. Sl 102,8; 85,15.

37. Sl 41,3.15.11.

novo – o da parábola – procurou cavalos, ou carros ou navios, ou voou, com penas visíveis, ou viajou a pé, para viver e dissipar prodigamente, em região afastada, o que Vós lhe havíeis entregue ao partir? Fostes Pai bondoso porque lhe destes a fortuna e fostes mais carinhoso ainda para com ele, ao voltar necessitado. Viveu entre paixões luxuriosas, isto é, *tenebrosas*, que é o que quer dizer longe do vosso rosto[38].

Vede, ó Senhor Deus, e reparai benigno, segundo é vosso costume, como os filhos dos homens observam diligentemente as regras da ortografia e das sílabas, recebidas dos primeiros mestres, e desprezam as leis eternas da salvação eterna, de Vós recebidas. Se alguém, ao aprender ou ensinar as regras tradicionais dos sons, pronunciar sem aspiração da primeira sílaba a palavra "homo" (homem), desagrada mais aos homens do que se odiar, contra os vossos mandamentos, outro homem, apesar de este ser o "homem". Como se na realidade se persuadisse haver um inimigo mais molesto que o próprio ódio com que se irrita contra si mesmo; ou como se alguém prejudicasse mais gravemente, com perseguições, a outrem do que ao próprio coração, com essa inimizade! Com certeza a ciência gramatical não é mais interior do que a lei da consciência – de não fazer a outrem o que não queremos que nos façam a nós mesmos.

Quão misterioso sois Vós que habitais em silêncio no céu, Deus grande e único, espalhando, com lei infatigável, cegueiras vingadoras sobre as paixões desordenadas! Vede esse homem, procurando a glória da eloquência, diante de um homem, o juiz, e, na presença de grande número de homens, atacar o inimigo com ódio violentíssimo. Como evita com toda a vigilância dizer algum erro de linguagem como não aspirar o *h* de "inter homines" (entre os homens) pronunciando "inter omines"! Mas não tem cuidado de vigiar o furor da sua alma que o arrasta a tirar um homem de entre os homens!

---

38. Na Parábola do Filho Pródigo, o Pai representa a Deus bondoso e amável, e o filho mais novo, dissipador e perdulário, simboliza a alma pecadora. O homem afasta-se de Deus pelo ato perverso da vontade: o pecado.

19. Perversidade na puerícia

Jazia eu, pobre criança, à beira deste abismo de corrupção. A luta desta arena era aquela onde eu mais temia cometer um barbarismo de expressão do que acautelar-me, se o cometesse, da inveja que sentia contra aqueles que o evitavam.

Digo e confesso, diante de Vós, meu Deus, estas fraquezas que me angariavam aplausos daqueles cuja simpatia equivalia para mim a viver cheio de honra. Não via a voragem de luxúria para a qual era atirado, longe da vossa vista.

Que coisa houve mais corrupta aos vossos olhos do que eu? Até desagradava a esses homens, ao enganar com inumeráveis mentiras o pedagogo, os mestres e os pais, por amor do jogo, gosto de espetáculos frívolos e ardor inquieto de os imitar!

Cometia furtos na despensa e na mesa de meus pais ou impelido pela gula ou para ter que dar aos rapazes, retribuindo-me estes com o jogo, com o qual igualmente se deleitavam à minha custa, porque me vendiam o jogo. Vencido pelo louco desejo de superioridade, obtinha também muitas vezes nesse jogo as vitórias com fraude. No entanto, se surpreendia alguém, não o queria tolerar e até atrozmente o repreendia, quando era isto mesmo o que eu fazia aos outros! Caso fosse eu o surpreendido e o acusado, preferia ser cruel a ceder[39].

Será esta a inocência das crianças? Não é, Senhor, não é, permiti que vo-lo diga, meu Deus. É isto mesmo que, com o andar dos anos, passa dos pedagogos, dos mestres, das "nozes"[40], das "bolas" e dos "passarinhos", para os magistrados, para os reis, para o ouro, para os prédios, para os escravos, assim como ao castigo da palmatória sucedem piores suplícios.

Por conseguinte, apenas louvastes, ó nosso Rei, na estatura das crianças o símbolo da humildade, quando dissestes: "Delas é o reino dos céus"[41].

39. Jogo de palavras: *saevire* (ser cruel) e *cedere* (ceder).

40. O jogo das "nozes" consistia em adivinhar em qual das três nozes estava escondida uma bola de pez, que hábil jogador, com movimentos rápidos e de prestidigitador, aí colocara.

41. Mt 19,1.

20. Magnificat

Contudo, Senhor, graças vos sejam dadas, a vós criador e ordenador do universo, tão excelso e tão bom, embora quisésseis que eu não vivesse além da infância. Então já eu possuía o ser, a vida, o sentimento e tinha cuidado da minha incolumidade, reflexo da misteriosa unidade, fonte do meu ser. Vigiava, por um secreto instinto, pela integridade dos meus sentidos, e até nos meus frágeis pensamentos acerca de pequenas coisas me deleitava em encontrar a verdade.

Não queria ser enganado. Gozava de memória vigorosa e dotes de eloquência. Era sensível à amizade, fugia à dor, à abjeção, à ignorância. Não é isto admirável e digno de louvor em tal criatura?

Tudo eram dons do meu Deus. Não fui eu quem os deu a mim mesmo. São bens e todos eles constituem em mim o "eu". Portanto, é bom Aquele que me criou. Ele mesmo é o meu bem, e eu louvo-o com alegria por todos os bens que eu tinha até mesmo na infância.

Eu pecava, porque em vez de procurar em Deus os prazeres, as grandezas e as verdades, procurava-os nas suas criaturas: em mim e nos outros. Por isso, precipitava-me na dor, na confusão e no erro.

Graças vos sejam dadas, minha doçura, minha glória, minha confiança e meu Deus! Graças vos sejam dadas pelos dons que me concedestes. Conservai-os para mim.

Assim me haveis de conservar. Também aumentareis e aperfeiçoareis os vossos dons, e eu estarei convosco, pois se existo, Vós me destes a existência.

LIVRO II

Os pecados da adolescência

1. Desordens da juventude

Quero recordar as minhas torpezas passadas e as depravações carnais da minha alma, não porque as ame, mas para vos amar, ó meu Deus. É por amor do vosso amor que, amargamente, chamo à memória os caminhos viciosos para que me dulcifiqueis, ó Doçura que não engana, doçura feliz e firme. Concentro-me, livre da dispersão em que me dissipei e me reduzi ao nada, afastando-me de vossa unidade para inúmeras bagatelas.

Quantas vezes, na adolescência, ardi em desejos de me satisfazer em prazeres infernais, ousando até entregar-me a vários e tenebrosos amores! A minha beleza definhou-se e apodreci a vossos olhos, por buscar a complacência própria e desejar ser agradável aos olhos dos homens.

2. Sob a ação da carne

Que coisa me deleitava senão amar e ser amado? Mas, nas relações de alma para alma, não me continha a moderação, conforme o limite luminoso da amizade, visto que, da lodosa concupiscência da minha carne e do borbulhar da juventude, exalavam-se vapores que me enevoavam e ofuscavam o coração, a ponto de não se distinguir o amor sereno do prazer tenebroso. Um e outro ardiam confusamente em mim. Arrebatavam a minha idade ainda frágil despenhadeiros das paixões e submergiam num abismo de vícios. Sem eu saber, vossa ira contra mim aumentara. Ensurdeci com o ruído da cadeia da minha mortalidade, em castigo da soberba de minha alma.

Afastava-me para mais longe de Vós, e fazíeis vista grossa. Arrojava-me, derramava-me, espalhava-me e fervia em minhas devassidões, e Vós em silêncio! Ó Alegria que tão tarde encontrei! Vós calado, e eu a afastar-me cada vez mais de Vós, buscando, constantemente, estéreis sementes de dores, com aviltante soberba e desinquieto cansaço!

Quem poderia refrear minha miséria e fazer com que usasse bem da formosura transitória de cada objeto? Quem me fixaria um limite às suas delícias, de tal maneira que as ondas da minha idade se agitassem de encontro à praia do matrimônio – já que de outro modo não era possível a tranquilidade – e encontrassem o fim natural na geração de filhos, como prescreve a vossa lei, ó Senhor, que criais a descendência da nossa raça mortal e podeis suavizar, com mão bondosa, os espinhos desconhecidos no paraíso? A vossa onipotência está perto de nós, ainda quando erramos longe de Vós.

Certamente, deveria com mais diligência prestar ouvidos ao som vindo de vossas nuvens: "Sofrerão as tribulações da carne. Eu, porém, quisera poupar-vos"[1]. Ou ainda: "É bom para o homem não tocar em mulher alguma"[2]; "o que não tem esposa, pensa nas coisas de Deus, e como lhe há de agradar; o que está unido em matrimônio pensa nas coisas do mundo e como há de agradar à esposa"[3]. Oxalá tivesse ouvido mais atentamente estas palavras! Se tivesse vivido eunuco por amor do Reino dos Céus, esperaria agora, mais feliz, os vossos abraços.

Miserável de mim! Fervia em paixões, seguindo o ímpeto da minha torrente, abandonando-vos, e transgredia todos os mandamentos sem escapar aos vossos açoites. E que mortal haverá que os evite? Sim, estáveis sempre a meu lado, irritando-vos misericordiosamente e aspergindo com amargosíssimos desgostos

1. 1Cor 7,28.
2. 1Cor 7,1.
3. 1Cor 7,32,33.

todos os meus deleites ilícitos, para que buscasse a alegria sem vos ofender, e nada pudesse encontrar em parte alguma senão a Vós, Senhor, a Vós que nos dais a dor como preceito, que feris para curar e nos tirais a vida para não morrermos longe de Vós.

Onde me encontrava eu? Como me tinha exilado para longe das delícias da vossa casa, aos dezesseis anos de idade segundo a carne, quando a loucura deste prazer que a nossa degradação liberta de todo o freio, e que é proibido pela vossa lei, me fez aceitar o cetro que empunhei com ambas as mãos. Nenhum dos meus teve o cuidado de me suster na queda, pelo matrimônio, porque de mim só tinham uma preocupação: que aprendesse a compor discursos o mais belamente possível e a persuadir por meio da oratória.

3. "Nas praças de Babilônia"

Nesse mesmo ano[4], interrompi os estudos porque fui chamado de Madaura[5], cidade vizinha, aonde tinha ido assistir às aulas de literatura e oratória. Meu pai, cidadão muito modesto de Tagaste, levado mais pela ambição que pelos seus recursos, preparava-me os meios necessários para uma viagem mais longínqua, para Cartago.

Mas a quem narro eu estes fatos? Não é a Vós, meu Deus. Na vossa presença dirijo-me ao gênero humano, àquele a que eu pertenço, ainda que estas páginas possam chegar apenas a uma minoria. Então para que escrevo isto? Para que eu e todos os que lerem estas palavras pensemos de que abismo profundo se deve clamar por Vós. Que coisa mais próxima de vossos ouvidos do que um coração arrependido e uma vida de fé?

Quem não cumulava, então, de louvores, a meu pai por ultrapassar até os recursos do patrimônio, só para conceder tudo

4. Em 370.

5. Madaura, na Numídia (atual Argélia), aproximadamente a 24km de Tagaste, que foi a terra natal de Santo Agostinho. Naquela cidade concluiu ele o curso de humanidades, ministrado por gramáticos oficiais.

o que era necessário ao filho que tinha viajado para longe por causa dos estudos? Numerosos cidadãos muitíssimo mais opulentos nem de longe mostravam tal cuidado pelos filhos. No entanto, meu pai não se preocupava com saber se eu crescia para Vós, isto é, se vivia castamente. Contanto que fosse *diserto!*... Mas eu era antes um *deserto*[6] quanto à vossa cultura, ó meu Deus, único, verdadeiro e bondoso Senhor do vosso campo – o meu coração.

Ora nesta idade dos dezesseis anos, ocorrendo um intervalo de ociosidade por me ver livre de todas as aulas devido a dificuldades domésticas, comecei a viver com meus pais[7]. Foi então que os espinhos das paixões me sobrepujaram a cabeça, sem haver mão que os arrancasse. Bem pelo contrário: meu pai, durante o banho, vendo-me entrar já na puberdade e revestido da adolescência inquieta, contou-o, todo alegre, a minha mãe, como se tal verificação o fizesse saltar de prazer com a ideia de ter netos. Era uma alegria, aliás, proveniente da embriaguez produzida pelo vinho invisível da sua vontade perversa e inclinada às coisas baixas – embriaguez com que este mundo esquece o Criador, para em vez de Vós, Senhor, amar as criaturas. Porém, já tínheis começado a edificar em minha mãe o vosso templo e os fundamentos da vossa santa habitação. Meu pai era simples catecúmeno, recente ainda. Por isso, minha mãe, com tal nova, agitou-se levada de piedosa perturbação e temor. Apesar de eu ainda não ser batizado, receou que enveredasse por caminhos tortuosos por onde andam os que vos voltam as costas e não o rosto.

Ai de mim! Como me atrevo a dizer que estáveis calado, quando continuamente me ia afastando de Vós! Guardáveis, porventura, silêncio diante de mim? De quem eram senão de Vós aquelas palavras que, por meio de minha mãe, vossa fiel serva, pronunciastes aos meus ouvidos? Nenhuma delas, porém, desceu ao meu coração, para cumprir o que ela me aconselhava. Lembro-me que, um dia, querendo que me abstivesse da luxúria

6. Jogo de palavras: *disertus* (eloquente) e *desertus* (deserto). É frequente em Santo Agostinho. Vejam-se também *sartago* (sertã) e Cartago (liv. III, cap. I).

7. Este intervalo de ociosidade deve ter-se prolongado por um ano.

e sobretudo não cometesse adultérios, avisou-me em particular e com grande solicitude.

Envergonhava-me de seguir tais conselhos, por me parecerem só próprios de mulheres. Porém eram vossos, e eu sem saber! Julgava que nada me dizíeis, que só ela me falava; mas Vós vos dirigíeis a mim, por sua boca. Éreis desprezado na sua pessoa por mim, sim, por mim, pelo filho da vossa escrava, pelo vosso servo. Mas eu não sabia! Ignorante, precipitava-me tão cegamente que, entre os companheiros da minha idade, me envergonhava de ser menos infame do que eles. Ouvia-os jactarem-se de suas ignomínias e tanto mais se gloriavam quanto mais depravados eram. Assim praticava o mal não só pelo deleite da ação, mas ainda para ser louvado.

Que haverá mais digno de vitupério do que o vício? E eu, para não ser vituperado, fazia-me cada vez mais vicioso! Se não cometesse pecado com que igualasse os mais corrompidos, fingia ter cometido o que não praticara, para que não parecesse mais abjeto quanto mais inocente, e mais vil quanto mais casto.

Eis os companheiros com quem andava pelas praças de Babilônia, revolvendo-me na lama, como em cinamomo e unguentos preciosos. Para que mais tenazmente me agarrasse no meio desse lodo, o inimigo invisível calcava-me aos pés e seduzia-me, porque era fácil de seduzir. A mãe da minha carne, que já tinha fugido do meio de Babilônia, mas que noutras faltas caminhava mais devagar, refletiu no que ouvira dizer, a meu pai, e aconselhou-me a castidade.

Mas, apesar de não poder cortar de raiz esta paixão pestífera, que mais tarde, como ela pressentia, me havia de ser perigosa, não procurou contê-la pelo afeto conjugal. Temia que o vínculo do matrimônio servisse de empecilho à esperança que de mim acalentava. Não temia que ele me impedisse a outra vida, pois esta colocava-a minha mãe unicamente em Vós. Receava que me prejudicasse no estudo das letras, com que, tanto ela como meu pai, desejavam ardentemente a minha celebridade: este, por não pensar quase nada em Vós e alimentar de mim vãs ambições; e minha mãe, por julgar que estes tradicionais estudos literários não me causariam dano, antes ajudariam a aproximar-me de Vós. Assim era, julgo eu, segundo a lembrança, quanto possível exata, que faço do caráter de meus pais.

Ultrapassando até a medida da severidade, afrouxaram-me as rédeas no jogo e na dissolução de várias paixões. De toda esta miséria, ó meu Deus, elevava-se uma escuridão que me ocultava a luz serena da vossa verdade. "A maldade como que brotava da minha substância"[8].

4. História de um furto

O furto é punido pela vossa lei, ó Senhor, lei que, indelevelmente gravada nos corações dos homens, nem sequer a própria iniquidade poderá apagar. Ora que ladrão haverá que suporte com gosto outro ladrão, se até o rico não perdoa ao indigente que foi compelido ao roubo pela miséria? E eu quis roubar; roubei, não instigado pela necessidade, mas somente pela penúria, fastio da justiça e pelo excesso da maldade. Tanto é assim que furtei o que tinha em abundância e em muito melhores condições. Não pretendia desfrutar do furto mas do roubo em si e do pecado.

Havia, próximo da nossa vinha, uma pereira carregada de frutos nada sedutores nem pela beleza nem pelo sabor. Alta noite, pois tínhamos o perverso costume de prolongar nas eiras os jogos até essas horas, eu com alguns jovens malvados fomos sacudi-la para lhe roubarmos os frutos. Tiramos grande quantidade, não para nos banquetearmos, se bem que tenhamos provado alguns, mas para os lançarmos aos porcos. Portanto, todo o nosso prazer consistia em praticarmos o que nos agradava, pelo fato do roubo ser ilícito.

Eis meu coração, Senhor, eis meu coração que olhastes com misericórdia no fundo do abismo. Diga-vos ele agora o que buscava nesse sorvedouro, sendo eu mau desinteressadamente e

---

8. Sl 72,7.

não havendo outro motivo para a minha malícia, senão a própria malícia. Era asquerosa e amei-a. Amei a minha morte, amei o meu pecado. Amei, não aquilo a que era arrastado, senão a própria queda. Que alma tão louca que se apartava do vosso firme apoio, para se lançar na morte, apetecendo, não uma parcela da desvergonha, mas a própria desvergonha!

5. A causa ordinária do pecado

O ouro, a prata, os corpos belos e todas as coisas são dotadas de um certo atrativo[9]. O prazer de conveniência que se sente no contato da carne influi vivamente. Cada um dos outros sentidos encontra nos corpos uma modalidade que lhes corresponde. Do mesmo modo a honra temporal e o poder de mandar e dominar encerram também um brilho, donde igualmente nasce a avidez de vingança. Todavia para a aquisição de todos estes bens, o homem não vos deve abandonar nem afastar-se da vossa lei, ó Senhor. A vida neste mundo seduz por causa de uma certa medida de beleza que lhe é própria, e da harmonia que tem com todas as formosuras terrenas. A amizade dos homens torna-se doce, por unificar, com um laço querido, muitas almas.

Por todos estes motivos e outros semelhantes, comete-se o pecado, porque pela propensão imoderada para os bens inferiores, embora sejam bons, se abandonam outros melhores e mais elevados, ou seja, a Vós, meu Deus, a vossa verdade e a vossa lei. De fato, as coisas ínfimas também deleitam, mas não como o meu Deus que criou todas as coisas, porque "Ele é as delícias dos corações retos, e é nele que o justo rejubila"[10].

Portanto, quando se indaga a razão por que se praticou um crime, esta ordinariamente não é digna de crédito, se não se descobre que a sua causa pode ter sido ou o desejo de alcançar alguns dos bens a que chamamos ínfimos, ou o medo de os perder.

---

9. Por que razão o homem é arrastado ao mal? Porque neste há uma aparência de bem, um atrativo para as forças instintivas psicológicas.

10. Sl 63,11.

Esses bens são, sem dúvida, belos e atraentes, ainda que, comparados com os superiores e celestes, não passem de desprezíveis e abjetos.

Alguém matou um homem. E por quê? Ou porque lhe amava a esposa ou o campo, ou porque queria roubar para viver, ou porque temia que lhe tirasse alguma coisa, ou finalmente porque, injuriado, ardia no desejo de vingança. Quem acreditará que cometeu o homicídio só por deleite, se até Catilina, aquele homem louco e crudelíssimo de quem se disse ser perverso e cruel sem razão, tinha um motivo: "o receio, diz o historiador, que o ócio lhe entorpecesse as mãos e o espírito"?[11] Por que fim procedia ele assim? Evidentemente, para que, exercitado no crime, alcançasse, depois de tomada a cidade de Roma, as honras, o poder e as riquezas, libertando-se do medo das leis e da dificuldade em que o tinham lançado a pobreza da herança e a consciência do crime. Logo, nem o próprio Catilina amou seus crimes, mas aquilo por cujo fim os cometia.

6. A alegria do mal

Que amei eu, miserável, em ti, ó meu furto, crime noturno dos meus dezesseis anos? Não tinhas beleza alguma, pois eras um roubo! Mas és realmente alguma coisa, para eu me dirigir a ti? As peras que roubamos, sim, eram belas por serem criaturas vossas, ó mais belo de todos os seres, Criador de tudo, ó Deus tão bom, Deus soberano e meu verdadeiro Bem. Aqueles pomos eram belos; mas não foram esses que a minha alma depravada apeteceu, pois tinha abundância de outros melhores. Colhi-os simplesmente para roubar. Tanto é assim que, depois de colhidos, os lancei fora, banqueteando-me só na iniquidade com cujo gozo me alegrara. Se algum dos frutos entrou em minha boca, foi o meu crime que lhes deu o sabor.

Agora, Senhor e Deus meu, procuro saber o que me deleitava no furto e não lhe encontro beleza alguma. Não falo já da be-

11. Cf. Salústio *Cat.* 16.

leza que se encontra na justiça e prudência, na inteligência do homem, na memória, nos sentidos e na vida vegetativa; nem mesmo da que resplandece ou nos astros magníficos e brilhantes nas suas órbitas ou na terra e no mar, cheios de espécies que, nascendo, sucedem as que morrem; nem tampouco desta defeituosa sombra de formosura com que os vícios seduzem.

O orgulho imita a altura, mas só Vós, meu Deus, sois excelso sobre todas as coisas. Que busca a ambição senão honras e glória, embora só Vós tenhais direito a ser honrado sobre tudo e glorificado eternamente? A sevícia dos poderosos aspira a fazer-se temer; mas quem deve ser temido senão Deus? Quando, onde, até onde e quem pode tirar ou subtrair alguma coisa ao vosso poder? As carícias dos voluptuosos desejam a reciprocidade do amor; mas nada há mais acariciante que a vossa caridade, nem se pode amar nada mais salutar que a vossa verdade, a mais formosa e resplandecente de todas. A curiosidade parece ambicionar o estudo da ciência, quando só Vós é que conheceis plenamente tudo!

Até a própria ignorância e estultícia se encobrem sob o nome de simplicidade e de inocência. Mas nada se encontra mais simples do que Vós. Quem há mais inocente do que Vós, pois são as próprias obras que prejudicam os pecadores? A preguiça parece apetecer apenas o descanso; mas que repouso seguro há fora do Senhor? A luxúria deseja apelidar-se saciedade e abundância; Vós, porém, sois a plenitude e a abundância interminável da suavidade incorruptível. A prodigalidade cobre-se com a sombra da liberalidade; mas o mais magnânimo dispensador de todos os bens sois Vós. A avareza quer possuir muito; e Vós possuis tudo. A inveja litiga acerca da "excelência"; mas haverá algum ser mais excelente que Vós? A ira procura a vingança; e quem se vinga mais justamente que Vós? O temor, enquanto vigia pela segurança das coisas que ama, detesta os acontecimentos insólitos e inesperados que lhes sejam adversos; porém, que há de insólito para Vós? Que há de inesperado? Quem separa de Vós o que amais? E onde encontrar a firme segurança senão em Vós? A tristeza definha-se com a perda dos bens em que a cobiça se deleita – porque desejaria que nada, como a Vós, se lhe pudesse tirar.

É assim que a alma peca, quando se aparta e busca fora de Vós o que não pode encontrar puro e transparente, a não ser regressando a Vós de novo. Imitam-vos perversamente todos os que se afastam de Vós e contra Vós se levantam. Ainda assim, imitando-vos deste modo, mostram que sois o Criador de toda a natureza, e que, por conseguinte, não há lugar para onde nos possamos afastar totalmente de Vós.

Que amei, portanto, naquele roubo e em que imitei o meu Senhor, ainda mesmo criminosa e perversamente? Tive ao menos o gosto de lutar pela fraude contra a Vossa lei, já que o não podia pela força, a fim de imitar sendo cativo, uma falsa liberdade, praticando impunemente, por uma tenebrosa semelhança de onipotência, o que não me era lícito? Eis-me "aquele escravo que, fugindo a seu senhor, seguiu uma sombra!" (Jó 7,2). Ó podridão, ó monstro da vida e abismo da morte! Como pode agradar-me o ilícito sem outro motivo que o de me ser proibido?

7. O perdão

Como agradecerei ao Senhor o ter-se a minha memória recordado destes fatos e a minha alma não ter sentido temor? Amar-vos-ei, Senhor, dar-vos-ei graças e confessarei o vosso nome, porque me perdoastes ações tão más e tão indignas. Atribuo à vossa graça e à vossa misericórdia o me terdes dissolvido, como gelo, os pecados. À vossa graça devo também o ter fugido do mal que não pratiquei. Oh! de que não era eu capaz, se até amei, sem recompensa, o pecado?!

Confesso que tudo me foi perdoado: o mal que de livre vontade cometi e o que não pratiquei graças à vossa ajuda. Que homem há que, refletindo na sua enfermidade, ouse atribuir às próprias forças a sua castidade e inocência para vos amar menos, como se lhe fosse pouco necessária a misericórdia com que perdoastes os pecados aos que se voltam para Vós? Aquele que, a vosso convite, seguiu o chamamento e evitou as faltas - que agora lê em mim, quando as recordo e confesso - não se ria de eu ter sido curado da minha doença por Aquele médico. Por Ele foi-lhe concedido não cair na mesma doença, ou antes, fez com que enfermasse com menos gravidade. Por conseguinte, ame-vos ele outro tanto. Mas que digo eu? Ame-vos ainda mais, por me ver a mim livre de tão grande enfermidade, graças Àquele por quem, do mesmo modo, se vê desenredado de tão grande languidez de pecados.

8. O prazer da cumplicidade

Que fruto nessa ocasião colhi eu, miserável, das ações que agora ao recordá-las me fazem corar de vergonha, nomeadamente daquele roubo em que amei o próprio roubo e nada mais? Nenhum, pois o furto nada valia e, com ele, me tornei mais miserável. Sozinho não o faria - lembro-me que era esta a minha disposição, naquele momento - sim, absolutamente só, não era capaz de o fazer. Portanto, amei também no furto o consórcio daqueles com quem o cometi. Amei, por isso, mais alguma coisa do que o furto. Mas não: não amei mais nada; porque a cumplicidade nada vale.

Que é esta, na realidade? Quem me ensinará senão Aquele que ilumina o meu coração, rasgando-lhe as sombras? Por que ocorreu ao meu espírito estar aqui inquirindo, discutindo e considerando tais particularidades? Se então amasse os pomos que furtei e com eles me apetecesse regalar, poderia tê-los roubado sozinho, se isso bastasse. Poderia ter cometido a iniquidade por onde cheguei ao meu deleite, sem acender, com a fricção de almas cúmplices, o prurido da minha cobiça. Mas porque não experimentava prazer naqueles frutos, este consistia na própria falta que praticavam os pecadores simultaneamente, em cumplicidade.

9. O riso da maldade

Que sentimento era aquele da minha alma? Sem dúvida, um sentimento muitíssimo vergonhoso; e ai de mim que o mantinha! Mas, enfim, que era ele? "Quem conhece todos os delitos?"[12] Era um riso, como que a fazer-nos cócegas no coração, provocado pelo gosto de enganar os que tinham como impossível o nosso feito e vivamente o detestavam.

Qual o motivo por que me deleitava o não estar sozinho, quando cometia o furto? Seria porque ninguém facilmente se ri, quando está só? É certo que, sozinho, ninguém se ri facilmente. Mas, se alguma coisa demasiado ridícula acode aos sentidos ou à imaginação, o riso vence por vezes o homem, mesmo quando sozinho e sem ter ninguém presente. Ah! sozinho não praticaria tal ação. Se estivesse absolutamente só, não a faria.

Eis perante Vós, ó meu Deus, uma viva lembrança da minha alma. Sozinho, não cometeria aquele furto, em que não me aprazia o que roubava, mas o ato de roubar, porque, completamente só, não sentiria prazer em praticar o furto. Nem sequer o faria. Ó amizade tão inimiga, ó sedução impenetrável da mente, avidez de perpetrar o mal por brincadeira ou gracejo, ó apetite do dano alheio, sem lucro nenhum, sem paixão de vingança, mas só porque sentimos vergonha de não ser desavergonhados, quando nos dizem: "Vamos, façamos".

10. Quero a luz...

Quem desembaraçará este nó tão enredado e emaranhado? É asqueroso; não o quero fitar nem ver.

Quero-vos a Vós, ó Justiça e Inocência tão bela e tão formosa, como puros resplendores e insaciável saturação. Em Vós há grande tranquilidade e vida imperturbável.

Quem entra em Vós, penetra "no gozo do seu Senhor"[13] e não só não terá receio, mas também permanecerá soberanamente no bem perfeito.

Na adolescência, afastei-me de Vós, andei errante, meu Deus, muito desviado do vosso apoio, tornando-me para mim mesmo uma região de fome.

12. Sl 18,13.
13. Mt 25,21.

LIVRO III

Os estudos

1. Amores impuros

Vim para Cartago. De todos os lados fervia a sertã (*sartago*) de criminosos amores[1]. Ainda não amava e já gostava de amar. Impelido por uma necessidade secreta, enraivecia-me contra mim mesmo por não me sentir mais faminto de amor. Gostando de amar, procurava um objeto para esse amor: odiava a minha vida estável e o caminho isento de riscos, porque sentia dentro de mim uma fome de alimento interior - de Vós, ó meu Deus. Não tinha fome desta fome, porque estava sem apetites de alimentos incorruptíveis, não porque deles transbordasse, mas porque, quanto mais vazio, tanto mais enfastiado me sentia. Por isso minha alma não tinha saúde e, ulcerosa, lançava-se para fora, ávida de se roçar miseravelmente aos objetos sensíveis. Mas se estes não tivessem alma, com certeza não seriam amados.

Era para mim mais doce amar e ser amado, se podia gozar do corpo da pessoa amada. Deste modo, manchava, com torpe concupiscência, aquela fonte de amizade. Embaciava a sua pureza com o fumo infernal da luxúria. Não obstante ser feio e impuro, desejava, na minha excessiva vaidade, mostrar-me afável e delicado.

Precipitei-me finalmente no amor em que anelava ser enredado, ó meu Deus, misericórdia minha, ah! quanto fel derramou a vossa bondade nestas delícias! Fui amado, cheguei ocultamente aos laços do gozo. Mas ainda que alegre, enredava-me

1. Há nestas frases um jogo de palavras que facilmente transparece no original latino: *Cartago* e *sartago* (sertã = frigideira larga)

nos laços das tribulações para ser flagelado pelas férreas e esbraseantes varas do ciúme, das suspeitas, dos temores, dos ódios e das contendas.

2. Do prazer dramático

Arrebatavam-me os espetáculos teatrais, cheios de imagens das minhas misérias e de alimento próprio para o fogo das minhas paixões.

Mas por que quer o homem condoer-se, quando presencia cenas dolorosas e trágicas, se de modo algum deseja suportá-las? Todavia o espectador anseia por sentir esse sofrimento que afinal para ele constitui um prazer. Que é isto senão rematada loucura? Com efeito, tanto mais cada um se comove com tais cenas quanto menos *curado* se acha de tais afetos (deletérios). Mas ao sofrimento próprio chamamos ordinariamente *desgraça*, e à comparticipação das dores alheias, *compaixão*. Que compaixão é essa em assuntos fictícios e cênicos, se não induz o espectador a prestar auxílio, mas somente o convida à angústia e a comprazer ao dramaturgo, na proporção da dor que experimenta? E se aquelas tragédias humanas, antigas ou fingidas, se representam de modo a não excitarem a compaixão, o espectador retira-se enfastiado e criticando. Pelo contrário, se se comove, permanece atento e chora de satisfação.

Amamos, portanto, as lágrimas e as dores. Mas todo o homem deseja o gozo. Ora, ainda que a ninguém apraza ser desgraçado, apraz-nos contudo o ser compadecidos. Não gostaremos nós dessas emoções *dolorosas* pelo único motivo de que a compaixão é companheira inseparável da dor?

A amizade é a fonte destas simpatias. Mas para onde se dirige? Para onde corre? Por que se despenha na torrente de pez a ferver e nas vagas alterosas das negras paixões, onde voluntariamente se transforma e se aparta da serenidade celeste, que o homem abandonou e repudiou? Logo deve-se repelir a compaixão? De modo nenhum. Convém, portanto, amar, alguma vez, as dores. Mas acautela-te da impureza, ó minha alma, "sob a proteção do meu Deus, do Deus dos nossos pais, digno de louvor e honra por todos os séculos"[2]; foge da impureza.

Agora nem por isso me fecho à compaixão. Mas em tempos passados compartilhava no teatro da satisfação dos amantes que mutuamente se gozavam pela torpeza, se bem que espetáculos destes não passassem de meras ficções. Quando se desgraçavam, eu piedosamente me contristava. Numa e noutra coisa, sentia prazer. Hoje, porém, compadeço-me mais do homem que se alegra no vício do que daquele que pungentemente sofre com a perda do prazer funesto, ou com a privação de uma miserável felicidade. Esta piedade é mais real. Porém a dor não encontra nela prazer algum. Ainda que o dever da caridade aprove que nos condoamos do infeliz, todavia aquele que fraternalmente é misericordioso preferiria que nenhuma dor houvesse de que se compadecesse. Se a benevolência fosse malévola - o que é impossível - poderia aquele que verdadeira e sinceramente se inclina aos sentimentos de compaixão desejar que houvesse infelizes para se compadecer.

Em certos casos podemos, pois, aprovar que haja alguma dor, mas nunca a podemos amar. Portanto, Senhor, Deus meu, amais as almas com amor infinitamente mais puro que o nosso, vos compadeceis, sem perigo de corrupção, porque não sois ferido por dor alguma. "Que homem há capaz disto?"[3]

Mas eu, miserável, gostava então de me condoer e buscava motivos de dor. Só me agradava e me atraía com veemência a ação do ator quando, num infortúnio alheio, fictício e cômico, me borbulhavam nos olhos as lágrimas. Que admira, pois, que eu, infeliz ovelha desgarrada do vosso rebanho e renitente à vossa guarda, me afeiasse com sarna hedionda?

Disto provinha o meu afeto pelas emoções dolorosas, só por aquelas que não me atingiam profundamente, pois não gostava de sofrer com as mesmas cenas em que a vista se deleitava. Com-

---

2. Dn 3,52.

3. 2Cor 2,16.

prazia-me com aquelas coisas que, ouvidas e fingidas, me tocavam na superfície da alma. Mas, como acontece quando remexemos (uma ferida) com as unhas, este contato provocava em mim a inflamação do tumor, a podridão e o pus repelente.

Tal era a minha vida! Mas isto, meu Deus, podia chamar-se vida?

3. O estudante de retórica e os "demolidores"

E a vossa fiel misericórdia pairava de longe sobre mim. Em quantas iniquidades me corrompi e a quantas curiosidades sacrílegas me entreguei, até me precipitar, abandonando-Vos, nos profundos abismos de infidelidade e no serviço enganador dos demônios a quem "sacrificava" as minhas maldades! Mas Vós em tudo me flageláveis! Até ousei nas cerimônias dos vossos mistérios, dentro das paredes da Igreja, conceber um mau desejo e descobrir o meio para buscar os frutos de morte! Por isso me punistes com graves castigos, não em proporção do meu pecado, ó meu Deus, infinita misericórdia, meu refúgio em todas estas horrorosas desordens! Nelas divaguei, de cabeça altiva, desgarrando-me para longe de Vós, preferindo os meus caminhos aos Vossos, amando a liberdade de escravo fugitivo!

Os estudos a que me entregava e que se apelidavam de honestos davam entrada para o foro dos litígios, onde me deveria distinguir tanto mais honradamente quanto mais hábil fosse a mentira. Quão grande é a cegueira dos homens que até da cegueira se gloriam! Já naquele tempo era o primeiro da escola de retórica, coisa que me alegrava soberbamente e me fazia inchar de vaidade.

Como Vós o sabeis, Senhor, apesar de eu estar mais sossegado e inteiramente alheio às turbulências dos "demolidores" – nome sinistro e diabólico por eles considerado como um distintivo de elegância – vivia contudo entre eles com imprudente rubor de não os imitar. Quando me encontrava com eles deleitava-me com a sua amizade, se bem que sempre me horrorizasse o seu proceder, isto é, as troças com que insolentemente assaltavam a simplicidade dos calouros, a quem amedrontavam, rindo-se sem razão e achando nisso motivo para as suas malvadas alegrias. Nada mais semelhante aos seus atos do que as ações dos próprios demônios. E assim, que nome mais acomodado para eles do que o de "demolidores"? Mas primeiro foram "demolidos" e pervertidos pelos espíritos que ocultamente escarneciam deles e os seduziam com os mesmos enganos com que eles gostavam de ludibriar e surpreender os outros.

4. A influência de um livro de Cícero

Era entre estes companheiros que eu, ainda de tenra idade, estudava eloquência, na qual desejava salientar-me, com a intenção condenável e vã de saborear os prazeres da vaidade humana. Seguindo o programa do curso, cheguei ao livro de Cícero, cuja linguagem, mais do que o coração, quase todos louvam. Esse livro contém uma exortação ao estudo da filosofia. Chama-se *Hortênsio*[4]. Ele mudou o alvo das minhas afeições e encaminhou para Vós, Senhor, as minhas preces transformando as minhas aspirações e desejos. Imediatamente se tornaram vis, a meus olhos, as vãs esperanças. Já ambicionava, com incrível ardor do coração, a Sabedoria imortal. Principiava a levantar-me para voltar para Vós. Não era para limar a linguagem - aperfeiçoamento que, segundo o meu parecer, compraria à custa do dinheiro da minha mãe -, não era para limar a linguagem, repito, que utilizava aquele livro - contando eu dezenove anos de idade e havendo já decorrido dois, após a morte de meu pai. Não era o estilo, mas sim o assunto tratado que me persuadia a lê-lo.

Como ardia, Deus meu, como ardia em desejos de voar das coisas terrenas para Vós, sem saber como procedíeis comigo? "Em Vós está, verdadeiramente, a sabedoria"[5]. Porém o amor da sabedoria, pelo qual aqueles estudos literários me apaixonavam,

4. Neste livro, em diálogo, de que hoje apenas se conhecem fragmentos, Cícero respondia às dificuldades de Hortênsio contra a filosofia.

5. Jó 12,13.

tem o nome grego de *filosofia*. Alguns há que nos seduzem por meio dela, colorindo e adornando os seus erros, com um nome grandioso, suave e honesto. Quase todos os filósofos daquela época ou anteriores que assim erram são apontados e refutados nesse livro. Nele transparece aquele salutar conselho do vosso espírito, dado por meio do vosso bom e piedoso servo: "Vede não vos iluda alguém com a filosofia e com miragens, conforme as tradições dos homens e os ensinamentos do mundo, e não segundo Cristo, porque é nele que habita corporalmente toda a plenitude da divindade"[6].

Mas Vós sabeis, Luz do meu coração, que naquele tempo ainda não me eram conhecidos estes ensinamentos do Apóstolo São Paulo.

Apenas me deleitava, naquela exortação, o fato de essas palavras me excitarem fortemente e acenderem em mim o desejo de amar, buscar, conquistar, reter e abraçar, não esta ou aquela seita, mas sim a própria sabedoria, qualquer que ela fosse[7].

Uma só coisa me magoava no meio de tão grande ardor: não encontrar aí o nome de Cristo. Porque este nome, segundo disposição da vossa misericórdia, Senhor, este nome do meu Salvador e Filho vosso, bebera-o com o leite materno o meu terno coração, e dele conservava o mais alto apreço. Tudo aquilo de que estivesse ausente este nome, ainda que fosse de uma obra literária burilada e verídica, nunca me arrebatava totalmente.

5. Perante a simplicidade da Bíblia

Determinei, por isso, dedicar-me ao estudo da Sagrada Escritura, para a conhecer.

Vi então uma coisa encoberta para os soberbos, obscura para as crianças, mas humilde no começo, sublime à medida que

6. Cl 2,8s.

7. Santo Agostinho visiona a sabedoria como ideal da verdade de que o homem desfruta no mundo. A noção de sabedoria é um dos pontos centrais da filosofia agostiniana. Identifica-se com o Bem Inteligível.

se avança e velada com mistérios. Não estava ainda disposto a poder entrar nela ou inclinar a cerviz à sua passagem.

O que senti, quando tomei nas mãos aquele livro, não foi o que acabo de dizer, senão que me pareceu indigno compará-lo à elegância ciceroniana. A sua simplicidade repugnava ao meu orgulho e a luz da minha inteligência não lhe penetrava no íntimo.

Na verdade, a agudeza de vista cresce com as crianças, porém eu de nenhum modo queria passar por criança e, enfatuado pelo orgulho, tinha-me na conta de grande!

6. Seduzido pelo maniqueísmo

Caí assim nas mãos de homens orgulhosamente extravagantes, demasiado carnais e loquazes.

Havia na sua boca laços do demônio e um engodo, preparado com a mistura de sílabas do vosso nome, do de Nosso Senhor Jesus Cristo e do Paráclito consolador, o Espírito Santo.

Jamais estes nomes se lhes retiravam dos lábios, mas eram apenas sons e estrépito da língua. O seu coração estava vazio de sinceridade. Diziam: "Verdade e mais verdade!" Incessantemente me falavam dela, mas não existia neles!

Exprimiam-se falsamente não só de Vós, que verdadeiramente sois a Verdade, mas ainda acerca dos elementos deste mundo, criaturas vossas. A respeito destas, por amor de Vós, Pai sumamente bom e Formosura de todas as formosuras, tive de ultrapassar, nos raciocínios, aos filósofos, ainda mesmo aos que falam com exatidão.

Ó Verdade, Verdade, pela qual intimamente suspiravam as fibras da minha alma, ainda mesmo quando eles frequentemente e de muitos modos te pronunciavam apenas com os lábios e te liam em muitos e volumosos livros! As iguarias que me apresentavam a mim, faminto da vossa graça, eram, em vez de Vós, o sol e a lua, lindas obras vossas, mas enfim obras vossas e nunca Vós mesmo. Aquelas nem sequer são as primeiras da criação. Com efeito, as vossas criaturas espirituais são superiores às corpóreas, ainda que estas se apresentem brilhantes e se movam no céu. Mas também não era dessas primeiras criaturas que eu andava faminto e sequioso, mas sim de Vós, de Vós, Verdade em que não há "mudança nem sombra de vicissitude"[8].

Naquelas bandejas serviam-me então ficções brilhantes. Já era mais acertado amar este sol, verdadeiro ao menos para os olhos, do que estimar estas falsidades, que pelos olhos iludiam a inteligência. Contudo, porque julgava que éreis Vós, alimentava-me com aqueles manjares, mas não avidamente, porque não vos saboreava na minha boca, tal qual sois. Nem estáveis naquelas ficções vãs que, longe de me nutrirem, mais me debilitavam.

A comida, em sonhos, é muitíssimo semelhante à comida dos que estão acordados. Contudo os que dormem não se alimentam, porque dormem. Mas aquelas coisas de nenhum modo Vos eram semelhantes, como Vós me comunicastes depois, porque eram espectros corpóreos, falsos corpos. Mais verdadeiros do que eles são os corpos celestes ou terrestres que vemos realmente com os olhos carnais. Vemo-los como os veem os animais e as aves, e têm mais realidade do que ao imaginá-los.

Do mesmo modo, essas imagens são mais reais do que as conjeturas que formulamos acerca de outros corpos mais grandiosos e infinitos, mas que de modo nenhum existem.

Destas quimeras me alimentava eu, então, sem me saciar. Mas Vós, meu Amor, diante de quem desfaleço para me tornar forte, não sois estes corpos que vemos, mesmo que seja no céu. Não sois nada daqueles seres que aí não vemos, porque Vós os ocultastes e não os considerais obras-primas das vossas mãos. Quão longe estais, portanto, daquelas minhas quimeras, ficções de corpos que de nenhum modo existem! Mais certas que elas são as imagens dos corpos que existem e mais certas ainda que estas mesmas imagens são os próprios corpos que Vós não sois. Mas também não sois a alma que é a vida dos corpos – esta vida dos corpos melhor e mais real do que os corpos – porém sois a vida das almas, a Vida das vidas, que vive em razão de si mesma, e que não muda, ó Vida da minha alma!

---

8. Tg 1,17.

Onde então estáveis para mim e quão distante? Peregrinava longe de Vós, excluído até das bolotas dos animais imundos, com que eu os alimentava[9]. Quanto melhores, na verdade, eram as fábulas dos gramáticos e poetas do que aqueles enganosos laços!

Com efeito, os versos, o canto e o *voo de Medeia* são certamente mais úteis que os cinco elementos do mundo[10], coloridos de mil modos, em razão dos cinco antros de trevas, que, além de não existirem, matam a quem neles acredita. Porém à poesia e ao verso transformo-os em delicioso alimento de meu espírito. Além disso, ainda que cantasse o "voo de Medeia", contudo, não afirmava a sua autenticidade, e, mesmo ao ouvi-lo cantar, não lhe dava crédito. Mas - ai! ai de mim! - acreditei nos erros dos maniqueístas[11]. Por que passos ia descendo até ao profundo do inferno, trabalhando e consumindo-me com a falta da verdade, quando eu vos procurava!

---

9. Alusão à Parábola do Filho Pródigo.

10. Os cinco elementos eram: fumaça, trevas, fogo, água e vento. Da fumaça nasceram os bípedes; das trevas, as serpentes; do fogo, os quadrúpedes; da água, os animais que nadam; e do vento, as aves (Santo Agostinho, *De Haeresibus*, cap. XLVI, *Opera Omnia*, tomo X, 3. ed., Veneza, 1797).

11. O maniqueísmo espalhou-se principalmente pela Pérsia, Egito, Síria, África do Norte e Itália. Esta seita foi fundada por Maniqueu (ou Manes), o qual, perseguido pelo rei e pelos magos do seu país, a Pérsia, teve de refugiar-se na Mesopotâmia. Voltou à pátria, onde foi esfolado vivo e atirado às feras.
O maniqueísmo misturava as doutrinas de Zoroastro com o cristianismo. Eis os pontos principais da sua doutrina: desde toda a eternidade existem dois princípios, o do Bem e o do Mal. O primeiro, que se chama Deus, domina o reino da luz e Ele mesmo é luz imaculada, que só pela razão e não pelos sentidos se pode perceber. O segundo chama-se Satanás, rei das trevas; é mau quanto à sua natureza, pois é matéria infeccionada.
Ambos comunicam a sua substância a outros seres, que são bons ou maus conforme a sua origem. Houve luta entre o reino da luz e o das trevas. Os demônios arrebataram partículas de luz. Satanás gerou Adão e comunicou-lhe essas partículas, que seriam as almas dos homens.
Deus, para libertar a luz do cativeiro da matéria, criou, por intermédio dos espíritos antagonistas dos demônios, o sol e a lua, os astros e a terra. Esta é de matéria inteiramente corrompida.
O homem compõe-se de três partes: de corpo, oriundo do mal, de espírito, oriundo de Deus, e de alma insensível, cheia de maus apetites e dominada por satanás. Deus enviou Cristo para salvar os homens. O Espírito Santo, menor que o Filho, também de substância puríssima, age beneficamente ao contrário dos demônios que só provocam calamidades. Cristo tomou um corpo aparente e por isso a sua morte não foi verdadeira. Maniqueu dizia-se o enviado de Deus para completar a obra de Cristo. Os maniqueístas acreditavam na purificação das almas através de diversos corpos. Deviam castigar o corpo e abster-se, quanto possível, da matéria. Mas os vícios pululavam entre eles... A seita maniqueísta, para imitar o Colégio Apostólico, tinha à frente um chefe, seguiam-se 12 ministros, 72 bispos, e por fim, os diáconos e presbíteros. Celebravam missa sem vinho, festejavam o domingo, Sexta-feira Santa e o dia aniversário da morte de Manes (cf. *De Haeresibus*, cap. XLVI).

Meu Deus, a Vós o confesso, a Vós que de mim vos compadecestes quando ainda não vos conhecia, quando vos buscava não segundo a compreensão da inteligência, mas segundo o raciocínio da carne.

Vós, porém, éreis mais íntimo que o meu próprio íntimo e mais sublime que o ápice do meu ser! Encontrei aquela mulher audaz e desprovida de prudência, enigma de Salomão, assentada à porta numa cadeira, dizendo: "Comei à vontade o pão tomado às escondidas e bebei a doçura da água roubada"[12]. Ela me seduziu, porque me encontrou fora de mim, habitando nos olhos da minha carne e ruminando o que por eles tinha devorado.

7. Vencido pela ignorância e pelos maniqueístas

Com efeito, eu ignorava outra realidade cuja existência é indubitável. Era como que impelido por uma aguilhada a submeter-me à opinião de insensatos impostores, quando me perguntavam a origem do mal, se Deus era ou não limitado por forma corpórea, se tinha cabelos e unhas, se se deviam reputar justos os que possuíam simultaneamente muitas mulheres, os que assassinavam homens e sacrificavam animais.

Perturbava-se a minha ignorância com estas perguntas. Assim, afastava-me da verdade com a aparência de caminhar para ela, porque não sabia que o mal é apenas a privação do bem, privação cujo último termo é o nada.

Como podia eu conhecê-lo, se meus olhos só atingiam o corpo e meu espírito não via mais do que fantasmas?

Ignorava que Deus é espírito e não tem membros dotados de comprimento e de largura, nem é matéria porque a matéria é menor na sua parte do que no seu todo. Ainda que a matéria fosse infinita, seria menor em alguma das suas partes, limitada por um certo espaço, do que na sua infinitude! Nem se concentra toda inteira em qualquer parte, como o espírito, como Deus.

12. Pr 9,17.

Desconhecia inteiramente que princípio havia em nós segundo o qual na Sagrada Escritura se diz que "fomos feitos à imagem de Deus"[13].

Ignorava a verdadeira justiça interior que não julga pelo costume, mas pela lei retíssima de Deus Onipotente. Segundo ela formam-se os costumes das nações e dos tempos, consoante as nações e os tempos, permanecendo ela sempre a mesma em toda a parte, sem se distinguir na essência ou nas modalidades, em qualquer lugar. À face desta lei foram justos Abraão, Isaac, Jacó, Moisés, Davi e todos os que Deus louvou por sua própria boca.

A estes tiveram-nos na conta de loucos os ignorantes, que julgam conforme a sabedoria humana e avaliam todos os costumes do gênero humano pela medida dos seus – tal qual um néscio que, desconhecendo na armadura o que é apto a cada parte do corpo, quisesse cobrir a cabeça com uma couraça e guarnecer os pés com um capacete e se queixasse de que não se adaptavam convenientemente. Ou como se num dia, cuja tarde fosse declarada feriado, alguém se irritasse por não lhe ser concedido expor mercadorias à venda, sob o pretexto de que lhe fora permitido de manhã! Ou como se na mesma casa alguém visse um escravo manuseando qualquer coisa que não é permitido tocar ao copeiro, ou fazer atrás de uma estrebaria qualquer serviço proibido à mesa, e se indignasse de que sendo uma só a habitação, uma só a família, não tenham todos as mesmas atribuições em toda a parte.

Tais são os que se irritam por terem ouvido dizer que noutros tempos se permitia aos justos o que agora lhes é vedado e que Deus, por razões momentâneas, preceituou aos primeiros uma coisa e aos vindouros outra, estando uns e outros sujeitos à mesma injustiça. Como se não vissem que no mesmo homem, no mesmo dia e na mesma casa, tal coisa convém a este membro, tal outra àquele. O que há pouco era permitido, já não o é agora. Certas coisas que antes eram lícitas e até prescritas, agora são justamente proibidas e castigadas.

---

13. Gn 1,27.

Porventura a justiça é desigual e mutável? Não. Os tempos a que ela preside é que não correm a par, pois são tempos. E os homens – cuja vida sobre a terra é breve – não sabem harmonizar pelo raciocínio as razões dos tempos passados e dos outros povos, porque delas não tiveram conhecimento direto. Mas podem verificar facilmente pela experiência própria, no mesmo corpo, no mesmo dia e na mesma casa, o que convém a tal membro, a tais circunstâncias, a tal lugar ou a tais pessoas. No primeiro caso escandalizam-se, mas no segundo já se conformam.

Estas coisas desconhecia-as eu então e não refletia. De todos os lados feriam os meus olhos sem que as visse. Declamava versos e também não me era lícito colocar um *pé* onde me aprouvesse, mas sim conforme as exigências do metro e ainda num só verso não podia meter o mesmo pé em todas as partes. A própria arte da prosódia, segundo a qual recitava, não constava de uma coisa aqui, outra ali. Pelo contrário, constituía um conjunto de regras. Não reparava que a justiça, a que os homens retos e santos se sujeitaram, formava nos seus preceitos um todo muito mais belo e sublime. Não varia na sua parte essencial, nem distribui e determina, para as diversas épocas, tudo simultaneamente, mas o que é próprio de cada uma delas.

Na minha cegueira, censurava os piedosos patriarcas, que não só usavam do presente, conforme os preceitos e inspirações de Deus, mas também prefiguravam o futuro, segundo o que Deus lhes revelava.

8. A moral e os costumes

Em que tempo ou lugar será injusto que "amemos a Deus com todo o nosso coração, com toda a nossa alma e com toda a nossa mente, e que amemos o próximo como a nós mesmos"?[14] Por isso as devassidões contrárias à natureza, sempre e em toda a parte se devem detestar e punir, como o foram os pecados de Sodoma. Ainda que todos os povos os cometessem, cairiam na

14. Mc 12,30; Mt 22,37-39.

mesma culpabilidade de pecado, segundo a lei de Deus que não fez os homens para assim usarem dele.

Efetivamente, viola-se a própria união que deve existir entre Deus e nós, quando a natureza, de quem Ele é autor, se mancha pelas paixões depravadas. Porém as torpezas luxuriosas, contrárias aos costumes humanos, devem-se repelir, em razão da diversidade de costumes, a fim de que, por nenhuma desvergonha de cidadão ou de estrangeiro, se quebre o pacto estabelecido pelo costume ou lei de uma cidade ou nação.

É, pois, indecorosa qualquer parte que não condiz com o seu todo. Contudo, quando Deus ordena alguma coisa contra os costumes ou contra quaisquer convenções, ainda mesmo que esse preceito jamais aí se haja observado, deve restaurar-se. Se é lícito ao rei da cidade a que preside dar uma ordem que antes dele jamais alguém, nem sequer ele mesmo, prescreveu, e se o obedecer-lhe não vai contra os princípios sociais da cidade, antes é contrário a eles o desobedecer-lhe - pois a obediência aos reis é um pacto geral da sociedade humana - com quanto maior razão se deve obedecer, sem hesitações, às ordens de Deus, Rei efetivo de toda a criação?

De fato, assim como nos poderes que existem na sociedade humana o maior se impõe ao menor, para que este lhe preste obediência, assim Deus domina a todos.

O mesmo sucede nos atos em que aparece o desejo perverso de fazer mal, quer pela injúria quer pela agressão. Uma e outra coisa têm sua origem ou no desejo de vingança, como a hostilidade entre dois inimigos; ou no furto dos bens alheios, como no caso em que o ladrão ataca o viajante; ou na intenção de evitar a desgraça, como acontece àquele que se faz temido; ou nasce da inveja, como quando um miserável quer mal ao afortunado ou àquele que se lhe avantaja em alguma particularidade, receando ser por ele igualado ou sofrendo por ele lhe ser igual. Esses atos culpáveis podem também provir unicamente do prazer de contemplar o infortúnio alheio, como por exemplo nos que assistem aos combates de gladiadores ou nos que se riem e escarnecem de outras quaisquer pessoas.

Tais são os capítulos da iniquidade que brotam da paixão de dominar, de ver e de sentir, de uma ou duas paixões ou simultaneamente de todas. Vive-se pecaminosamente contra os mandamentos, contra o saltério de dez cordas, que é o vosso decálogo, ó Deus tão sublime e tão suave. Mas que ações pecaminosas Vos podem afligir, a Vós, a quem a corrupção não atinge? Ou que pecados se podem levantar contra Vós, a quem nada pode prejudicar? Punis o que os homens cometem contra si próprios, porque ainda mesmo quando vos ofendem, agem impiamente contra as suas almas. A própria iniquidade se engana a si mesma, corrompendo-se e pervertendo-se na sua natureza, feita e ordenada por Vós, quer servindo-se imoderadamente das coisas que lhe são lícitas quer ardendo na concupiscência do ilícito, "no uso daquilo que é contra a natureza"[15].

Agem pecaminosamente revoltando-se contra a vossa vontade, de coração ou com palavras, e recalcitrando contra o aguilhão. Ofendem-vos igualmente quando, transpostos os limites da sociedade humana, se alegram audaciosamente com as facções ou com as desavenças, conforme o que lhes trouxer agrado ou mal-estar.

Tudo isto sucede quando sois abandonado, ó fonte de vida, único e verdadeiro Criador e Senhor de tudo! Neste caso, por orgulho individual, ama-se a parte falsamente tomada como um todo.

É pela piedade humilde que se vai até Vós, para purificardes os nossos maus hábitos. Por causa dela, vos mostrais indulgente para com os pecados daqueles que os confessam e ouvis os gemidos dos cativos carregados de ferros. Deste modo, soltai-nos dos grilhões por nós mesmos preparados, contanto que jamais ergamos contra Vós "os chifres de uma falsa liberdade", cobiçosos de possuir mais haveres, com risco de tudo perdermos prejudicialmente, se amarmos mais o nosso egoísmo do que a Vós, soberano Bem.

---

15. Rm 1,26.

9. As imperfeições

Mas a par de tantos delitos, crimes e iniquidades, há também as imperfeições dos que vão progredindo, censurados pelos que julgam retamente segundo as normas da perfeição e louvados pela esperança de proveito que anunciam, assim como a verdura é indício prometedor de uma seara.

Há certos atos que se assemelham a delitos ou a maldades, e contudo não são pecados porque nem vos ofendem a Vós, Senhor nosso, nem ao convívio social. Por exemplo, quando se procura alcançar alguma coisa útil à vida e aos tempos, não se sabendo se é por desejo desregrado de possuir, ou quando uma autoridade, legalmente estabelecida, castiga pelo desejo de corrigir, duvidando-se se o pratica pelo prazer de fazer mal.

Deste modo muitas ações que aos homens parecem reprováveis são, pelo vosso testemunho, aprovadas. Pelo contrário, há muitas ações que os homens louvam e que o vosso testemunho condena, porque a aparência do ato e a disposição do que o pratica, bem como as circunstâncias ocultas do tempo, não se correspondem plenamente. Mas quando subitamente ordenais alguma coisa imprevista e extraordinária, posto que alguma vez a tenhais proibido e ocultеis temporariamente a razão desse preceito, quem duvida que a devamos cumprir, embora seja contra as convenções sociais de alguns indivíduos? Só é justa a sociedade que vos obedece.

Felizes aqueles que sabem o que Vós lhes preceituastes!

Tudo o que os vossos servos praticam se dirige ou a executar o que presentemente é preciso ou a significar o futuro.

10. Extravagâncias heréticas

Porque desconhecia estas verdades ria-me dos vossos santos e profetas. Que fazia eu, quando me ria deles, senão dar motivo a que Vos rísseis de mim? Pouco a pouco, insensivelmente, cheguei à extravagância de crer que um figo, ao ser colhido, chorava, juntamente com a mãe, a figueira, lágrimas de leite! Mas se algum "santo"[16] comesse o figo, criminosamente colhido não por ele, mas por outrem, misturando-o nas suas entranhas, arrotando e gemendo entre orações, exalaria anjos e até partículas de Deus!

Essas partículas do soberano e verdadeiro Deus ficavam presas no fruto, a não ser que fossem libertadas pelos dentes e estômago de um *Eleito*. Pobre de mim! Julgava que aos frutos da terra se devia mais piedade do que aos homens para quem o solo os produz. Pois se algum esfomeado, que não fosse maniqueísta, me pedisse de comer, o dar-lhe umas migalhas quase me parecia merecer a pena capital.

11. O sonho de Mônica

Mas Vós, lá do alto, estendestes a mão e arrancastes a minha alma desta voragem tenebrosa, enquanto minha mãe, vossa fiel serva, junto de Vós chorava por mim mais do que as outras mães choram sobre os cadáveres dos filhos. É que ela, com o espírito de fé com que a dotastes, via a morte da minha alma. Vós, Senhor, escutastes seus rogos, a ouvistes. Não desprezastes as lágrimas, que, brotando-lhe dos olhos, regavam a terra por toda a parte em que orava.

Sim, vós a ouvistes.

Com efeito, donde podia vir aquele sonho, com que de tal modo a consolastes que condescendeu em viver comigo e assentar-se, em casa, à mesma mesa? Durante um certo tempo recusou a minha morada, porque aborrecia e detestava as blasfêmias do meu erro. Nesse sonho viu-se de pé sobre uma régua de madeira. Um jovem airoso e alegre veio ao seu encontro a sorrir-lhe, enquanto ela se conservava triste e amargurada. Perguntando-lhe ele as causas do acabrunhamento e das lágrimas quo-

16. A palavra "santo" neste caso significa todo aquele que cumpria exatamente os preceitos de Maniqueu. De duas classes de fiéis se compunha a Igreja Maniqueísta: de "ouvintes" (*auditores*) e de eleitos. Estes formavam a hierarquia sacerdotal.

tidianas – não para saber, mas para instruir, como é costume – e, respondendo-lhe ela que chorava a minha perdição, mandou-a sossegar, aconselhando-a a que atendesse e visse que onde ela se encontrava lá estaria eu também. Apenas olhou, viu-me junto de si, de pé, na mesma régua.

Donde poderia vir tudo isto, se os vossos ouvidos não se inclinassem sobre o seu coração? Ó bondosa Onipotência que olhais por cada um de nós como se de um só cuidásseis, velando por todos como por cada um!

Como explicar o fato seguinte? Narrando-me esta visão, esforcei-me por interpretá-la de modo que ela não desesperasse de vir a ser o que eu era, isto é, maniqueísta.

Declarou-me imediatamente, sem a mínima hesitação: "Não, não me foi dito: onde ele está, aí estarás tu; mas sim: onde tu estás, aí estará ele também".

Senhor, quanto me posso lembrar, confesso-vos o que muitas vezes tenho dito: mais do que o próprio sonho, abalou-me então aquela vossa resposta dada por intermédio da solicitude de minha mãe. Esta não se perturbou com aquela interpretação falsa, mas tão prontamente viu o que devia ver, e o que eu, na verdade, não vira, antes que ela o dissesse.

Por meio deste sonho, foi anunciada com antecedência a esta piedosa mulher, para lenitivo da sua aflição presente, uma alegria que só devia dar-se muito tempo depois.

Seguiram-se, efetivamente, quase nove anos mais, em que, tentando muitas vezes levantar-me, caía mais gravemente e me revolvia nesse lodo profundo e nas trevas da mentira. Entretanto, aquela viúva casta, piedosa e sóbria – como Vós a quereis – já, certamente, mais alegre pela esperança, mas não menos remissa em prantos e gemidos, não se cansava de vos fazer queixa de mim, durante as horas em que orava. "As suas preces chegaram à vossa presença"[17]. Contudo, Vós me deixáveis ainda *revolver* e *envolver* naquela escuridão.

---

17. Sl 82,3.

12. Teu filho não perecerá!

Nessa mesma ocasião me destes outra resposta de que ainda me lembro. Como estou com pressa de vos confessar o que é de mais urgência, deixo de referir algumas coisas, não falando já de muitas outras de que não me recordo. Vós me destes pois outra resposta, por meio de certo bispo[18], ministro vosso que crescera à sombra do santuário, e muito douto nos vossos livros.

Pedira-lhe minha mãe que se dignasse falar comigo, refutar-me os erros, afastar-me do mal, ensinar-me o bem. Costumava fazer isto mesmo com todos os que achava dispostos. Recusou-se, porém, sem dúvida por prudência, como depois vim a perceber. Respondeu que eu era ainda indócil, por me encontrar enfatuado com a novidade daquela heresia e por ter já embaraçado, com certas objeções fáceis, a muitos ignorantes, como ela lhe acabava de dizer. E acrescentou: "Deixe-o ficar onde está; limite-se a rezar por ele a Deus; pela leitura ele mesmo reconhecerá o erro e quão grande é a sua impiedade".

Ao mesmo tempo contou que também ele, em criança, tinha sido entregue aos maniqueístas pela mãe, seduzida pelo erro; que não só lera, mas copiara também quase todos os seus livros; que, sem qualquer controvérsia e sem que ninguém procurasse convencê-lo, chegara à conclusão de que tinha de abandonar aquela seita, e que por isso a deixara.

Depois de assim falar, não querendo ela sossegar e instando com mais súplicas e mais copiosas lágrimas, para que me visse e discutisse comigo, disse-lhe o bispo já um pouco enfadado: "Vai em paz e continua a viver assim, porque é impossível que pereça o filho de tantas lágrimas!"

Muitas vezes recordava ela, mais tarde, nas suas conversas comigo, que recebera aquelas palavras como vindas do céu.

18. Provavelmente o bispo de Cartago, cujo nome é desconhecido.

LIVRO IV

O professor

1. Nove anos de erro

Durante esse período de nove anos desde os dezenove até aos vinte e oito, cercado de muitas paixões, *era seduzido e seduzia, era enganado e enganava:* às claras, com as ciências a que chamam liberais, e às ocultas sob o falso nome de religião. Aqui ostentava-me soberbo, além supersticioso e em toda a parte vaidoso. Ora corria atrás da futilidade da glória popular, até aos aplausos dos teatros, aos jogos florais, ao torneio de coroas de feno, às bagatelas de espetáculos e paixões desenfreadas, ora desejando purificar-me destas nódoas, conduzindo aos que eram chamados "eleitos" e "santos", alimentos com que, na oficina dos seus estômagos, fabricassem anjos e deuses que me dessem a liberdade. Seguia estas práticas, dando-me a elas com meus amigos, iludidos por mim e comigo.

Gracejam de mim os orgulhosos e os que ainda não foram salutarmente prostrados e esmagados por Vós, meu Deus. Eu para vosso louvor hei de confessar meus erros. Permiti-me, eu vo-lo peço, e concedei-me que percorra com memória fiel os desvios passados dos meus erros, imolando-vos uma vítima de louvor.

Com efeito, sem Vós, que sou para mim mesmo, senão um guia para o abismo? Que sou, quando tudo me corre bem, senão um pequenino sugando o vosso leite e gozando de Vós, alimento que não se corrompe? E quem é o homem, seja quem for, se é homem? Riam-se de mim os fortes e os poderosos, mas eu, fraco e pobre, confesso-me a Vós.

2. Pela estrada larga...

Ensinava por aqueles anos retórica; e, vencido pela cobiça, vendia esta vitoriosa verbosidade. Contudo, como sabeis, Senhor, preferia ter bons discípulos, dos que se chamam “bons”, e, com simplicidade, ensinava-lhes artifícios para deles usarem, não contra a vida de um inocente, mas em proveito, por vezes, da vida de um criminoso. E Vós, meu Deus, vistes de longe resvalar num caminho escorregadio e cintilar com muita fumaça esta minha boa-fé, que eu no ensino mostrava aos amantes da vaidade, indagadores da mentira. Nisto era-lhes companheiro.

Por esses anos tinha em minha companhia uma mulher que não havia sido reconhecida em matrimônio que se chama legítimo, e que fora procurada por um inquieto ardor, falho de prudência. Mas era só uma, e guardava-lhe a fidelidade do leito. Com meu exemplo aprendi claramente, por experiência, qual é a distância que existe entre a moderação do prazer conjugal, contratado em vista da geração, e o pacto do amor sensual. Deste também nascem filhos, mas contra a vontade dos pais, se bem que, uma vez nascidos, se vejam obrigados a amá-los.

Recordo-me também que, sentindo vontade de concorrer a um certame de poesia dramática, não sei que feiticeiro me mandou perguntar que dádiva lhe queria oferecer, para eu sair vencedor. Mas eu, que detestava e abominava práticas tão nojentas, respondi-lhe que não consentia que se matasse uma mosca para ganhar a vitória, mesmo que o prêmio fosse uma coroa de ouro incorruptível. Sim, porque esse homem tinha de matar animais, em sacrifício, julgando ele que, com tais honras, convidaria os demônios a me darem o voto. Mas não foi por amor da vossa pureza, ó Deus do meu coração, que repudiei este crime. Não sabia amar-vos quem não sabia conceber senão esplendores corpóreos. Não é verdade que a alma que suspira por tais quimeras “se aniquila longe de Vós”[1], coloca sua confiança na falsidade e

---

1. Sl 72,27.

"apascenta ventos"?[2] Não queria, é certo, que, por minha causa, se sacrificasse aos demônios, mas, por superstição, sacrificava-lhes a alma! Com efeito que significa "apascentar ventos" senão apascentar os espíritos diabólicos, isto é, tornarmo-nos, por nossos erros, objeto do seu prazer e menosprezo?

3. A sedução da astrologia

Não desistia, por isso, totalmente, de consultar os embusteiros, a que chamam matemáticos[3], por me parecer que não sacrificavam nem dirigiam preces a nenhum espírito para adivinhar o futuro: ação que, consequentemente, repele e condena a piedade cristã e verdadeira. Bom é, portanto, confessar-se o homem a Vós, Senhor, e dizer-vos: "Compadecei-vos de mim, curai a minha alma porque pequei contra Vós"[4]. Porém não deve abusar da vossa indulgência para se dar permissão de pecar. Deve antes lembrar-se da palavra do Senhor: "Eis-te curado; não peques mais, para que não te aconteça algo pior"[5].

Ora, esses astrólogos procuram destruir o efeito salutar deste conselho, quando dizem: "A causa inevitável de pecares vem-te dos céus". Também afirmam: "Foi Vênus, ou Saturno ou Marte quem praticou esta ação". Evidentemente para que o homem, carne, sangue e orgulhosa podridão, se tenha por irresponsável e atribua toda a culpa ao Criador e Ordenador do céu e dos astros. E este quem é senão Vós, nosso Deus, suavidade e origem da justiça que haveis de pagar a cada um segundo as suas obras e não desprezais o coração contrito e humilhado?

Ora, havia neste tempo um homem sagaz, peritíssimo e nobilíssimo na arte da medicina. Foi este quem, por sua própria mão, me colocou na cabeça doentia a coroa, o prêmio do concurso. Colocou-a como procônsul, não como médico, pois só Vós

2. Os 12,1.

3. Sinônimo de astrólogos.

4. Sl 40,14.

5. Jo 5,14.

"que resististis aos soberbos e dais graça aos humildes"[6] curais desta doença. Mas, ainda que não fosse mais que pela mão daquele velho, me abandonastes ou cessastes de proporcionar remédios à minha alma?

Tendo mais familiaridade com ele, estava atento e assiduamente suspenso das suas conversas que, sem atavios de palavras, eram, pela viveza do pensamento, agradáveis e solenes. Logo que, por conversa, chegou ao conhecimento de que me tinha dado à leitura dos livros dos astrólogos, admoestou-me, com paternal benevolência, a que os rejeitasse e, em tal quimera, não despendesse cuidado e trabalho que me seriam necessários para assuntos de utilidade.

Acrescentou que se tinha entregado também a este estudo, a ponto de, nos seus primeiros anos, ter tido o desejo de o adotar como profissão para manter a vida. Já compreendia Hipócrates[7] e assim poderia também entender aqueles livros. Contudo, abandonou-os, para seguir a medicina, só pelo motivo de ter descoberto a sua falsidade absoluta. Como homem sério, não queria ganhar o pão enganando os outros. "Mas tu, disse-me ele, tens a retórica para te manteres na sociedade. Segues estas mentiras não por necessidade, mas por gosto e de livre-arbítrio. Para que mais confiadamente me acredites, repara que quem te diz isso sou eu que estudei astrologia com tanto ardor, como quem dela somente queria viver"[8].

Perguntei-lhe então o motivo por que saíam certos tantos presságios. Respondeu-me, como pôde, que era pela força do acaso espalhado por toda a parte na natureza. Se alguém, dizia ele, consulta casualmente as páginas de qualquer poeta, que de propósito cante um assunto inteiramente indiferente, depara muitas vezes com um verso, admiravelmente adaptável à sua preocupação. Não é para admirar que, em virtude de algum instinto superior, soe, na alma humana, inconsciente do que em si

---

6. 1Pd 5,6; Tg 4,6.

7. O maior médico da Antiguidade, nascido na Ilha de Cós na Grécia pelo ano de 460 a.C.

8. O médico chamava-se Vindiciano (cf. Carta 138, *ad Marcellinum*).

se passa, alguma palavra que se harmonize, não por arte, mas por acaso, com os gestos e fatos do investigador.

Foi isto o que, daquele médico, ou, antes, por meio dele, me fizestes aprender. Pintastes em minha memória o que mais tarde devia procurar por mim mesmo. Mas, por então, nem ele nem o meu queridíssimo Nebrídio, jovem tão bom e tão casto, que mofava de toda essa arte de adivinhar, me puderam persuadir a que a rejeitasse; porque, mais do que eles, movia-me a autoridade dos seus autores. Também não tinha ainda encontrado prova evidente, que eu procurava, por onde pudesse ver sem ambiguidade que os presságios dos astrólogos consultados saíam certos por acaso ou sorte, e não pela arte da observação dos astros.

4. A perda de um amigo

Por aqueles anos, no tempo em que começava a ensinar no município onde nasci, travei relações com um amigo que, por ser meu companheiro nos estudos, por ter a minha idade e estar, como eu, na flor da juventude, me veio a ser muito querido. Menino, havia crescido comigo, tínhamos andado juntos na escola e juntos jogado também. Mas, então, ainda não era amigo íntimo, nem mesmo mais tarde a nossa amizade foi verdadeira. Com efeito só há verdadeira amizade, quando sois Vós quem enlaça os que vos estão unidos “pela caridade difundida em nossos corações pelo Espírito Santo que nos foi dado”[9]. Contudo, era-me sumamente doce esta amizade aquecida ao calor de idênticos estudos.

Da verdadeira fé que ele na adolescência já não conservava íntima nem profundamente, eu o tinha arrastado para as minhas quimeras supersticiosas e funestas que faziam derramar lágrimas a minha mãe. Quanto a ideias, já este homem andava comigo errante. Minha alma já não podia passar sem ele. Mas eis que, indo no encalço dos escravos fugitivos, Vós, ó Deus de vingança, que sois juntamente fonte de misericórdia e nos converteis por

9. Rm 5,5.

modos admiráveis, eis que o levastes desta vida, quando apenas se tinha passado um ano sobre esta amizade, para mim mais doce que todas as suavidades da minha vida.

Que homem haverá, um só que seja, que possa enumerar os vossos louvores, ainda dos que só em si experimentou? Oh! o que não fizestes Vós, então, ó meu Deus! Como é impenetrável o abismo dos vossos juízos! Lutando ele com febre, jazeu por muito tempo, sem acordo, banhado em mortal suor. Sendo o caso desesperado, batizaram-no, sem ele o saber. Não me importei com isto, persuadido de que o seu espírito reteria antes o que de mim recebera que a cerimônia feita sobre o corpo inanimado. Mas sucedeu inteiramente o contrário. Recobrou ânimo e melhorou. Imediatamente, apenas pude falar com ele – o que se realizou logo que ele também pôde, de tal maneira dependíamos um do outro que não me afastava do seu lado –, tentei pôr a ridículo, na sua presença, o batismo que recebera com privação do entendimento e dos sentidos. Mas já lhe tinham dito que o havia recebido. Olhou-me, então, com horror como a inimigo. Com incrível e brusca liberdade, avisou-me que, se queria continuar a ser seu amigo, acabasse com tais modos de falar. Estupefacto e perturbado reprimi toda a emoção, esperando que convalescesse e recuperasse as forças da saúde, para assim poder tratar com ele o que quisesse. Mas, arrancado à minha louca amizade, a fim de consolar a minha alma e se conservar junto de Vós, poucos dias depois, estando eu ausente, recai na febre e expira.

Com tal dor, entenebreceu-me o coração. Tudo o que via era morte. A pátria era para mim um exílio, e a casa paterna, um estranho tormento. Tudo o que com ele comunicava, sem ele convertia-se-me em enorme martírio. Meus olhos indagavam-no por toda a parte e não me era restituído. Tudo me aborrecia, porque nada o continha e ninguém me avisava "ali vem ele!" como quando voltava, ao encontrar-se ausente. Tinha-me transformado num grande problema. Interrogava a minha alma por que andava triste e se perturbava tanto e nada me sabia responder. Se lhe dizia: "Espera em Deus", não obedecia. E com razão, pois o homem tão querido que eu perdera era mais verdadeiro e melhor que o fantasma em que lhe mandava ter esperança. Só o choro me era doce. Só ele sucedera ao meu amigo, nas delícias da alma.

5. O reconforto das lágrimas

Agora, Senhor, já tudo passou e o tempo aliviou a minha ferida. Poderei aproximar da vossa boca o ouvido do coração, para ouvir de Vós, que sois a Verdade, o motivo por que o choro é doce aos desgraçados? Ainda que vos acheis presente em toda a parte, repelistes para longe de Vós a nossa miséria? Permaneceis também em Vós mesmo, quando somos revolvidos pelos acontecimentos? Se não chorarmos a vossos ouvidos, nada restará da nossa esperança. Donde provém o suave fruto que se colhe da amargura da vida, dos gemidos, dos prantos, dos suspiros, das queixas? Encontraremos aí doçura, pela esperança que temos de nos atenderdes? Na verdade, isto sucede na oração, porque esta encerra a ânsia de chegar até Vós.

Mas ter-se-á dado o mesmo caso com a dor do objeto perdido e a tristeza que então me cobriam? Já não esperava que o meu amigo revivesse nem o suplicava com lágrimas. Só me condoía e chorava, porque era infeliz e tinha perdido a minha alegria. Sucederia isto porque o pranto - que de si é amargo - nos deleita quando nos invade o fastio dos prazeres que antes gozávamos, andando nós aborrecidos com eles?

6. Violência da dor

Mas para que falar de tudo isto, se agora não é o tempo de investigar, mas de me confessar a Vós? Era desgraçado, e desgraçada é toda a alma presa pelo amor às coisas mortais. Despedaça-se quando as perde e então sente a miséria que o torna miserável, ainda antes de as perder.

Eis o que era nesse tempo: chorava muito amargamente e descansava na amargura. Oh! era desgraçado! Todavia tinha em maior apreço essa miserável vida que aquele amigo, pois, se bem que desejasse mudar de vida, preferia, contudo, perdê-lo a ele e não a ela. Não sei se quereria morrer por ele, como se conta – se não é ficção – de Orestes e Pílades[10], que juntamente desejavam morrer um pelo outro, porque o não viverem juntos era para eles pior que a própria morte. Mas não sei que sentimento tinha nascido em mim, tão contrário a este: dominava-me um pesadíssimo tédio de viver e um medo de morrer. Creio que quanto mais o amava, mais odiava e temia, como inimigo feroz, a morte que o arrebatara a mim. Julgava que ela ia consumir, de repente, todos os homens, já que isto mesmo o pôde fazer a ele. Era exatamente este o meu estado de espírito, se bem me lembro.

Eis o meu coração, ó meu Deus, ei-lo por dentro! Reparai nestas evocações do passado, ó Esperança minha, que me limpais da imundície destas afeições, dirigindo para Vós os meus olhos e "arrancando do laço os meus pés"[11]. Admirava-me de viverem os outros mortais, quando tinha morrido aquele que eu amava, como se ele não houvesse de morrer! E, sendo eu outro ele, mais me admirava de ainda viver, estando ele morto.

Que bem se exprimiu um poeta, quando chamou ao seu amigo "metade da sua alma"![12] Ora, eu que senti que a minha alma e a sua formavam uma só em dois corpos, tinha horror à vida, porque não queria viver só com metade. Talvez por isso é que receava morrer, não viesse a morrer totalmente aquele a quem eu tanto amara.

7. Deixa Tagaste

Oh! loucura que não sabe amar os homens humanamente! Oh! que louco o homem que sofre, sem conformidade, os reveses

10. Ficaram célebres na história da Antiguidade as amizades de Aquiles e Pátroclo (cf. *Ilíada,* Canto IX e seg.), de Orestes e Pílades (Cícero, *De Amicitia,* VII), de Niso e Euríalo (*Eneida,* Canto IX).

11. Sl 24,15.

12. "Ó nau, que levas Virgílio a ti confiado, peço-te que o entregues, incólume, aos territórios da Ática, e me conserves essa metade da minha alma" (Horácio, *Odes,* I, 3).

humanos! Assim era eu então. Por isso, inquietava-me, suspirava, chorava, perturbava-me sem descanso nem circunspecção.

Trazia a alma despedaçada escorrendo sangue: repugnava-lhe ser por mim conduzida, e eu não encontrava lugar onde a depusesse. Não descansava nos bosques amenos, nem nos jogos e cânticos, nem em lugares suavemente perfumados, nem em banquetes faustosos, nem no prazer da alcova e do leito, nem finalmente nos livros e versos. Tudo me horrorizava, até a própria luz. Tudo o que não era o que ele era tinha por mau e fastidioso, exceto os gemidos e lágrimas, pois só nestas encontrava algum repouso. Mas apenas de lá arrancava a minha alma, pesava sobre mim o grande fardo da desgraça.

Sabia, ó Senhor, que a devia erguer para Vós a fim de ser curada, mas não queria nem tinha forças, tanto mais que, ao pensar em Vós, não éreis Vós, mas um fantasma irreal e o erro. Se ali tentava colocá-la para descansar, deslizava pelo vácuo e ruía sobre mim, continuando eu a ser um lugar de infelicidade, onde não podia permanecer e donde não podia afastar-me.

Para onde meu coração fugiria de meu coração? Para onde fugiria de mim mesmo? Para onde não me seguiria? Por isso fugi da pátria. Os olhos procurar-me-iam menos esse amigo lá onde não costumavam vê-lo. Da cidade de Tagaste vim para Cartago[13].

8. O tempo diminui a dor

O tempo não descansa, nem rola ociosamente pelos sentidos: pois produz na alma efeitos admiráveis. O tempo vinha e passava, dia após dia. Vindo e passando, inspirava-me novas esperanças e novas recordações. Pouco a pouco, reconfortava-me nos antigos prazeres, a que ia cedendo a minha dor. Não se sucediam, é certo, novas dores, mas fontes de novas dores. Mas por que me penetrava tão facilmente e até ao íntimo aquela dor, se-

13. Em 376.

não porque derramei na areia a minha alma, amando um mortal como se ele não houvesse de morrer?

Confortavam-me e alegravam-me sobretudo as consolações de outros amigos, com os quais amava o que amava em vez de Vós, ou seja, a extensa fábula e a longa mentira a cujo contacto impuro se corrompia o nosso espírito levado da comichão de ouvir o que lhe lisonjeava as paixões. Porém, esta fábula não morria em mim, ainda que morresse algum dos meus amigos.

Havia neles outros prazeres que me seduziam ainda o coração: conversar e rir, prestar obséquios com amabilidade uns aos outros, ler em comum livros deleitosos, gracejar, honrar-se mutuamente, discordar de tempos a tempos sem ódio como cada um consigo mesmo, e, por meio desta discórdia raríssima, afirmar a contínua harmonia, ensinar ou aprender reciprocamente qualquer coisa, ter saudades dos ausentes e receber com alegria os recém-vindos. Destes e semelhantes sinais, que, procedendo do coração dos que se amam e dos que pagam amor com amor, manifestam-se no rosto, na língua, nos olhos e em mil gestos cheios de prazer, como se fossem gravetos, inflamam-se os corações e de muitos destes se vem a formar um só.

9. A verdadeira amizade

É isto o que se ama nos amigos. De tal maneira se amam que a consciência humana se julga culpada, se não ama a quem lhe paga amor com amor, ou se não paga com amor a quem primeiro a amou, só procurando na pessoa do amigo os sinais exteriores da benevolência. Daí esse luto quando alguém morre, as trevas de dores, o coração umedecido pela mudança da doçura em angústia e a morte dos vivos pela perda da vida dos mortos.

Feliz o que Vos ama, feliz o que ama o amigo em Vós, e o inimigo por amor de Vós. Só não perde nenhum amigo aquele a quem todos são queridos naquele que nunca perdemos. E quem é esse, senão o nosso Deus, o Deus que criou o céu e a terra e os enche porque, enchendo-os, os criou? Ninguém vos perde, a não ser quem vos abandona; e, se vos deixa, para onde vai, para onde foge, senão de Vós manso, para Vós irado? Onde é que não encontra no seu castigo a vossa lei? "A vossa lei é a verdade", e "Vós a própria verdade"[14].

10. Insatisfação nas criaturas[15]

Deus das virtudes, convertei-nos, mostrai-nos a vossa face, e seremos salvos. Para qualquer parte que se volte a alma humana é à dor que se agarra, se não se fixa em Vós, ainda mesmo que se agarre às belezas existentes fora de Vós e de si mesma. Estas nada teriam de belo, se não proviessem de Vós. Nascem e morrem. Nascendo, começam a existir; crescem para se aperfeiçoarem; e, quando perfeitas, envelhecem e morrem. Nem tudo envelhece, mas tudo morre. Por isso, os seres quando nascem e se esforçam por existir, quanto mais depressa crescem para existir, tanto mais se apressam a não existir. Tal é a sua condição. Só isto lhes destes, porque são partes de coisas que não existem simultaneamente e que, desaparecendo e sucedendo-se, perfazem juntas um todo de que são partes. É assim que as conversas se completam por meio de sinais sonoros. Não existiriam na sua totalidade se cada palavra, depois de emitidas as sílabas, não se extinguisse, para outra lhe suceder.

Que minha alma vos louve por tudo isto, ó meu Deus, Criador de todas as coisas. Que não se agarre a elas pelo visco do amor que entra pelos sentidos do corpo. Também as coisas caminham para não existirem, e dilaceram a alma com desejos pestilenciais, porque ela quer existir e gosta de descansar no que ama. Mas não tem onde, porque as coisas não são estáveis: fogem. Quem as pode seguir com a sensibilidade? Quem as pode alcançar mesmo quando presentes? A sensibilidade é vagarosa porque é sensibilidade. Tal é a sua condição. É suficiente para

14. Sl 118,1-12.

15. Capítulo trágico e genial! Os seres correm velozmente para o seu termo: "O que nasceu é preciso que ceda o lugar ao que há de nascer. E toda esta ordem de seres transeuntes decorre à maneira de um rio" (Santo Agostinho, *Enarrationes in Ps. LXV,* 11).

aquilo para que foi criada; mas não o é para reter as coisas que transitam de um princípio devido para um fim que lhes é devido porque, no vosso Verbo que as criou, ouvem estas palavras: "Daqui até ali".

11. Eis a paz!...

Não sejas vã, ó minha alma, nem ensurdeças o ouvido do coração, com o tumulto da tua vaidade. Ouve também: o mesmo Verbo clama que voltes. O lugar do descanso imperturbável está onde o Amor não é abandonado, a não ser que o Amor nos abandone primeiro. Eis como estas coisas passam, para outras lhes sucederem, e, assim, se formar de todas as suas partes este mundo cá embaixo. "Afasto-me eu, porventura, para outro lugar?" – diz o Verbo de Deus. Fixa aqui, ó alma, a tua mansão. Retribui-lhe tudo o que dele alcançaste, já que estás cansada de tantos enganos.

Entrega à Verdade tudo o que tens recebido da Verdade, e não só não perderás nada, mas ainda a tua podridão reflorescerá, as tuas fraquezas serão curadas, as tuas frouxidões serão reformadas, rejuvenescidas e estreitamente unidas a ti, sem te colocarem na ladeira por onde descem, mas ficando contigo e permanecendo junto do Deus sempre estável e eterno.

Por que é que tu, perversa, segues a tua concupiscência? Que ela te siga a ti, quando retrocederes. O que por ela sentes constitui partes, e tu ignoras o todo formado por essas partes que ainda te deleitam. Mas se a sensibilidade do teu corpo fosse apta para receber o todo – e se na parte do todo não tivesse recebido, para teu castigo, a justa limitação – quererias que passasse o que presentemente existe, para que o conjunto mais te deleitasse. Ora tu ouves pelos mesmos sentidos carnais o que pronunciamos e certamente não queres que as sílabas parem, mas desejas que voem para outras lhes sucederem, para assim ouvires o conjunto. Do mesmo modo acontece com as partes que formam um todo sem que haja simultaneidade nas partes de que consta o todo. Deleita mais o todo uno quando pode ser percebido do que cada uma das partes. Mas quanto melhor que estas coisas é Aquele que as fez todas, o nosso Deus, que não passa porque nada lhe sucede!

12. O amor em Deus

Se te agradam os corpos, louva neles a Deus e retribui o teu amor ao divino Artista para lhe não desagradares nas coisas que te agradam.

Se te agradam as almas, ama-as em Deus porque são também mutáveis e só fixas nele encontram estabilidade. Doutro modo passariam e morreriam. Ama-as, portanto, nele, arrebata-lhe contigo todas as que puderes e dize-lhes: "Amemo-lo". Ele, que não está longe, foi o criador destas coisas. Não as fez para depois as deixar, mas dele vêm e nele estão. Ele está onde se saboreia a Verdade. Está no íntimo do coração, mas o coração errou longe dele.

Voltai, ó pecadores, ao coração, e ligai-vos Àquele que vos criou. Firmai-vos nele e estareis firmes. Descansai nele e descansareis. Para onde ides por caminhos escabrosos? Para onde ides? O bem que amais, dele procede. Mas só é bom e suave quando para Ele é dirigido.

Pelo contrário, será justamente amargo, se se ama injustamente o que dele provém, abandonando a Deus.

Por que andar de contínuo por caminhos difíceis e trabalhosos? Não há descanso onde o procurais. Procurais a vida feliz, onde nem sequer vida existe?

Ele, a nossa vida, desceu até nós. Suportou a nossa morte e matou-a pela abundância da nossa vida. Com voz de trovão clamou que voltássemos para Ele, para o lugar escondido donde veio a nós, descendo primeiro ao seio da Virgem onde se desposou com Ele a natureza humana, a carne mortal, para não ficar eternamente mortal. E de lá "como um esposo que sai do tálamo, deu saltos como um gigante para percorrer o seu caminho"[16]. Não se deteve, mas correu clamando com palavras, com obras, com a própria morte, com a vida, com a descida (ao Limbo), com a ascensão, clamando sempre que a Ele voltássemos.

Fugiu dos nossos olhos para que entremos no coração e aí o encontremos. Sim, separou-se de nós, com relutância, mas ei-lo aqui. Não quis estar conosco muito tempo, mas não nos abandonou. Arrancou-se donde nunca se retirou, porque "o mundo foi por Ele criado"[17], e "estava neste mundo e veio a este mundo salvar os pecadores"[18].

A Ele se confessa minha alma, a Ele seu Médico, pois contra Ele pecou. "Filhos dos homens, até quando sereis duros de coração?"[19] Será possível que, depois da descida da vida, não queirais subir e viver? Mas para onde subis quando vos levantais e "abris a vossa boca contra o céu"?[20] Descei para subirdes, para subirdes até Deus, pois vos precipitastes pensando elevar-vos contra Deus.

Alma, dize-lhes isto para que chorem neste vale de lágrimas, e, assim, os arrebates contigo para Deus, pois é o seu Espírito que te inspira estas palavras, se as disseres, ardendo no fogo da caridade.

13. O que é belo?

Por esse tempo ignorava estas verdades e amava as belezas terrenas. Caminhava para o abismo e dizia a meus amigos: "Amamos nós alguma coisa que não seja o belo? Que é o belo? Que é o belo, por conseguinte? Que é a beleza? Que é que nos atrai e afeiçoa aos objetos que amamos? Se não houvesse neles certo ornato e formosura não nos atrairiam".

---

16. Sl 18,6.
17. Jo 1,10.
18. 1Tm 1,15.
19. Sl 4,3.
20. Sl 72,9.

Eu notara e via que nos mesmos corpos se devia distinguir a beleza proveniente da união das suas partes - o todo - e a resultante da sua apta acomodação a alguma coisa, como por exemplo a parte de um corpo ao seu todo, ou o calçado ao pé, e outras semelhantes. Essas considerações borbulhavam no meu espírito desde o fundo do coração. Escrevi, por isso, os tratados *De pulchro et apto*[21], creio que em dois ou três livros. Vós o sabeis, meu Deus. Eu já me esqueci. Já não os possuo. Desapareceram-me, não sei como.

14. Homenagem a Hiério

Que motivo, Senhor e Deus meu, me levou a dedicar este tratado a Hiério, orador de Roma? Não o conhecia pessoalmente. Apenas o estimava pela brilhante reputação de ciência e por algumas palavras que, ao ouvi-las repetir, me agradaram. Era-me simpático sobretudo por agradar aos outros e todos o cumularem de louvores. Admiravam-se que um sírio de nascimento, já mestre de eloquência grega, chegasse a orador admirável da língua latina e fosse sábio profundo em assuntos de ciências filosóficas.

Louva-se um homem e, ainda que se encontre ausente, é amado. Mas esse amor, que sai da boca do que louva, entrará no coração do que ouve? Não; mas o amor de um acende-se com o amor do outro. Por isso só se ama o que é louvado, quando se está persuadido que esses louvores partem de um coração que não engana; quer dizer, quando é o afeto (sincero) que o louva.

Assim é que eu amava, então, os homens, regulando-me pelo juízo dos mesmos homens, e não pelo vosso, ó meu Deus, no qual ninguém se engana. Mas por que não os louvava como se louva um cocheiro triunfante ou um caçador do circo, aclamado pelas ovações populares? Pelo contrário, por que os louvava de modo tão diferente, com ponderação e da mesma maneira como eu o queria ser? Certamente não desejava ser louvado e esti-

---

21. "Do belo e do conveniente", primeiro livro de Santo Agostinho, escrito em 380. Perdeu-se.

mado como os comediantes, apesar de também eu os elogiar e amar. A escolher, queria antes ficar obscuro que tornar-me célebre com a arte deles. Assim antes queria ser odiado que amado.

Como se podem manter numa alma propensões de amor tão variado e diferente? Como amo noutrem o que odeio e repilo para longe de mim? Não somos ambos porventura homens? Não se pode efetivamente aplicar ao histrião, companheiro de nossa natureza, o que se diz de um bom cavalo que alguém estima e ao qual ninguém se quer assemelhar, mesmo no caso de isso ser possível?

E então, sendo eu homem, amo num homem o que me horroriza ser? Grande abismo é o homem, Senhor! Tendes contados os seus cabelos, e nenhum se perde para Vós. Contudo seus cabelos são mais fáceis de contar que os afetos e movimentos do coração!

Mas aquele retórico pertencia à classe dos que eu amava tal qual como eu mesmo queria ser amado. Eu andava errante com o orgulho e era levado em redemoinho de qualquer tufão. Mas, apesar disso, muito às ocultas, era ainda governado por Vós!

Como sei e posso confessar, com verdade, diante de Vós, que o amava mais pela estima dos que o louvavam que pelos méritos por que era louvado? Se em vez de o louvarem, o vituperassem, apregoando essas mesmas qualidades como censura e desprezo, de modo algum me entusiasmaria por ele. Contudo, os méritos eram os mesmos; a pessoa a mesma; somente seria outra a estima dos narradores! Eis onde jaz enferma a alma que ainda não aderiu à solidez da Verdade! Avança e volta, retrocede e torna a retroceder, como os sopros das línguas que ventam dos pulmões dos sentenciosos! Para a alma a luz se cobre de nuvens e a verdade não se distingue, estando diante de nós.

Tinha muito a peito que minhas palavras e estudos fossem conhecidos desse homem. Se os aprovasse, havia de me entusiasmar ainda mais por ele; se os condenasse, o meu coração fútil e vazio da vossa firmeza sentir-se-ia ferido. Com grande prazer, meditava no "Belo e Conveniente" – assunto da obra que tinha dedicado a Hiério – admirando-a na minha imaginação, sem haver mais ninguém que a louvasse!

15. O problema do belo e do mal

Mas, ó Todo-poderoso, "que só criais maravilhas"[22], ainda não via na vossa arte o fulcro de tão grandes obras. O meu espírito errava pelas formas corpóreas.

Definia o belo "o que agrada por si mesmo"; e o conveniente "o que agrada pela sua acomodação a alguma coisa". Distinguia-os e comprovava-os com exemplos hauridos dos corpos. Voltei-me depois para a natureza da alma, mas as falsas opiniões que tinha dos seres espirituais não me deixavam vislumbrar a verdade[23]. A própria força desta se precipitava contra meus olhos, mas logo eu retirava da realidade incorpórea o espírito, para o meio dos traços, cores e empoladas grandezas. Ora, como não as podia distinguir na alma, julgava que não podia ver a minha alma. Amando a paz na virtude e odiando a desunião no vício, notava unidade na primeira e uma certa desunião no segundo. Parecia-me que a alma racional e a essência da Verdade e do Soberano Bem residiam nessa unidade.

Pensava eu, miserável, que na desunião da vida irracional existia qualquer substância e natureza do sumo mal que não era só substância, senão também verdadeira vida. Mas era vida que não proviria de Vós, Deus meu, de quem se originaram todas as coisas. Sem saber o que dizia, chamava àquela unidade "mônada", como a alma sem sexo; à multiplicidade chamava "díade", por ser ira nos crimes e voluptuosidade nas paixões.

Não conhecia ainda nem tinha aprendido que o mal não é substância alguma, nem a nossa mente é bem supremo e imutável. Comete-se um crime quando o movimento vicioso do espírito, onde reside a paixão, se atira arrogante e tumultuosamente, ou se pratica uma infâmia quando a alma não refreia os afetos donde nascem os prazeres carnais. Assim, se a própria alma racional é viciosa, os erros e as falsas opiniões contaminam a vida.

22. Sl 71,18.

23. Note-se que, nesta altura da narrativa, Agostinho ainda vivia sob a influência da filosofia maniqueísta.

Era este o estado da minha alma. Ignorava que ela por não ser a mesma essência da verdade, devia ser ilustrada por outra luz, para participar da Verdade, "porque Vós alumiareis a minha lâmpada, Senhor, e esclarecereis as minhas trevas, ó meu Deus"[24]. "Todos nós participamos da vossa plenitude"[25], porque "sois a verdadeira luz que alumia todo o homem vindo a este mundo"[26], e "em Vós não há mudança nem sombra instantânea"[27].

Mas eu esforçava-me por me aproximar de Vós, e me repelíeis para que saboreasse a morte, pois resistis aos soberbos. Haverá soberba maior do que afirmar, com inaudita loucura, que eu, por natureza, era o mesmo que Vós? Ora, sendo eu mutável – o que para mim era evidente, pois desejava ser sábio para, de menos perfeito, me tornar mais perfeito – não obstante, preferia imaginar-vos mutável a não ser o que Vós sois. Por isso, me repelíeis e resistíeis à minha soberba cheia de vento.

Imaginava formas corpóreas. Eu, carne, acusava a carne; eu, "espírito errante", ainda não me voltava para Vós. Vagueando, caminhava por quimeras que não existem nem em Vós, nem em mim, nem nos corpos. Não são criações da vossa verdade, mas puras ficções que o meu orgulho formava segundo os corpos. Com inepta tagarelice, perguntava aos pequeninos, fiéis vossos e meus concidadãos, de quem inconscientemente andava exilado: "Por que razão vagueia a alma, criada por Deus?" E não tolerava que me replicassem: "E então, por que vagueia Deus?" Antes queria defender que a vossa substância imutável era coagida a andar errante, do que confessar que a minha, mutável, se tivesse desencaminhado livremente, ou vagueasse por castigo.

Contava talvez vinte e seis ou vinte e sete anos, quando escrevi aquele tratado revolvendo no pensamento estas imaginações puramente materiais que faziam ruído aos ouvidos de meu coração. Voltava-os, ó doce Verdade, para a vossa melodia interior, quando meditava no "Belo e no Conveniente". Desejando

24. Sl 17,29.
25. Jo 1,16.
26. Jo 1,9.
27. Tg 1,17.

estar na vossa presença, "ouvir-vos e alegrar-me intensamente com a voz do Esposo"[28], não o podia porque os rumores do erro arrastavam-me para fora e o peso da soberba precipitava-me no abismo. "Não concedíeis ao meu ouvido o gozo e a alegria", e os meus ossos, que não tinham sido "humilhados", "não exultavam"[29].

16. As dez categorias de Aristóteles

Que importava ter lido e compreendido, sozinho, pelos vinte anos, a obra de Aristóteles, chamada *As dez categorias*[30], que me tinha vindo às mãos?

Quando um retórico de Cartago, meu professor, e outros que se tinham por doutos, a citavam com palavras a estalarem de soberba, ficava suspenso, à espera de qualquer coisa sublime e divina. Conversando sobre este assunto com alguns que confessavam tê-las dificilmente entendido, apesar de mestres muito eruditos lhes explicarem com palavras e inumeráveis desenhos traçados na areia, eles nada me puderam ensinar, que já não tivesse aprendido na simples leitura particular.

As dez categorias pareciam falar-me claramente da substância: o homem por exemplo; do que nela se contém, como a figura do homem; a estatura, quantos pés mede; o parentesco, de quem é irmão; onde se acha; quando nasceu; se está de pé ou sentado; calçado ou armado; se faz alguma coisa; se padece algo; e, enfim, toda a infinidade de coisas que se encontram nestes nove gêneros de que citei alguns exemplos ou no próprio gênero da substância[31].

---

28. Jo 3,29.

29. Sl 50,10.

30. As nossas ideias são tantas e tão diversas que, para eviar a obscuridade e confusão, é necessário reduzi-las a certas classes universais. Estas classes chama-se categorias. Os latinos deram-lhes o nome de *praedicamenta* por representarem os predicados que se atribuem ou podem atribuir a um sujeito.

31. Santo Agostinho dá um exemplo para cada uma das categorias de Aristóteles: substância (o homem), qualidade (qual é a sua figura), relação (parentesco, de quem é irmão), quantidade ou estatura (quantos pés mede), ação (se faz alguma coisa), paixão (se padece), lugar (onde se acha), tempo (quando nasceu), estado (se está de pé ou sentado), hábito (se está calçado ou armado).

De que me aproveitava isto, se só me prejudicava? Julgando que tudo estava incluído nos dez predicamentos, esforçava-me por igualmente vos compreender a Vós, meu Deus, que sois admiravelmente simples e imutável, como se estivésseis *subordinado* à vossa grandeza e beleza, ou como se fôsseis um corpo, onde estes atributos se radicavam. Vós, porém, sois a vossa mesma grandeza e beleza. Ora um corpo pelo fato de ser corpo não é grande nem belo; continuaria a ser corpo ainda que fosse menor e menos belo[32]. Era falso o que pensava de Vós. Era mentira. Eram ficções da minha miséria e não uma concretização da vossa beleza. Tínheis ordenado – e assim se realizava em mim – que a terra me produzisse espinhos e cardos e que eu alcançasse o pão à custa de trabalho.

A mim, tão mau escravo nesse tempo, que me aproveitou ter lido e compreendido por mim mesmo todos os livros que pude, das artes a que chamam liberais? Comprazia-me neles, sem saber donde provinha tudo o que encerravam de certo e verdadeiro. Estava de costas voltadas para a luz e com a face erguida para os objetos iluminados. Por isso, o rosto com que os via iluminados não era iluminado.

Vós sabeis, Senhor, meu Deus, tudo o que aprendi, sem dificuldade e sem mestre, acerca da eloquência, da dialética, da geometria, da música e da matemática, porque a prontidão de inteligência e a agudeza de intuição são dons Vossos; mas, nem por isso vo-los oferecia em sacrifício. E assim, longe de me serem úteis, causavam-me ainda mais dano, porque insisti em apoderar-me da melhor parte da minha herança "e não guardei em Vós a minha força"[33], mas "afastei-me de Vós para uma região longínqua"[34], onde a dissipei nas paixões com meretrizes[35]. De que me serviam estes dons preciosos se usava mal deles? Só compreendia como aquelas artes eram difíceis de entender, ain-

32. Na *Cidade de Deus,* liv. XXII, cap. 19, Santo Agostinho define a beleza física: "Toda a beleza do corpo é a congruência de partes com uma certa suavidade de cor".

33. Sl 57,10.

34. Lc 15,13.

35. Alusão à Parábola do Filho Pródigo.

da aos mais estudiosos e inteligentes, quando me esforçava por expô-las a eles. Dentre eles, o melhor era só o que menos vagarosamente seguia a minha exposição.

Mas que fruto tirava daqui, Senhor, meu Deus - Suprema Verdade -, se vos concebia como um corpo luminoso e imenso e me considerava como uma parcela desse corpo? Que requintada perversidade! Assim era eu! Não me envergonho, meu Deus, de confessar as vossas misericórdias para comigo e de Vos invocar, já que não me envergonhei de proferir blasfêmias diante dos homens e de ladrar contra Vós.

De que me servia possuir um talento tão ágil para aquelas ciências e ter desfeito, sem auxílio de nenhum mestre humano, o nó de tantos livros intrincadíssimos, se errava na Ciência da Religião, com sacrílegas e deformantes torpezas? E que prejuízo sofriam vossos filhos em serem menos inteligentes, se não se afastavam de Vós e se iam cobrindo de penas no ninho da vossa Igreja, nutrindo as asas da caridade com o alimento sadio da fé?

Fazei, ó Senhor, nosso Deus, que esperemos à sombra das vossas asas. Protegei-nos e guiai-nos até quando nos atingirem os cabelos brancos. A nossa firmeza só é firmeza quando Vós nela estais; mas quando depende de nós, então é enfermidade. O nosso bem vive sempre em Vós; e somos perversos porque nos apartamos de Vós.

Fazei, ó Senhor, que voltemos já para Vós para não submergirmos, porque o nosso bem, que sois Vós mesmo, vive, sem deficiência alguma, em Vós. Apesar de termos caído do nosso bem, não temos receio de não o encontrar quando voltarmos; porque, em nossa ausência, não desaba nossa morada - a vossa eternidade.

LIVRO V

Em Roma e em Milão

1. Lábios em prece

Recebei o sacrifício das *Confissões,* por meio do ministério da minha língua, por Vós formada e que impelistes a confessar o Vosso nome. Sarai todos os meus ossos e que eles clamem: "Senhor, quem há semelhante a Vós?"[1] Aquele que se dirige a Vós, de coisa nenhuma que nele se realize vos informa, porque nem o coração fechado se esconde ao vosso olhar, nem a dureza dos homens repele a vossa mão. Pelo contrário, aquela Vós a amoleceis quando quereis, ou com a misericórdia ou com o castigo. "Não há ninguém que se furte ao vosso calor!"[2]

Que a minha alma vos louve para que vos ame; que confesse as Vossas misericórdias para que vos louve. Toda a criação entoa continuamente as Vossas glórias. Todo o espírito vos louva, pelos seus próprios lábios, erguidos para Vós; os animais e os seres do reino mineral Vos louvam pela boca daqueles que os consideram. Assim, a nossa alma levanta-se da lassidão até Vós, apoiando-se nas vossas criaturas, e atira-se para Vós que maravilhosamente as criastes. Aí encontrará o rejuvenescimento e a verdadeira força.

2. Não se foge da vista de Deus

Que os revoltados e os maus fujam e escapem! Vós os vedes e distinguis as suas sombras. Convivem com todos os seres belos

1. Sl 34,10.

2. Sl 18,7. Nas *Confissões* há cerca de 500 referências ao Livro dos Salmos que Santo Agostinho sabia de memória.

e eles são feios! Que prejuízo vos causaram! Em que ponto desonram o vosso império que permanece íntegro e justo, desde os céus ao profundo dos abismos? Para onde fugiram, quando fugiam do vosso rosto? Ou em que lugar os não encontrais? Fugiram para não vos verem a Vós que os estais vendo! Mas, obcecados, deparam convosco porque não abandonais nada do que criastes. Injustamente vos ofenderam e justamente são castigados. Subtraindo-se à vossa benignidade, encontraram a vossa justiça e caíram sob a vossa severidade!

Naturalmente ignoram que estais em toda a parte, e que nenhum lugar vos circunscreve e que só Vós estais na presença dos que divagam longe de Vós! Que se convertam e vos procurem, porque, da mesma forma como deixaram o Criador, Vós abandonais a criatura.

Convertam-se e vos procurem, já que estais no seu coração, no coração dos que vos confessam, dos que se lançam em Vós e choram no vosso seio, depois de percorrerem os caminhos da perdição.

Carinhosamente lhes enxugais as lágrimas e tanto mais gozam com os prantos quanto mais choram, porque não é o homem, nem é a carne e o sangue, mas sois Vós, seu Criador, que os robusteceis e consolais. Onde estava eu quando vos procurava? Vós estáveis diante de mim; porém eu me apartava de mim, e, se nem sequer me encontrava a mim mesmo, muito menos a Vós!

3. Inconsistência do maniqueísmo

Falarei, na presença de meu Deus, do ano vigésimo nono da minha idade. Já tinha vindo para Cartago o bispo dos maniqueístas, chamado Fausto, grande laço do demônio, pois seduzia a muitos por meio da sua melíflua eloquência. Não obstante ser esta por mim aplaudida, sabia, contudo, discerni-la das verdades que desejava aprender. Não reparava no vaso do discurso em que tais verdades me eram ministradas, mas sim no alimento de ciência que Fausto, tão conceituado entre eles, me apresentava como manjar. Tinha chegado até mim a fama de que era eruditíssimo nas ciências mais prestigiosas e, sobretudo, conhecedor das artes liberais.

Como eu tinha lido muitos filósofos e conservava na memória as suas teorias, comparava algumas delas com as longas fábulas dos maniqueístas. As doutrinas dos filósofos pareciam-me mais prováveis porque "se mostraram com poder de avaliar o tempo presente, ainda que de modo algum encontrassem o seu Deus"[3]. "Porque sois grande, ó Senhor, pondes os olhos nas coisas humildes; porém, às excelsas Vós as conheceis de longe"[4]. Só Vos avizinhais dos corações contritos. Não sois encontrado pelos soberbos ainda que numerem com hábil perícia as estrelas e as areias, ainda que meçam as regiões siderais e investiguem o curso dos astros.

Procuram estes segredos com a razão e com o engenho que lhes concedestes; descobriram muitas coisas e vaticinaram muitos anos antes os eclipses do sol e da lua, o dia, a hora e o lugar em que haviam de suceder, sem se enganarem nos cálculos. Os seus vaticínios realizaram-se. Escreveram normas que eles descobriram e que ainda hoje se leem. Por elas determinaram em que ano, em que mês do ano, em que dia do mês e em que hora do dia e em que parte da sua luz, a lua ou o sol se hão de eclipsar, acontecendo tudo exatamente como está predito

Os homens que ignoram estes segredos admiram tais maravilhas e ficam estupefactos. Os eruditos exultam e se ensoberbecem. Esses que por ímpio orgulho se afastam e eclipsam da vossa luz, preveem o eclipse futuro do sol e não veem o seu, no tempo presente!

Não buscam religiosamente donde lhes veio o talento com que investigam essas coisas. Achando que Vós as criastes, não se entregam a Vós, para que conserveis o que fizestes e para que matem em si mesmos o que eles se fizeram. Sacrifiquem-vos os pensamentos altivos, como se imolam as aves; as curiosidades, como "peixes do mar, com os quais passeiam pelos caminhos secretos do abismo"[5]; e as luxúrias como animais do campo para que vós, ó fogo devorador, consumais as suas preocupações já mortas, robustecendo-os para a vida imortal.

3. Sb 13,9.

4. Sl 137,6.

5. Sl 8,9.

Mas não conheceram o "caminho", o vosso Verbo, por meio de quem fizestes as coisas que se numeram e esses mesmos que as numeram, os sentidos com que percebem o que numeram, e a mente, graças à qual eles as numeram. "Só a vossa sabedoria é inumerável"[6]. O próprio Unigênito "fez-se nossa sabedoria, justiça e santificação"[7]. Foi considerado como um de nós e como tal pagou tributo a César. Não conheceram este caminho por onde, descendo de si mesmos ao Salvador, podiam subir por Ele até Ele.

Não conheceram este caminho e julgam-se tão altos e tão cintilantes como as estrelas! Mas eis que ruíram por terra e o seu coração insensato se cobriu de trevas. Dizem muitas verdades acerca das criaturas e não buscam piedosamente a Verdade, o Artífice da criação. Por conseguinte não O encontram; ou se o encontram, conhecendo a Deus, não o honram como a Deus, nem lhe dão graças. Em seus pensamentos se desvanecem, se dizem sábios e atribuem a si próprios o que é vosso. Por isso desejam, com tão perversa cegueira, atribuir-vos também as suas falsidades, isto é, imputar-vos as suas mentiras a Vós que sois a Verdade, e mudar a "glória de um Deus incorrupto na imagem e semelhança do homem corruptível, na das aves, quadrúpedes e serpentes". Convertem a vossa verdade em mentira, veneram e servem antes "à criatura do que ao Criador"[8].

Conservara, porém, destes filósofos muitas opiniões verdadeiras cuja explicação se me oferecia por meio da matemática, da ordem dos tempos e testemunhos palpáveis das estrelas. Conferia tudo com as declarações de Manes[9] que acerca destes assuntos, delirando, escreveu muitas obras.

Não me dava ele a razão dos solstícios e dos equinócios, nem dos eclipses das estrelas nem de coisa alguma que aprendera nos livros profanos. Ali era obrigado a acreditar em coisas totalmente diversas, além de não concordarem com as noções que eu, por cálculos matemáticos e pelos próprios olhos, averiguara.

---

6. Sl 146,5.

7. 1Cor 1,30.

8. Rm 1,21-25.

9. Também conhecido pelo nome de Maniqueu ou Mani.

4. Feliz o que conhece a Deus!

Senhor, Deus da Verdade, porventura quem conhece estas coisas já vos agrada? Infeliz do homem que as conhece, mas vos desconhece a Vós! Feliz o que vos conhece, ainda que as ignore! O que vos conhece a Vós e àquelas coisas não é mais bem-aventurado por causa delas, mas unicamente por causa de Vós, se, conhecendo-as, vos glorifica como a Deus, vos rende graças e não se desvanece em seus pensamentos.

O homem que, reconhecendo estar na posse de uma árvore e vos dá graças pelo uso dela (ainda que ignore quantos côvados tenha de altura e qual a largura da sua copa), não é melhor que aquele que, medindo-a e enumerando-lhe todos os ramos, não só a não possui, mas nem sequer reconhece e ama o que a criou? O mesmo se diga do homem fiel a quem pertence todo o mundo com suas riquezas e que tudo "possui como se nada tivesse", se está unido a Vós a quem tudo serve. Ainda que ele desconheça a trajetória das estrelas da Ursa Menor, seria loucura duvidar se é ou não superior ao que vos despreza a Vós que "tudo ordenastes com número, peso e medida"[10], embora o desprezador meça os espaços do céu, conte as estrelas e pese os elementos.

5. O sábio ignorante

Mas quem pedia a esse Manes que escrevesse sobre estes assuntos, de cujo conhecimento se pode prescindir na aprendizagem da piedade? Vós dissestes ao homem: "A piedade é sabedoria"[11].

Podia Manes ignorar a piedade, ainda que fosse profundamente instruído nestas questões. Mas já que desavergonhadamente ousou ensiná-las sem as conhecer, de modo algum poderia alcançar a piedade. É vaidade mundana pavonear-nos com es-

10. Sb 11,20.

11. Jó 18,28.

ses conhecimentos, porém é sinal de piedade o confessar-vos. Afastando-se desta regra, falou Manes tanto sobre isto que os verdadeiramente sábios o convenceram da sua ignorância. Donde claramente se pode deduzir qual fosse a sua competência em matérias mais obscuras. Não queria ser estimado mediocremente. Por isso tentou provar que o Espírito, que consola e enriquece os vossos fiéis, habitava pessoalmente dentro dele, com toda a plenitude do seu poder.

Foi surpreendido a falar erroneamente sobre o céu, os astros e os movimentos do sol e da lua. E ainda que estes erros não se relacionem com assuntos religiosos, contudo obviamente transparece ser sacrílega a sua ousadia porque não só ensinava o que lhe era desconhecido, mas também proferia mentiras, com tão insensato orgulho, que não hesitava em atribuí-las a uma pessoa divina.

Quando ouço que algum dos meus irmãos em Cristo ignora estes problemas e confunde umas coisas com outras, sofro com paciência a sua opinião. Ainda que ele não saiba a posição e a natureza das criaturas corpóreas, não vejo que isto lhe seja prejudicial, contanto que não creia em coisas indignas de Vós, Senhor e Criador de tudo. Todavia ser-lhe-á funesto se julga que isto pertence à essência doutrinal da religião e se ousar defender pertinazmente o que não conhece. Mas ainda a essa fraqueza a suporta a caridade materna no berço da fé, até que o "homem novo" se transforme em varão perfeito e o vento de qualquer doutrina o não possa agitar.

Com respeito a Manes, quem não julgaria digna de ser detestada com horror a sua rematada loucura, se fosse convencido da sua falsidade aquele que teve a ousadia de fazer-se doutor, mestre, guia e chefe dos convertidos a essas doutrinas a ponto de eles se persuadirem que não seguiam a qualquer homem, mas ao Espírito Santo?

Ainda, porém, não me tinha certificado se se podiam ou não explicar segundo a sua doutrina as mudanças do crescimento e diminuição dos dias e das noites, a alternativa do dia e da noite e os eclipses dos astros e outros fenômenos da natureza que eu conhecia pelas minhas leituras. Suposto que se pudessem explicar, seria ainda incerto para mim se esses fenômenos se realizavam assim ou não. Mas antepunha a autoridade de Manes à minha fé, porque o tinha na conta de santo.

6. Eloquência de Fausto

Durante cerca de nove anos, em que o meu pensamento errante escutava a doutrina maniqueísta, ansiosamente esperava a vinda de Fausto. Se por acaso encontrava alguns dos sequazes de Manes, sentiam-se embaraçados com as minhas objeções acerca daqueles problemas. Mas asseguravam-me que, quando viesse Fausto, facilmente me resolveria numa simples conversa todas estas dificuldades e ainda outras mais intrincadas que lhe propusesse.

Logo que ele chegou, notei que era homem amável, aliciante na conversa e que expunha de um modo mais agradável os mesmos assuntos que os outros maniqueístas costumam tratar. Mas como é que esse copeiro tão elegante, que me servia por copos preciosos, podia-me matar a sede? Já estava saciado de ouvir semelhantes teorias. Nem estas me pareciam melhores pelo fato de serem propostas em linguagem mais cuidada, nem a eloquência fazia com que eu as tivesse como verdadeiras, nem o considerava como sábio por ser de rosto esbelto e palavreado colorido. Aqueles que o tinham elogiado não eram bons apreciadores, pois o tinham como prudente e sábio, pelo fato de os deleitar com a sua eloquência.

Conheci outra espécie de pessoas que tinham a verdade como suspeita e não se lhe queriam render, se lhes fosse proposta em estilo copioso e elegante. Vós, porém, meu Deus, já me tínheis ensinado de modos admiráveis e ocultos! Creio o que Vós me ensinastes, porque é verdade e só Vós sois o Mestre da Verdade em qualquer parte e de qualquer lugar que ela brilhe. Já tinha aprendido de Vós que não devemos ter qualquer coisa como verdadeira pelo fato de ser dita eloquentemente, nem como falsa, por ser expressa em linguagem rude. Pelo contrário, não a devemos julgar verdadeira por ser enunciada de um modo inculto, nem falsa por ser proposta em estilo elegante.

A sabedoria e a ignorância são como os alimentos úteis ou nocivos. Podem-nos ser apresentados com palavras polidas ou com rudeza de forma, como os bons e maus alimentos nos podem ser servidos em pratos finos ou grosseiros.

A avidez com que durante tanto tempo esperei Fausto deleitava-se enfim no ardor e sentimento com que ele discutia, nos termos apropriados e na facilidade com que lhe ocorriam as palavras para adornar a frase. Gostava, pois, de o ouvir. Louvava-o e engrandecia-o como muitos outros e ainda mais do que eles. Tinha pena de não me ser permitido, naquela reunião de *ouvintes*, propor-lhe dificuldades e compartilhar com ele os cuidados dos meus problemas, conferindo familiarmente, escutando e respondendo às suas palavras.

Por isso, logo que tive oportunidade, comecei com meus amigos a entrevistá-lo, numa ocasião em que não nos era indecoroso discutir. Expus-lhe algumas dúvidas que me preocupavam. Notei que das artes liberais apenas sabia a gramática, e, ainda esta, de modo nada extraordinário. Porque ele tinha lido alguns discursos de Cícero, pouquíssimos tratados de Sêneca, alguns trechos de poetas e os poucos livros da seita elegantemente escritos em latim e, além disso, porque se exercitava quotidianamente na oratória, tinha adquirido esta facilidade de falar, que o bom emprego do seu talento e certa graça natural tornavam mais agradável e sedutora.

Senhor e Deus meu, árbitro da minha consciência, não é, porventura, verdadeiro o que vos relato? Eis o meu coração e a minha memória diante de Vós, que já então me trazíeis no segredo oculto da vossa providência! Já então púnheis os meus pecados vergonhosos diante da minha face para que os visse e detestasse!

7. O desiludido

Logo que transpareceu com suficiente clareza a imperícia de Fausto nestas ciências em que o julgava eminente, comecei a desesperar da sua capacidade para me esclarecer e desfazer as dificuldades que embaraçavam meu espírito. Poderia ele perfeitamente, com a ignorância daquelas questões, possuir a verdadeira piedade, contanto que não fosse maniqueísta.

Os livros desta seita, na verdade, estão recheados de intermináveis fábulas, acerca do céu, dos astros, do sol e da lua. Já não esperava que me pudesse explicar argutamente aquelas teorias, como eu ardentemente desejava, comparando-as com os cálculos astronômicos, que eu em outras partes lera, a ver se era preferível a solução que os livros maniqueístas davam ou se, pelo menos, apresentavam igual explicação. Quando lhe propus essas dificuldades para serem discutidas, desculpou-se modestamente sem ousar tomar sobre si tal encargo. Reconhecera a sua ignorância no assunto e não se ruborizou de a confessar. Não pertencia à classe dos palradores que eu muitas vezes suportava e que, esforçando-se por me elucidar naqueles problemas, nada me diziam. Este homem tinha coração e, se não era reto para Vós, era ao menos cauteloso para consigo mesmo.

Não era inteiramente imperito na sua imperícia, e, portanto, não quis ser enredado nestas disputas temerárias, donde não teria saída alguma nem retirada fácil. Por isso se tornou mais simpático aos meus olhos porque a modéstia da alma que confessa sua incapacidade é mais bela que as coisas que eu desejava aprender. Com esta sua disposição de ânimo, o encontrava em todas as questões mais difíceis e sutis.

Resfriado assim o ardor com que me aplicava às doutrinas dos maniqueístas, desesperei ainda mais dos seus restantes mestres, depois que este, tão célebre, se revelou incapaz de resolver os numerosos problemas que me embaraçavam. Comecei a tratar com ele por causa da paixão que o inflamava pela literatura que eu, como retórico, já então ensinava aos jovens de Cartago. Lia com ele ou aquilo que ele desejava ouvir ou que eu julgava conveniente ao seu espírito. Quanto ao mais, todo o esforço que determinadamente me impusera a fim de progredir nesta seita ruiu por completo logo que conheci aquele homem, mas não de tal forma que dos maniqueístas me separasse radicalmente. Com efeito, não encontrando outro caminho melhor que aquele por onde desesperadamente me lançara, resolvera contentar-me entretanto com ele, até que brilhasse outra via de preferível escolha.

Deste modo aquele Fausto, que tinha sido para muitos outros um laço mortal, começara involuntária e inconscientemente a afrouxar aquele com que eu fora capturado. As vossas mãos, meu Deus, ocultas nos segredos da vossa Providência, não abandonavam minha alma. Noite e dia, minha mãe Vos oferecia por mim, em sacrifício, o sangue do seu coração transformado em lágrimas. Vós procedestes comigo de modo admirável. Fostes Vós, meu Deus, quem dispôs deste modo as coisas, pois "o Senhor é quem dirige os passos do homem e lhe inspira o seu caminho"[12]. Quem nos salvaria senão a vossa mão, restauradora da obra que fizestes?

8. A caminho de Roma

Vós me impelistes a tomar a resolução de partir para Roma e de preferir lecionar aí o que ensinava em Cartago. Não deixarei de confessar o motivo desta minha determinação, pois que em tudo isto se devem reconhecer e celebrar os vossos profundíssimos segredos e a Vossa misericórdia sempre tão vizinha de nós.

Portanto, se resolvo dirigir-me a Roma, não foi porque meus amigos que me aconselhavam essa viagem me prometessem maiores lucros e maior dignidade, se bem que nesse tempo também estas razões movessem o meu espírito. O motivo principal e quase único assentava em eu ouvir dizer que os rapazes estudavam aí, mais sossegadamente, refreados por mais regrada disciplina. Não invadiam desordenada e imprudentemente a escola de outro que não tinham como professor, nem eram admitidos sem sua licença. Em Cartago, pelo contrário, a liberdade dos estudantes é vergonhosa e destemperada. Precipitam-se cinicamente pelas escolas adentro e com atitude quase furiosa perturbam a

12. Sl 36,23.

ordem que o professor estabeleceu como necessária ao adiantamento dos alunos. Com uma insolência incrível, cometem mil impropérios que deviam ser punidos, se o costume os não patrocinasse.

Isto, porém, apenas manifesta serem eles tanto mais infelizes quanto maior é a sem-cerimônia com que praticam, como lícito, aquilo que a vossa lei eterna nunca permitirá. Julgam que o fazem sem castigo, mas são punidos pela sua mesma cegueira e sofrem males incomparavelmente maiores que os ocasionados aos outros. Portanto, estes costumes de que eu não quis compartilhar quando estudante era obrigado a suportá-los de outrem, quando professor. Por este motivo, desejava partir para uma cidade, na qual, segundo me asseguravam os informadores, nada acontecia de semelhante.

Na realidade, porém, Vós, "minha esperança e minha herança na terra dos vivos"[13], me impelíeis a mudar de sítio para a salvação da minha alma. Estendíeis o aguilhão a Cartago para dali me arrancardes e me oferecíeis delícias em Roma para me atrairdes. Vós me propúnheis estas seduções por meio dos homens que amam esta vida de morte, dos quais uns se entregavam a atos de loucura, outros me prometiam vaidades. Usáveis ocultamente da sua e minha perversidade, para me corrigirdes os passos. De um lado, aqueles que perturbavam o meu sossego estavam cegos por uma raiva vergonhosa; do outro, os que me convidavam a mudar de residência saboreavam a terra. Porém, eu, que em Cartago detestava uma miséria verdadeira, apetecia, em Roma, uma felicidade mentirosa.

Só Vós, meu Deus, conhecíeis os motivos por que abandonava Cartago para me dirigir a Roma. Não os manifestáveis a mim nem a minha mãe, que chorou amargamente a minha partida e me seguiu até ao mar. Como ela me agarrasse com violência para me fazer voltar ou para ir comigo, eu enganei-a, fingindo não querer separar-me de um amigo, até que, soprando o vento, ele pudesse navegar. Assim escapei, mentindo a minha mãe, e

13. Sl 114,6.

que mãe! Mas Vós me perdoastes misericordiosamente este pecado, e eu, todo cheio de execráveis imundícies, fui salvo por Vós das águas do mar até me conduzirdes às águas da vossa graça. Estas, purificando-me, deviam secar os rios de lágrimas com que todos os dias, na vossa presença, os olhos de minha mãe, por minha causa, regavam a terra.

Recusando ela voltar sem mim, foi com grande dificuldade que a persuadi a que permanecesse, durante essa noite, num lugar vizinho ao nosso navio e consagrado à memória de São Cipriano.

Nessa mesma noite, parti ocultamente, enquanto ela ficou orando e derramando lágrimas. Que vos pedia ela, meu Deus, com tantos prantos, senão que não me permitísseis fazer viagem? Mas Vós, por um desígnio mais profundo, ouvindo só o objeto principal dos seus desejos, não atendestes ao que ela então Vos pedia, para realizardes em mim a aspiração das suas contínuas preces.

Soprou o vento, enfunou as velas, e logo escapou à nossa vista a praia, onde, de manhã cedo, minha mãe, louca de dor, enchia, com suas queixas e prantos, os vossos ouvidos, insensíveis àquelas lamentações. Vós me arrebatáveis então com os meus apetites para lhes pordes termo e castigáveis, com o justo flagelo da dor, as saudades demasiado sensíveis de minha mãe. Ela, segundo os costumes das mães, e mais ainda que muitas outras, desejava-me sempre junto de si, desconhecendo as grandes alegrias que Vós lhe iríeis causar com a minha ausência. Não o suspeitava e desfazia-se em lágrimas e lamentações. Esses tormentos denunciavam nela a herança de Eva, pois gerava com lágrimas o que com lágrimas dera à luz.

Enfim, depois de incriminar a minha perfídia e crueldade, dedicou-se novamente a orar por mim e entregou-se à vida habitual, enquanto eu me dirigia a Roma.

9. O flagelo da doença

Eis que em Roma sou acolhido pelo flagelo da doença. Já ia descer ao inferno, levando comigo todas as faltas que tinha cometido contra Vós, contra mim e contra os outros. Eram elas numerosas e pesavam sobre a cadeia do pecado original, pelo qual todos morremos em Adão. Ainda não me tínheis perdoado pelos merecimentos de Cristo nenhuma dessas culpas, nem Ele tinha ainda apagado, com a sua cruz, as inimizades que eu, pelos meus pecados, contraíra convosco. Como poderia Ele desfazê-las pela cruz, se eu julgava estar nela suspenso um fantasma sem realidade? Tão falsa, portanto, me parecia a morte da sua carne, quão verdadeira era a da minha alma; e tão verdadeira era a morte da sua carne, quão falsa era a vida da minha alma, que disto não se persuadia.

Entretanto, agravando-se a febre, eu estava a ponto de partir e de perecer. Para onde iria, se então morresse, senão para o fogo e tormentos proporcionados às minhas culpas, segundo as vossas retas disposições? Minha mãe não estava informada destes acontecimentos e, apesar de ausente, orava por mim. Mas Vós, presente em toda a parte, a ouvíeis onde ela estava. No sítio onde eu residia, vos compadecíeis de mim, restituindo-me a saúde do corpo, ainda que meu coração sacrilegamente perseverasse na loucura.

Nem sequer num perigo tão iminente desejava o vosso batismo. Quando criança era mais santo do que agora, porque então o solicitei da piedade de minha mãe, como já antes recordei e confessei. Crescera em anos para a minha desonra, e, na minha loucura, zombava dos remédios da vossa medicina, que, em tal estado, não me permitiu morrer duas vezes. Se o coração de minha mãe fosse golpeado por esta ferida, nunca mais sararia!

Não sou bastante eloquente para falar de quanto me apreciava, nem da sua solicitude, mais cuidadosa em me gerar espiritualmente do que em me conceber quanto ao corpo. Por isso, não vejo como poderia fechar essa ferida se o punhal da minha morte traspassasse as entranhas do seu amor. Onde estariam essas orações, tão prolongadas, frequentes e nunca interrompidas? Em nenhuma parte senão em Vós. Seria possível que Vós, o Deus das misericórdias, desprezásseis “o coração contrito e humilhado"[14] de uma viúva casta e sóbria, esmoler, obediente e obsequiadora dos vossos santos, que não deixava passar dia algum sem levar a sua oferenda ao vosso altar?

Duas vezes ao dia, de manhã e à tarde, sem exceção, se dirigia à vossa igreja, não para gastar o tempo em vãs conversações e tagarelices de velhas, mas sim para escutar vossas palavras e ser por Vós ouvida em suas preces. E poderíeis Vós desdenhar das lágrimas com que ela vos pedia, não o ouro e a prata ou qualquer outro bem desprezível e frágil, mas a salvação da alma do seu filho? Poderíeis Vós desprezar e desamparar do vosso auxílio aquela a quem transformastes com vossos dons? De modo algum, Senhor. Pelo contrário, estáveis presente, escutáveis suas petições e procedíeis segundo a ordem com que preordenáveis os acontecimentos.

Longe de mim a ideia de suspeitar que a enganáveis naquelas visões e respostas, das quais já recordei umas e omiti outras. Guardava-as fielmente no seu coração, e, sempre orando, vo-las apresentava como títulos dos vossos compromissos. Já que "a vossa misericórdia não tem fim"[15], condescendeis em tornar-vos, por vossas promessas, devedor daqueles a quem perdoastes todas as dívidas.

10. Erros maniqueístas de Agostinho

Vós me restabelecestes daquela doença e salvastes, então, pelo que respeita ao corpo, o filho da vossa serva para terdes oportunidade de lhe conceder uma saúde melhor e mais firme.

Em Roma, também me juntava com aqueles "santos", fingidos e embusteiros[16]. Não convivia somente com os "discípulos" – em cujo número se contava o dono da casa onde eu adoecera e

14. Sl 50,19.

15. Sl 117,1.

16. Refere-se aos maniqueístas.

tivera a convalescença – mas sobretudo frequentava o círculo dos chamados "eleitos"[17].

Ainda então me parecia que não éramos nós que pecávamos, mas não sei que outra natureza, estabelecida em nós. A minha soberba deleitava-se com não ter as responsabilidades da culpa. Quando procedia mal, não confessava a minha culpabilidade, para que me pudésseis curar a alma, já que Vos tinha ofendido, mas gostava de a desculpar e de acusar uma outra coisa que estava comigo e que não era eu. Na verdade tudo aquilo era eu, se bem que a impiedade me tinha dividido contra mim mesmo! Era este pecado tanto mais difícil de cura, quanto eu menos pecador me julgava.

E que execranda iniquidade, ó Deus Todo-poderoso, preferir que fôsseis derrotado em mim para minha ruína, a ser vencido por Vós para minha salvação. Ainda nessa época não tínheis posto "uma guarda à minha boca e uma porta de resguardo ao redor de meus lábios", a fim de meu coração "não se inclinar às palavras perversas e excogitar desculpas dos pecados como fazem os homens prevaricadores"[18]. Por isso mantinha ainda amizade com os seus "eleitos". Mas, já desesperado de poder alcançar a verdade por meio desta falsa doutrina, resolvera ir-me contentando com ela, caso não encontrasse outra melhor. No entanto, conservava-a com frouxidão e negligência.

Ocorreu-me ao pensamento ter havido uns filósofos chamados acadêmicos, mais prudentes do que os outros, porque julgavam que de tudo se havia de duvidar e sustentavam que nada de verdadeiro podia ser compreendido pelo homem. Ao meu espírito, que ainda não entendia tal doutrina, parecia que tinham raciocinado com esperteza, como vulgarmente se julgava. Não dissimulei em impugnar ao meu hospedeiro a sua demasiada crendice acerca das narrações fabulosas de que estavam cheios os livros de Manes. Mas convivia com estes homens em mais estreita amizade do que com aqueles que não estavam infeccionados da

17. Constituíam os dirigentes da seita.

18. Sl 140,3s.

heresia. Quanto a esta, já a não defendia com a animosidade de outrora. Mas as relações amigáveis com maniqueístas - pois grande número deles se ocultava em Roma - tornavam-me bastante negligente em inquirir de outra coisa.

Principalmente, ó Deus do céu e da terra, Criador de todas as coisas visíveis e invisíveis, desesperava de poder encontrar na vossa Igreja a verdade de que me tinham apartado. Parecia-me muito vergonhoso acreditar que tínheis uma figura de carne humana e éreis contornado pelos traços corporais dos nossos membros. Porém, o principal e quase único motivo do meu erro inevitável era, quando desejava pensar no meu Deus, não poder formar uma ideia dele, se não lhe atribuísse um corpo, visto parecer-me impossível que houvesse alguma coisa que não fosse material.

Daqui deduzia eu a existência de uma certa substância do mal que tinha a sua massa feia e disforme - ou fosse grosseira como a que chamam terra ou tênue e sutil como o ar - a qual eu julgava ser o espírito maligno investindo a terra. E porque a minha piedade, como quer que ela fosse, me obrigava a crer que a bondade de Deus não criou nenhuma natureza má, estabelecia eu duas substâncias opostas a si mesmas, ambas infinitas: a do mal mais diminuta e a do bem mais extensa. Deste princípio pestilencial provinham as restantes blasfêmias.

Com efeito, quando meu espírito se esforçava por voltar à fé católica, sentia-se repelido, porque a opinião que formava da fé católica não era exata. Parecia-me mais piedoso - ó meu Deus, a quem confessam por mim vossas misericórdias -, parecia-me mais piedoso crer-vos infinito, e limitado apenas sob este aspecto pela substância do mal, do que julgar-vos limitado de todos os lados segundo a forma do corpo humano. Parecia-me mais justo crer que não tivésseis criado nenhum mal do que acreditar que proviesse de Vós a sua natureza tal qual eu a imaginava. Com efeito, o mal aparecia à minha ignorância, não só como substância, mas como substância corpórea, já que a minha mente não podia formular a ideia senão de um corpo sutil, difundido pelo espaço.

Também supunha que o nosso Salvador e vosso Unigênito, enviado para nos salvar, proviesse dessa luzidíssima substância do Vosso corpo. Deste modo em nada acreditava, referente a Ele, a não ser no que a minha louca imaginação sugeria. Julgava que tal natureza não podia nascer de Maria Virgem sem se ajuntar com a carne. Supunha então que se manchava porque não via a possibilidade de ela se ajuntar, sem se corromper. Tinha receio, por isso, que ele tivesse nascido da carne, para não ser obrigado a crê-lo por ela maculado. Agora talvez os vossos fiéis se riam suave e benevolamente de mim, se lerem estas *Confissões*[19]. Contudo era este o meu estado.

11. Evasiva dos maniqueístas

Além disso, não estava persuadido que se pudesse defender o que na vossa Escritura os maniqueístas atacavam. Mas, uma vez por outra, desejava conferir cada um destes pontos, com algum varão muito douto nos seus livros, para lhe tatear a opinião.

Já me tinham começado a mover, em Cartago, os discursos de um certo Elpídio, que falava na presença dos maniqueístas e disputava contra eles, propondo passagens da Sagrada Escritura a que eu não podia facilmente resistir. A resposta deles parecia-me fraca. Mesmo assim, não a expunham em público, mas em segredo, afirmando que a Sagrada Escritura tinha sido falsificada no Novo Testamento por certas pessoas que quiseram inserir a lei dos judeus na fé cristã. E contudo eles não alegavam nenhum exemplar que não fosse apócrifo! Eu, de certo modo, cativo e sufocado por imagens materiais, sentia-me comprimido por aquelas "substâncias", sob as quais, arquejante, de maneira nenhuma podia respirar o ar límpido e simples da vossa verdade.

19. Em Jesus Cristo, as duas naturezas divina e humana permanecem integras e inconfundíveis, sem se misturarem, reunidas substancialmente na unidade de Pessoa Divina

12. Fraude dos discípulos

Em Roma, comecei diligentemente a ocupar-me com a tarefa para que tinha vindo, isto é, com o ensino da retórica. Primeiramente, juntei em casa alguns discípulos, com os quais, e por seu intermédio, principiei a ser conhecido. Mas eis que sou informado de que em Roma estavam em praxe alguns procedimentos que eu não tolerava na África. Na verdade, não me chegara aos ouvidos que ali, em Roma, se dessem aquelas invasões às aulas por adolescentes corrompidos.

Mas logo me afirmaram que os alunos conspiram e passam, em grande número, de um professor para outro, a fim de não pagarem aos mestres, faltando deste modo aos compromissos e menosprezando a justiça, por amor ao dinheiro. A estes odiava-os o meu coração, ainda que não fosse com verdadeiro rancor. Antipatizava talvez mais com o que deles tinha sofrido do que com as suas ações ilícitas. Não há dúvida que são infames e se maculam longe de Vós, amando os efêmeros passatempos e a recompensa de lodo que suja as mãos quando se apanha, abraçando o mundo que lhes foge e desprezando-vos a Vós que permaneceis eternamente, a Vós que chamais de novo, a Vós que ofereceis o perdão à alma humana adúltera quando esta, como pródiga, se volta para Vós.

Agora detesto, como malvados e disformes, esses jovens, ainda que os ame para se emendarem, para preferirem ao dinheiro aquela mesma ciência que aprendem e para vos apreciarem mais a Vós, Deus meu, não só Verdade e abundância de uma felicidade certa, mas também Paz castíssima. Mas eu, nesse tempo, não queria suportá-los na sua maldade, mais por interesse próprio do que por desejo, em Vós motivado, de que eles se fizessem bons.

13. Em Milão. Encontro com Santo Ambrósio

Portanto, depois que dirigiram de Milão um pedido ao prefeito de Roma para que aquela cidade fosse provida de um professor de retórica, a quem se concederia a licença de viajar na diligência do Estado, eu próprio solicitei esse emprego por intermédio destes mesmos amigos, embriagados pelas vaidades dos maniqueístas. Era para me separar, mas tanto eles como eu o ignorávamos. Propôs-me Símaco, então prefeito, um tema para discursar e, sendo eu aprovado, me enviou[20].

Chegado a Milão, fui visitar o Bispo Ambrósio, conhecido pelas suas qualidades em toda a terra e vosso piedoso servidor, cuja eloquência zelosamente servia ao vosso povo "a fina flor do vosso trigo, a alegria do azeite de oliveira e a sóbria embriaguez do vinho". Vós me leváveis a Ambrósio, sem eu o saber, para ser por ele conscientemente levado a Vós.

Este homem de Deus recebeu-me paternalmente e apreciou a minha vinda bastante episcopalmente. Comecei a amá-lo, ao princípio não como mestre da Verdade – pois jamais esperava encontrá-la na vossa Igreja –, mas como um homem benigno para mim.

Ardorosamente o ouvia quando pregava ao povo, não com o espírito que convinha, mas como que a sondar a sua eloquência para ver se correspondia à fama, ou se realmente se exagerava ou diminuía a sua reputação oratória[21]. Estava suspenso das suas palavras, extasiado, porém indiferente, e até zombando do que ele dizia. Deleitava-me com a suavidade do discurso, bem mais erudito do que o de Fausto, porém menos humorístico e sedutor na apresentação. Pelo que se refere ao assunto, não se podem comparar, pois um vagabundeava pelos enganos dos maniqueístas e o outro ensinava com a máxima segurança a salvação.

Mas "dos pecadores", tal qual eu era nesse tempo, "está longe a salvação"[22]. Todavia, insensivelmente e sem o saber, me ia aproximando dela.

---

20. Em 384.

21. Agostinho ouviu discursos profundamente platônicos proferidos por Santo Ambrósio. Assim, os sermões *De Isaac vel anima, De bono mortis* revelam notável influência das Enéades de Plotino (Pierre Courcelle, *Recherches sur les Confessions,* Paris, 1950).

22. Sl 44,8.

14. O catecúmeno

Não me esforçava por aprender o que o bispo dizia, mas só reparava no modo como ele falava. Este gosto frívolo da eloquência permanecera em mim, perdidas já todas as esperanças de que se patenteasse ao homem o caminho para Vós. Contudo, junto com as palavras que me deleitavam, iam-se também infiltrando no meu espírito os ensinamentos que desprezava.

Já não os podia discernir uns dos outros. Enquanto abria o coração para receber as palavras eloquentes, entravam também de mistura, pouco a pouco, as verdades que ele pregava. Logo comecei a notar que estas se podiam defender.

Já não julgava temerárias as afirmações da fé católica que eu supunha nada poder retorquir contra os ataques dos maniqueus. Isto consegui-o eu por ouvir muitíssimas vezes a interpretação de textos enigmáticos do Antigo Testamento que, tomados no sentido literal, me davam a morte. Expostos assim, segundo o sentido alegórico, muitíssimos dos textos daqueles livros já repreendiam o meu desespero que me levava a crer na impossibilidade de resistir àqueles que aborreciam e troçavam da lei e dos profetas.

Não obstante não me julgava obrigado a seguir logo o caminho da fé católica só pelo fato de ela também poder contar com doutos defensores que refutavam as objeções dos seus adversários com eloquência e lógica. Outrossim, não me parecia condenável o partido que eu abraçara, pois eram iguais as armas de defesa. Deste modo a fé católica não me parecia vencida, mas também ainda se me não afigurava vencedora.

Apliquei então as forças do espírito, para ver se de algum modo podia com argumentos decisivos convencer os maniqueístas de falsidade. Se a minha inteligência pudesse conceber uma substância espiritual, imediatamente se apagariam e seriam arrancadas da minha alma todas aquelas invenções. Mas não podia. Contudo, quanto mais meditava, refletindo e comparando as teorias acerca do mundo material e de toda a natureza acessível aos sentidos do corpo, mais e mais me capacitava de que a maioria dos filósofos tivera opiniões muito mais prováveis.

Assim, duvidando de tudo, à maneira dos acadêmicos – como os julga a opinião mais seguida – e flutuando entre todas as doutrinas, determinei abandonar os maniqueístas, parecendo-me que não devia, nesta crise de dúvida, permanecer naquela seita à qual já antepunha alguns filósofos. Porém, recusava-me terminantemente a confiar a cura da enfermidade da minha alma a esses filósofos que desconheciam o nome salutar de Cristo.

Por isso, resolvi fazer-me catecúmeno na Igreja Católica, à qual meus pais me tinham inclinado, até vir alguma certeza a elucidar-me no caminho a seguir.

LIVRO VI

Entre amigos

1. Amor de mãe

Ó esperança minha desde a mocidade, onde estáveis e para onde vos apartastes? Não fostes Vós quem me criou, quem me distinguiu dos animais da terra e me fez mais sábio do que as aves do céu? E contudo caminhava por trevas e resvaladouros e vos procurava fora de mim, sem descobrir o Deus do meu coração. Tinha chegado à profundeza do mar. Desconfiava e desesperava de encontrar a verdade.

Minha mãe, forte na piedade, já tinha vindo ao meu encontro, seguindo-me por terra e por mar, com a segurança posta em Vós, no meio de todos os perigos. Era ela que, nos riscos dos mares, incutia coragem aos próprios marinheiros que costumam animar os inexperientes navegadores do abismo, quando se perturbam: prometia-lhes a chegada a salvamento, porque Vós, em visão, lhe havíeis prometido isso.

Encontrou-me em grave perigo, na desesperação de buscar a verdade; mas, enfim, descobrindo-lhe que já não era maniqueísta e que também ainda não era católico, não saltou de alegria, como quem ouve qualquer nova imprevista, apesar de já estar sossegada por eu abandonar parte da minha miséria, que a fazia chorar por mim como por um morto, que havíeis de ressuscitar. Minha mãe oferecia-me a Vós, no esquife do pensamento, para que dissésseis a este filho de viúva: "Jovem, eu te digo, levanta-te" - e para que ele revivesse, começasse a falar e o entregásseis à mãe![1]

1. Alude o autor ao episódio da ressurreição do filho da viúva de Naim (Lc 7,14).

Não foi, portanto, com imoderado júbilo que seu coração estremeceu, ao ouvir que em grande parte me tinha convertido, graça que ela todos os dias vos pedia com lágrimas. Ainda não havia alcançado a verdade, mas já me tinha arrancado do erro. Tendo a certeza de que Vós, que lhe prometestes a graça total, me daríeis o que faltava, respondeu-me, com grande calma e com o coração cheio de confiança, que esperava em Cristo que, antes de partir desta vida, me havia de ver fiel católico. Foi isto o que me disse. Mas, diante de Vós, ó fonte de misericórdias, aumentava cada vez mais as súplicas e lágrimas, para que apressásseis o vosso auxílio e iluminásseis as minhas trevas. Por isso corria com mais diligência à igreja, ficando suspensa dos lábios de Ambrósio como "de uma fonte de água que jorra para a vida eterna"[2]. Ela amava este homem como um anjo de Deus, porque sabia que fora ele quem me tinha levado a flutuar nesta dúvida. Antevia, com absoluta certeza, que eu ia passar da doença para a saúde, depois de sofrer de permeio um perigo mais grave, o dessa dúvida, que era o paroxismo das enfermidades que os médicos chamam estado crítico.

2. A obediência de Mônica

Assim, trazendo papas, pão e vinho puro, como na África costumava fazer, levando-os para junto das sepulturas dos santos, foi impedida pelo ostiário[3].

Apenas soube que o bispo[4] tinha proibido tal costume, tão piedosa e submissamente se conformou, que me admirei de que ela começasse antes a reprovar o seu hábito e não a discutir semelhante proibição. É que o seu espírito não estava perturbado pela embriaguez, nem o amor do vinho a incitava ao ódio da verdade, como a muitos homens e mulheres que, ante um cântico

---

2. Jo 4,14.

3. Porteiro do templo e do cemitério.

4. Santo Ambrósio.

de sobriedade, experimentam a mesma náusea que os ébrios diante de uma bebida aguada. Mas trazendo a cesta com as iguarias usuais para comer e distribuir, não bebia mais que um pequeno copo de vinho, temperado segundo o seu paladar bastante sóbrio, para em nada desdizer da sua dignidade. E se havia muitas sepulturas de mortos a honrar daquele modo, levava sempre o mesmo copo, usando-o em toda a parte; de tal maneira que não só já estava muito aguado, mas até bastante quente, e distribuindo-o em pequenos tragos, por todos os seus que se achavam presentes, porque buscava a piedade e não o prazer.

Todavia, apenas soube que aquele ilustre pregador e bispo tão amante da piedade proibira semelhante prática, ainda aos que a faziam com sobriedade, para que não se oferecesse ocasião aos ébrios de se embriagarem e porque tais espécies de "parentais"[5] eram muito semelhantes à superstição dos pagãos, de muito boa vontade se absteve dela. Em vez de um cesto cheio de frutos terrestres, aprendeu a levar aos túmulos dos mártires um coração cheio de puríssimos desejos. Dava aos necessitados tudo o que podia. Assim, celebrava ali a comunhão com o Corpo do Senhor, pois à imitação da sua Paixão foram imolados e coroados os mártires.

Mas parece-me, Senhor Deus meu – e assim o vê o meu coração na vossa presença –, que talvez minha mãe não tivesse cedido ao corte desse costume, se outro, a quem não respeitasse como a Ambrósio, lhe proibisse. De fato, tinha-lhe ela muito amor por me ter salvo. E Ambrósio estimava-a pela solicitude tão religiosa com que praticava fervorosamente as boas obras e frequentava a igreja. Por isso, muitas vezes, ao ver-me, irrompia em louvores, felicitando-me por ter tal mãe.

Não imaginava ele o filho que ela tinha em mim: um homem que duvidara de tudo aquilo e julgava impossível encontrar o caminho da vida!

---

5. Festa fúnebre pagã que, entre os romanos, se celebrava cada ano de 13 a 21 de fevereiro, em honra dos mortos da mesma família, sobretudo dos pais.

3. O trabalho de Ambrósio

Eu ainda não gemia por Vós, ao rezar, para que me acudísseis, mas meu espírito estava inclinado a procurar-vos e inquieto por discutir.

Ao ver o próprio Ambrósio honrado com tantos poderes, tinha-o na conta de homem feliz, segundo o mundo. Só me parecia dura a sua vida de celibato. Não aprendera a julgar, nem experimentara ainda a esperança que o animava, nas lutas travadas contra as tentações do seu alto cargo. Não tinha eu experiência da consolação nas adversidades e do paladar íntimo do coração com que ele saborosamente ruminava o pão dos vossos gozos. Por seu turno, também ele não conhecia as minhas agitações nem a cova onde eu perigava cair, pois não lhe podia perguntar, como desejava, o que queria. As multidões dos homens de negócios, a quem ele acudia nas dificuldades, impediam-me de o ouvir e de lhe falar. No pouquíssimo tempo em que não estava com eles, refazia o corpo com o alimento necessário, ou o espírito com a leitura.

Mas quando lia, os olhos divagavam pelas páginas e o coração penetrava-lhes o sentido, enquanto a voz e a língua descansavam. Nas muitas vezes que me achei presente – porque a ninguém era proibida a entrada, nem havia o costume de lhe anunciarem quem vinha – sempre o via ler em silêncio e nunca de outro modo.

Assentava-me e permanecia em longo silêncio – quem é que ousaria interrompê-lo no seu trabalho tão aplicado? – afastando-me finalmente. Imaginava que, nesse curto espaço de tempo, em que, livre do bulício dos cuidados alheios, se entregava a aliviar a sua inteligência, não se queria ocupar de mais nada. Lia em silêncio, para se precaver, talvez, contra a eventualidade de lhe ser necessário explicar a qualquer discípulo, suspenso e atento, alguma passagem que se oferecesse mais obscura no livro que lia. Vinha assim a gastar mais tempo neste trabalho e a ler menos tratados do que desejaria. Ainda que a razão mais provável de ler em silêncio pudesse ser para conservar a voz, que facilmente lhe enrouquecia. Mas fosse qual fosse a intenção com que o fazia, só podia ser boa, como feita por tal homem.

O certo é que nenhum ensejo se me oferecia de indagar o que desejava saber de tão santo oráculo vosso, qual era o seu peito, senão quando lhe ouvia algumas breves palavras. Mas aquelas minhas ânsias devorantes precisavam de encontrá-lo muito desocupado, para com ele se abrirem largamente. Jamais assim o achavam. É certo que todos os domingos o ouvia expor fielmente ao povo a palavra da verdade, convencendo-me, cada vez mais, de que se podiam desatar todos os nós das calúnias sagazes que teciam contra os livros divinos aqueles que me enganavam.

Logo soube também que esta verdade: "o homem foi criado por Vós à vossa imagem", não era interpretada pelos vossos filhos espirituais - que pela graça regenerastes na santa mãe Igreja - de modo a acreditarem e vos julgarem encerrado na forma de corpo humano. Eu que nem sequer levemente ou por enigma suspeitava o que era substância espiritual, contudo, alegrei-me e envergonhei-me de ter ladrado, durante tantos anos, não contra a fé católica, mas contra ficções tecidas de pensamentos corruptos.

Tinha sido temerário e ímpio, precisamente por haver caluniado e falado de verdades que deveria ter procurado conhecer. Vós, porém, que viveis tão alto e tão perto de nós, tão escondido e tão presente, que não possuís uns membros maiores e outros menores, mas estais todo em toda a parte, não sois espaço nem sois certamente esta forma corpórea. Vós criastes o homem à vossa imagem, e contudo ele, desde a cabeça aos pés, está contido no espaço!

4. A letra e o espírito

Se não compreendia, portanto, como é que o homem poderia ser imagem Vossa, a minha obrigação era bater à porta e perguntar-vos como se deveria crer, e não responder com insultos, como se tal crença fosse como eu supunha.

O desejo de saber o que havia de aceitar como verdadeiro roía tanto mais fortemente o meu interior, quanto mais me envergonhava de ter sido iludido e enganado durante tanto tempo com a promessa da certeza e de ter, com um desatino e animosidade pueris, palrado tanto de inúmeras coisas incertas, como se fossem verdadeiras. Depois vi a razão por que eram falsas. O certo é que, sendo elas assim, considerei-as outrora como irrefutáveis, quando em cegos debates acusava a vossa Igreja Católica. Embora não estivesse ainda convencido de que ela ensinasse a verdade, sabia, contudo, ao certo que não ensinava aquilo de que a acusava.

Assim me convertia, ó meu Deus, confundindo-me e alegrando-me por a única Igreja verdadeira – corpo do vosso Filho único onde, em criancinha, me ensinaram o nome de Cristo – não gostar de bagatelas infantis. Rejubilava por não existir entre a sua doutrina tão sã o erro de vos circunscrever, ó Criador de tudo, sob a figura dos membros humanos, a um espaço, que, apesar de sumo e amplo, seria, contudo, limitado.

Alegrava-me também de ver que já me não propunham a leitura dos antigos escritos da Lei e dos Profetas com a mesma panorâmica em que, tempos antes, me pareciam absurdas tais doutrinas, quando arguia os vossos santos, na suposição de que os interpretavam assim. Cheio de gozo, ouvia muitas vezes a Ambrósio dizer nos sermões ao povo, como que a recomendar diligentemente, esta verdade: "A letra mata e o espírito vivifica"[6]. Removido assim o místico véu, desvendou-me espiritualmente passagens que, à letra, pareciam ensinar o erro. Ele nada dizia que me desagradasse, embora tivesse afirmações que eu ainda então ignorava se eram ou não verdadeiras[7].

Abstinha o meu coração de qualquer afirmativa, com medo de cair no precipício. Mas esta suspensão matava-me ainda mais, porque desejava estar tão certo do que não via, como de sete

---

6. 2Cor 3,6.

7. Santo Ambrósio recorria muitas vezes à exegese alegórica para interpretar a Sagrada Escritura e para responder às dificuldades. Estava então em moda interpretar assim a Bíblia, em prejuízo do sentido real.

mais três serem dez. Não era eu tão louco que imaginasse poder alcançar esta evidência. Mas, como isto, desejava entender todas as demais coisas: as corpóreas, que não tinha presente aos sentidos, e as espirituais, que só por meio de formas corpóreas poderia conceber.

Se acreditasse, poderia ter obtido a cura. Assim o olhar, já mais purificado, da minha inteligência, dirigir-se-ia, de algum modo, para a vossa verdade sempre constante e indefectível. Costuma suceder ao doente que consultou um médico desprestigiado ter depois receio de um médico bom. Assim acontecia à saúde da minha alma, que não podia curar-se, senão crendo. Porque temia crer o que era falso, recusava deixar-se curar, resistindo às vossas mãos, ó Divino Médico que fabricastes o remédio da fé e o derramastes em todas as enfermidades do mundo, dando-lhe a ela tão grande autoridade!

5. O valor da Bíblia

Entretanto, preferindo a doutrina católica, já sentia, então, que era mais razoável e menos enganoso sermos obrigados a crer o que não demonstrava, quer houvesse prova, mesmo que esta não fosse para o alcance de qualquer pessoa, quer não houvesse. Seria isto mais sensato do que zombarem da crença os maniqueístas, apoiados em temerária promessa de ciência, para depois nos mandarem acreditar em inúmeras fábulas tão absurdas que não podiam prová-las.

Em seguida, ó Senhor, tocastes e dispusestes, a pouco e pouco, a minha alma, ao considerar os muitos fatos em que acreditava sem os ver nem presenciar na sua realização. Tais eram os inúmeros acontecimentos da história dos povos, a infinidade de notícias de lugares e cidades que não visitara, muitos conhecimentos recebidos dos amigos, dos médicos, de tantos e tantos homens, e de outras muitas coisas em que temos de crer, sob pena de nada podermos realizar nesta vida.

Enfim, com que fé inflexível acreditava serem meus os pais de que nasci! E podê-lo-ia saber, se não acreditasse no que ouvia? Então, ao considerar tudo isto, me convencestes de que não eram dignos de censura os que acreditavam nos vossos livros, reconhecidos com tanta autoridade em quase todos os povos. Censuráveis eram os que não criam. Por isso não lhes devia dar ouvidos, se por acaso me dissessem: "Como sabes que tais livros foram entregues ao gênero humano, pelo Espírito do único Deus verdadeiro e infalível?" Ora, era isto precisamente o que havia de crer, porque nenhum ataque das inumeráveis controvérsias e calúnias que lera em filósofos entre si desavindos me pôde arrancar a fé. Por isso nunca deixei de acreditar na vossa existência, apesar de ignorar o que éreis e desconhecer que o governo das coisas humanas vos pertence.

Acreditava nisto, é verdade; mas umas vezes com mais firmeza, outras com mais frouxidão. Porém, sempre acreditei que existíeis e cuidáveis de nós, não obstante ignorar o que devia pensar da vossa substância, ou que caminho nos levaria ou reconduziria a Vós.

E assim, apesar de estarmos doentes para alcançar a verdade com a transparência da razão e por isso nos ser necessária a autoridade dos livros santos, já principiara, contudo, a crer que de modo nenhum concederíeis autoridade tão prestigiada à Escritura em toda a terra, se por meio dela não quisésseis que acreditassem em Vós e vos procurassem.

Portanto, já atribuía à elevação dos mistérios as obscuridades que na Sagrada Escritura me costumavam impressionar, conquanto tivesse ouvido muitas explicações verossímeis a esse respeito. A veracidade bíblica parecia-me tanto mais venerável e digna de fé sacrossanta, quanto era claro que, possuindo a Escritura a qualidade de ser facilmente lida por todos os homens, reservava a dignidade dos seus mistérios para uma percepção mais profunda. Com palavras claríssimas e em estilo simplicíssimo, dá-se a todos e estimula a vontade dos que não são levianos de coração, para a todos receber no seu seio comum e (só) transportar, pela porta estreita, poucas almas para Vós. Estas, porém, são muitas mais do que as que levaria, se ela não brilhasse no elevado píncaro da autoridade e não atraísse as multidões ao regaço da santa humildade.

Pensava nisto e me assistíeis; suspirava e me ouvíeis; flutuava e me governáveis; seguia pela estrada larga do mundo e não me desamparáveis.

6. Miséria da ambição! O encontro do mendigo

Eu a aspirar às honras, às riquezas, ao casamento, e Vós a Vos rirdes de mim! Sofria nestas ambições dificuldades bem amargas. Vós me éreis tanto mais propício quanto menos consentíeis que me fosse agradável tudo o que não éreis Vós.

Vede o meu coração, ó Vós, Senhor, que quisestes que recordasse estas verdades e vo-las confessasse. Agora anda unida a Vós esta alma que arrancastes do visco tenaz da morte.

Como era miserável! Picáveis a parte mais sensível da ferida, para que, deixando tudo, voltasse para Vós, que estais acima de todas as coisas. Sem Vós nada existiria. Pungíeis a ferida para que eu me convertesse e ela curasse. Como era miserável e como procedestes para que sentisse a minha desgraça, naquele dia em que me preparava para declamar louvores ao imperador![8] Neles mentiria muito, e os que o sabiam apoiavam o mentiroso!

Meu coração agitava-se com estes cuidados e ardia na febre de pensamentos corrompidos, quando, ao passar por um bairro de Milão, reparei num pobre mendigo, já ébrio, julgo eu, mas humorístico e alegre. Gemi e falei aos amigos que me acompanhavam das muitas angústias provenientes das nossas loucuras. Com todos os esforços - quais eram os que então me preocupavam, carregado, sob o aguilhão das paixões, com o peso da minha desgraça, que aumentava ao arrastá-lo - só queríamos chegar à alegria segura, aonde já tinha chegado, primeiro que nós, aquele mendigo e aonde nunca talvez chegaríamos. Dirigia-me para aquilo mesmo que ele já alcançara com poucas moedas pe-

8. Valentiniano era, nesta data (1º de janeiro de 385), muito novo ainda. Nada tinha feito de digno de figurar na história. A Imperatriz Justina dominava-o inteiramente. Este capítulo é um modelo de análise psicológica.

didas de esmola, isto é, para a alegria da felicidade temporal, dando voltas e rodeios trabalhosos.

Não possuía o ébrio, é certo, a alegria verdadeira. Mas, com tais ambições, eu a buscava muito mais falsamente. Ele, com certeza, andava alegre e eu preocupado; ele vivia seguro e eu cheio de inquietações. Se alguém me perguntasse se preferia andar alegre ou perturbado, responderia: andar alegre. Se, porém, de novo me interrogasse se antes queria ser como o ébrio ou como eu era, escolheria viver acabrunhado por cuidados e temores. Mas faria isto por maldade, ou, talvez, com razão? É claro que não me devia antepor a ele por ser mais culto, pois da ciência não tirava alegria, antes, pelo contrário, procurava com ela simplesmente agradar aos homens, não para os instruir, mas só para lhes ser agradável. Era por isso que quebráveis os meus ossos com a vara da Vossa justiça.

Afastem-se, pois, da minha alma, os que lhe bradam: "O que importa é que haja motivo para alegria". Aquele mendigo folgava na embriaguez, tu ambicionavas a alegria na glória. E em que glória, Senhor? Naquela que não está em Vós. Porque aquela alegria não era verdadeira, assim como não era a glória, esta ia agitando cada vez mais o meu espírito. O ébrio curaria ainda naquela noite a sua embriaguez, e eu já me deitara e erguera com a minha, e com ela me havia de deitar e erguer. E reparai, Senhor, por quantos dias!

Importa saber a razão por que cada um se alegra. Conheço e vejo que a alegria da esperança fiel dista infinitamente daquela vaidade! Também entre o ébrio e mim havia grande diferença. Sem dúvida, ele era mais feliz, não só porque transbordava de hilaridade – porém eu era devorado por ansiedades –, mas porque ele adquiria o vinho desejando prosperidades aos seus benfeitores, enquanto eu procurava a ostentação com a mentira.

Disse, então, muita coisa neste sentido aos amigos, e muitas vezes, em casos semelhantes, examinava como me corria a vida. Encontrava-me infeliz, afligia-me, multiplicava a mesma dor. Se me sorria alguma ventura, sentia náuseas em apanhá-la porque ela voava no mesmo instante em que a ia agarrar.

7. A amizade de Alípio

Os que convivíamos em boa amizade, lamentávamo-nos no meio destas reflexões. Falava mais intimamente destes assuntos sobretudo com Alípio e Nebrídio[9].

Alípio nascera no mesmo município que eu. Seus pais eram da gente principal da cidade e ele era mais novo do que eu. Fora meu aluno quando comecei a ensinar na nossa terra e depois em Cartago. Estimava-me muito por lhe parecer bom e sábio, e eu apreciava-o pela índole inclinada à virtude, que já brilhava em tenra idade[10]. Porém, o abismo dos costumes cartagineses, onde fervem os espetáculos frívolos, engolfara-o na loucura dos jogos circenses.

Quando se revolvia desgraçadamente nesse abismo, sendo eu ali professor de retórica numa escola pública, ainda não me ouvia, como mestre, por causa de uma desavença que se levantara entre mim e o pai. Descobrindo que amava o circo funestamente, angustiava-me dolorosamente, por me parecer que ia perder, ou já perdera, tão bela esperança. Mas eu não tinha nenhum poder conferido pela estima da amizade, ou, ao menos, pelo direito de mestre, para o repreender e fazer recuar, dando-lhe qualquer castigo. Julgava que compartilharia da mesma ideia do pai a meu respeito. Mas não. Pondo de parte, neste assunto, a vontade paterna, começou a cumprimentar-me, vinha às minhas aulas, ouvia alguma coisa e partia.

Mas já me fugia da memória tratar com ele, para não se perder um talento tão precioso, na paixão cega e impetuosa de jogos fúteis. Vós, porém, ó Senhor, que presidis ao governo de tudo o que criastes, não vos esquecestes do que havia de ser, entre os vossos filhos, ministro dos sacramentos. Para que vos fos-

---

9. Nebrídio acompanhou a Agostinho pela Itália. Voltou à África, falecendo em 390. Converteu a família ao cristianismo. Conservam-se cópias de cartas suas escritas a Santo Agostinho no ano de 389.

10. Alípio seria elevado a bispo de Tagaste, sua terra natal, em 394-395, pouco antes de Santo Agostinho receber a dignidade episcopal. Notabilizou-se na luta contra os hereges pelagianos e donatistas.

se atribuída abertamente a sua emenda, a realizastes por meu intermédio, mas sem eu saber.

Um dia, estando eu sentado no lugar de costume, com os alunos diante de mim, chegou, saudou-me, sentou-se e prestou atenção ao assunto de que se tratava. Tinha em minhas mãos, por acaso, o texto da lição. Ora, ao explicá-lo, para compreenderem com mais agrado e clareza o que expunha, pareceu-me oportuno juntar à comparação dos jogos do circo uma crítica mordaz aos que eram escravizados por tal loucura. Mas vós sabeis, ó meu Deus, que eu não pensava, então, em curar Alípio daquela peste. Todavia, caiu em si e pensou que tinha dito aquilo por sua causa. O que outro tomaria como motivo para me censurar, tomou-o ele como causa para se censurar a si mesmo e para me estimar com maior ardor.

Já, outrora, disséreis e escrevêreis em vossos livros: "Repreende o sábio e amar-te-á"[11]. Eu não o repreenderia: mas Vós vos servis de todos, umas vezes sabendo-o eles, outras não, segundo a ordem justa que conheceis. Fizestes do meu coração e da minha língua carvões ardentes com que queimaríeis e curaríeis esse espírito corrupto, mas de tão prometedora esperança. Cale os vossos louvores quem não atenta na vossa misericórdia, por mim confessada desde a medula do meu ser.

O caso é que, após estas palavras, escapou-se de um fosso tão profundo, onde gostosamente se ia enterrando e cegando com a ânsia de gozo, e remoçou a alma com a temperança corajosa, retirando-se de todas as baixezas do circo, onde nunca mais voltou. Convenceu depois o pai relutante a que me contratasse como mestre. Aquele, cedendo, fez-lhe a vontade. Começando de novo Alípio a ouvir-me, foi comigo envolvido pela superstição, amando nos maniqueístas a ostentação de continência que julgava verdadeira e sincera. Esta era, porém, malvada e sedutora, cativando as preciosas almas, ainda não experimentadas na estimativa da sublimidade do Bem, e facilmente enganadas pela aparência de uma virtude, afinal, fingida e falsa.

---

11. Pr 9,8.

8. Quem ama o perigo...

Sem de modo nenhum abandonar a carreira mundana que seus pais lhe pintaram mágica, partira, antes de mim, para Roma, a estudar Direito. Aqui deixou-se arrebatar incrivelmente pela excessiva avidez dos espetáculos dos gladiadores[12].

Detestava a princípio, por completo, tais divertimentos. Uma vez, alguns amigos e condiscípulos, ao voltarem de um jantar, encontraram-no por acaso no caminho e levaram-no com amigável violência ao anfiteatro para assistir aos jogos cruéis e funestos daquele dia. Ele recusava com veemência e resistia dizendo: "Por arrastardes a esse lugar e lá colocardes o meu corpo, julgais que podereis fazer com que o espírito e os olhos prestem atenção aos espetáculos? Assistirei como ausente, saindo assim triunfante de vós e mais dos espetáculos". Ouvindo estas palavras, levaram-no consigo ao anfiteatro, sem mais demora, com o desejo, talvez, de observar se era capaz de cumprir a promessa.

Apenas lá chegaram, ocuparam os lugares que puderam. Tudo fervia nas paixões mais selvagens. Ele, fechando as portas dos olhos, proibiu ao espírito de cair em tais crueldades. Oxalá tivesse também tapado os ouvidos! Num incidente da luta, um grande clamor saído de toda a multidão sobressaltou-o terrivelmente: vencido pela curiosidade e julgando-se preparado para desprezar e dominar a cena, fosse qual fosse, abriu os olhos. Imediatamente foi ferido na alma por um golpe mais profundo do que o que havia recebido no corpo o gladiador a quem desejou contemplar. Caiu mais miseravelmente do que aquele por cuja queda se tinha levantado o clamor. Entrou-lhe este pelos ouvidos e abriu-lhe os olhos, por onde foi ferida e abatida a alma, até então mais audaz que corajosa e tanto mais fraca quanto mais presumida de si mesma, em vez de confiar em Vós, como devia. Logo que viu o sangue, bebeu simultaneamente a crueldade. Não se retirou do espetáculo, antes se fixou nele.

12. Os romanos tinham espetáculos de circo em que os homens lutavam uns contra os outros; de anfiteatro em que combatiam homens contra feras; e de teatro, em que se representavam as histórias dos deuses. Aqui trata-se de espetáculos de anfiteatro, em que havia quase sempre mortos.

Sem saber, sorvia o furor popular, deleitava-se no combate criminoso, e inebriava-se no prazer sangrento. Já não era o mesmo que tinha vindo, mas um da turba a que se ajuntara, um verdadeiro companheiro daqueles por quem se deixara arrastar. Que mais direi? Presenciou, gritou, apaixonou-se e trouxe de lá um ardor tão louco que o incitava a voltar não só com os que o haviam arrastado, mas a ir à sua frente e arrastando os outros.

Mas Vós o arrancastes deste caminho com a vossa mão tão forte e misericordiosa, ensinando-lhe que devia colocar toda a confiança em Vós e não em si. Mas isto foi só muito tempo depois.

9. Por linhas tortas... Alípio e um roubo

Retinha Alípio, contudo, na sua memória este fato, como remédio para o futuro. Lembro-me de outro caso que lhe sucedeu quando andava em Cartago estudando, sendo já meu discípulo. Estava no foro, ao meio-dia, pensando numa declamação que devia fazer como exercício segundo o costume dos estudantes, quando permitistes que os guardas do foro o viessem prender como ladrão. Parece-me que permitistes isto, ó meu Deus, só para que aquele jovem, tão grande no futuro, começasse já a aprender que, ao julgar uma causa, o homem não deve condenar a outro com facilidade e crueldade temerária.

Foi o caso que enquanto ele passeava sozinho diante do tribunal com as tábuas e o estilete[13], um jovem estudante, o verdadeiro ladrão, trazendo escondida uma machadinha, entrou, sem ele notar, pelas grades que rodeiam a rua dos banqueiros e começou a cortar o chumbo.

Ouvindo o barulho das machadadas, os banqueiros que estavam em cima começaram a gritar e mandaram prender a quem encontrassem.

13. Os romanos escreviam em tábuas enceradas. Alípio trazia tábuas e estilete para escrever.

O ladrão, ao ouvir os gritos, escapou-se e deixou a machadinha porque temia ser apanhado com ela na mão. Alípio, que não o tinha visto entrar, sentiu-o sair e fugir apressadamente. Desejando saber o motivo, entrou no terraço. Ao ver a machadinha, pegou nela e examinava-a admirado, quando chegaram os guardas. Encontraram-no só, segurando a machadinha cujo barulho os tinha posto alerta. Acorrem, prendem-no e levam-no, gloriando-se, diante dos habitantes do foro reunidos, de terem apanhado o ladrão em flagrante. Já o iam entregar à justiça. Mas a lição devia ficar por aqui, porque Vós, Senhor, socorrestes imediatamente a inocência de quem éreis única testemunha. Quando o conduziam à cadeia ou ao suplício, saiu-lhes ao encontro um arquiteto encarregado da direção suprema dos edifícios públicos. Ficaram os guardas satisfeitos por encontrarem este magistrado que suspeitava serem eles os autores dos roubos do foro. Agora, poderia enfim reconhecer por quem eram cometidos.

O arquiteto tinha visto várias vezes a Alípio em casa de um senador a quem frequentemente visitava. Reconhecendo-o, apertou-lhe a mão, afastou-o da turbamulta e perguntou-lhe o motivo de tamanha desgraça. Ouvindo o que se tinha passado, mandou àquela multidão tumultuosa que ali estava ameaçadora e fremente que o seguisse. Chegaram à casa do jovem que praticara o roubo. Estava à porta um escravo, tão novo ainda que, sem medo do senhor, podia facilmente revelar tudo. Este escravo tinha acompanhado o jovem ao foro. Alípio reconheceu-o e declarou-o ao arquiteto. Este mostrou-lhe a machadinha, perguntando-lhe de quem era. "É nossa, respondeu imediatamente o escravo". Interrogado, manifestou o resto.

Deste modo, o processo foi transferido para esta casa, ficando confundida a multidão que já começava a triunfar de Alípio. O futuro dispensador da vossa palavra e juiz de tantas causas na vossa Igreja saiu assim experimentado e instruído[14].

14. Alípio foi mais tarde bispo de Tagaste.

10. Dois amigos

Encontrara eu a Alípio em Roma onde se ligou a mim por um estreitíssimo laço de amizade, e comigo partiu para Milão, para não me abandonar e para exercer o Direito, que aprendera mais por vontade dos pais que pela sua. Já por três vezes fora assessor e sempre com admirável desinteresse, causando admiração em todos os que antepunham o dinheiro à inocência.

O seu caráter foi posto à prova não só pelo atrativo do prazer, mas também pelo aguilhão do medo. No tempo em que servia em Roma de assessor ao tesoureiro geral da Itália, havia um senador poderosíssimo, a quem estavam sujeitos muitos clientes, uns por benefícios, outros por temor. Segundo costumam os da sua poderosa categoria, quis que lhe fosse permitido não sei bem o quê, proibido pelas leis. Alípio opôs-se. Prometeu-lhe um presente: troçou dele. Recorreu o senador às ameaças. Calcou-as aos pés, com geral admiração de todos os que viam ânimo tão pouco comum e que não desejava como amigo nem temia como inimigo um homem tão poderoso, célebre pela grande fama de possuir imensos meios de beneficiar ou prejudicar.

O próprio juiz, de quem Alípio era conselheiro, apesar de também se opor às pretensões do senador, não as recusava abertamente e, descarregando toda a responsabilidade sobre Alípio, afirmava que só este não lhe permitia, porque – e era verdade – se acedesse, Alípio demitir-se-ia imediatamente.

O amor das letras em Alípio era o único bem que estava a ponto de o tentar. Poderia com os lucros de pretor mandar transcrever códices. Porém, sempre que consultava a justiça, deliberava pelo melhor, persuadido de que a integridade que lhe proibia esta ação era muito melhor que o poder que a permitia a ele. Pequeno fato este, mas, "quem é fiel no pouco, também o é no muito"; e de modo nenhum são vãs aquelas palavras que saíram da boca da vossa verdade: "Se, pois, não fordes fiéis nas riquezas injustas, quem vos confiará as verdadeiras? E se não fordes fiéis nas alheias, quem vos dará o que é vosso?"[15]

Tal era, então, este meu amigo que me amava entranhadamente e que comigo estava para resolver o teor de vida que devíamos seguir.

Quanto a Nebrídio, este abandonou a terra natal vizinha de Cartago e até deixou esta cidade onde era muito conhecido. Deixou as ricas propriedades do pai, a casa e a própria mãe que não o quis seguir, e veio para Milão, só pelo motivo único de conviver comigo no estudo persistente da Verdade e da Sabedoria. Amante investigador da vida feliz e acérrimo indagador das questões mais difíceis, suspirava e flutuava a par de mim.

Eram, pois, três as bocas que tinham fome e respiravam de umas para as .outras a sua nobreza esperando que lhes "désseis alimento no tempo oportuno"[16]. Se desejávamos vislumbrar o motivo por que sofríamos, assaltavam-nos as trevas com todas as amarguras que, por misericórdia vossa, acompanhavam a nossa vida mundana. Afastávamo-nos, então, gemendo e dizíamos: Quanto tempo durará este sofrimento? Repetíamos frequentemente estas palavras. Mas, apesar de as repetirmos, não deixávamos este teor de vida, porque não víamos nenhuma certeza a que nos pudéssemos segurar, se a abandonássemos.

11. Luta da alma em busca da verdade

Admirava-me muito, ao recordar diligentemente quão longo fora o período de tempo decorrido após os dezenove anos, idade em que começara a arder no desejo da Sabedoria propondo-me, depois de a obter, abandonar todas as esperanças frívolas e todas as loucuras enganosas das vãs paixões. Porém, chegado já aos trinta anos, continuava ainda preso ao mesmo lodo de gozar dos bens presentes que fugiam e me dissipavam.

15. Lc 16,10-12.

16. Sl 144,15.

Entretanto, exclamava: "Amanhã encontrá-la-ei; oh! a verdade aparecer-me-á com evidência e possuí-la-ei; Fausto virá explicar-me tudo". Ó grandes homens da Academia! Nada se pode conceber de certo para a conduta da vida? Não. Busquemos pois com mais diligência, sem desesperar. Nos livros santos já não é absurdo o que parecia absurdo, podendo ser interpretado de um modo diferente e mais aceitável. Fixarei os pés naquele degrau em que meus pais me colocaram quando criança, até encontrar, finalmente, a verdade manifesta. Mas onde a buscarei e quando? A Ambrósio falta-lhe tempo para me ouvir, e a mim para ler. Além disso, onde encontrar esses livros? Donde e quando os poderei alcançar? E a quem hei de pedi-los? Repartamos o tempo, distribuamos algumas horas para a salvação da alma. Nasceu-nos uma grande esperança: a fé católica não ensina o que supúnhamos e incriminávamos com leviandade.

Os instruídos nos dogmas olham como um crime supor a Deus delimitado pela figura de um corpo humano. E duvidamos ainda *bater,* para que nos sejam abertas as restantes verdades? Os discípulos ocupam-me as horas da manhã. E que faço das outras? Por que as não consagro a este trabalho? Mas, então, quando hei de visitar os amigos mais poderosos, de cujo favor tanto necessito? Quando hei de preparar as lições que os discípulos me pagam? Quando hei de reparar as forças, descansando o espírito da fadiga causada por tantos trabalhos?

Pereça tudo isto e deixemos estas coisas vãs e fúteis. Entreguemo-nos unicamente à busca da verdade. A vida é miserável e a hora da morte incerta. Se me surpreender de súbito, em que estado sairei deste mundo e onde aprenderei o que nesta vida negligenciei saber? Não terei antes de suportar os suplícios desta negligência? E se a morte me amputar e exterminar todas estas preocupações, tirando-me os sentidos? É preciso, portanto, examinar também este ponto.

Mas longe de mim que tal suceda! Não é supérfluo nem vão o estar por todo o mundo difundida a fé cristã, tão grandiosa e tão elevada! Nunca se teriam criado, por poder divino, tantas e tão grandes maravilhas para o nosso proveito, se, com a morte do corpo, se consumasse também a vida da alma. Por que tardo, pois, em abandonar as esperanças do mundo, para totalmente me dedicar à busca de Deus e da vida bem-aventurada?

Mas espera! Os bens terrenos também são agradáveis. Possuem não pequenas doçuras. Não devemos, por isso, apartar deles, inconsideradamente, a nossa inclinação, pois seria vergonhoso voltar de novo a eles. Olha quão pouco falta para alcançar um cargo honroso! Que mais tenho a desejar? Tenho em abundância amigos poderosos. Sem necessidade de me apressar mais, podia já ser, ao menos, presidente (de um tribunal) e casar-me com uma moça que possuísse alguma fortuna, para não sobrecarregar os nossos gastos. Seria este o limite do meu desejo. Muitos homens importantes e dignos de imitação entregaram-se apesar de casados ao estudo da Sabedoria.

Ao dizer isto, enquanto os ventos alternavam e impeliam o meu coração para um e outro lado, o tempo fugia e eu retardava em converter-me ao Senhor. Adiava de dia para dia o viver em Vós, sem, contudo, diferir o morrer todos os dias em mim mesmo. Desejando a vida feliz, temia buscá-la na sua morada. Procurava-a fugindo dela! Julgava que seria extremamente desgraçado, se me privassem dos abraços de uma esposa. Não pensava ainda no remédio da Vossa misericórdia, para curar tal doença, porque nunca fizera a experiência. Pensava que a castidade era fruto das próprias forças e persuadia-me que não as tinha. Sendo tão néscio, não sabia que, como estava escrito, ninguém pode ser casto, se Vós não lhe concedeis forças. Sim, Vós as daríeis a mim, se com gemidos internos ferisse os vossos ouvidos e com fé firme descarregasse em Vós todos os meus cuidados.

12. Matrimônio e castidade

Alípio opunha-se bastante ao meu casamento, afirmando que, se o fizesse, jamais poderíamos viver juntos, com segura tranquilidade, no amor da sabedoria, como já de há muito tempo desejávamos. Ele era de tal modo castíssimo, que causava admiração porque, ao entrar na juventude, experimentara o prazer carnal, mas não ficara preso a ele. Tinha-se arrependido, desprezara-o e depois vivia já em perfeita continência.

Resistia-lhe eu, porém, argumentando com os exemplos dos que, desposados, cultivavam a ciência, bem-merecendo de Deus e guardando fidelidade e amor aos seus amigos. Mas estava bem longe desta grandeza de alma. Acorrentado à enfermidade da carne, arrastava com mortífero prazer a minha cadeia, temendo que se quebrasse, e afastava as palavras deste bom conselheiro, como um doente que, ao lhe tocarem na ferida, repele a mão que liberta e cura.

Além disso, a serpente falava por meu intermédio ao próprio Alípio, para o enlaçar, estendendo no seu caminho, por meio da minha língua, suaves armadilhas, a fim de que seus pés inocentes e livres nelas ficassem embaraçados.

Admirava-se de que eu, a quem tanto estimava, estivesse de tal modo preso ao visco da volúpia, a ponto de afirmar, sempre que disputávamos sobre tal assunto, ser-me de todo impossível levar vida casta. Ao vê-lo assim admirado, defendia-me, dizendo que havia grande distância entre o prazer que ele experimentara rápida e furtivamente - prazer de que dificilmente se recordaria, e por isso sem custo nenhum com facilidade desprezava - e os meus deleites costumados, aos quais, se se ajuntasse o título honesto do matrimônio, já não haveria motivo para se admirar de que eu não pudesse desprezar tal teor de vida.

Depois disto, começou Alípio também a desejar o matrimônio, vencido não pela paixão do prazer, mas da curiosidade. Dizia desejar saber que felicidade era essa, sem a qual a minha vida, que tanto lhe agradava, não me parecia vida, mas sofrimento. O seu espírito, liberto desta cadeia, ficava estupefacto perante a minha escravidão. Da admiração passava ao desejo da experiência, para depois descer à realização. Ia assim despenhar-se talvez na mesma escravidão que o fazia espantar, pois queria fazer um pacto com a morte, e quem ama o perigo nele cairá.

Só superficialmente nos interessava, tanto a ele como a mim, a beleza conjugal que há nos deveres do matrimônio e na educação dos filhos. O que em grande parte e com violência me prendia e torturava era o hábito de saciar a insaciável concupiscência. Pelo contrário, a ele era a admiração que o arrastava ao cativeiro.

Tal era o nosso estado até ao momento em que Vós, o Altíssimo, que não abandonais o nosso barro, viestes compassivamente, de modo admirável e oculto, em socorro dos infelizes.

13. O pedido de casamento

Entretanto, instavam sem descanso para que me casasse. Já tinha feito o pedido de casamento e recebido boas promessas, ajudado sobretudo por minha mãe, que o fazia com o fim de me ver regenerado, depois do matrimônio, na água salutar do batismo. Minha mãe alegrava-se de me ver cada vez mais apto para o receber, notando que na minha fé se realizavam os seus votos e as vossas promessas.

Vós nunca lhe quisestes revelar, em visão, nada do meu futuro casamento, apesar de, a meu pedido e desejo seu, vo-lo pedir, todos os dias, com fortes clamores do coração. Ela via umas imagens vãs e fantásticas, aonde o ímpeto do espírito humano arrasta, quando anda preocupado. Contava-me isto, não com aquela confiança com que costumava, quando realmente vos manifestáveis, mas com desprezo, pois afirmava que, por um palpite que não sabia explicar com palavras, distinguia entre as vossas revelações e os sonhos da sua alma.

Apesar de tudo, instava-se pelo casamento e pediu-se a mão da jovem. Faltavam-lhe, porém, quase dois anos para chegar à idade núbil[17]. Mas, como ela agradava, ia-se esperando.

14. Projeto desfeito

Éramos muitos os amigos que trazíamos o espírito agitado. Falávamos com aborrecimento dos dissabores tumultuosos da vida humana. Já quase tínhamos resolvido viver sossegadamen-

17. A idade núbil, para as mulheres, em Roma e no Império, era doze anos.

te, retirados da multidão. Tínhamos projetado aquele sossego deste modo: se alguma coisa possuíssemos, juntá-la-íamos para uso comum, combinando formar de tudo um só patrimônio, de tal forma que, por uma amizade sincera, não houvesse um objeto deste, outro daquele, mas de tudo se fizesse uma só fortuna, sendo tudo de cada um e tudo de todos. Parecia-nos que se poderia reunir na mesma sociedade cerca de dez homens. Entre nós contavam-se alguns ricos, sobretudo Romaniano, meu conterrâneo e amigo íntimo desde tenra infância, a quem, então, grandes cuidados de negócios haviam arrastado à corte imperial. Era ele o que mais instara por este projeto e o que tinha mais autoridade para o persuadir, porque as suas enormes riquezas eram superiores às dos outros.

Pareceu-nos bem que dois de nós, cada ano, como administradores, tratassem de tudo o necessário, ficando os outros em paz. Mas quando se começou a pensar se as mulheres que uns já tinham e eu desejava ter o permitiriam, desfez-se em nossas mãos todo aquele projeto que tão belamente imaginamos. Arruinou-se e teve que se rejeitar.

Daqui enveredamos de novo para os suspiros e gemidos, seguindo pelos "caminhos largos e trilhados do século"[18], porque "muitos eram os pensamentos no nosso coração. Porém os vossos desígnios permanecem eternamente"[19]. Por causa desses desígnios, vos ríeis das nossas resoluções, e preparáveis as vossas, para "nos dardes o alimento no tempo oportuno, abrirdes a vossa mão e, enfim, encherdes as nossas almas com a vossa bênção"[20].

15. Cativo do prazer

Entretanto, os meus pecados se multiplicavam. Sendo arrancada do meu lado como impedimento para o matrimônio aquela com quem partilhava o leito, meu coração, onde ela estava presa, rasgou-se, feriu-se e escorria sangue. Retirara-se ela

18. Mt 7,13.

19. Pr 19,21; Sl 32,11.

20. Sl 144,15-16.

para a África, fazendo-vos voto de jamais conviver com outro homem e deixando-me o filho natural que dela tivera[21].

E eu, miserável, não imitei esta mulher![22] Impaciente da dilação - porque só depois de dois anos receberia a que pedira em casamento - e porque não era amante do matrimônio, mas escravo do prazer, procurei outra mulher - mas não esposa - para assim manter e prolongar intacta, ou mais agravada, a doença da minha alma, patrocinado pelo mau hábito que perduraria até à vinda do reino matrimonial. Não sarara ainda aquela chaga, aberta pelo corte da primeira mulher. Mas após a inflamação e após a dor pungentíssima, a ferida gangrenava, doendo-me de um modo mais frio, mas mais desesperado.

16. Sob a asa de Deus

Louvor e glória a Vós, ó Fonte das Misericórdias! Eu tornando-me mais desgraçado, e Vós, cada vez mais pertinho de mim! Sem eu saber, vossa mão direita, que me havia de arrancar da lama e lavar-me, estava mesmo junto de mim. Só o temor da morte e do vosso futuro juízo, que, através das várias doutrinas, nunca se retirou do meu peito, me convidava a sair do abismo tão profundo dos prazeres carnais.

Disputava com Alípio e Nebrídio, meus amigos, sobre o fim dos bons e dos maus, declarando que Epicuro, no meu conceito, teria recebido a palma, se eu não acreditasse que, depois da morte, continuava a vida da alma e havia o juízo dos méritos, coisa que Epicuro negou[23].

Perguntava o motivo por que não seríamos felizes, ou que mais buscaríamos, se fôssemos imortais e vivêssemos em perpé-

21. Esta criança recebeu o nome da Adeodato. Morreria na adolescência, em 388, depois de ter dado mostras de talento extraordinário. Nasceu em 372.

22. Com ela vivera Agostinho durante quinze anos. Parece ter sido pessoa de altas qualidades intelectuais.

23. Este filósofo ensinou em Atenas, em 360 a.C. Propunha-se dar a felicidade aos homens por meio da apatia (ataraxia) e negando a existência de uma vida ultraterrena.

tuo gozo corporal, sem receio algum de o perder? Ainda ignorava que esta pergunta era fruto da minha grande miséria. Assim imerso no vício e cego, não podia pensar na luz da Virtude e da Beleza que os olhos da carne não veem, e só o íntimo da alma distingue.

Na minha miséria, nem sequer considerava de que manancial brotava este gosto de tratar deliciosamente destes assuntos vergonhosos com os amigos. Sem estes não poderia ser feliz, por maior que fosse a afluência de prazeres carnais, segundo o desejo de sensualidade que então possuía. Sim, amava estes amigos, mas com desinteresse. Por sua vez, sentia que eles igualmente me amavam.

Ó caminhos tortuosos! Ai da alma audaciosa que se afastou de Vós, na esperança de possuir algum bem melhor. Quer se vire ou revire para trás, quer se volte para os lados ou para diante, tudo lhe é duro.

Só Vós sois o descanso. Só Vós nos assistis e libertais de erros deploráveis, metendo-nos no vosso caminho, consolando-nos e dizendo: “Correi; eu guiar-vos-ei, conduzindo-vos até ao fim, e aí vos hei de manter”[24].

---

24. Is 46,4.

LIVRO VII

A caminho de Deus

1. Emancipando-se do falso conceito de Deus

A minha adolescência má e nefanda já tinha morrido. De caminho para a juventude, quanto mais crescia em anos, tanto mais vergonhoso me tornava com a minha vaidade, a ponto de não poder imaginar outra substância além da que os nossos olhos constantemente veem. Desde que comecei a ouvir as lições da Sabedoria, não vos supunha, ó meu Deus, sob a figura de corpo humano, pois sempre fugi deste errado juízo e me alegrava de encontrar esta verdadeira doutrina na fé da nossa mãe espiritual, a vossa Igreja Católica. Mas não me ocorria outro modo de vos conceber na imaginação!

Ora sendo eu homem - e que homem! - esforçava-me por Vos *imaginar* o grande, o único verdadeiro Deus. Com efeito, acreditava, com todas as fibras do coração, que éreis incorruptível, inviolável e imutável. Porém, apesar de não saber donde e o modo como me vinha esta certeza, via perfeitamente e estava certo de que aquilo que se pode corromper é inferior ao incorruptível e o que não se pode deteriorar, sem hesitação o antepunha ao deteriorável, e o imutável parecia-me melhor do que aquilo que é susceptível de mudança.

O meu coração clamava com violência contra todos os meus fantasmas. Com este único golpe, esforçava-me por enxotar da vista do meu espírito a turbamulta das imagens imundas, que volitava à minha volta. Mas, apenas dispersa, eis que, num abrir e fechar de olhos, ela, apinhando-se, de novo se aproximava e irrompia contra as minhas pupilas, obscurecendo-as. E assim, apesar de não vos conceber sob a forma de corpo humano, necessitava, contudo, de vos *imaginar* como sendo alguma coisa corpórea situada no espaço, quer imanente ao mundo, quer difundida por fora do mundo, através do infinito. Era este o ser incorruptível, indeteriorável, imutável, que antepunha ao que é corruptível, sujeito à deterioração e à mudança. Tudo o que concebia como não ocupando espaço, me parecia um *nada* absoluto e não um vácuo como sucederia se arrancássemos um objeto de um lugar e este ficasse vazio de qualquer corpo terrestre, úmido, aéreo ou celeste[1]. Com efeito, neste caso, um lugar vazio seria como que um *nada espaçoso.*

Assim "atoleimado de coração", sem consciência nítida de mim mesmo, considerava como um puro nada tudo o que não se estendesse ou difundisse ou conglobasse ou dilatasse por um certo espaço, ou assumisse ou pudesse assumir qualquer destes estados. Quais são as formas por onde meus olhos costumam passar, tais eram as imagens por onde meu espírito caminhava. Eu não notava que este ato apreensivo de entendimento com que formava essas imagens não era da mesma natureza que estas. Com efeito, a atividade intelectual, se não fosse alguma coisa de grande, não poderia formar imagens.

A Vós, ó Vida da minha vida, também vos imaginava como um Ser imenso, penetrando por todos os lados a massa do Universo e alastrando-vos fora dele, por toda a parte, através das imensidades sem limites, de tal modo que a terra, o céu e todas as coisas vos continham e todas elas se acabavam em Vós, sem contudo acabardes em parte alguma.

Mas assim como a massa do ar, deste ar que está por cima da terra, não se opõe a que a luz do sol penetre por ele, atravessando-o sem o rasgar nem cortar, mas enchendo-o inteiramente, assim julgava que não só as substâncias transparentes do céu, do ar e do mar, mas também as da terra, eram por Vós penetradas em todas as suas partes, grandes e pequenas, para receberem a vossa presença, governando-as interiormente com vossa oculta inspiração e exteriormente dirigindo tudo o que criastes.

---

1. Os antigos supunham que entravam quatro elementos na composição dos corpos: terra, água, ar e fogo. Não tinham ainda a noção dos corpos simples da química.

Assim conjeturava eu, pois não vos podia conceber de outra maneira. Tal conjetura, porém, era falsa. Deste modo, uma parte da terra que fosse maior deveria também encerrar maior parte de Vós; e outra que fosse menor, uma parte menor. Estando tudo assim impregnado de Vós, o corpo do elefante, pelo fato de ser maior e ocupar mais espaço que o de um pássaro, teria proporcionalmente mais de Vós que o corpo do pássaro. E, deste modo, partido em fragmentos, comunicaríeis a vossa presença às grandes e pequenas partes do universo, respectivamente com grandes e exíguas porções de Vós mesmo. Não é, porém, assim. Mas ainda não tínheis iluminado as minhas trevas.

2. Argumento de Nebrídio contra os maniqueístas

Bastava-me, Senhor, para esmagar aqueles sedutores seduzidos, aqueles faladores mudos - pois o vosso Verbo não falava por meio deles -, sim, bastava-me a objeção que já de há muito tempo, em Cartago, lhes costumava propor Nebrídio, com que nos abalava a todos nós que o ouvíamos: Que poderia fazer contra Vós esta desprezível raça de trevas - de que os maniqueístas se costumam servir como de massa hostil para vos atacar - se não aceitásseis batalha contra ela?

Se alguém vos respondesse que poderia ser nociva em algum ponto, então seríeis violável e corruptível! Se, porém, dissesse que em nada vos podia danificar, nenhum motivo haveria para que lutásseis e pelejásseis em tais circunstâncias que uma parte de Vós, um membro vosso, ou um rebento da vossa própria substância, se misturava com forças inimigas e com naturezas que não criastes.

Ao contacto destas, essa parte de Vós de tal modo se corromperia e danificaria, que, caindo da felicidade para a miséria, necessitaria de socorro para se poder libertar e purificar! Ora esse rebento de Vós mesmo era a nossa alma que o vosso Verbo, *livre,* deveria, com sua ajuda, arrancar do *cativeiro,* que o vosso Verbo *imaculado* deveria remir da *corrupção.* Neste caso o Verbo seria corruptível, pois era formado de uma só e mesma substância que a alma. Ora, se eles afirmam que tudo o que sois, isto é, a substância de que vos formais, é incorruptível, (segue-se que) todas aquelas suposições são falsas e abomináveis; se dizem, pelo contrário, que o Verbo é corruptível, tal afirmação é, por si mesma, falsa, e logo, à primeira palavra, digna de abominação.

Bastava-me, portanto, só este raciocínio contra aqueles que a todo o custo deveria vomitar do meu peito oprimido. Com efeito, sentindo e falando assim de Vós, não tinham por onde sair, senão cometendo um horrível sacrilégio de coração e de língua.

3. A causa do mal

Mas, ó Senhor nosso – ó Deus verdadeiro que criastes não só as nossas *almas*, mas também os nossos *corpos*, e não só nossas almas e corpos, mas ainda todos os seres e todas as coisas –, eu já então afirmava e cria firmemente que sois incontaminável, alheio a toda a alteração, e absolutamente imutável.

Todavia, não tinha uma ideia clara e nítida da causa do mal. Porém, qualquer que ela fosse, tinha assente para mim que de tal modo a havia de buscar, que por ela não fosse constrangido a crer, como mutável, um Deus imutável, pois de outra maneira cairia no *mal* cuja causa procurava. Por isso, buscava-a com segurança, certo de que não era verdadeira a doutrina que estes homens pregavam. Fugia deles com a alma, porque, quando eu indagava a origem do mal, via-os repletos de malícia que os levava a crerem antes sujeita ao mal a vossa substância do que a deles ser suscetível de o cometer.

Esforçava-me por entender (a questão) – que ouvia declarar – acerca de o livre-arbítrio da vontade ser a causa de praticarmos o mal, e o vosso reto juízo o motivo de o sofrermos. Mas era incapaz de compreender isso nitidamente.

Tentava arrancar do abismo a vista do meu espírito. Porém de novo mergulhava nele e sempre com reiterados esforços submergia sem cessar. Erguia-me para a vossa luz o fato de eu saber tanto ao certo que tinha uma vontade como sabia que tinha uma vida. Por isso, quando queria ou não queria uma coisa, tinha a certeza absoluta de que não era outro, senão eu quem queria ou não queria, experimentando cada vez mais que aí estava a causa do meu pecado. Quanto ao que fazia contra vontade, notava que isso era antes padecer (o mal) do que praticá-lo. Considerava isso não como uma falta mas como uma punição, em que, reconhecendo a vossa justiça, era logo forçado a confessar que justamente recebia o castigo.

Mas de novo refletia: "Quem me criou? Não foi o meu Deus, que é bom, e é também a mesma bondade? Donde me veio, então, o querer eu o mal e não querer o bem? Seria para que houvesse motivo de eu justamente ser castigado? Quem colocou em mim e quem semeou em mim este viveiro de amarguras, sendo eu inteira criação do meu Deus tão amoroso? Se foi o demônio quem me criou, donde é que veio ele? E se, por uma decisão de sua vontade perversa, se transformou de anjo bom em demônio, qual é a origem daquela vontade má com que se mudou em diabo, tendo sido criado anjo perfeito por um Criador tão bom?"

De novo, me sentia oprimido e sufocado por estes pensamentos, mas de modo algum arrastado àquele inferno do erro onde ninguém vos confessa, se se admite a tese de estardes Vós antes sujeito ao mal do que o homem ser considerado capaz de o cometer.

4. Deus é incorruptível

Assim me esforçava por encontrar as outras verdades, do mesmo modo que já tinha descoberto ser melhor o incorruptível que o corruptível. Por conseguinte, confessava que Vós, quem quer que fôsseis, não estáveis sujeito à corrupção. Jamais alma alguma pôde ou poderá conceber alguma coisa melhor do que Vós - sumo e ótimo Bem.

Sendo absolutamente certo e inegável que o incorruptível se antepõe ao corruptível - como aliás já admitia - poderia eu, se não fôsseis incorruptível, ter atingido com o pensamento algo mais perfeito que o meu Deus. Portanto, logo que vi que o incorruptível se deve preferir ao corruptível, imediatamente Vos deveria ter buscado, e, em seguida, deveria indagar donde vem o mal, isto é, a corrupção, a qual de modo algum pode afetar a vossa substância.

É absolutamente certo que de modo nenhum pode a corrupção alterar o nosso Deus, por meio de qualquer vontade, de qualquer necessidade ou de qualquer acontecimento imprevisto, porque Ele é o próprio Deus, porque tudo o que deseja é bom e Ele próprio é o Bem. Ora estar sujeito à corrupção não é um bem.

Não podeis ser obrigado, por força, seja ao que for, porque em Vós a *vontade* não é maior do que o *poder*. Porém, seria maior, se Vós mesmo fôsseis maior que Vós mesmo. Mas a vontade e o poder de Deus são o próprio Deus. Para Vós que tudo conheceis, existe acaso alguma coisa imprevista? Nenhuma natureza existe, senão porque a conhecestes. Para que proferimos nós tantas palavras a fim de comprovar que a substância de Deus não é corruptível, já que, se o fosse, não seria Deus?

5. É Deus o autor do mal?

Buscava a origem do mal, mas buscava-a erroneamente. E ainda mesmo, nessa indagação, não enxergava o mal que nela havia[2]. Obrigava a passar, ante o olhar do meu espírito, todas as criaturas, tudo o que nelas podemos ver, como a terra, o mar, o ar, as estrelas, as árvores e os animais sujeitos à morte, bem como aquilo que não vemos nela, como o firmamento do céu, todos os anjos e todos os espíritos celestes. Mas como se estes últimos fossem corpóreos, a minha imaginação colocou-os a uns nuns lugares, a outros noutros.

2. Santo Agostinho queria ver o mal como se ele fosse alguma coisa de positivo. Não compreendia que o mal é ausência de ser ou de perfeição.

Fiz da vossa criação uma única e imensa massa, diferenciada em diversas espécies de corpos: uns, corpos verdadeiros; outros, espíritos que eu imaginava sob a figura de corpos. Eu a supus não com a sua própria grandeza, porque não a podia saber, mas com a que me agradou, porém, limitada de todos os lados. A Vós, Senhor, infinito em todas as direções, imaginei-vos a rodeá-la e penetrá-la de todas as partes, como se fôsseis um único mar em toda a parte e de todos os lados infinito na vossa imensidade, tendo dentro de si uma esponja da grandeza que nos aprouvesse, mas rodeada e inteiramente cheia de um mar imenso.

Assim, a vossa criatura *finita,* supunha-a eu cheia de Vós que sois o *infinito.* Dizia: "Eis Deus e eis o que Deus criou! Deus é bom e, por conseguinte, criou boas coisas. E eis como Ele as rodeia e as enche! Onde está, portanto, o mal? Donde e por onde conseguiu penetrar? Qual é a sua raiz e a sua semente? Porventura não existe nenhuma? Por que recear muito, então, o que não existe? E se é em vão que tememos, o próprio medo indubitavelmente é o mal que nos tortura e inutilmente nos oprime o coração. Esse mal é tanto mais compressivo quanto é certo que não existe o que tememos, e nem por isso deixamos de temer. Por consequência, ou existe o mal que tememos ou esse temor é o mal.

Qual a sua origem, se Deus, que é bom, fez todas as coisas? Sendo o supremo e sumo Bem, criou bens menores do que Ele; mas, enfim, o Criador e as criaturas, todos são bons. Donde, pois, vem o mal? Ou seria pelo fato de Deus fazer tudo isto com matéria em que existia algo de mau, e ao dar-lhe a forma e ao ordená-la, ter deixado nela alguma coisa que não transformasse em bem? E isto por quê? Não podia Ele convertê-la inteiramente de modo a não permanecer nela nada de mau, já que era onipotente? Enfim, por que quis fazer dela alguma coisa, e por que não preferiu antes reduzi-la totalmente ao nada, com a sua mesma onipotência? Poderia acaso ela existir contra a vontade divina? Se a matéria é eterna, por que a deixou perdurar tanto no passado, por um espaço indefinido de tempo, e por que motivo se comprazeu em fazer dela alguma coisa, só tanto tempo depois?

Se subitamente quis fazer alguma coisa, por que a não reduziu ao nada, sendo onipotente, e não ficou só Ele, todo verdadeiro Bem, todo sumo Bem, todo Bem infinito? Se não convinha que Aquele que é bom permanecesse estéril de obras boas, não poderia Ele fazer desaparecer e aniquilar a matéria que era má, estabelecendo outra que fosse boa, donde criasse tudo? Não seria, pois, todo-poderoso, se nada de bom pudesse criar sem a ajuda daquela matéria a que Ele mesmo não tinha dado a existência".

Revolvia tudo isto dentro do meu peito miserável, oprimido pelos mordazes cuidados do temor da morte e por não ter encontrado a verdade. Estava, contudo, arraigada no meu coração a fé em Jesus Cristo, vosso Filho, Senhor Salvador nosso, professada pela Igreja Católica. Se bem que me achava ainda informe e flutuando para além da norma da doutrina, contudo o meu espírito não abandonava a fé, antes cada vez mais se abraçava a ela.

6. Os vaticínios dos astrólogos

Também já tinha rejeitado as enganadoras predições e os ímpios delírios dos astrólogos. Ainda nisto, meu Deus, vos quero confessar as vossas misericórdias, desde as fibras mais secretas da minha alma! Fostes Vós, só Vós – pois quem é que nos afasta da morte de todo o erro, senão a Vida que não conhece morte, a Sabedoria que ilumina as inteligências indigentes, sem precisar de luz alguma, e rege todo o mundo, até às folhas movediças das árvores? –, fostes Vós que medicastes a contumácia que eu opunha ao arguto velho Vindiciano e a Nebrídio, jovem de alma admirável. O primeiro dizia-me com toda a veemência e o segundo frequentemente – ainda que com certa hesitação – que nenhuma arte existia para prever o futuro; que as conjeturas eram fundadas no acaso, e que, por jogo de palavras, se vaticinavam muitas coisas; que aqueles mesmos que as diziam ignoravam se se haviam de realizar, acertando nelas somente porque não as calaram.

Fostes Vós que me suscitastes um amigo, assíduo em interrogar os astrólogos. Embora ele não fosse muito versado nessa ciência, contudo, como já disse, curiosamente consultava os astrólogos e sabia alguma coisa que afirmava ter ouvido ao pai. Ignorava ele quanto isso valia para destruir a fama daquela arte!

Este homem chamado Firmino, que tinha sido educado nas artes liberais e instruído na eloquência, consultou-me um dia, como a amigo muito íntimo, a respeito de uns negócios em que tinha grandes esperanças. Perguntou qual fosse o meu vaticínio, "segundo a sua estrela", como eles dizem. Porém, eu que já então neste assunto me começava a deixar dobrar pelas razões de Nebrídio, não me recusei a expor-lhe os meus prognósticos e o que me ocorrera, acrescentando contudo que estava já quase persuadido de que tudo isto era ridículo e quimérico.

Contou Firmino então que seu pai também se interessava por semelhantes livros e que tivera um amigo que, do mesmo modo e simultaneamente, acreditava em tudo aquilo. Com igual unanimidade e com igual ardor se entregavam a estas ninharias que lhes incendiavam o coração. Até observavam os momentos do nascimento dos animais domésticos que em casa viam a luz do dia, anotando a posição das estrelas, para deste modo fazerem deduções das experiências da sua arte. Dizia, pois, Firmino ter ouvido referir ao pai que, quando a mãe se ia predispondo para o dar à luz, também uma escrava daquele amigo paterno se achou grávida, coisa que não passou despercebida ao senhor, o qual, com apurada diligência, até procurava informar-se de quando as cadelas tinham a cria.

E aconteceu que - contando com a maior cautela os dias, as horas e as partes mínimas das horas, um, da mulher, e o outro, da escrava - ambas se recolheram ao leito ao mesmo tempo, de modo que, com igual minúcia, foram obrigados a dar a mesma estrela, um ao nascimento do filho e o outro ao nascimento do escravozinho. Quando as mulheres começaram a sentir as dores do parto, informaram-se eles mutuamente do que em suas casas se passava. Prepararam criados para mandarem um ao outro a anunciar, com igual rapidez, o nascimento das crianças. Estas informações facilmente as conseguiam, como se o fato se passasse no seu respectivo prédio.

Acrescentava Firmino que esses mensageiros se cruzavam com tanta precisão a meio do caminho das duas casas que era impossível que ambos não observassem exatamente as mesmas posições dos astros, nas mesmas frações de tempo. E contudo, Firmino, como filho de família ilustre, seguia pelos caminhos mais esplêndidos do mundo, enriquecia continuamente e era cumulado de honras; ao passo que o escravo, sem jamais ser aliviado do jugo da sua condição, servia a seu senhor, segundo informava aquele que perfeitamente o conhecia.

Ouvindo estas coisas e dando-lhe fé, em razão do crédito que me merecia quem as narrava, toda aquela minha relutância caiu vencida. Esforcei-me logo por afastar Firmino daquela vã curiosidade, dizendo-lhe que, examinando eu as constelações que presidiram ao seu nascimento, para lhe declarar a verdade, devia igualmente adivinhar que seus pais eram os primeiros entre os seus concidadãos; sua família era nobre na própria terra natal, que ele era de condição livre e que recebera educação esmerada e fora instruído nas artes liberais. Se aquele escravo me pedisse que lhe dissesse a verdade segundo as mesmas constelações – já que estas pertenciam a ambos – novamente deveria ler nelas que esse tal era de família abjeta, de condição servil, e tudo o mais que difere e dista muito das circunstâncias do primeiro caso.

Mas como seria possível que eu, examinando a mesma constelação, falasse verdade, predizendo futuros diversos? No caso de lhes prognosticar idêntico destino, eu não diria por isso a verdade. Donde com toda a certeza se conclui que os fatos preditos pela contemplação dos astros não se dizem por arte mas por acaso; e que as falsidades proferem-se, não por imperícia na arte, mas porque falhou a sorte.

Aberta esta entrada, ruminava tudo isto comigo, para que nenhum desses loucos que viviam de tal negócio e que eu desejava atacar imediatamente e pôr a ridículo me pudesse resistir, lançando-me à cara que Firmino e o pai me tinham enganado. Desviei o fio do raciocínio para os que nascem gêmeos. A maioria destes saem do ventre materno, um após o outro, com tão pequeno intervalo de tempo, que a este - por mais que haja luta entre os gêmeos para possuírem na ordem natural a primazia - é impossível registrá-lo pela observação humana e tomar notas dele, de molde a que os astrólogos, examinando-as, se possam pronunciar exatamente. Os prognósticos não serão exatos porque, vendo o astrólogo os mesmos documentos, deveria dizer a mesma coisa de Esaú e Jacó. Mas os sucessos na vida de um e de outro não foram os mesmos. Portanto, ou o astrólogo anunciava falsidades ou, no caso de falar certo, não deveria dizer a mesma coisa de ambos, ainda que visse os mesmos documentos. Neste caso não era por arte, mas por acaso é que dizia a verdade.

Vós, porém, Senhor - justíssimo organizador de tudo -, por meio de um secreto instinto, desconhecido dos consulentes e dos astrólogos, fazeis que cada qual, enquanto consulta, ouça o que lhe convém ouvir, segundo os merecimentos ocultos da sua alma e segundo os abismos dos vossos incorruptíveis juízos. Que nenhum se atreva a perguntar-vos: "Que é isto? Para que é isto?" Não vos pergunte; não vos pergunte, porque é um simples homem.

7. Ainda o problema do mal

Deste modo já Vós, ó meu Auxílio, me tínheis libertado daquelas prisões. Entretanto, buscava, sem êxito, a origem do mal. Porém, não permitíeis que eu, nas ondas do pensamento, me apartasse daquela fé pela qual acreditava na vossa existência, na vossa substância inalterável, na vossa providência para com os homens, e na vossa justiça. Cria em Jesus Cristo vosso Filho, na Sagrada Escritura que a autoridade da vossa Igreja recomenda. Cria que Vós estabelecestes um caminho de salvação para os homens em direção àquela vida que começa após a morte.

Salvos e bem arraigados no meu coração estes princípios, investigava angustiosamente a origem do mal. Que tormentos aqueles do meu coração parturiente! Quantos gemidos, meu Deus! Quando em silêncio esforçadamente vos procurava, grandes clamores se dirigiam à vossa misericórdia. Eram as angústias tácitas da minha alma. Vós sabíeis quão pouco era o que comunicava com a língua aos ouvidos dos meus mais íntimos amigos! Porventura chegava até eles todo o tumulto do meu coração que nem o tempo nem os meus lábios bastavam para declarar?

Mas todas "as lamentações que rugiam do fundo do meu coração" iam ter aos vossos ouvidos; "diante de Vós estava o meu desejo, mas a luz dos vossos olhos não estava em mim"[3], porque ela estava dentro, e eu estava fora. Nem ela precisava de espaço. Mas eu fixava a atenção nas coisas que são contidas pelo espaço, sem aí encontrar um sítio para descansar. Nem elas me hospedavam de modo a poder dizer: "Isto me basta; estou bem!" Nem me deixavam partir para onde me achasse satisfeito. Quanto a elas era superior; mas era inferior com relação a Vós. Éreis para mim, sujeito a Vós, verdadeiro gozo, submetendo-me todas estas criaturas que criastes abaixo de mim.

Esta minha situação constituía um justo equilíbrio e um lugar intermediário da minha salvação, se perseverasse servindo-vos conforme à "vossa imagem". Mas como eu, na minha soberba, me rebelei contra Vós e investi contra o Senhor, confiado "no escudo da minha dura cerviz"[4], até mesmo estas ínfimas criaturas se ergueram sobre mim e me oprimiam sem nunca ter sossego nem alívio.

Enquanto as olhava, elas mesmas se me ofereciam, de toda a parte, em tropel e em massa. Mas voltava a refletir e logo as imagens dos corpos se me opunham como que a dizerem: "Para onde vais, indigno e impuro?" E com as minhas chagas cresciam elas em ousadia, porque "humilhastes o soberbo como a homem ferido"[5]. Com a presunção separava-me de Vós. A minha face, bastante inchada, tapava-me os olhos.

---

3. Sl 37,9-11.

4. Jó 15,26.

5. Sl 88,11.

8. O colírio das dores

Mas Vós, Senhor, permaneceis eternamente e não vos irais conosco para sempre porque vos compadecestes da terra e do pó e vos comprazestes em reformar, na vossa presença, as minhas deformidades.

Vos me estimuláveis com um misterioso aguilhão para que estivesse impaciente até me certificar da vossa existência, por uma intuição interior. O meu tumor decrescia ao contato da mão oculta da vossa medicina. A vista perturbada e entenebrecida da minha inteligência melhorava, de dia para dia, com o colírio das minhas dores salutares.

9. O neoplatonismo e a fé cristã

Querendo Vós mostrar-me primeiramente como "resistis aos soberbos e dais graça aos humildes"[6] e quão grande seja a misericórdia com que ensinastes aos homens o caminho da humanidade, por "se ter feito carne o vosso Verbo e ter habitado entre os homens"[7], me deparastes, por intermédio de um certo homem, intumescido por monstruoso orgulho, alguns livros platônicos, traduzidos do grego em latim. Neles li, não com estas mesmas palavras, mas provado com muitos e numerosos argumentos, que *"ao princípio era o Verbo e o Verbo existia em Deus e Deus era o Verbo: e este, no princípio existia em Deus. Todas as coisas foram feitas por Ele, e sem Ele nada foi criado. O que foi feito, nele é vida e a vida era a luz dos homens; a luz brilhou nas trevas e as trevas não a compreenderam.* A alma do homem, ainda que dê *testemunho da Luz,* não é, porém, a *Luz;* mas o *Verbo* - Deus - é a *Luz verdadeira que ilumina todo o homem que vem a este mundo. Estava neste mundo que foi feito por Ele, e o mundo não o conheceu.* - Porém que *veio para o que era seu e os seus não o receberam; que a todos os que o re-*

6. Tg 4,6; 1Pd 5,5.

7. Jo 1,14.

ceberam lhes deu poder de fazerem filhos de Deus aos que crescessem em seu nome" - isto não li naqueles livros[8].

Do mesmo modo, li nesse lugar que o Verbo Deus não nasceu da carne, nem do sangue, nem da vontade do homem, mas de Deus. Porém que o *Verbo se fez homem e habitou entre nós*[9], isso não li eu aí.

Descobri naqueles escritos, expresso de muitos e variados modos, que o Filho, "existindo com a forma do Pai, não considerou como usurpação ser igual a Deus", porque o é por natureza. Porém aqueles livros não trazem que "se aniquilou a si mesmo tomando a forma de escravo, feito à imagem dos homens e sendo julgado, no exterior, como um homem". Não dizem que "se humilhou fazendo-se obediente até à morte e morte de cruz, pelo que Deus o exaltou dos mortos, para que ao nome de Jesus todo o joelho se dobre nos céus, na terra e nos infernos e toda a língua confesse que o Senhor Jesus está na glória de Deus Pai"[10].

Lá encontrei que o vosso Filho Unigênito, eterno como Vós, permanece imutável antes de todos os séculos e sobre todos os séculos, que, para serem bem-aventuradas, todas as almas recebem da sua plenitude e que, para serem sábias, são renovadas pela participação da Sabedoria que permanece em si mesma. Mas que no devido tempo Ele morreu pelos ímpios e que "não perdoastes ao vosso único Filho, mas o entregastes por todos nós"[11] - isso não vem naqueles livros.

"Escondestes pois estas coisas aos sábios e as revelastes aos humildes"[12], para que viessem "a Ele os atribulados e os sobrecarregados e Ele os aliviasse, porque é manso e humilde de coração". Dirige os benignos na justiça e ensina aos mansos os seus caminhos. Vê a nossa humildade e o nosso trabalho e per-

---

8. Infelizmente essas traduções, que Santo Agostinho leu, não chegaram até nós. A maioria dos autores julga que a referência diz respeito a livros de Plotino e de Porfírio.

9. Jo 1,13.

10. Fl 2.6-11.

11. Sl 24,18.

12. Mt 11,29.

doa-nos todos os pecados[13]. Porém aqueles que se levantaram no coturno de uma doutrina mais sublime[14], não o ouvem dizer: "Aprendei de mim que sou manso e humilde de coração e encontrareis descanso para as vossas almas". Ainda que conheçam "a Deus, não o glorificam como Deus, nem lhe dão graças, mas desvanecem-se em seus pensamentos e o seu coração insensato se obscurece. Dizendo-se sábios, tornam-se estultos".

Por isso lia também aí que transformaram a imutável glória da vossa incorruptibilidade em ídolos e em estátuas de toda a espécie e semelhança de imagem do homem corruptível, das aves, dos animais e das serpentes, ou seja, o alimento dos egípcios, pelo qual Esaú perdeu o direito de primogenitura. Israel, o povo primogênito, "de coração voltado para o Egito, curvando a vossa imagem - a sua alma - ante o ídolo do "bezerro que come feno"[15], em lugar de Vós honrou a cabeça de um animal.

Encontrei nesses livros estas afirmações, mas não me alimentei delas. Agradou-vos, Senhor, arrancar de Jacó o opróbrio do abatimento, para que o maior servisse o menor. Chamastes os povos à vossa herança. Eu também vim para Vós de entre os povos e fixei a mente no ouro que, segundo a vossa vontade, o vosso povo tirou do Egito, pois era vosso, onde quer que ele estivesse. Por meio do vosso Apóstolo dissestes aos atenienses que em Vós "vivemos, nos movemos e existimos, como também o disseram alguns dos vossos poetas"[16]. Naturalmente daqui vieram aqueles livros. Mas não me fixei nos ídolos dos egípcios a quem serviam com o vosso ouro "aqueles que mudaram a verdade de Deus em mentira, venerando e submetendo-se antes à criatura do que ao Criador"[17].

---

13. Rm 1,21.

14. A filosofia de Plotino ou neoplatônica, que foi o supremo esforço do pensamento helênico, ignorou a Cristo. Tudo nela se dirigia a pôr o homem em contato com o Uno por meio do êxtase voluntarista.

15. Sl 105,20.

16. At 17,28.

17. Rm 1,25.

10. O descortinar do mistério divino

Em seguida, aconselhado a voltar a mim mesmo, recolhi-me ao coração, conduzido por Vós. Pude fazê-lo, porque Vos tornastes meu auxílio.

Entrei e, com aquela vista da minha alma, vi, acima dos meus olhos interiores e acima do meu espírito, a Luz imutável. Esta não era o brilho vulgar que é visível a todo o homem, nem era do mesmo gênero, embora fosse maior. Era como se brilhasse muito mais clara e abrangesse tudo com a sua grandeza. Não era nada disto, mas outra coisa, outra coisa muito diferente de todas estas.

Essa Luz não permanecia sobre o meu espírito como o azeite em cima da água, ou como o céu sobre a terra, mas muito mais elevada, pois Ela própria me criou e eu sou-lhe inferior, porque fui criado por Ela.

Quem conhece a Verdade, conhece a Luz Imutável, e quem a conhece, conhece a Eternidade. O Amor conhece-a! ó Verdade eterna, Amor verdadeiro, Eternidade adorável! Vós sois o meu Deus! Por Vós suspiro noite e dia. Quando pela primeira vez Vos conheci, me erguestes para que aprendesse a existência daquele que era objeto do meu olhar. Mas eu ainda não era capaz de ver! Deslumbrastes a fraqueza da minha íris, brilhando com veemência sobre mim. Tremi com amor e horror. Pareceu-me estar longe de Vós numa região desconhecida, como se ouvisse a vossa voz lá do alto: "Sou o pão dos fortes; cresce e comer-me-ás. Não Me transformarás em ti como ao alimento da tua carne, mas mudar-te-ás em Mim"[18].

Conheci que, "por causa da iniquidade, castigastes o homem e secastes a minha alma como teia de aranha"[19]. E disse: "Porventura não existe a verdade, pelo fato de não estar espalhada por espaços finitos nem infinitos?"

---

18. Assim sucede na Eucaristia. Porém, a frase refere-se à Sabedoria Divina.

19. Jr 31,15.

Vós me respondestes de longe: "Sim, Eu sou o que sou"[20]. E ouvi como se ouve no coração, sem ter motivo algum para duvidar. Mais facilmente duvidaria da minha vida do que da existência da Verdade, cujo conhecimento se apreende por meio das coisas criadas.

11. A relatividade das criaturas

Examinei todas as outras coisas que estão abaixo de Vós e vi que nem existem absolutamente, nem totalmente deixam de existir. Por um lado existem, pois provêm de Vós; por outro não existem, pois não são aquilo que Vós sois. Ora só existe verdadeiramente o que permanece imutável. Por isso "para mim é bom prender-me a Deus[21] porque, se não permanecer nele, também não poderei continuar em mim. Ele, porém, permanecendo em si, renova todas as coisas. "Vós sois o meu Senhor, pois não careceis dos meus bens"[22].

12. O problema do mal. A perfeição das criaturas

Vi claramente que todas as coisas que se corrompem são boas: não se poderiam corromper se fossem sumamente boas, nem se poderiam corromper se não fossem boas. Com efeito, se fossem absolutamente boas, seriam incorruptíveis, e se não tivessem nenhum bem, nada haveria nelas que se corrompesse.

De fato, a corrupção é nociva, e se não diminuísse o bem, não seria nociva. Portanto, ou a corrupção nada prejudica - o que não é aceitável - ou todas as coisas que se corrompem são privadas de *algum bem*. Isto não admite dúvida. Se, porém, fossem privadas de *todo* o bem, deixariam inteiramente de existir. Se existissem e já não pudessem ser alteradas, seriam melhores

---

20. Ex 3,14.

21. Sl 72,28.

22. Sl 15,2.

porque permaneciam incorruptíveis. Que maior monstruosidade do que afirmar que as coisas se tornariam melhores com perder todo o bem?

Por isso, se são privadas de todo o bem, deixarão totalmente de existir. Logo, enquanto existem são boas. Portanto, todas as coisas que existem são boas e aquele mal que eu procurava não é uma substância, pois se fosse substância seria um bem. Na verdade, ou seria substância incorruptível e então era certamente um grande bem, ou seria substância corruptível e nesse caso, se não fosse boa, não se poderia corromper.

Vi, pois, e pareceu-me evidente que criastes boas todas as coisas e que certissimamente não existe nenhuma substância que Vós não criásseis. E, porque as não criastes todas iguais, por esta razão, todas elas, ainda que boas em particular, tomadas conjuntamente são *muito boas,* pois o nosso Deus criou "todas as coisas muito boas"[23].

13. A solução do problema do mal. As dissonâncias de pormenor

Em absoluto, o mal não existe nem para Vós, nem para as Vossas criaturas, pois nenhuma coisa há fora de Vós que se revolte ou que desmanche a ordem que lhe estabelecestes. Mas porque, em algumas das suas partes, certos elementos não se harmonizam com outros, são considerados maus. Mas estes coadunam-se com outros e por isso são bons (*no conjunto*) e bons em si mesmos. Todos estes elementos que não concordam mutuamente, concordam na parte inferior da criação a que chamamos terra cujo céu acastelado de nuvens e batido pelos ventos quadra bem com ela.

Longe de mim o pensamento de dizer: "Estas coisas não deveriam existir". Embora, ao considerá-las só a elas, eu desejasse que fossem melhores, contudo bastava só isto para eu ter de vos

23. Gn 1,31.

louvar, pois sois digníssimo de louvor como o proclamam "os dragões da terra e todos os abismos, o fogo, o granizo, a neve, a geada, o vento das tempestades que executam as Vossas ordens; os montes e todas as colinas; as árvores frutíferas e todos os cedros; as feras e todos os gados; os répteis e as aves que voam; os reis da terra e todos os povos; os príncipes e todos os juízes da terra. Os jovens e as donzelas, os velhos e os mais novos louvam o Vosso nome"[24].

Mas também vos louvam lá do alto do céu... Entoam os vossos louvores, Deus Nosso, "nas alturas, todos os vossos anjos, todas as potestades, o sol e a lua, todas as estrelas e a luz, os céus dos céus. Também as águas que estão sobre os céus exaltam o vosso nome"[25]. Já não desejava coisas melhores, porque, abarcando tudo com o pensamento, via que os elementos superiores são incontestavelmente mais perfeitos que os inferiores. Mas um juízo mais sensato fazia-me compreender que a criação em conjunto valia mais que os elementos superiores tomados isoladamente.

14. A trajetória de um erro

Não há saúde naqueles a quem desagrada alguma parte da vossa criação, como em mim também não havia, quando não me agradavam muitas coisas que criastes. Porque a minha alma não ousava desgostar-se do meu Deus, recusava olhar como obra vossa tudo o que não lhe agradava. Por isso, lançara-se na "teoria das duas substâncias"[26], mas não encontrava descanso e apenas expressava opiniões alheias.

Desembaraçando-se destes erros, minha alma tinha imaginado para si um Deus que se difundia por toda a parte através do espaço infinito. Julgando que éreis Vós, colocara esse Deus no seu coração e de novo ela se transformou num templo abomi-

24. Sl 143,7-12.

25. Sl 148,1-5.

26. Refere-se à doutrina maniqueísta do dualismo do Bem e do Mal, isto é, da Luz e das Trevas.

nável do seu ídolo[27]. Todavia, depois que afagastes, sem eu o saber, a minha cabeça e fechastes "meus olhos para que não vissem a vaidade"[28], desprendi-me um pouco de mim mesmo e a minha loucura adormeceu profundamente... Despertei em vossos braços e vi que éreis infinito, mas não daquele modo. Esta visão não provinha da carne.

15. A harmonia da criação

Olhei depois para as outras coisas e vi que vos deviam a existência. Vi que tudo acaba em Vós, mas não como quem termina num espaço material. Vós sois Aquele que tudo conserva na Verdade como se tudo sustivésseis na palma da mão. Por isso todas as coisas são verdadeiras enquanto *existem* e não há falsidade senão quando se julga que existe aquilo que não existe.

Reconheci que cada coisa se adapta perfeitamente não só ao seu lugar, mas também chega a seu tempo. Reconheci que Vós - único Ser Eterno - não começastes a operar depois de épocas incalculáveis de tempo, porque todos estes espaços de tempo passados ou futuros não teriam passado nem viriam, se Vós, na vossa imutabilidade, não agísseis.

16. Onde reside o mal

Senti e experimentei não ser para admirar que o pão, tão saboroso ao paladar saudável, seja enjoativo ao paladar enfermo, e que a luz, amável aos olhos límpidos, seja odiosa aos olhos doentes.

Se a vossa justiça desagrada aos maus, com muito mais razão lhes desagradam a víbora e o caruncho que criastes bons e adaptados às partes inferiores dos seres criados, às quais os pró-

27. Aquela noção de Deus era "ídolo", porque a alma materializava e circunscrevia ao espaço o Ser infinito.

28. Sl 118,47.

prios malvados são tanto mais semelhantes quanto são mais diferentes de Vós. Do mesmo modo são os maus tanto mais parecidos com os elementos superiores da criação quanto mais se tornam semelhantes a Vós.

Procurei o que era a maldade e não encontrei uma substância, mas sim uma *perversão da vontade desviada da substância suprema* - de Vós, ó Deus - e tendendo para as coisas baixas: vontade que derrama as suas entranhas e se levanta com intumescência.

17. Ascensão dolorosa

Admirava-me de já Vos ter amor e de não amar um fantasma em vez de Vós. Não permanecia estável no gozo do meu Deus. Era arrebatado para Vós pela Vossa Beleza, e logo arrancado de Vós, pelo meu peso, para me despenhar, gemendo, sobre as ínfimas criaturas. Este peso eram os hábitos da luxúria.

Mas a vossa lembrança acompanhava-me. Nem de forma alguma eu duvidava da existência de um ser a quem me devesse unir. Sabia, porém, que ainda não me encontrava apto para essa união, pois "o corpo que se corrompe sobrecarrega a alma, e a morada terrena comprime o espírito que se dissipa"[29].

Estava certíssimo de que "as vossas perfeições invisíveis se podem tornar compreensíveis desde o princípio do mundo por meio das coisas criadas, bem como o eterno poder e a vossa divindade"[30]. Buscando, pois, o motivo por que aprovara a beleza dos corpos, quer celestes quer terrenos, e que coisa me tornava capaz de julgar e dizer corretamente dos seres mutáveis: "Isto deve ser assim, aquilo não deve ser assim", procurando qual fosse a razão deste meu raciocínio ao exprimir-se naqueles termos, descobri a imutável e verdadeira Eternidade, por cima da minha inteligência sujeita à mudança.

29. Sb 9,15.

30. Rm 1,20.

Deste modo, dos corpos subia eu pouco a pouco à alma que sente por meio do corpo, e de lá à sua força interior à qual os sentidos comunicam o que é exterior – é este o limite até onde chega o conhecimento dos animais – e de novo, dali à potência raciocinante. A esta pertence ajuizar acerca das impressões recebidas pelos sentidos corporais. Mas essa potência, descobrindo-se também mutável em mim, levantou-se até à sua própria inteligência, afastou o pensamento das suas cogitações habituais, desembaraçando-se das turbas contraditórias dos fantasmas, para descortinar qual fosse a luz que a esclarecia, quando proclamava, sem a menor sombra de dúvida, que o imutável devia preferir-se ao mutável.

Daqui provinha o seu conhecimento a respeito do próprio Imutável, pois, se de nenhuma maneira o conhecesse, não o anteporia com toda a segurança ao variável.

Foi assim que ela atingiu aquele Ser, num abrir e fechar de olhos. Compreendi então que "as vossas perfeições invisíveis se declaram por meio das coisas que foram criadas"[31]. Mas não pude fixar a vista e, ferido pela minha enfermidade, tornei aos vícios habituais. Não conservava comigo senão aquela lembrança amorosa, desejando, se assim me posso exprimir, os aromas dos alimentos que ainda não podia comer.

18. O único caminho para a Verdade

Buscava um meio para me prover de forças a fim de ser apto para gozar-vos, mas não o encontraria, enquanto não abraçasse "o Mediador entre Deus e os homens, Jesus Cristo Homem-Deus, bendito por todos os séculos, que está acima de todas as coisas". Ele chamava-me e dizia: "Sou o Caminho, a Verdade e a Vida"[32]. Eu também devia crer que o Alimento, que eu era incapaz de tomar, se uniu à carne, pois "o Verbo se fez ho-

31. Rm 1,20.

32. Jo 14,6.

mem"[33], para que a vossa Sabedoria, pela qual criastes tudo, se tornasse o leite da nossa infância.

Como possuía pouca humildade, não compreendia que Jesus, meu Deus, fosse humilde, nem alcançava de que ensinamentos fosse mestra a sua fraqueza. Com efeito, o vosso Verbo, Verdade eterna, exaltado sobre as criaturas mais sublimes, ergue até si os que se sujeitam a Ele. Porém, nas partes inferiores da criação, construiu para si, com o nosso lodo, uma vivenda humilde.

Por meio desta, rebaixa e atrai para si os que deseja submeter. Cura a soberba e alimenta o amor, para que, cheios de confiança em si mesmos, não se afastem para mais longe. Pelo contrário, humilham-se ao presenciar a seus pés a Divindade tornada humilde pela coparticipação da túnica da nossa carne, e cansados prostram-se-lhe diante dele que, erguendo-os, os exaltará.

19. Hesitante na doutrina do Verbo

Eu, porém, pensava doutra maneira e somente imaginava o meu Senhor Jesus Cristo como um homem de excelente sabedoria, que ninguém poderia igualar, sobretudo porque nasceu maravilhosamente de uma virgem, para nos dar exemplo de desprezo das coisas temporais e adquirir a imortalidade divina. Parecia-me que tinha merecido tão grande autoridade de magistério, pelo cuidado com que se ocupou de nós[34]. Nem sequer podia suspeitar que mistério encerravam as palavras: "O Verbo se fez homem"[35]. Simplesmente pelos escritos que dele tratavam sabia que comeu, bebeu, dormiu, fez caminhadas, regozijou-se, entris-

33. Jo 1,14.

34. Como Fotino, Santo Agostinho acreditava, neste tempo, que Jesus Cristo fosse um simples homem a quem fora concedida a plenitude da graça em paga das suas virtudes humanas.

35. Jo 1,14.

teceu-se, conversou e que aquela carne não se tinha unido ao Vosso Verbo senão pela alma e inteligência humana[36].

Isto já o sabe todo aquele que conhece a imutabilidade do vosso Verbo, imutabilidade que eu já conhecia quanto me era possível, e de que não duvidava absolutamente nada. Com efeito, mover agora pela vontade os membros do corpo, e logo depois não os mover; sentir agora um afeto e logo depois já o não sentir; exprimir, por meio de sinais, sábias ideias e logo voltar ao silêncio, são características da mutabilidade da alma e da inteligência. Se isto que dele se escreveu fosse falso, também tudo o mais corria o risco de ser mentira e nenhuma fé salvadora subsistia nestes livros, para o gênero humano. Porque tais escritos são autênticos, reconhecia apenas em Cristo um homem completo: não só um corpo humano ou um corpo e uma alma sem *mente*[37], mas um homem real que eu julgava avantajar-se aos restantes mortais, não por ser a personalidade da Verdade, mas por motivo da grande excelência de sua natureza humana e de sua mais perfeita participação quanto à Sabedoria.

Alípio, porém, supunha que os católicos acreditavam num Deus, revestido de carne, de modo que além de Deus e da carne não havia em Cristo uma alma. Não julgava que lhe atribuíssem uma inteligência humana. Porque estava bem persuadido de que as ações de Jesus Cristo, transmitidas à posteridade, não se dariam nele sem uma criatura vital provida de razão, Alípio, com demasiada preguiça, se ia aproximando da mesma fé cristã. Mas depois, reconhecendo que tal erro era próprio dos hereges apolinaristas[38], jubiloso, juntou-se à fé católica.

---

36. Santo Agostinho não põe em duvida a união substancial do Verbo com a natureza humana, em Jesus Cristo. Apenas afirma que não houve mistura das duas naturezas. Declara-o nas palavras a seguir.

37. O texto latino traz: *sine mente animam. Mens,* na filosofia de Santo Agostinho, compreende a *ratio* ou faculdade discursiva, de cujo exercício resulta a ciência; e a inteligência, de cujo exercício resulta a sabedoria (conhecimento intuitivo do imutável ou puro inteligível). *Mens* é o que há de mais sublime na alma. Agostinho desconhecia então a inteligência humana de Cristo.

38. Apolinário, bispo de Laodiceia, viveu no século IV. Negou que em Jesus Cristo houvesse inteligência humana, afirmando que o Verbo fazia as vezes desta.

Confesso, porém, que só um pouco mais tarde aprendi de que modo a verdade católica se aparta do erro de Fotino, a respeito de "o Verbo se ter feito homem"[39]. Por isso a reprovação dos hereges dá azo a que se manifeste claramente o que sente a vossa Igreja e o que contém a sã doutrina. "Foi necessário haver hereges para que os fortes se manifestassem entre os fracos"[40].

20. Do platonismo à Sagrada Escritura

Mas depois de ler aqueles livros dos platônicos e de ser induzido por eles a buscar a verdade incorpórea, vi que "as vossas perfeições invisíveis se percebem por meio das coisas criadas"[41]. Sendo repelido (no meu esforço), senti o que, pelas trevas da minha alma, não me era permitido contemplar: experimentei a certeza de que existíeis e éreis infinito, sem contudo vos estenderdes pelos espaços finitos e infinitos. Sabia que éreis verdadeiramente Aquele que sempre permanece o mesmo, sem vos transformardes em outro, quer parcialmente e com algum movimento, quer de qualquer outro modo. Sabia que todas as outras coisas provêm de Vós, pelo motivo único e seguríssimo de existirem. Sim, tinha a certeza disso. Porém, era demasiado fraco para gozar de Vós!

Tagarelava à boca cheia como um sabichão, mas se não buscasse em Cristo Nosso Salvador o caminho para Vós, não seria *perito,* mas *periturо*[42]. Já então, cheio do meu castigo, começava a querer parecer um sábio; não chorava e, por acréscimo, inchava-me com a ciência.

Onde estava aquela caridade que se levanta sobre o alicerce da humildade, que é Jesus Cristo? Quando é que estes livros ma ensinariam? Por isso, segundo julgo, Vós quisestes que eu fosse

---

39. Fotino, herege do século IV e bispo de Sírmio, negou a união substancial do Verbo com a natureza humana de tal forma que Jesus Cristo era filho adotivo de Deus e puro homem.

40. 1Cor 11,19.

41. Rm 1,20.

42. Temos de novo um jogo de palavras "perito" e "periturо". Periturо: que havia de perecer.

ao seu encontro antes de meditar as vossas Escrituras, para que se imprimisse em minha memória o sentimento que nelas experimentei.

Depois, quando em vossos livros encontrasse a serenidade e minhas feridas fossem tocadas por vossos dedos e fossem por eles curadas, discerniria perfeitamente a diferença que havia entre a presunção e a humildade, entre os que veem para onde se deve ir e os que não veem por onde se vai nem o caminho que conduz à pátria bem-aventurada. Esta será não somente objeto e contemplação, mas também lugar e morada.

Ora, se antes de tudo me tivesse instruído nas vossas Santas Escrituras e familiarizado com elas, sentisse a vossa doçura, e deparasse depois com aqueles volumes (dos platônicos), talvez me arrancassem do sólido fundamento da piedade. Ou se persistisse no sentimento salutar que deles tinha haurido, julgaria que, se alguém aprendesse só por esses livros, também deles poderia alcançar o mesmo afeto espiritual.

21. Entre o esplendor da verdade e o platonismo

Por conseguinte lancei-me avidamente sobre o venerável estilo (da Sagrada Escritura) ditada pelo vosso Espírito, preferindo, entre outros autores, o Apóstolo São Paulo. Desvaneceram-se-me aquelas objeções segundo as quais algumas vezes me pareceu haver contradição na Bíblia e incongruência entre o texto dos seus discursos e os testemunhos da Lei e dos Profetas. Compreendi o aspecto único daqueles castos escritos, e "aprendi a alegrar-me com tremor"[43]. Comecei a lê-los e notei que tudo o que de verdadeiro tinha lido nos livros dos platônicos se encontrava naqueles, mas com esta recomendação da Vossa graça: que aquele que vê *não se glorie como se não tivesse recebido* não somente o que vê, mas também a possibilidade de ver. "Com efeito, que coisa tem ele que não tenha recebido[44]?" E Vós que

43. Sl 2,11.

44. 1Cor 4,7.

sois sempre o mesmo, não só o admoestais para que vos veja, mas também para que se cure a fim de vos possuir.

Aquele que não pode ver de longe, percorra, contudo, o caminho por onde possa vir a contemplar-vos e a possuir-vos. Efetivamente, ainda que o homem se deleite na "lei de Deus, segundo o homem interior", que fará ele "perante a outra lei dos seus membros que recalcitra contra a lei do seu espírito e o cativa na lei do pecado, escrita nos seus membros"[45]? "Por isso, Vós, Senhor, sois justo; nós, porém, pecamos, cometemos iniquidade; procedemos impiamente e a vossa mão pesou sobre nós"[46]. Justamente fomos entregues ao pecador antigo, ao príncipe da morte, pois persuadia a nossa vontade a conformar-se com a sua, "que não permaneceu na Vossa verdade"[47].

Que fará o infeliz homem? "Quem o livrará deste corpo de morte, senão a vossa graça por Jesus Cristo Nosso Senhor"[48], que Vós gerastes coeterno e criastes no princípio de vossos caminhos, ao qual o príncipe deste mundo, apesar de o não encontrar em nada merecedor de morte, o matou? "Foi assim anulado o libelo que nos era contrário"[49].

Ora, isto não dizem os livros platônicos. Suas páginas não encerram a fisionomia daquela piedade, nem as lágrimas da compunção, nem "o Vosso sacrifício, nem o espírito compungido, nem o coração contrito e humilhado"[50], nem a salvação do povo, nem a cidade desposada[51], nem o penhor do Espírito Santo, nem o cálice do nosso resgate[52]. Lá ninguém canta: porventura a minha alma não há de estar sujeita a Deus? "Depende dele a minha salvação, porquanto Ele é o meu Deus e Salvador. Ele me recebe e dele não me apartarei mais"[53].

---

45. Rm 7,22.

46. Dn 3,27; Sl 31,4.

47. Jo 8,44.

48. Rm 7 24.

49. Cl 2,14.

50. Sl 50,19.

51. Ap 21,2.

52. 2Cor 5,5.

53. Sl 61,2-3.

Nos livros platônicos ninguém ouve Aquele que exclama: "Vinde a mim vós os que trabalhais". Desdenham em aprender dele, que é manso e humilde de coração. "Escondestes estas coisas aos sábios e entendidos, e as revelastes aos humildes"[54].

Uma coisa é ver de um píncaro arborizado a pátria da paz e não encontrar o caminho para ela, gastando esforços vãos por vias inacessíveis, entre os ataques e insídias dos desertores fugitivos com o seu chefe Leão e Dragão; e outra coisa é alcançar o caminho que para lá conduz, defendido pelos cuidados do General celeste, onde os que desertaram da milícia do paraíso não podem roubar, pois o evitam como um suplício.

Estas coisas penetraram-me até às entranhas, por modos admiráveis, ao ler (São Paulo) "o mínimo dos vossos apóstolos"[55]. E enchia-me de espanto, considerando as vossas obras...

---

54. Mt 11,28; 11,25.

55. 1Cor 15,9.

LIVRO VIII

A conversão

1. "A pérola preciosa"

Fazei, ó meu Deus, que eu recorde e confesse, em ação de graças, as vossas misericórdias para comigo! Permiti que os meus ossos se penetrem do vosso amor e digam: "Senhor, quem é semelhante a Vós[1]?" Rompestes os meus grilhões e "ofertar-vos-ei um sacrifício de louvor"[2]. Narrarei como os rompestes, e todos os que vos adoram exclamarão: "Bendito seja o Senhor no céu e na terra; o seu nome é grande e admirável"[3].

As vossas palavras tinham-se gravado no íntimo do meu coração. Vós me cercáveis de todos os lados. Tinha a certeza de que a vossa vida era eterna apesar de só a ter visto "em enigma e como num espelho"[4]. Toda a dúvida sobre a substância incorruptível me fora resolvida, ao ver que dela provém toda a substância. Desejava... não digo estar mais certo de Vós, mas mais firme em Vós. Tudo vacilava, porém, na minha vida temporal e o meu coração precisava de ser limpo do antigo fermento. O verdadeiro caminho, que é o Salvador, encantava-me, mas ainda me repugnava enveredar por seus estreitos desfiladeiros.

Vós então me inspirastes a ideia - que, no meu conceito, julguei boa - de ir falar com Simpliciano[5], que eu tinha por um bom servo vosso e em quem brilhava a vossa graça. Ouvira dizer,

1. Sl 34,10.

2. Sl 115,16.

3. Sl 75,2.

4. 1Cor 13,12.

5. Simpliciano sucedeu, mais tarde, a Santo Ambrósio no bispado de Milão, em 397.

além disso, que desde a juventude vivia devotadamente para Vós. Com efeito, já envelhecera, e, em tão longa idade, seguira sempre, com zelo ardente, o vosso caminho. Devia ser um homem muito experimentado e instruído. Assim era, na verdade. Queria, por isso, falar com ele, das minhas inquietações, para que me descobrisse o modo de uma alma agitada como a minha adiantar no vosso caminho.

Via cheia a igreja. Uns caminhavam de uma maneira, outros de outra. Desagradava-me a vida que levava no mundo. Era para mim de grande peso, agora que as paixões e a esperança de honra e dinheiro já não me animavam, como de ordinário, a sofrer tão pesada servidão. Sim, tudo isso já não me deleitava, em vista da Vossa doçura e da beleza da vossa casa, que amei. Mas ainda estava tenazmente ligado à mulher. É certo que o Apóstolo não me proibia casar, não obstante exortar-me a um estado melhor, porque queria ardentemente que todos os homens fossem como ele. Eu, porém, demasiado fraco, escolhia o lugar mais aprazível. Era só por isso que vivia de hesitações em tudo o mais, lânguido e enfermo por causa das preocupações enervantes, porque, parecendo coagido a entregar-me à vida conjugal, via-me também obrigado a incumbir-me de novas obrigações que não queria suportar.

Ouvira da boca da Verdade que "existiam eunucos que a si próprios se mutilaram por amor do reino dos céus". Mas Ela acrescenta: "quem pode compreender, compreenda"[6]. "São vãos, por certo, todos os homens em quem não se acha a ciência de Deus, e que, pelos bens visíveis, não chegaram a conhecer Aquele que é"[7]. Mas já não me encontrava naquela vaidade. Ultrapassara-a e, pelo testemunho de todas as criaturas, ó Criador nosso, vos encontrara a Vós e ao vosso Verbo que juntamente convosco é Deus, um só Deus, por quem tudo criastes.

Há outra espécie de ímpios que, "tendo conhecido a Deus, não o glorificaram nem lhe renderam graças"[8]. Tinha também

---

6. Mt 19,12.

7. Sb 13,1.

8. Rm 1,21.

caído neste pecado. "A vossa destra, porém, amparou-me"[9] e, depois de me arrancardes de lá, me colocastes onde me restabelecesse, dizendo ao homem: "a piedade é sabedoria"[10], "não queirais parecer sábios, porque os que se dizem sábios tornam-se insensatos"[11]. Já encontrara a pérola preciosa que devia comprar, depois de vender tudo o que possuía. Mas duvidava ainda.

2. A conversão de Vitorino

Dirigi-me, portanto, a Simpliciano que, na concessão da graça, era pai do Bispo Ambrósio[12]. E, na verdade, este o amava como pai. Narrei-lhe os labirintos do meu erro. Quando, porém, lhe disse que tinha lido uns livros platônicos vertidos para o latim por Vitorino - outrora retórico em Roma e de quem eu ouvira dizer ter morrido cristão -, Simpliciano deu-me os parabéns por não ter caído nos escritos dos outros filósofos, cheios de falácias e enganos, "segundo os elementos do mundo"[13]. As obras platônicas sugerem, de todos os modos, Deus e o seu Verbo.

Em seguida, para me exortar à humildade de Cristo, "escondida aos sábios e revelada aos pequeninos"[14], falou de Vitorino a quem conhecera intimamente, quando estava em Roma. Não guardarei silêncio sobre o que me contou dele porque encerra grande louvor que só à vossa graça se deve atribuir. Vitorino não teve vergonha de se fazer servo do vosso Cristo e criancinha na vossa fonte[15], sujeitando o pescoço ao jugo da humildade e dobrando a fronte sob o opróbrio da cruz, ele, o célebre e doutíssimo ancião, perito em todas as artes liberais, leitor e crítico de

9. Sl 17,36.

10. Jó 28,28.

11. Rm 1,22.

12. São Simpliciano viera de Roma a Milão para instruir Santo Ambrósio na Sagrada Escritura e o dirigir espiritualmente. Este sacerdote, muito instruído, foi o sucessor de Santo Ambrósio.

13. Cl 2,8.

14. Mt 11,25.

15. Refere-se ao Sacramento do Batismo.

tantas obras filosóficas, preceptor de tantos senadores ilustres; ele que, pelo seu insigne e notável magistério, merecera e aceitara a honra que os cidadãos deste mundo têm por mais excelsa – uma estátua no foro romano; ele, até àquela idade o adorador dos ídolos e o coparticipante dos ritos sacrílegos, com que então quase toda a nobreza romana, apaixonada, inspirava ao povo o culto de Osíris[16], "de monstros, de deuses de todo o gênero e até do ladrador Anúbis"[17] – monstros que outrora "pegaram em armas contra Netuno, Vênus e Minerva"[18] – a quem Roma fazia súplicas, depois de os ter vencido; ele, enfim, o velho Vitorino que por tantos anos defendera esses deuses, com aterradora eloquência!

Ó Senhor, Senhor, que "inclinastes os céus e de lá descestes, que tocastes os montes e fumegaram"[19], como pudestes insinuar-vos naquele coração? Vitorino – afirmou-me Simpliciano – lia a Sagrada Escritura, perscrutava e investigava ansiosamente a verdade na literatura cristã. Dizia a Simpliciano, não às claras, mas na intimidade e familiarmente: "Sabes que já sou cristão?" E aquele respondia-lhe: "Não acreditarei em ti nem te contarei entre os cristãos, enquanto não te vir na Igreja de Cristo". Vitorino sorria, dizendo: "Portanto, são as paredes da igreja que nos fazem cristãos?" Repetia muitas vezes que já era cristão. Simpliciano respondia-lhe com a mesma frase e Vitorino, de novo, repetia o gracejo das paredes. Este temia ofender os amigos – soberbos adoradores dos demônios – por julgar que, do cimo das suas dignidades babilônicas e mundanas, como do alto de cedros do Líbano que o Senhor ainda não abatera, haviam de ruir sobre ele pesadas perseguições.

---

16. Divindade suprema da mitologia egípcia que juntamente com Ísis, sua esposa, e Hórus, seu filho, constituía uma trindade familiar. Segundo a lenda, Osíris, deus do Nilo e da vegetação, foi assassinado por Seth, o deus do deserto, e ressuscitado por sua esposa, Ísis, a deusa da terra fértil. Hórus matou a Seth, para vingar o pai. Os egípcios representavam os deuses por figuras de animais e por figuras humanas com a cabeça de animal. Adoravam o crocodilo, o gato, o leão, o escaravelho, o falcão, o boi, a íbis, etc.

17. Divindade egípcia que, segundo a mitologia, embalsamou o cadáver do deus Osíris. É representado sob o corpo de homem e cabeça de chacal que os gregos e Virgílio confundiram com um cão a ladrar.

18. Virg., *Eneida* VIII, 698.

19. Sl 143,5.

Mas depois que hauriu força na leitura e oração, temeu ser negado por Cristo, "na presença dos santos anjos", se receasse "confessá-lo perante os homens"[20]. Imaginou-se réu de grande crime por se envergonhar dos sacramentos de humildade do Vosso Verbo, e não corar com as sacrílegas adorações dos soberbos demônios, as quais, como soberbo imitador, aceitara. Teve pejo da vaidade e corou à vista da verdade. De súbito e inesperadamente, disse a Simpliciano, como este me contou: "Vamos à igreja; quero fazer-me cristão". Simpliciano, não cabendo em si de alegria, foi com ele. Quando assimilou os primeiros mistérios da doutrina, deu, não muito depois, o nome para se regenerar no batismo, causando admiração em Roma e regozijo na Igreja. Os soberbos, ao verem o caso, iravam-se, rangiam os dentes e consumiam-se. Vós, porém, Deus e Senhor, éreis a esperança do Vosso servo, que "não olhava para vaidades e enganosas loucuras"[21].

Enfim, chegada a hora de fazer a profissão de fé - em Roma, os que se hão de aproximar para receber a graça costumam fazer essa profissão, de um lugar elevado, em fórmulas fixas e decoradas, na presença do povo fiel - contou-me Simpliciano que os presbíteros ofereceram a Vitorino para a fazer à parte, como se costumava permitir a alguns que deixavam antever timidez e vergonha. Mas ele preferiu confessar a sua salvação na presença da plebe santa. Se tinha professado publicamente a retórica, apesar de nela não ter ensinado a salvação, que motivo havia para, ao pronunciar as Vossas palavras, ter medo da Vossa mansa grei, ele que, ao proferir os seus discursos, não temia as turbas dos insensatos?! Quando subiu para dar testemunho da fé, como todos o conheciam, unanimemente soltaram com alarido o seu nome, em gritos de regozijo. Quem havia ali que não o conhecesse? Ressoou, em som reprimido, pela boca de todo o povo delirante de alegria: "Vitorino, Vitorino!" Ao verem-no, imediatamente o aclamaram com júbilo. Mas logo emudeceram para o ouvirem com atenção. Vitorino pronunciou, com notável firmeza, a fórmula da verdadeira fé. Todos o desejavam raptar para

20. Lc 12,9; Mc 8,38.

21. Sl 39,5.

dentro do coração. Raptaram-no com amor e alegria. Estas eram as mãos com que o arrebatavam[22]!

3. A alegria do que volta a Deus

Ó Deus tão bom, que se passa no homem, para que se regozije mais com a salvação de uma alma desesperada e agora livre de um grande perigo do que se ele sempre tivesse conservado a esperança a respeito dela e fosse menor o perigo? Mas também Vós, ó Pai misericordioso, sentis mais gozo "por um só penitente do que por noventa e nove justos que não precisam da penitência"[23]. Também nós ouvimos, com imenso prazer, a alegria do pastor que conduz aos ombros a ovelha desgarrada, ou a da mulher que encontrou a dracma e, no meio do regozijo dos vizinhos, a repõe nos vossos tesouros. O júbilo da solenidade da vossa morada estanca-nos as lágrimas ao lermos que em vossa casa o filho mais novo "estava morto e reviveu, tinha perecido e foi encontrado". Vós vos regozijais em nós e em vossos anjos santificados por um amor santo. Sois sempre o mesmo. Conheceis sempre e do mesmo modo tudo o que nem sempre nem da mesma maneira existe.

Que é, pois, o que se opera na alma, quando se deleita mais com as coisas encontradas ou reavidas que ela estima do que se as possuísse sempre? Há, na verdade, muitos outros exemplos que o afirmam. Abundam os testemunhos que nos gritam: "É assim mesmo!" Triunfa o general vitorioso. Mas não teria alcançado a vitória, se não tivesse pelejado e quanto mais grave foi o perigo no combate, tanto maior é o gozo no triunfo. A tempestade arremessa os marinheiros, ameaçando-os com o naufrágio: *"todos empalidecem com a morte iminente"*[24]. Mas tranquilizam-se o céu e o mar, e todos exultam muito, porque muito te-

22. Mário Vitorino foi também filósofo. Teve uma estátua em Roma, no foro de Trajano. Traduziu para o latim a *Isagoge*, de Porfírio, as *Enéadas*, de Plotino e as *Categorias*, de Aristóteles. Escreveu sobre filosofia, retórica e religião.

23. Lc 15,7.

24. Verso de Virgílio. *Eneida*, IV, 644.

meram. Está doente um amigo e o seu pulso acusa perigo. Todos os que o desejam ver curado sentem-se simultaneamente doentes na alma. Melhora. Ainda não recuperou as forças antigas e já reina tal júbilo qual não existia antes, quando se achava são e forte.

Até os próprios prazeres da vida humana não se apossam do coração do homem só por desgraças inesperadas e fortuitas, mas por moléstias previstas e voluntariamente procuradas. Não há prazer nenhum no comer e beber, se o incômodo da fome e da sede não o precede. Por isso os ébrios costumam tomar certos alimentos salgados para que se lhes torne molesta a sede ardente que se há de transformar em prazer, quando acalmada pela bebida. Está estabelecido que não se entregam imediatamente aos maridos as esposas prometidas, para que o esposo, no caso de nunca haver suspirado pela esposa, não a venha a ter como coisa desprezível.

Isso tanto se verifica na alegria torpe e execranda como no prazer permitido e lícito; na mais sincera e pura amizade, como também naquele "que estava morto e reviveu, havia perecido e foi achado"[25]. Por toda a parte, uma alegria maior é precedida de uma dor também maior.

Por que assim, ó Senhor, Deus meu, quando Vós próprio sois a vossa alegria eterna, e tudo o que está à vossa volta se alegra em Vós? Por que é que esta parte das vossas obras oscila em alternativas de queda e de progresso, de ofensas e de reconciliações? Será esta a sua condição? Só lhe concedestes isto, quando das alturas dos céus até aos abismos da terra, do princípio ao fim dos séculos, do anjo ao mais pequenino verme, do primeiro ao último movimento, dispúnheis todas as variedades de bens e todas as vossas obras justas no seu lugar e as determináveis no seu respectivo tempo? Ai de mim! Quão alto sois nas alturas e quão profundo nos profundos abismos! Nunca vos apartais de nós, e contudo, com que dificuldade nos voltamos para Vós!

25. Lc 15,32.

4. O regozijo da Igreja

Eia, Senhor, agi, despertai-nos e chamai-nos! Vinde abrasar-nos e arrebatai-nos, inflamai-nos, enchei-nos de doçura: amemos, corramos. Não são muitos os que de um tártaro de cegueira mais profundo que o de Vitorino se voltam para Vós, se aproximam e, recebendo a luz, se veem iluminados? E, no caso de receberem essa luz, não é verdade que recebem igualmente de Vós o poder de se fazerem vossos filhos[26]? Mas, se eles são menos conhecidos no mundo social, até as pessoas que os conhecem já se alegram menos. Com efeito, quando a alegria invade a muitos, o gáudio é mais abundante em cada um, pois se aquecem e se inflamam uns aos outros. Depois, os que são conhecidos de muita gente exercem influência na salvação de muitos e caminham adiante, seguidos de numerosas pessoas. Por isso, dão também grande alegria aos que os precederam. Não se regozijam só consigo.

Mas, longe de mim pensar que no vosso tabernáculo se recebem os ricos de preferência aos pobres, ou os nobres de preferência aos desprezados, porque escolhestes "o fraco segundo o mundo, para confundirdes o forte; escolhestes o vil deste mundo, o desprezível e o que não é nada para destruirdes o que é"[27]. Contudo, "o mínimo dos vossos apóstolos"[28], por cuja língua fizestes ressoar estas palavras, quando fez passar, sob o jugo de Cristo, o Procônsul Paulo, cuja soberba abateu pela força e o transformou em súdito do grande Rei, gostou de se chamar também Paulo em vez do antigo Saulo, por ser tão grande a vitória brilhantemente alcançada. Com efeito, o adversário é mais completamente vencido naquele em quem ele domina com mais império e por meio do qual retém maior número de sequazes. Por isso, o inimigo segura com mais força os soberbos por meio do nome da nobreza e, por intermédio destes, a outros muitos pelo título da autoridade.

26. Jo 1,9.12.
27. 1Cor 1,27.
28. 1Cor 15,9.

Ora, quanto mais favorável era a opinião que havia do coração de Vitorino - espécie de reduto inexpugnável que o demônio tinha ocupado - e da língua - dardo comprido e agudo com que dera a morte a muitas almas - tanto mais superabundantemente deviam exultar vossos filhos, ao verem que nosso Rei agrilhoara o forte e que os seus vasos roubados se tinham purificado e acondicionado à vossa honra, tornando-se "úteis ao Senhor para toda boa obra"[29].

5. A luta das vontades

Logo que vosso servo Simpliciano me contou tudo isto de Vitorino, imediatamente ardi em desejos de imitá-lo. De fato toda a sua narração tinha este mesmo fim em vista. Porém, quando depois acrescentou que nos tempos do Imperador Juliano tinha sido promulgada uma lei, proibindo aos cristãos ensinarem literatura e oratória - lei que Vitorino abraçou, preferindo assim abandonar antes a escola dos palradores do que a vossa palavra "com que tornais eloquentes as línguas das crianças"[30] - pareceu-me que Vitorino era tão corajoso como feliz, por ter encontrado ocasião propícia para se entregar a Vós. Por isso eu suspirava, atado, não pelas férreas cadeias de uma vontade *alheia,* mas pelas *minhas,* também de ferro.

O inimigo dominava o meu querer e dele me forjava uma cadeia com que me apertava. Ora, a luxúria provém da vontade perversa; enquanto se serve à luxúria, contrai-se o hábito; e, se não se resiste a um hábito, origina-se uma necessidade. Era assim que, por uma espécie de anéis entrelaçados - por isso os chamei cadeia - me segurava apertado em dura escravidão. A vontade nova que começava a existir em mim, a vontade de vos honrar gratuitamente e de querer gozar de Vós, ó meu Deus, único contentamento seguro, ainda não se achava apta para superar a outra vontade, fortificada pela concupiscência. Assim

29. 2Tm 2,21.
30. Sb 10,21.

duas vontades, uma concupiscente, outra dominada, uma carnal e outra espiritual, batalhavam mutuamente em mim. Discordando, dilaceravam-me a alma.

Por isso, compreendia, por experiência própria, o que tinha lido. Entendia agora como "a carne tem desejos contra o espírito, e o espírito, contra a carne"[31]. Eu, na verdade, vivia em ambos: na carne e no espírito. Vivia, porém, mais naquele que aprovava em mim (no desejo do espírito contra a carne), do que no outro que em mim condenava (no desejo da carne contra o espírito). Com efeito neste já não era eu quem vivia, visto que, em grande parte, o sofria mais contra a vontade do que o praticava de livre-arbítrio. Mas, enfim, o hábito, que combatia tanto contra mim, provinha de mim, porque, *com atos de vontade,* eu chegava onde *não queria.* E quem poderá protestar legitimamente, quando um castigo justo persegue o pecador?

Eu já não tinha aquela escusa pela qual ordinariamente me parecia que, se ainda não desprezava o mundo, para vos servir, era porque tinha uma luz incerta de verdade. Já não tinha essa escusa, pois a luz também já era certa para mim. Porém, ainda ligado à terra, recusava alistar-me no vosso exército, e temia tanto ver-me livre de todos os impedimentos como se receasse ficar preso.

Semelhante ao que dorme num sonho, sentia-me docemente oprimido pelo peso do século. Os pensamentos com que em Vós meditava pareciam-se com os esforços daqueles que desejam despertar, mas que, vencidos pela profundeza da sonolência, de novo mergulham no sono. Não há ninguém que queira dormir sempre. A sã razão de todos concorda que é preferível estar acordado. E contudo, quando o torpor torna os membros pesados, retarda-se, as mais das vezes, a hora de sacudir o sono, e vai-se continuando, de boa vontade, prolongando-o até ao aborrecimento, mesmo depois de haver chegado o tempo de levantar.

Também eu estava certo de que o entregar-me ao vosso amor era melhor que ceder ao meu apetite. Mas o primeiro agradava-me e vencia-me; o segundo aprazia-me e encadeava-me. Não

---

31. Gl 5,17.

tinha, por isso, nada que vos responder, quando me dizíeis: "Desperta, ó tu que dormes; levanta-te de entre os mortos, e Cristo te iluminará"[32]. Mostrando-me Vós, por toda a parte, que faláveis verdade, eu, que já estava convencido, não tinha absolutamente nada que vos responder senão palavras preguiçosas e sonolentas: "Um instante, um instantinho, esperai um momento". Mas este "instante" não tinha fim, e este "esperai um momento" ia-se prolongando.

"Deleitava-me com a vossa lei segundo o homem interior, mas em vão, porque em meus membros outra lei repugnava à lei do meu espírito, e me mantinha cativo na lei do pecado que está em meus membros"[33]. Com efeito, a lei do pecado é a violência do hábito, pela qual a alma, mesmo contrafeita, é arrastada e presa, mas merecidamente, porque, querendo, se deixa escorregar. Ah! miserável de mim! "Quem me livrará deste corpo mortal, senão a vossa graça, por Jesus Cristo Nosso Senhor?"[34]

6. Narração de Ponticiano

Contarei agora e confessarei, "ó Senhor, meu amparo, para glória do vosso nome, Redentor"[35], como me arrancastes dos laços do desejo carnal, a que estava tão estreitamente preso.

Levava a vida do costume, numa ansiedade crescente, suspirando todos os dias por Vós e frequentando a vossa igreja por todo o tempo que me deixavam livre os negócios sob cujo peso gemia. Habitava comigo Alípio, desonerado do cargo de juiz, depois de ter sido assessor pela terceira vez, esperando ocasião de vender de novo as consultas como eu vendia a arte da eloquência, se é que, pelo ensino, a podemos transmitir[36]. Nebrídio, po-

32. Ef 5,14.

33. Rm 7,2.

34. Rm 7,22-25.

35. Sl 53,8; 18,15.

36. Segundo o platonismo, ensinar é trazer à flor da alma conhecimentos que nela jaziam adormecidos. Esta doutrina influiu na teoria agostiniana da "reminiscência" e da "iluminação divina".

rém, havia cedido à nossa amizade, vindo substituir nas aulas a Verecundo, o nosso mais íntimo amigo, cidadão milanês e gramático que com grande instância desejava, e em nome da amizade pedia, que um de nós lhe prestasse a ajuda de que tanto carecia.

Portanto, não foi o desejo das comodidades que atraiu para este ofício a Nebrídio - pois poderia, se quisesse, tirar mais rendimento das suas letras -, mas, como amigo tão doce e aprazível, não quis, por dever de benevolência, desprezar o nosso pedido. Procedia, porém, com a maior prudência, tendo o cuidado de não se fazer conhecido dos grandes segundo este mundo. Evitava no trato com eles toda a inquietação do espírito que queria conservar livre e desocupado, com o maior número de horas possível para indagar, ler ou ouvir ler qualquer coisa da sabedoria.

Ora, um dia - não me recordo por que Nebrídio se achava ausente - um tal Ponticiano nosso compatriota, como africano que era, que no palácio desempenhava um cargo elevado, veio a casa visitar-nos, a mim e a Alípio. Já não sei o que de nós queria. Sentamo-nos para conversar. Por acaso, viu em cima da mesa de jogo que estava diante de nós um códice. Pegou nele, abriu-o, e inesperadamente encontrou as epístolas do Apóstolo São Paulo. Imaginara que era algum dos livros cujo estudo me atarefava. Então, sorriu para mim e, felicitando-me, admirou-se de ter encontrado, em frente de meus olhos, este livro e só este livro.

Ponticiano era um cristão fiel que muitas vezes se prostrara diante de Vós, ó meu Deus, na igreja, em frequente e longa oração. Declarei-lhe que todo o meu maior cuidado ia para aquela bíblia. Assim nasceu a conversa de Ponticiano acerca de Antão, monge do Egito, cujo nome resplandecia notoriamente entre vossos servos, mas que até àquela hora nos era desconhecido. Quando reparou nisto, alongou-se na conversa. Sugeria-nos um homem tão grande, para nós desconhecido, e estranhava a nossa ignorância. Ouvíamos, estupefatos, as vossas maravilhas tão autênticas, tão recentes e quase contemporâneas, realizadas na verdadeira fé, na Igreja Católica. Todos nos admirávamos: nós, por serem estas coisas tão grandes; e ele, por nunca as termos ouvido.

Daqui, passou a conversa à multidão de mosteiros, aos bons costumes que rescendiam o vosso suave perfume e, enfim, aos férteis desertos do ermo. Tudo isto ignorávamos absolutamente. Havia mesmo em Milão, fora das muralhas, um mosteiro cheio de santos religiosos, sob a tutela de Ambrósio, e nós sem o sabermos. Ponticiano prosseguia, continuando sempre a falar, e nós todos atentos em silêncio.

Passou a contar-nos que um dia, não sei quando, ele e três amigos saíram, creio que em Tréveris, a passear pelos jardins contíguos às muralhas. Era depois do meio-dia e o imperador[37] achava-se absorvido nos jogos circenses.

Por acaso, caminhando afastados, em grupos de dois, um com Ponticiano, e do mesmo modo todos os outros, tomaram por caminhos diferentes. Ora, estes últimos deram com uma cabana onde habitavam uns vossos servos, "pobres em espírito, de quem é o Reino dos Céus"[38]. Encontraram lá um códice onde estava escrita a vida de Antão[39]. Um deles começa a lê-la. Principia a admirar-se, a abrasar-se, e, enquanto lia, pensava em abraçar tal vida e servir-vos abandonando a milícia do século. Pertenciam ao número dos chamados agentes de negócios (do imperador). Então, de repente, cheio de santo amor e salutar confusão, irado consigo mesmo, pousou os olhos no amigo e disse-lhe: "Peço-te que me digas onde pretendemos nós chegar com estes trabalhos? Que buscamos? Por que razão militamos? Que esperança maior podemos conceber no palácio do que sermos validos do imperador? Mas, para isso, quanta incerteza e quantos perigos?! Quantos perigos para chegar a um perigo ainda maior? E quando lá chegaremos nós? Porém, se eu quiser ser amigo de Deus, posso sê-lo desde já imediatamente".

Disse estas palavras e, agitado, exaltado por aquela gestação de vida nova, lançou de novo os olhos ao livro. Lia e transformava-se interiormente onde só Vós o víeis. O pensamento fu-

---

37. Valentiniano II. Morreu assassinado em 392.

38. Mt 5,3.

39. Trata-se da vida de Santo Antão escrita em grego por Santo Atanásio, bispo de Alexandria, a qual em 371 foi traduzida para o latim por Evágrio.

gia-lhe deste mundo, como logo se notou. Ao ler, revolveram-se-lhe as ondas do coração. Sentiu de vez em quando frêmitos, viu o melhor partido a tomar e, resolvido a segui-lo, disse, já todo vosso, para o amigo: "Já rompi com todas as nossas esperanças; decidi servir a Deus; entro para o seu serviço, nesta hora e neste lugar. Se não tens força para me imitares, não me sejas contrário". Respondeu o outro que se lhe queria também juntar como companheiro de tão grande prêmio, em tão grande combate. E ambos, já vossos, edificavam, com capital suficiente, uma torre de salvação deixando tudo o que possuíam para vos seguir.

Então, Ponticiano e o que com ele passeava pelas outras partes do jardim foram procurá-los. Chegaram ao sítio onde se encontravam e avisaram-nos para que voltassem, pois já entardecia. Mas eles, contando a sua resolução, o propósito e o modo como tal vontade havia nascido e neles se enraizara, pediram que os não molestassem, caso recusassem se juntar a eles. Estes, porém, sem mudarem de vida, choraram-se a si mesmos, como referia Ponticiano. Felicitaram-nos piamente, encomendaram-se às suas orações e, arrastando o coração pela terra, afastaram-se para o palácio. Os outros dois, fixando o seu coração no céu, ficaram na cabana. Ambos tinham noivas. Quando estas depois souberam de tal resolução, consagraram-vos também a virgindade.

7. Reação de Agostinho

Isto me contava Ponticiano. Mas Vós, Senhor, enquanto ele falava, me fazíeis refletir sobre mim mesmo, tirando-me da posição de costas em que me tinha posto para eu próprio não me poder ver. Vós me colocáveis perante o meu rosto, para que visse como andava torpe, disforme, sujo, manchado e ulceroso. Via-me e horrorizava-me; mas não tinha por onde fugir.

Todas as vezes que me esforçava por afastar essa vista, Ponticiano avançava sempre na narrativa. Vós me colocáveis a mim mesmo diante de mim, e me arremessáveis para a frente dos meus olhos, para que, "encontrando a minha iniquidade, a odiasse"[40]. Conhecia-a, mas fingia que não a via, procurando esquecê-la.

Mas quanto mais ardentemente amava aqueles jovens[41], de quem ouvia contar salutares exemplos - pois se entregaram todos a Vós para os curardes - tanto mais execravelmente me odiava, ao comparar-me com eles. Com efeito, já tinham decorrido muitos anos - talvez uns doze - desde o ano décimo nono da minha idade, em que me apaixonei pelo estudo da Sabedoria, ao ler o *Hortênsio* de Cícero. Eu ia adiando a hora de desprezar a felicidade terrena, para me entregar à busca da Sabedoria, cuja investigação, para não falar já da sua descoberta, se deve antepor aos tesouros encontrados, aos reinos do mundo e enfim aos prazeres corporais que, a um aceno, afluíam à minha volta.

Eu, jovem tão miserável, sim, miserável desde o despertar da juventude, vos tinha pedido a castidade, nestes termos: "Dai-me a castidade e a continência; mas não já". Temia que me ouvísseis logo e me curásseis imediatamente da doença da concupiscência que antes preferia suportar que extinguir. Tinha andado por maus caminhos, em sacrílega superstição, não que estivesse certo dela, mas porque a antepunha a outras verdades que não procurava com piedade e combatia hostilmente.

Julgava que o motivo por que adiava de dia para dia o desprezo da esperança do século e o seguir-vos só a Vós era porque não me aparecia nada certo por onde dirigisse o meu trajeto. Veio então o dia em que me vi todo nu, sob as repreensões da consciência: "Onde está a tua palavra? Não dizias que era por causa da incerteza da verdade, que não atiravas com o fardo da tua vaidade? Já tens a certeza e ainda o fardo te carrega, quando outros que não se mataram em procurá-la, nem meditaram dez anos ou mais, em tais assuntos, recebem asas nos seus ombros mais livres".

---

40. Sl 35,3.

41. Cf. cap. ant.: os jovens que se fizeram eremitas.

Assim me roía interiormente, confundindo-me com horrível e acentuada vergonha, enquanto Ponticiano falava. Finda a conversa e alcançando o fim a que viera, partiu. E eu voltei a mim. O que não proferi contra mim mesmo? Com que açoites de palavras não flagelei a alma, para que seguisse o impulso que eu fazia para ir atrás de Vós? Mas ela, renitente, recusava sem se escusar. Todos os argumentos estavam desfeitos e refutados. Só ficara nela um mudo temor. A alma tinha medo, como da morte, de ser desviada da corrente do vício em que ia apodrecendo mortalmente.

8. No jardim de Milão. Luta espiritual

Então, no meio daquela grande refrega que, na minha casa interior, no meu quarto – o coração – violentamente tinha travado contra a alma, precipito-me sobre Alípio, exclamando, perturbado no rosto e no espírito: "Por que sofremos? Que significa o que acabas de ouvir? Os ignorantes levantam-se e arrebatam o céu, e nós, com doutrinas insensatas, eis como nos revolvemos na carne e no sangue! Teremos vergonha de os seguir, porque nos precederam, e não nos envergonhamos sequer de os não seguir?"

Tais foram algumas das palavras que disse. A perturbação arrancou-me de Alípio. Ficou calado e atônito, a olhar-me, por eu falar de um modo insólito. A fronte, as faces, os olhos, a cor, o timbre da voz, descreviam mais o estado da minha alma do que as palavras que proferia.

Na habitação de que usávamos, bem como do resto da casa – pois o hospedeiro, o dono, não a habitava –, havia um pequeno jardim. Para lá me levara o tumulto do meu peito, onde ninguém era capaz de evitar a ardente luta que eu travara comigo e que se prolongaria até se resolver o assunto conforme Vós sabíeis e eu ignorava. Esta minha loucura seria salutar e esta morte, vivificante. Eu sabia o que tinha de mal e ignorava o bem que havia de ter pouco tempo depois.

Afastei-me para o jardim e Alípio seguiu-me, passo a passo. Mesmo com ele estar presente, a minha solidão continuava. Como me havia ele de deixar, naquele estado? Sentamo-nos o mais longe possível da casa.

Eu rangia em espírito, irando-me com turbulentíssima indignação, por não poder seguir o vosso agrado e aliança, ó meu Deus, pela qual todos os meus ossos clamavam, erguendo-vos louvores até ao céu. Para lá chegar não se vai de navio, de carro ou a pé, nem sequer para andar o caminho que tinha percorrido desde casa ao lugar onde estávamos sentados. Com efeito, não só o ir ao céu, mas também o atingi-lo, não são mais que o *querer* ir, mas um *querer* forte e total, não uma vontade tíbia que anda e desanda daqui para ali, que luta entre si, erguendo-se num lado e caindo no outro.

Enfim, naquelas hesitações causadas pela dúvida, fazia os gestos que costumam fazer os homens que querem e não podem, ou porque não possuem membros ou porque os têm ligados com cadeias, debilitados pela fraqueza, ou de qualquer modo impedidos. Agarrei o cabelo, feri a fronte, apertei os joelhos entre os dedos entrelaçados. Fiz todos estes gestos porque quis. Poderia, porém, querer e não os fazer, se a flexibilidade dos membros não me obedecesse.

Fiz, portanto, muitos movimentos, quando o querer não era o mesmo que o poder. Não fiz o que incomparavelmente desejava muito mais, apesar de o poder fazer logo que quisesse, porque para o querer basta querer sinceramente. Ora, aqui a faculdade de poder identificava-se com a vontade; o querer era já praticar. E, contudo, não acontecia assim, porque o corpo, movendo ao mínimo sinal os membros, obedecia mais facilmente à vontade fraquíssima da alma do que a própria alma se obedecia a si mesma para efetuar a sua grande vontade, só com a vontade.

9. A vontade em guerra

Donde vem este prodígio? Qual o motivo? Fazei que brilhe a vossa misericórdia, e eu pergunte, pois talvez me possam responder os castigos sombrios dos homens e as tenebrosíssimas desolações dos filhos de Adão. Donde provém este prodígio? Qual a causa? A alma manda ao corpo, e este imediatamente lhe obedece; a alma dá uma ordem a si mesma, e resiste! Ordena a alma à mão que se mova, e é tão grande a facilidade, que o mandato mal se distingue da execução. E a alma é alma, e a mão é corpo! A alma ordena que a alma queira; e, sendo a mesma alma, não obedece. Donde nasce este prodígio? Qual a razão? Repito: a alma ordena que queira – porque se não quisesse não mandaria – e não executa o que lhe manda!

Mas não quer totalmente. Portanto, também não ordena terminantemente. Manda na proporção do querer. Não se executa o que ela ordena enquanto ela não quiser, porque a vontade é que manda, pois, se a vontade fosse plena, não ordenaria que fosse vontade, porque já o era. Portanto, não é prodígio nenhum, em parte querer e em parte não querer, mas doença da alma. Com efeito esta, sobrecarregada pelo hábito, não se levanta totalmente, apesar de socorrida pela verdade. São, pois, duas vontades. Porque uma delas não é completa, encerra o que falta à outra.

10. Contra os maniqueístas

Desapareçam, ó meu Deus, da vossa face, como vãos faladores e sedutores do espírito, os que, ao observarem a deliberação das duas vontades, afirmam que temos duas almas de naturezas diferentes: uma boa e outra má. Ora, esses tais são realmente maus, ao seguirem essa má doutrina. Só serão bons quando sentirem a verdade e concordarem com os homens de verdade, para que o vosso apóstolo lhes possa também dizer: "Outrora fostes trevas, mas agora sois luz no Senhor"[42]. Porém, enquanto quiserem ser luz em si mesmos e não no Senhor, julgando que a natureza da alma é a mesma que a de Deus, vão-se fazendo trevas cada vez mais densas. Com efeito, na sua repugnante arrogância, afastaram-se para mais longe de Vós, verdadeira luz que ilu-

42. Ef 5,8.

mina todo o homem que vem a este mundo. Refleti no que afirmais e corai de vergonha. Aproximai-vos dele para serdes iluminados e os vossos rostos não serão cobertos de confusão.

Quando eu deliberava servir já o Senhor meu Deus, como há muito tempo tinha proposto, era eu o que queria e era *eu* o que não queria; era eu mesmo. Nem queria, nem deixava de querer inteiramente. Por isso me digladiava, rasgando-me a mim mesmo. Esta destruição operava-se, é certo, contra a minha vontade, porém não indicava a natureza de uma alma estranha, mas o castigo da minha própria alma. Era o pecado que habitava em mim, e não eu, quem mo infligia, em castigo de um pecado cometido com mais liberdade por ser filho de Adão.

Se houvesse, portanto, tantas naturezas contrárias quantas as vontades que em nós se debatem, haveria não duas, mas maior número de naturezas. Se alguém hesita em ir a uma das ridículas reuniões dos maniqueístas ou ao teatro, logo aqueles gritam: "Eis duas naturezas: uma boa que o atrai para cá; outra má que o afasta. Que outra origem pode ter esta indecisão de vontades contrárias entre si?" Porém eu, pela minha parte, digo que ambas são más, tanto aquela que o arrasta para eles, como a outra que leva ao teatro. Mas eles só têm como boa a vontade que o conduz às suas reuniões!

Mas suponhamos que um dos nossos delibere e flutue entre duas vontades desavindas entre si, se há de ir ao teatro ou à nossa igreja. Não flutuarão os maniqueístas na resposta que hão de dar? – Ou hão de confessar o que não querem, que a vontade boa é que os conduz à nossa igreja aonde se dirigem os que já foram embebidos e ligados pelos sacramentos – ou então hão de julgar que num só homem combatem duas naturezas e duas almas más. Portanto, será falso o que costumam dizer, que há uma natureza boa e outra má. Ou se hão de voltar, enfim, para a verdade sem poder deixar de afirmar que, quando se delibera, a alma é uma só, hesitante entre diversas vontades.

Logo, admitindo eles que duas vontades combatem num só homem, nem por isso afirmem que contendem duas almas contrárias, uma boa e outra má, formadas de duas substâncias contrárias e de dois princípios também contrários! Vós, Deus verdadeiro, os reprovais, arguis e convenceis, uma vez que o mesmo acontece em vontades diferentes, ambas más, como por exemplo quando alguém delibera se há de assassinar um homem a veneno ou a punhal, se há de assaltar esta ou aquela propriedade alheia quando não as pode apanhar ambas, se se há de servir do dinheiro para comprar o prazer luxurioso ou conservá-lo na avareza, se há de ir ao circo ou ao teatro, dado o caso de serem no mesmo dia. Acrescento uma terceira deliberação: se se há de ir roubar a casa alheia havendo para isso oportunidade. Ajunto uma quarta incerteza: se se há de cometer adultério patenteando-se com isso simultaneamente a possibilidade.

Ora se todas estas hipóteses se realizassem num dado momento e com igual ânsia se desejassem todas – coisa que de modo algum pode acontecer ao mesmo tempo – despedaçariam a alma numa luta de quatro vontades ou mais ainda, pois é tão grande a abundância dos objetos apetecidos! Contudo eles, os maniqueístas, não têm o costume de afirmar que haja tão grande multidão de substâncias diversas!...

O mesmo acontece nas vontades boas. Com efeito, pergunto-lhes se é bom deleitar-me com a leitura do Apóstolo, se é bom deleitar-me com o canto moderado de um salmo ou se é bom comentar o Evangelho. A cada uma destas perguntas responderão: "É bom". Mas se todas nos agradassem igualmente e ao mesmo tempo, não atormentariam já estas diversas vontades o coração do homem, enquanto delibera qual delas preferentemente deve abraçar? E todas são boas e lutam mutuamente até que se tome uma resolução para a qual a vontade, que dantes se dividia, se volte inteiramente, já unificada.

Assim também quando a eternidade deleita a parte superior, e o desejo de bem temporal retém a parte inferior, é a própria alma que, sem vontade plena, quer uma ou outra coisa. Por isso despedaça-se em penosas dores, enquanto que pela verdade prefere a eternidade, e pelo hábito não quer desprezar o desejo do bem temporal.

11. O espírito e a carne. Últimas lutas

Assim sofria e me atormentava acusando-me muito mais asperamente que de ordinário, rolando-me e revolvendo-me nas minhas cadeias, até que totalmente estalassem, pois só tenuemente estava atado a elas. Mas enfim ainda estava preso. E Vós, ó Senhor, instáveis nos recônditos do meu coração. Com severa misericórdia duplicáveis os açoites do temor e da vergonha, para eu não afrouxar, e para eu partir as pequenas e leves cadeias que tinham ficado, a fim de se não robustecerem de novo, ligando-me mais tenazmente.

Dizia dentro de mim: “Vai ser agora, agora mesmo”. E pelas palavras caminhava para a decisão final. Estava a ponto de a cumprir, e não a cumpria. Já não recaía nas antigas paixões, mas estava próximo delas e respirava-as. Faltava pouco, sim, faltava pouco. Já quase a atingia e segurava. Mas ainda lá não estava nem a tocava, nem a alcançava, hesitando em morrer na morte ou viver na vida. A paixão, arraigada em mim, dominava-me mais do que o bem, cujo hábito desconhecia. Ao passo que se vinha aproximando o tempo em que me devia transformar noutro homem, maior era o horror que me incutia. Mas este não me repelia para trás nem me desencaminhava. Simplesmente se mantinha indeciso.

Retinham-me preso bagatelas de bagatelas, vaidades de vaidades, minhas velhas amigas, que me sacudiam o vestido carnal e murmuravam baixinho: “Então despedes-nos? Daqui por diante, nunca mais estaremos contigo. Desde agora, nunca mais te será lícito fazer isto e aquilo...”

E que coisas, ó meu Deus, que pensamentos me sugeriam as vaidades no que eu chamei “isto ou aquilo”! Afaste-os da alma do vosso servo a vossa misericórdia! Que imundícies me sugeriam, que indecências! Reduzia-se já a menos de metade o número de vezes que lhes dava ouvidos. Já as vaidades não me contradiziam abertamente, de frente, mas como que a segredar-me pelas costas, espicaçavam-me furtivamente para que olhasse para trás quando procurava afastar-me. Contudo faziam-me retardar, por duvidar arrancar-me e desfazer-me delas, para saltar aonde me chamavam, enquanto o hábito violento me rosnava: "Julgas que poderás passar sem elas?" Mas o hábito já me dizia isto com voz mais débil.

Do lado para onde voltava o rosto e por onde temia passar, abria-se diante de mim a casta dignidade da continência, serena, sem alegria desordenada. Convidava-me, acariciando-me honestamente, para que viesse sem receios. Estendia-me as mãos piedosas e cheias de rebanhos de boas obras para me receber e me abraçar. Junto dela, quantos meninos, donzelas, numerosa juventude, todas as idades, viúvas venerandas, virgens idosas! Em nenhuma delas era estéril a mesma continência, senão mãe fecunda de filhos gerados nas alegrias de ti, esposo e Senhor. Ria-se de mim com ironia animadora como que a dizer: "Então, não poderás fazer o que estes e estas fizeram? É porventura por si mesmos que estes o podem fazer? Não é por virtude de seu Deus e Senhor? Foi o Senhor seu Deus quem me entregou a eles. Por que te apoias em ti, ficando assim instável? Lança-te nele e não temas! Ele não fugirá de ti, e tu não cairás. Lança-te confiadamente e Ele recebendo-te curar-te-á".

Estava todo envergonhado porque ainda ouvia os murmúrios daquelas bagatelas e ficava suspenso na dúvida. De novo, a castidade parecia dizer-me: "Sê surdo às tentações imundas dos teus membros na terra, para os mortificares. Narram-te deleites, mas estes não são segundo a lei do Senhor teu Deus".

Esta controvérsia em meu coração era apenas eu a lutar comigo mesmo.

Entretanto, Alípio, fixo a meu lado, aguardava, silencioso, o desenlace desta insólita agitação.

12. A conversão

Quando, por uma análise profunda, arranquei do mais íntimo toda a minha miséria e a reuni perante a vista do meu coração, levantou-se enorme tempestade que arrastou consigo uma chuva torrencial de lágrimas. Para as derramar todas com seus gemidos, afastei-me de Alípio, porque a solidão se me representava mais acondicionada ao choro. Retirei-me o suficiente para que a sua presença não me pudesse ser pesada.

Eis em que estado me encontrava! Alípio bem o adivinhou, porque lhe disse, julgo eu, qualquer coisa em que se descortinava o tom pesado que o choro imprimia ao timbre da voz. Tinha-me, então, erguido. Alípio, no auge do assombro, fixou-se imóvel no sítio onde estivéramos. Retirei-me, não sei como, para debaixo duma figueira, e larguei as rédeas ao choro.

Prorromperam em rios de lágrimas os meus olhos. Este sacrifício era-vos agradável. Dirigi-vos muitas perguntas, não por estas mesmas palavras, mas por outras do mesmo teor: "E Vós, Senhor, até quando? Até quando continuareis irritado? Não vos lembreis das minhas antigas iniquidades"[43]. Sentia ainda que elas me prendiam. Soltava gritos lamentosos: "Por quanto tempo, por quanto tempo andarei a clamar: Amanhã, amanhã? Por que não há de ser agora? Por que o termo das minhas torpezas não há de vir nesta hora?"

Assim falava e chorava, oprimido pela mais amarga dor do coração. Eis que, de súbito, ouço uma voz vinda da casa próxima. Não sei se era de menino, se de menina. Cantava e repetia frequentes vezes: *"Toma e lê; toma e lê"*.

Imediatamente, mudando de semblante, comecei com a máxima atenção a considerar se as crianças tinham ou não o costume de cantarolar essa canção em alguns dos jogos. Vendo que em parte nenhuma a tinha ouvido, reprimi o ímpeto das lágrimas e levantei-me persuadindo-me que Deus só me mandava uma coisa: abrir o códice[44] e ler o primeiro capítulo que encontrasse. Tinha ouvido que Antão, assistindo, por acaso, a uma leitura do Evangelho, fora por ela advertido, como se essa passagem que se lia lhe fosse dirigida pessoalmente: "Vai, vende tudo

---

43. Sl 6,4; 78,5.8.

44. Abrir o códice: refere-se ao livro das epístolas de São Paulo, como explica depois.

o que possuis, dá-o aos pobres, e terás um tesouro no céu; depois vem e segue-me"[45]. Com este oráculo se converteu a Vós.

Abalado, voltei aonde Alípio estava sentado, pois eu tinha aí colocado o livro das epístolas dos apóstolos, quando de lá me levantei. Agarrei-o, abri-o e li em silêncio o primeiro capítulo em que pus os olhos: "Não caminheis em glutonarias e embriaguez, nem em desonestidades e dissoluções, nem em contendas e rixas; mas revesti-vos do Senhor Jesus Cristo e não procureis a satisfação da carne com seus apetites[46].

Não quis ler mais, nem era necessário. Apenas acabei de ler estas frases, penetrou-me no coração uma espécie de luz serena, e todas as trevas da dúvida fugiram. Então, marcando a passagem com o dedo ou com outro sinal qualquer, fechei o livro.

Já com o rosto tranquilo mostrei-o a Alípio. Por sua vez, ele também me descobriu tudo o que por si se passara e que eu ignorava. Pediu-me que lhe mostrasse a passagem lida por mim. Indiquei-a e ele prosseguiu ultrapassando o que eu tinha lido. Eu ignorava, porém, o texto seguinte que era este: "Recebei ao fraco na fé"[47]. Alípio aplicou-o a si próprio e me mostrou. Com tal advertência, firmou-se no desejo e bom propósito, perfeitamente de acordo com os seus costumes regrados que, desde há muito tempo, o distanciavam enormemente de mim. Sem hesitação alguma turbulenta, juntou-se a mim. Vamos ter em seguida com minha mãe, e declaramos-lhe o sucedido. Ela rejubila. Contamos-lhe como o caso se passou. Exulta e triunfa, bendizendo-vos, Senhor, "que sois poderoso para fazer todas as coisas mais superabundantemente do que pedimos ou entendemos"[48]. Bendizia-vos porque via que, em mim, lhe tínheis concedido muito mais do que ela costumava pedir, com tristes e lastimosos gemidos.

---

45. Mt 19,21.

46. Rm 13,13.

47. Rm 14,1.

48. Ef 3,20.

De tal forma me convertestes a Vós que eu já não procurava esposa, nem esperança alguma do século, mas permanecia firme naquela regra de fé em que tantos anos antes me tínheis mostrado a minha mãe[49]. Transformastes a sua tristeza numa alegria muito mais fecunda do que ela desejava, e muito mais querida e casta do que a que podia esperar dos netos nascidos da minha carne.

49. Cf. liv. III, cap. 11.

LIVRO IX

O batismo

1. Em colóquio com Deus

"Ó Senhor, eu sou vosso servo, sim, vosso servo e filho da vossa escrava. Quebrastes as minhas cadeias; sacrificar-vos-ei uma vítima de louvor"[1]. Fazei que meu coração e minha língua vos louvem e todos os meus ossos exclamem: "Senhor, quem há semelhante a Vós?"[2]

Profiram eles estas palavras e Vós respondei dizendo à minha alma: "Eu sou a tua salvação"[3].

Quem sou? Como sou? Que malícia não houve nos meus atos; ou se não houve nos meus atos, nas minhas palavras; ou se não a houve nas minhas palavras, na minha vontade!

Vós, porém, Senhor bom e misericordioso, olhastes para a profundeza da minha morte e, com a vossa direita, exauristes do fundo do meu coração o abismo de perversidade. E agora tudo era não querer aquilo que eu queria, e querer o que Vós queríeis.

Mas onde esteve durante tantos anos meu livre-arbítrio? De que profundo e misterioso abismo foi ele chamado num momento a fim de inclinar a minha cerviz ao vosso suave jugo e os meus ombros ao vosso fardo tão leve, ó Cristo Jesus, "minha ajuda e redenção"[4]? Quão suave se me tornou de repente carecer de delícias fúteis! Receava perdê-las, e agora já sentia prazer em aban-

---

1. Sl 115,16-17.

2. Sl 34,10.

3. Sl 34,3.

4. Sl 18,15.

doná-las! Vós, a verdadeira e suprema suavidade, as afastáveis de mim. E, em vez delas, entráveis Vós, mais doce que todo o prazer – mas não para a carne e o sangue –, mais resplandecente que toda a luz, mas mais oculto que todo o segredo, mais sublime que toda a honra, mas não para aqueles que se exaltam em si mesmos.

Já meu coração estava livre de torturantes cuidados, de ambição, de ganhos, e de se revolver e esfregar na sarna das paixões. Entretinha-me em conversa convosco, minha Claridade, minha Riqueza, minha Salvação, Senhor, meu Deus.

2. O adeus à cátedra

Pareceu-me bem, na vossa presença, não abandonar ostensivamente o ministério da minha língua de artificiosa loquacidade, mas subtrair-me a ele suavemente, para dali em diante não comprarem, da minha boca, armas para o seu furor os jovens que não se preocupam com vossa lei nem com vossa paz, mas com loucuras vãs e combates tribunícios.

Felizmente já faltavam poucos dias para as férias das vindimas[5]. Resolvi por isso suportá-los com paciência, para depois me retirar como de costume e, resgatado por Vós, não mais me tornar a vender.

Estáveis ciente do nosso plano, não porém os homens, a não ser os da nossa intimidade. Tínhamos combinado que não se comunicasse a ninguém, ainda que Vós, quando nos erguíamos "do vale das lágrimas" entoando o "cântico das subidas"[6], nos tínheis concedido "setas agudas, carvões devoradores contra a língua pérfida"[7]. Esta tudo contradiz sob pretexto de dar conselhos e, como quem devora alimento, ama o que consome.

---

5. Estas começavam a 22 de agosto e terminavam a 15 de outubro, prolongando-se pelo mesmo tempo que as dos tribunais e repartições do Estado.

6. Sl 119,1.

7. Ez 36,23.

Tínheis dardejado nosso coração com setas de vossa caridade, e trazíamos as vossas palavras traspassadas nas entranhas. E os exemplos dos vossos servos – que das trevas trouxéreis à luz e da morte à vida – reunidos no seio do nosso pensamento, queimavam e consumiam a pesada sonolência a fim de não mais nos inclinarmos para as baixezas. Inflamavam-nos tão vivamente que todo o sopro da contradição, originado da crítica malévola, longe de nos extinguir, nos incendiaria mais e mais.

Contudo, por causa do vosso nome que santificastes através do universo, também o nosso desígnio e resolução teriam certamente panegiristas. Pareceria quase jactância não esperar pelo tempo das férias já tão próximo; mas demitir-me de um cargo público, exposto aos olhares de toda a gente, seria por certo atrair a atenção de todos para a minha conduta. Muitas coisas se diriam: que eu deixei chegar de propósito um dia próximo às férias das vindimas para me dar aparências de um grande homem. E que utilidade havia em entregar às críticas e às disputas os meus sentimentos íntimos e se blasfemasse o nosso bem?[8]

Além disso, nesse verão, os pulmões, por causa do demasiado trabalho didático, começavam a sentir-se fracos e a respirar com dificuldade. A lesão revelava-se nas dores de peito, que se recusava a emitir voz mais nítida e mais prolongada. A princípio tais achaques perturbavam-me, porque quase me tinham constrangido a depor o fardo do magistério e, para poder curar-me e convalescer, sem dúvida teria de o interromper.

Mas apenas nasceu e se firmou em mim a plena vontade de "repousar e de ver que Vós sois o Senhor"[9] – Vós o sabeis, meu Deus –, comecei a alegrar-me por se me deparar uma escusa verdadeira, com que pudesse moderar o agastamento dos homens que, por causa dos seus filhos, jamais queriam que retomasse a minha liberdade.

Cheio, pois, de tal consolação, suportava o decurso daquele intervalo de tempo – seriam talvez uns vinte dias – mas rude-

---

8. Rm 14,16.

9. Sl 44,11.

mente o suportava, pois já se tinha ausentado de mim a cobiça do ganho que me ajudava a desempenhar a dura ocupação. Eu ficaria esmagado, se a paciência não sucedesse à cobiça.

Alguns dos vossos servos e meus irmãos dirão talvez que pequei, porque, com o coração já cheio do vosso serviço, consenti assentar-me ainda uma hora na cadeira da mentira. Não discuto. Não é verdade que Vós, Senhor misericordiosíssimo, me perdoastes e lavastes na água santa este pecado, com todas as outras horrendas fraquezas de morte?

3. Saudades de um amigo

Angustiadamente sofria Verecundo por causa do nosso bem-estar, porque, pelas cadeias que tenacissimamente o retinham, se via privado do nosso convívio. Não era ainda cristão. A esposa, cristã, opunha-lhe uma cadeia bastante apertada com relação a nós, na qual o retardava no caminho que encetáramos. Dizia Verecundo que não queria ser cristão de outro modo, senão daquele que lhe era proibido.

Delicadamente, porém, nos ofereceu uma quinta para lá ficarmos durante o tempo que nos aprouvesse. Vós, Senhor, o recompensareis na ressurreição dos justos, pois já lhe concedestes o prêmio. Na nossa ausência, quando já estávamos em Roma, acometido de doença e já fiel cristão, emigrou desta vida. Assim vos compadecestes, não só dele, mas também de nós, para não nos afligirmos com dor intolerável, ao recordar a sua extremosa delicadeza de amigo, se não o pudéssemos contar entre vosso rebanho.

Graças vos sejam dadas, Senhor nosso Deus. Somos vossos. As vossas exortações e consolações o demonstram. Fiel cumpridor de vossas promessas, recompensais, com a amenidade do vosso paraíso eternamente viçoso, a Verecundo, por nos ter oferecido aquela sua propriedade de Cassicíaco, onde, longe do borbulhar do mundo, repousamos em Vós. Vós lhe perdoastes os pecados sobre a terra, no monte abundante, no vosso monte, no monte da fertilidade.

Angustiava-me então Verecundo, mas Nebrídio alegrava-se. Também este se despenhara, não sendo ainda cristão, naquela cova de erro tão pernicioso, a ponto de acreditar que a carne verdadeira do vosso Filho era uma aparência. Contudo, erguendo-se dessa cova – tal era a sua posição –, ainda não impregnado dos sacramentos da vossa Igreja, buscava apaixonadamente a verdade.

Não muito depois da nossa conversão e regeneração por meio do vosso batismo, Vós o libertastes da carne quando já era fiel católico. Servia-vos com perfeita castidade e continência, na África, entre os seus. Nesse tempo já toda a sua casa se fizera cristã, por seu intermédio.

Agora ele vive no "seio de Abraão" – qualquer que seja o significado de "seio"; nele vive o meu Nebrídio, o meu doce amigo, e com relação a Vós, Senhor, o vosso filho que de liberto tornastes adotivo. Aí vive[10]. Pois, para essa alma, que lugar existe diferente daquele? Aí vive, nesse sítio a respeito do qual me fazia muitas perguntas, a mim homenzinho ignorante. Já não aproxima o seu ouvido da minha boca, mas aproxima a sua boca espiritual da vossa fonte e bebe, até mais não poder, a sabedoria, em proporção da sua avidez, feliz para sempre. Nem creio que se inebrie de tal sorte com ela que se esqueça de mim, quando é certo que Vós, Senhor, de quem ele bebe, vos lembrais de mim.

Assim éramos nós. Consolávamos Verecundo que nos permanecia fiel à amizade, apesar de nossa conversão ser para ele objeto de tristeza. Nós o exortávamos à fidelidade no seu estado, isto é, na vida conjugal, esperando a ocasião de ele nos seguir. Isto podia realizá-lo brevemente e estava mesmo a ponto de o fazer. Enfim decorreram aqueles dias que pareciam muitos e longos por causa do amor da liberdade que eu queria para poder cantar, no íntimo do meu ser: "Disse meu coração: busquei o vosso rosto, Senhor; de novo o procurarei"[11].

---

10. Superlativamente emocional, poucos corações amaram tanto como Agostinho. O seu lirismo incendeia-se em novas labaredas quando trata da amizade. Com que doçura e saudade o filho de Mônica se refere aos amigos que a morte arrebatara!

11. Sl 26,8.

4. Na quinta de Cassicíaco

Chegou o dia em que, na realidade, me devia libertar da profissão de retórico, da qual já estava desligado no pensamento. Assim sucedeu. Livrastes a minha língua do lugar de que me tínheis já libertado o coração. Eu vos bendizia, partindo radiante de júbilo para a casa de campo, com todos os meus[12].

O que aí realizei nas letras - já incontestavelmente em vosso serviço, mas respirando ainda a soberba da escola, como o leitor numa pausa - atestam-no os livros de disputas com os presentes[13], ou só comigo na vossa presença[14]. O que tratei em discussões com Nebrídio, ausente, mostram-no as cartas[15]. Quando encontrarei tempo suficiente para comemorar todos os vossos grandes benefícios para comigo, nesta época da vida? Tenho pressa de referir outras graças mais importantes.

Chama por mim a recordação do meu passado e se torna doce, Senhor, confessar-vos com que interiores estímulos me submetestes; como aplanastes minha alma abatendo os montes e as colinas dos meus pensamentos; como endireitastes as minhas vias tortuosas e suavizastes as asperezas, e como submetestes Alípio, o irmão do meu coração, ao nome do vosso Filho único, Nosso Senhor e Salvador Jesus Cristo, nome que ele a princípio desdenhosamente suportava que fosse inserido nos meus escritos. Preferia Alípio que cheirassem ao perfume dos cedros das escolas, já abatidos pelo Senhor, e não ao odor das ervas salutares da vossa Igreja, antídoto contra o veneno das serpentes.

---

12. Cassicíaco, para onde se retirou Agostinho, chama-se hoje Cassago de Brianza, situado à distância de sete léguas de Milão. Está encravado no meio dos montes. Na colina, onde existia a casa de Verecundo, levantaram um palácio, séculos mais tarde, os Duques Visconti di Modrone.

13. Esses livros em forma de diálogo têm por titulo: *Contra Acadêmicos* (trata da certeza e da verdade); *De Beata Vita* (onde se prova que a verdadeira felicidade reside na filosofia); *De Ordine* (sobre a ordem do mundo e o problema do mal).

14. Refere-se ao livro dos *Solilóquios.* Santo Agostinho permaneceu em Cassicíaco desde setembro de 336 a março de 387.

15. Em Cassicíaco repousavam então, além de Agostinho e de Mônica: Adeodato, Navígio; Lastidiano e Rústico; Trigécio, Licencio, que estudavam retórica e filosofia; e Alípio que por vezes se ausentava até Milão.

Que exclamações elevei até Vós, meu Deus, ao ler os salmos de Davi, esses cânticos de fé, esses hinos de piedade que baniam de mim o espírito de soberba! Eu, bisonho no vosso verdadeiro amor e ainda catecúmeno, gastava o tempo naquela casa de campo com o catecúmeno Alípio. Vivia ao nosso lado minha mãe, mulher no aspeto, mas viril na fé, com a calma própria de uma idade avançada, ternura de mãe e piedade cristã.

Quantas exclamações proferia na leitura desses salmos e como me inflamava com eles, no vosso amor, desejando ardentemente recitá-los a toda a terra, se me fosse possível, para rebater o orgulho do gênero humano! Com efeito são cantados em todo o universo, pois "não há ninguém que se subtraia ao vosso calor"[16].

Como era veemente e atroz a dor com que me indignava contra os maniqueístas! De novo me compadecia deles por não conhecerem aqueles sacramentos, aqueles remédios e por se enfurecerem loucamente contra um antídoto que os podia curar.

Quereria que estivessem, então, junto de mim, em qualquer parte - sem eu saber que eles estavam presentes -, e que contemplassem meu rosto e ouvissem as minhas exclamações ao ler naquelas férias o Salmo quarto. Oxalá vissem eles o que fez de mim aquele salmo: "Quando vos invoquei, me ouvistes, ó Deus da minha justiça. Dilatastes a minha alma na tribulação. Tende misericórdia de mim, Senhor, e ouvi a minha súplica"[17]. Oxalá me tivessem ouvido - sem eu o saber - para que não pensassem que era por causa deles que eu pronunciava aquelas palavras com que entrecortava os salmos. Efetivamente não as teria proferido nem as entoaria daquela maneira, se percebesse que era visto. Nem eles, se eu as dissesse, as teriam recebido tais como as pronunciei comigo quando, com familiar afeto à minha alma, me dirigi a mim mesmo, na vossa presença.

Horrorizei-me com temor e aí mesmo me abrasei em esperança, alegrando-me na vossa misericórdia, ó Pai. Tudo isto saía pelos meus olhos e pela minha voz, quando o vosso Espírito de

---

16. Sl 18,7.

17. Sl 4,2.

bondade, chegando-se a nós, nos dizia: "Filhos dos homens, até quando sereis duros de coração? Para que amais a vaidade e buscais a mentira?"[18]

Sim! Eu tinha amado a vaidade e buscara a mentira. Vós, Senhor, já "tínheis engrandecido vosso Filho ressuscitando-o dos mortos e colocando-o à vossa direita"[19], para que lá do alto Jesus enviasse Aquele que tinha prometido, o Paráclito, o Espírito da verdade.

Ele já o tinha mandado, mas eu não sabia. Enviara-o, porque já estava glorificado com ressurgir dos mortos e subir ao céu. Antes, porém, "o Espírito ainda não tinha sido concedido, porque Jesus ainda não estava glorificado"[20]. Clama o poeta: "Até quando sereis duros de coração? Para que amais a vaidade e buscais a mentira? Sabei que o Senhor glorificou seu Filho"[21].

Clama: *"Até quando"*; clama: *"Sabei"*. E eu errante tanto tempo, sem saber, amei a vaidade e busquei a mentira. Por isso, ouvi e tremi, porque me lembrava de ter sido igual àqueles a quem tais palavras se dirigiam.

Nos fantasmas que eu tivera como verdade só havia vaidade e mentira. Soltei pesados e fortes queixumes, na amargura da minha recordação. Oxalá os tivessem ouvido aqueles que até agora amaram a vaidade e buscam a mentira. Talvez se confundissem e vomitassem o erro! Vós os ouvireis, pois por nós morreu com verdadeira morte corporal "Aquele que continuamente intercede por nós"[22]. Lia: "Irai-vos e não queirais pecar"[23]. E eu que já aprendera a irar-me contra os meus crimes passados, quando me sentia impelido a não mais pecar, ó meu Deus! Justamente me encolerizava, porque não pecava em mim outra natureza de ascendência tenebrosa, como afirmam os que não se irri-

18. Sl 4,3.

19. Sl 4,4; Ef 1,20.

20. Jo 6,39.

21. Sl 4,3.

22. Rm 8,34.

23. Sl 4,5.

tam consigo mesmos e "entesouram contra si a ira, para o dia da Vossa ira, dia da revelação do vosso justo juízo"[24].

Os meus bens já não estavam fora, nem eram procurados sob este sol pelos olhos da carne. Aqueles que querem gozar fora de si mesmos facilmente se dissipam e derramam naquelas coisas aparentes e temporais, lambendo com o pensamento faminto as imagens de tais objetos. Oh! se eles se debilitassem com a fome e dissessem: "Quem nos mostrará o Bem?"[25]

Ouçam a nossa resposta: "Está gravada dentro de nós a luz do vosso rosto, Senhor"[26]. Nós somos a luz que ilumina a todo o homem, mas somos iluminados por Vós, para que sejamos luz em Vós, os que fomos outrora trevas.

Oh! se vissem o *interno* e *eterno* esplendor que me fazia irritar contra mim mesmo! Porque embora eu o saboreasse, não lhes poderia mostrar esse brilho, se acaso trouxessem no olhar o seu coração pousado fora de Vós, e me dissessem: "Quem nos mostrará o Bem?"

Ali, onde me irava comigo mesmo, no recôndito da alma onde me compungia, onde vos oferecera um sacrifício imolando-vos a minha concupiscência[27], onde cheio de esperança em Vós começara a meditar na minha renovação, aí mesmo principiastes a fazer-me saborear as vossas doçuras, dando alegria ao meu coração. Saía-me em exclamações, quando, lendo estas palavras fora de mim, as entendia no meu interior. Não desejava enriquecer-me de bens terrenos, devorando o tempo e sendo por ele devorado, pois possuía, na eterna simplicidade, outro trigo, vinho e azeite.

No versículo seguinte, num grito profundo de meu coração, exclamava: "Oh! estarei em paz! Oh! viverei em paz no seu próprio ser!"[28] Oh! o que eu disse: "Dormirei e descansarei!" Quem

---

24. Rm 2,5.

25. Sl 4,6.

26. Sl 4,6.

27. Literalmente: "minha velhice". A expressão significa: tendências pecaminosas.

28. Sl 4,9.

nos resistirá quando se cumprir aquela palavra que está escrita: "A morte foi devorada pela vitória"?[29] Vós sois esse ente que não muda, em Vós está o descanso que faz esquecer todos os trabalhos, porque nenhum outro repouso existe senão Vós. Fora de Vós nem sequer posso adquirir outras muitas coisas que não são o que Vós sois. "Mas Vós, Senhor, singularmente me destes a esperança"[30].

Eu lia inflamado em fervor e não encontrava o que havia de fazer a esses surdos-mudos, de quem eu fora a peste, ladrando amarga e cegamente contra a Bíblia, dulcificada com o mel do céu e cintilante com a vossa claridade. Consumia-me de dor por causa dos inimigos da Escritura.

Quando recordarei todos os fatos sucedidos naquele silêncio, o rigor do vosso castigo e a admirável prontidão da vossa misericórdia? Vós me tormentáveis então, com uma dor de dentes. Piorando tanto que não podia falar, ocorreu-me pedir a todos os meus que estavam presentes para que rogassem por mim, ó Deus de toda a salvação. Este pedido escrevi-o numa tabuazinha encerada e entreguei-o para que lhes fosse lido. Logo que dobramos os joelhos, em piedosa súplica, aquela dor desapareceu. Mas que dor? E como fugiu?! Fiquei deslumbrado, eu confesso, ó meu Senhor Deus, ó meu Deus. Nunca experimentara tal coisa desde os meus primeiros anos! Vosso poder insinuou-se em mim profundamente. Alegre na minha fé, louvei o vosso nome. Mas esta fé não me deixava estar seguro, pelo que dizia respeito aos meus pecados passados, os quais ainda então não me tinham sido perdoados pelo vosso batismo.

5. Em comunicação com Santo Ambrósio

Acabadas as férias fiz saber aos habitantes de Milão que deviam prover os seus estudos com outro vendedor de pala-

29. 1Cor 15,54.

30. Sl 4,10.

vras, já que determinava consagrar-me ao vosso serviço. Nem eu pelas dores de peito e dificuldade em respirar poderia desempenhar o cargo.

Comuniquei por carta ao vosso santo Bispo Ambrósio os meus desregramentos passados e a minha resolução presente, para que me indicasse o que de preferência devia ler nas vossas Escrituras, a fim de melhor me dispor e de me tornar mais apto para a recepção de tão insigne graça.

Ordenou-me que lesse o Profeta Isaías, segundo me parece, por ter vaticinado mais claramente do que qualquer outro, o vosso Evangelho e a vocação dos gentios à fé. Mas não o compreendi na primeira leitura e, julgando que todo ele era assim obscuro, deferi a sua repetição para quando estivesse experimentado na palavra do Senhor.

6. O batismo

Chegada a ocasião em que convinha inscrever-me entre os catecúmenos, deixando o campo, voltamos a Milão[31]. Quis também Alípio renascer para Vós, juntamente comigo, no batismo, já revestido da humildade tão conforme com os vossos sacramentos. Era ele um fortíssimo domador do corpo, a ponto de trilhar descalço com insólito arrojo o solo regelado da Itália.

Juntamos também a nós Adeodato, filho carnal do meu pecado, a quem tínheis dotado de grandes qualidades. Com quinze anos incompletos ultrapassava já em talento a muitos homens idosos e doutos. Confesso estes vossos dons, Senhor meu Deus, Criador de todas as coisas e tão poderoso para corrigir as nossas deformidades, porque nada de meu havia nesse jovem, além do pecado. Se por mim fora criado na vossa lei, fostes Vós e mais ninguém quem no-lo inspirou. Confesso-vos, pois, estes vossos dons.

---

31. Em março de 387.

Há um livro meu que se intitula *O mestre* (*De magistro*), onde ele dialoga comigo. Sabeis que todas as opiniões que aí se inserem, atribuídas ao meu interlocutor, eram as dele quando tinha dezesseis anos. Notei nele coisas ainda mais prodigiosas. Aquele talento causava-me calafrios de admiração, pois quem senão Vós poderia ser o artista de tais maravilhas?

Depressa lhe tirastes a vida da terra. É com a maior tranquilidade que me lembro dele, nada lhe receando na infância, nem na adolescência, nem no decurso da idade.

Nós o associamos a nós como irmão na graça, para o educarmos na vossa lei. Recebemos o batismo, e abandonou-nos a preocupação da vida passada.

Não me saciava, nesses primeiros dias, de considerar, com inefável doçura, a profundeza de vossos planos sobre a salvação da humanidade. Quanto não chorei, fortemente comovido, ao escutar os hinos e cânticos, ressoando maviosamente na vossa igreja! Essas vozes se insinuavam em meus ouvidos, orvalhando de verdade meu coração; ardia em afetos piedosos e corriam-me dos olhos as lágrimas: mas sentia-me consolado.

7. O canto na igreja. Prenúncios de perseguição

Não havia muito tempo que a Igreja de Milão começara a adotar o consolador e edificante costume dos cânticos, com grande regozijo dos fiéis que uniam num só coro as vozes e os corações. Havia um ano ou pouco mais que Justina, mãe do jovem Imperador Valentiniano, perseguia o vosso servo Ambrósio por causa da heresia com que fora seduzida pelos arianos[32].

A multidão dos fiéis velava na Igreja, pronta a morrer com o seu bispo, o vosso servo. Minha mãe, vossa serva, que era a principal nas vigílias e na inquietação geral, vivia em contínua pre-

32. Estes hereges, partidários de Ario, sacerdote de Alexandria, negavam que Jesus Cristo fosse da mesma substância que o Pai, isto é, que fosse Deus. Foram condenados no concílio ecumênico de Niceia em 325.

ce. Nós mesmos, ainda frios sem o calor do vosso espírito, nos comovíamos com a perturbação e consternação da cidade.

Foi então que, para o povo não se acabrunhar com o tédio e tristeza, se estabeleceu o canto de hinos e salmos, segundo o uso das Igrejas do Oriente. Desde então até hoje tem-se mantido entre nós este costume, sendo imitado por muitos, por quase todos os vossos rebanhos de fiéis espalhados no universo.

Ao vosso bispo, que acabo de nomear, manifestastes nesta conjuntura, por uma visão, o lugar onde estavam escondidos os corpos dos mártires Gervásio e Protásio, que por tantos anos conservastes incorruptos no tesouro dos vossos segredos para no momento oportuno os descobrirdes, a fim de refreardes o furor de uma simples mulher, embora imperatriz. Com efeito, descobertos e desenterrados os corpos, quando os transportavam com todas as honras à Basílica Ambrosiana, uns possessos, vexados por espíritos imundos, foram curados, conforme confessaram os mesmos demônios.

Também um cego de há vários anos, cidadão muito conhecido na cidade, tendo perguntado a causa das manifestações de regozijo entre o povo, informado dos acontecimentos, levantou-se e pediu ao guia que o levasse para junto dos corpos dos mártires. Chegado lá, pediu licença para tocar com um lenço o ataúde dos vossos "santos cuja morte fora preciosa aos vossos olhos". Logo que tocou com o lenço e o levou aos olhos, estes se abriram subitamente.

Propagou-se logo a fama do milagre, elevando-se até Vós ardentes e esplendorosos louvores. O coração da perseguidora, ainda que não se tenha rendido à fé da salvação, contudo reprimiu o furor na sua luta contra nós.

Graças vos dou, ó meu Deus! Donde chamastes? Para que parte chamastes a minha memória, a fim de confessar estes acontecimentos que, apesar da sua importância, omitira por esquecimento?

Ainda não corria atrás de Vós, quando deste modo se exalava o aroma das vossas fragrâncias. Por isso mais chorava ouvindo os vossos hinos. Suspirava outrora por Vós, e, enfim, respirava quanto o permite o ar de uma choça de colmo.

8. A morte de Mônica em Óstia. Sua educação

"Vós, que fazeis com que os unânimes habitem na mesma morada"[33], associastes a nós o jovem Evódio, natural do nosso município. Era agente de negócios do imperador e, tendo-se convertido e batizado antes de nós, renunciou às milícias profanas, alistando-se na vossa. Estávamos juntos, queríamos habitar em comum num convívio santo.

Procurando um lugar onde mais acomodadamente vos servíssemos juntos, voltávamos à África, quando em Óstia, na foz do Tibre, faleceu minha mãe.

Passo muitas coisas em silêncio, porque tenho pressa. Recebei, meu Deus, as minhas *Confissões* e ações de graças por tão inumeráveis benefícios, de que não faço aqui menção. Mas não quero calar os sentimentos que me brotam da alma, acerca desta vossa serva, que, pela carne, me concebeu para a vida temporal, e pelo coração me fez nascer para a eterna. Não quero publicar os seus méritos, mas os dons que lhe concedestes. Não foi ela, efetivamente, que se fez ou educou a si mesma. Nem o pai nem a mãe podiam adivinhar o que viria a ser aquela a quem geraram.

A disciplina do vosso Cristo e a doutrina do vosso Filho único educaram-na no vosso temor no seio de urna família fiel, que era digno membro da vossa Igreja.

Mais ainda que a diligência e educação da mãe, Mônica enaltecia a vigilância de uma velha escrava, que já tomara meu avô materno às costas, sendo ainda menino, como é costume serem trazidas as crianças pelas moças mais crescidas. Estas recordações, a sua idade avançada e os costumes exemplares, tornavam-na veneranda aos olhos dos amos, nesta casa cristã.

---

33. Sl 67,7.

Esta serva desempenhava com solicitude o encargo que lhe confiaram os seus senhores de lhes olhar pelas filhas, repreendendo-as quando era necessário, com santa e enérgica severidade, e instruindo-as com discreta prudência. Além das horas em que tomavam uma sóbria refeição à mesa de seus pais. Queria preveni-las de um mau hábito, e aduzia esta sábia razão: "Quereis agora beber água, porque não tendes vinho em vosso poder, quando vos casardes e ficardes senhoras da adega e da despensa, não mais gostareis da água, mas o hábito de beber prevalecerá".

Com este método em aconselhar e mandar com autoridade lhes refreava o apetite em tenra idade e lhes adaptava a sede às regras da temperança, para que não desejassem o que não convinha.

Apesar disso – como a vossa serva me contou a mim, seu filho – insinuou-se-lhe pouco a pouco o gosto pelo vinho. Como filha sóbria, os pais mandavam-na, segundo o costume, tirar vinho do tonel. Mergulhava a caneca na cuba, aberta pela parte superior, e antes de despejar o vinho para a garrafa sorvia com a ponta dos lábios um pouquinho, porque, por causa da repugnância, não podia beber mais. Não fazia isto por inclinação à embriaguez, mas por excessos exuberantes da juventude que fervem sob a forma de movimentos alegres e que de ordinário se corrigem nos ânimos pueris, pela autoridade severa dos mais velhos.

Aumentando, porém, dia a dia, a porção – "pois quem despreza as coisas pequenas, insensivelmente cai nas maiores"[34] – escorregou para o hábito, de modo a esvaziar gulosamente copos cheios de vinho.

Onde estava então a prudente anciã e a sua severa proibição? Que remédio podia ser eficaz contra a doença oculta, se a vossa medicina, Senhor, não vigiasse por nós? Na ausência do pai, da mãe e dos educadores, estáveis presente Vós, que nos criastes, que nos chamais a Vós, e que por vossos legados procurais fazer algum bem para a salvação das almas. Que fizestes, pois, meu Deus? Como a socorrestes? Como a curastes? Não fizestes sair de uma alma um sarcasmo agudo e doloroso, como

34. Ecl 19,1.

ferro cirúrgico das vossas provisões secretas, para cortar de um só golpe aquela gangrena?

De fato, a escrava que costumava acompanhá-la até junto do tonel, litigando um dia com a sua jovem senhora, estando sós, lançou-lhe em rosto a intemperança, chamando-a com atroz insulto: "Bêbada!"[35]

Ferida por este aguilhão, considerou a fealdade do seu hábito, reprovou-o e corrigiu-se. *Assim como as adulações dos amigos nos pervertem, do mesmo modo as censuras dos inimigos nos reformam.* Contudo, não lhes retribuís segundo o que obrais por seu intermédio, mas segundo o mal que queriam praticar. A escrava zangada quis vexar a sua jovem senhora e não curá-la. Fê-lo em segredo, ou porque o lugar e a ocasião da questiúncula as encontrava sozinhas, ou porque ela mesma se expunha a um perigo por a ter denunciado tão tarde.

Mas Vós, Senhor, que tudo dirigis no céu e na terra e endireitais para os vossos desígnios a torrente profunda da iniquidade e regulais o curso turbulento dos séculos, curastes uma alma pela insolência de outra. Por isso ninguém ao refletir neste caso atribua ao seu poder pessoal o sucesso das suas palavras, dirigidas a quem deseja corrigir.

9. Mônica, esposa modelar

Educada assim na modéstia e temperança, Vós a tornáveis mais submissa aos pais do que eles a tornavam obediente a Vós. Quando chegou à idade núbil plena, deram-na em matrimônio a um homem, a quem servia como a senhor[36]. Procurava conquistá-lo para Vós, falando-lhe em Vós pelos seus bons costumes, com os quais a tornáveis bela, respeitosamente amável e encantadora aos olhos do marido. Sofria-lhe também as infidelidades

35. O texto latino usa a palavra *meribibula* = bebedorazinha de vinho, a qual só aparece nesta obra e em mais nenhum escritor.

36. Chamava-se Patrício.

matrimoniais com tanta paciência, que nunca teve discórdia alguma com o marido, por este motivo. Esperava que a vossa misericórdia, descendo sobre ele, o fizesse casto, quando crescesse em Vós.

Se o coração do marido era afetuoso, o temperamento era arrebatado. Mas ela sabia que era melhor não resistir à ira do esposo, nem por ações nem por palavras. Logo que o via mais calmo e sossegado, oportunamente lhe dava a explicação da sua conduta, se por acaso ele irrefletidamente se irritava. Enfim, muitas senhoras, tendo maridos muito mais benignos, traziam no rosto desfigurado os vestígios das pancadas. Conversando entre amigas, enxovalhavam a vida dos esposos. Minha mãe repreendia-lhes a língua, admoestando-as seriamente como por gracejo. Lembrava-lhes que, desde o momento em que ouviram o contrato de matrimônio, como quem escuta a leitura de um documento pelo qual são feitas escravas, elas se deviam considerar como tais. Por este motivo, tendo presente essa condição, não podiam ser altivas com os seus senhores.

Estas matronas, conhecendo o mau gênio que ela suportava do marido, admiravam-se de nada lhe ouvirem, nem por indício algum contar que Patrício lhe batesse ou que algum dia se desaviessem por questiúnculas domésticas. Perguntavam-lhe familiarmente a razão, e minha mãe expunha-lhes o seu modo de proceder, de que acima fiz menção. As que o punham em prática, depois de o experimentarem, felicitavam-na. As outras, que não faziam caso, continuavam a ser vexadas e oprimidas.

A princípio a sogra irritava-se contra ela, por causa de uns mexericos de escravas malévolas. De tal forma minha mãe a conquistou com afabilidades, com paciência e mansidão inalteráveis, que a própria sogra espontaneamente denunciou ao filho as línguas intrigantes das escravas como perturbadoras da paz doméstica entre a nora e ela, e lhe rogou que fossem castigadas. Com efeito, depois Patrício, dócil à mãe e solícito pelo bom governo da casa e pela concórdia entre os seus, mandou flagelar as culpadas, segundo o desejo de quem as acusara. A sogra declarou que podia esperar igual castigo quem quer que, para lhe agradar, lhe dissesse mal da nora. Ninguém ousou mais expor-se a tal risco e viveram as duas em doce harmonia, digna de ser lembrada.

Concedestes ainda um grande dom a esta fiel serva em cujo seio me criastes, ó meu Deus e minha misericórdia. Quando podia, mostrava-se conciliadora entre as almas discordes e desavindas, a ponto de nada referir de uma à outra senão o que podia levá-las a reconciliar-se, ouvindo de um lado e de outro as queixas amargas as quais costumava vomitar a discórdia encolerizada e cheia de ressentimentos, quando, em presença de uma amiga, o vômito de rancores contra a inimiga ausente desabafa em azedas confidências.

De pouca importância me pareceria este bem, se uma triste experiência não me mostrasse que um grande número de pessoas - não sei por que horrendo contágio de malícia, já espalhado por muito longe - não só repete a inimigos encolerizados o que uns, zangados, disseram de outros, mas ainda acrescenta coisas que eles não proferiam. Pelo contrário, deve ter-se em pouca conta para alguém dotado de sentimentos humanos o não atiçar ou não acender, com ditos malévolos, as inimizades dos outros, se não procura também, com boas palavras, extingui-las.

Assim era minha mãe, como Vós, seu íntimo Mestre, a ensinastes na escola do coração. Enfim, até vos ganhou o marido, nos últimos tempos desta vida temporal, e não teve mais a lamentar nele o que lhe sofrera antes de se converter. Era verdadeiramente a serva dos vossos servos! Todos os que a conheciam vos louvavam, honrando-vos e amando-vos nela, porque lhe sentiam no coração a vossa presença, comprovada pelos frutos de uma existência tão santa. Tinha sido "esposa de um só marido, saldara aos pais a sua dívida de gratidão, governara a casa piedosamente"[37]. Com as suas boas obras, dava testemunhos de santidade.

Educara os filhos, dando-os tantas vezes à luz quantas os via apartarem-se de Vós. Enfim, ainda antes de ela adormecer no

37. 1Tm 5,9.4.10.

Senhor, quando já vivíamos unidos em Vós pela graça do batismo, era tão desvelada para todos - já que por vossa liberalidade permitis que nos dirijamos aos vossos servos - como se nos tivesse gerado a todos, servindo-nos como se fosse filha de cada um.

10. O êxtase de Óstia[38]

Próximo já do dia em que ela ia sair desta vida - dia que Vós conhecíeis e nós ignorávamos - sucedeu, segundo creio, por disposição de vossos secretos desígnios, que nos encontrássemos sozinhos, ela e eu, apoiados a uma janela cuja vista dava para o jardim interior da casa onde morávamos. Era em Óstia, na foz do Tibre, onde, apartados da multidão, após o cansaço de uma longa viagem, retemperávamos as forças para embarcarmos.

Falávamos a sós, muito docemente, esquecendo o passado e ocupando-nos do futuro. Na presença da Verdade, que sois Vós, alvitrávamos qual seria a vida eterna dos santos, "que nunca os olhos viram, nunca o ouvido ouviu, nem o coração do homem imaginou"[39]. Sim, os lábios de nosso coração abriam-se ansiosos para a corrente celeste da vossa fonte, a fonte da vida, que está em Vós, para que, aspergidos segundo a nossa capacidade, pudéssemos de algum modo pensar num assunto tão transcendente.

Encaminhamos a conversa até à conclusão de que as delícias dos sentidos do corpo, por maiores que sejam e por mais brilhante que seja o resplendor sensível que as cerca, não são dignas de comparar-se à felicidade daquela vida, nem merecem que delas se faça menção.

Elevando-nos em afetos mais ardentes por essa felicidade, divagamos gradualmente por todas as coisas corporais até ao próprio céu, donde o sol, a lua e as estrelas iluminam a terra. Su-

38. Este capítulo é um dos mais célebres das *Confissões*. Notabiliza-se pela arte descritiva, pela análise psicológica genial e intuição do Transcendente. Trata um assunto da mais alta mística: o êxtase. Faz-nos vislumbrar um mundo de silêncio e de gozo para além do tempo e da fantasia dos sentidos. A cena foi representada num quadro por Ary Scheffer.

39. 1Cor 2,9.

bíamos ainda mais em espírito, meditando, falando e admirando as vossas obras. Chegamos às nossas almas e passamos por elas para atingir essa região de inesgotável abundância, onde apascentais eternamente Israel com o alimento da verdade. Ali a vida é a própria Sabedoria, por quem tudo foi criado, tudo o que existiu e o que há de existir, sem que ela própria se crie a si mesma, pois existe como sempre foi e como sempre será. Antes, não há nela *ter sido*, nem *haver de ser*, pois simplesmente *"é"*, por ser eterna. Ter sido e haver de ser não são próprios do Ser eterno.

Enquanto assim falávamos, anelantes pela Sabedoria, a atingimos momentaneamente num ímpeto completo do nosso coração. Suspiramos e deixamos lá agarradas as primícias do nosso espírito. Voltamos ao vão ruído dos nossos lábios, onde a palavra começa e acaba. Como poderá esta, meu Deus, comparar-se ao vosso Verbo que subsiste por si mesmo, nunca envelhecendo e tudo renovando?

Dizíamos, pois: Suponhamos uma alma onde jazem em silêncio a rebelião da carne, as vãs imaginações da terra, da água, do ar e do céu. Suponhamos que ela guarde silêncio consigo mesma, que passe para além de si, nem sequer pensando em si; uma alma na qual se calem igualmente os sonhos e as revelações imaginárias, toda a palavra humana, todo o sinal, enfim, tudo o que sucede passageiramente.

Imaginemos que nessa mesma alma exista o silêncio completo porque, se ainda pode ouvir, todos os seres lhe dizem "Não nos fizemos a nós mesmos, fez-nos o que permanece eternamente"[40]. Se ditas estas palavras os seres emudecerem, porque já escutaram quem os fez, suponhamos então que Deus sozinho fale, não por essas criaturas, mas diretamente, de modo a ouvirmos a sua palavra, não pronunciada por uma língua corpórea, nem por voz de anjo, nem pelo estrondo do trovão, nem por metáforas enigmáticas, mas já por Ele mesmo.

Suponhamos que ouvíssemos Aquele que amamos nas criaturas, mas sem o intermédio delas, assim como nós acabamos de

40. Sl 99,3.5.

experimentar, atingindo, num relance de pensamento, a Eterna Sabedoria que permanece imutável sobre todos os seres. Se esta contemplação se continuasse e se todas as outras visões de ordem muito inferior cessassem, se unicamente esta arrebatasse a alma e a absorvesse, de tal modo que a vida eterna fosse semelhante a este vislumbre intuitivo, pelo qual suspiramos: não seria isto a realização do *"entra no gozo do teu Senhor"?*[41] E quando sucederá isto? Será quando todos ressuscitarmos? Mas então não "seremos todos transformados"?[42]

Ainda que isto disséssemos não pelo mesmo modo e por estas palavras, contudo bem sabeis, Senhor, quanto o mundo e os seus prazeres nos pareciam vis, naquele dia quando assim conversávamos. Minha mãe então disse: *Meu filho, quanto a mim, já nenhuma coisa me dá gosto, nesta vida. Não sei o que faço ainda aqui, nem por que ainda aqui esteja, esvanecidas já as esperanças deste mundo. Por um só motivo desejava prolongar um pouco mais a vida: para ver-te católico antes de morrer. Deus concedeu-me esta graça superabundantemente, pois vejo que já desprezas a felicidade terrena para servires ao Senhor. Que faço eu, pois, aqui?*

11. Últimos desejos de Mônica

Não me lembro bem do que lhe respondi a respeito destas palavras. Dentro de cinco dias ou pouco mais, recolhia ao leito, com febre. Num daqueles dias da sua doença perdeu os sentidos e durante um curto espaço de tempo não dava acordo dos presentes. Acorremos logo e imediatamente recuperou os sentidos.

Vendo-nos de pé junto dela, a mim e ao meu irmão[43], disse-nos como quem procura alguma coisa: "Onde estava eu?" De-

---

41. Mt 25,21.

42. 1Cor 15,51.

43. Chamava-se Navígio e era o primogênito dos irmãos. Além deste, Santo Agostinho teve uma irmã cujo nome se ignora e da qual apenas se sabe que foi religiosa e governou um mosteiro junto de Hipona.

pois reparando em nós, atônitos de tristeza, acrescentou: "Sepultareis aqui, vossa mãe". Eu estava calado e sustendo as lágrimas. Meu irmão, porém, proferiu algumas palavras nas quais mostrava o desejo de vê-la morrer na pátria, o que julgava melhor, e não em país estranho. Ouviu-o, e com o rosto cheio de aflição, fixando nele os olhos, repreendeu-o por acalentar tais sentimentos. Olhando depois para mim: "Vê o que ele diz!" E logo dirigindo-se a ambos: "Enterrai este corpo em qualquer parte e não vos preocupeis com ele. Só vos peço que vos lembreis de mim diante do altar do Senhor, onde quer que estejais".

Tendo explicado o seu pensamento nos termos que lhe foi possível, calou-se. Com o agravamento da enfermidade, dilataram-se-lhe as dores. Eu, ó Deus Invisível, pensando nos vossos dons que disseminais pelos corações dos vossos fiéis, donde provêm colheitas admiráveis, alegrava-me e rendia-vos graças, ao lembrar-me de quanto sabia a respeito do cuidado que sempre a preocupara da sua sepultura, dispondo e ordenando que fosse junto do corpo de seu marido.

Porque tinha vivido com ele em tão estreita união, desejava também ajuntar a esta felicidade – como a alma humana é incapaz das coisas divinas! – a dita de os homens poderem recordar que, após a sua peregrinação de além-mar, lhe fora concedida a graça de a terra cobrir na mesma sepultura a ambos os consortes.

Quando esta vaidade começara a retirar-se de seu coração, eu não o sabia, mas alegrava-me admirando-me de que ela assim mo revelasse. Contudo na nossa conversa à janela quando me disse: "Que estou eu fazendo neste mundo?", já não mostrava desejo de morrer na pátria.

Soube também que já quando vivíamos em Óstia, um dia em que eu não estava em casa, tinha ela falado com uma confiança maternal a alguns dos meus amigos acerca do desprezo desta vida e da felicidade da morte. Eles admirados com aquele valor de uma mulher – fostes Vós quem o destes a ela! – perguntaram-lhe se não temia deixar o corpo tão longe da cidade. Respondeu: "Para Deus não é longe, nem devo temer que no fim dos séculos não saiba onde me há de ressuscitar".

Enfim, no nono dia da doença, aos cinquenta e seis anos de idade, e no trigésimo terceiro de minha vida, aquela alma piedosa e santa libertou-se do corpo[44].

12. Lágrimas de dor

Fechei-lhe os olhos e apoderou-se de minha alma uma tristeza imensa que se desfazia em torrentes de lágrimas. Mas ao mesmo tempo os meus olhos, sob o império violento da vontade, absorviam essa fonte até a secarem. Oh! como foi angustiosa para mim a luta!

Quando ela exalou o último suspiro, Adeodato, meu filho, rebentou em pranto. Mas, instado por todos nós, calou-se. Deste modo a sua voz juvenil, voz do coração, também reprimiu e calou em mim esta espécie de emoção pueril que se expandia em choro. Parecia-nos que não ficava bem celebrar-lhe os funerais com pranto, lamentações e gemidos porque essas demonstrações servem de ordinário para deplorar a infelicidade dos mortos ou o seu completo desaparecimento. A morte de minha mãe, pelo contrário, não foi infeliz nem total. Sabíamos disso pelo testemunho dos seus costumes, pela sinceridade da sua fé e por outras razões inequívocas. Que era aquilo que me pungia dentro da alma senão uma chaga recente por eu ter sido arrancado num instante ao convívio tão doce e tão querido de viver junto da minha mãe?

Causou-me grande consolação o seguinte testemunho que deu de mim: na sua última doença, correspondendo com grande ternura aos meus obséquios, chamava-me "bom filho" e lembrava com grande sentimento de amor, que nunca da minha boca fora proferida contra ela uma só palavra dura e injuriosa. Contudo, meu Deus, meu Criador, que comparação havia entre a soli-

44. Mônica recebeu da Igreja e da tradição cristã o título de Santa. Seu corpo foi sepultado na cripta da Igreja de Santa Áurea em Óstia, onde foi descoberto em 1430 e trasladado para Roma, primeiro para a Igreja de São Tritão e mais tarde para a Igreja que lhe foi dedicada.

citude que lhe tributava e a servidão a que ela por mim se sujeitara? Por me sentir assim desamparado de lenitivo tão grande, a minha alma ficava em chaga, e a minha vida, formada pela fusão da sua, despedaçava-se. Estancando o pranto de Adeodato, Evódio, tomando um Saltério, começou a cantar um salmo ao qual todos respondíamos: "Cantar-vos-ei, Senhor, a misericórdia e a justiça"[45].

Informando-se do que se passava, concorreram muitos dos nossos irmãos e mulheres piedosas. Enquanto aqueles que costumavam se encarregar dos funerais exerciam seu ofício, eu, em lugar onde a boa educação me permitia, falava com os meus amigos que julgavam não me dever deixar só. Falava de assuntos conforme a minha situação e com o bálsamo da verdade procurava mitigar os sofrimentos que só Vós conhecíeis e eles ignoravam. Escutavam-me com atenção, julgando que não sentia nenhuma dor. Porém eu, pertinho de vossos ouvidos, onde nenhum amigo me ouvia, censurava a ternura da minha sensibilidade e esforçava-me por reprimir a onda de tristeza que me invadia. Cedia ela um pouco ao meu esforço para de novo se insurgir impetuosa, sem contudo me fazer brotar as lágrimas ou me alterar o rosto. Mas eu sabia o que comprimia no coração!

Desgostava-me profundamente ser tão sensível a estas vicissitudes humanas que irremediavelmente acontecem conforme a ordem natural e a sorte de nossa condição. Por isso, a minha dor suscitava-me uma nova dor, e afligia-me com uma dupla tristeza.

Foi conduzido o cadáver à sepultura. Fui e voltei, sem derramar lágrimas. Nem mesmo chorei durante as orações que vos dirigimos, ao ser oferecido o sacrifício da nossa redenção pela defunta, cujo cadáver já estava depositado junto do sepulcro, antes de o enterrarem, como ali é costume. Nem sequer chorei durante as orações! Mas todo o dia senti no meu íntimo uma tristeza oprimente.

Com o espírito agitado vos suplicava, com todas as forças, que sarásseis a minha dor. Creio que, se não me concedíeis, era

---

45. Sl 100,13.

para gravardes na minha memória, ao menos por esta única experiência, quanto são poderosos os laços do hábito até na alma que já não se alimenta com palavras enganadoras. Lembrei-me de ir ao banho; ouvira dizer que este nome lhe fora dado por causa dos gregos o chamarem βαλανεῖον, por aliviarem o espírito de angústias. Confesso também isto a vossa misericórdia, ó Pai dos órfãos; confesso que depois do banho fiquei como estava, sem conseguir expulsar do coração esta amarga tristeza. Depois adormeci.

Acordei e achei a minha dor bastante mitigada. Estando só, deitado em meu leito, recordei os versos verídicos do vosso Ambrósio: Vós sois, na verdade,

"Deus, Criador de todas as coisas,
Regendo o mundo supremo,
Vestindo o dia com a beleza da luz,
Vestindo a noite com a graça do sono,

Para que o repouso, ao labor de cada dia,
Os membros fatigados restitua,
As mentes cansadas alivie
E as tristezas angustiosas dissipe..." [46]

Depois, pouco a pouco, voltava aos anteriores sentimentos, a respeito da vossa serva. Recordava-me da sua convivência, piedosa para convosco, e santamente afável e paciente para comigo, e que de repente me fora arrebatada. Sentia consolação em chorar ante a vossa presença por causa dela e por ela, e também por causa de mim e por mim. As lágrimas, que reprimia, soltei-as para que corressem à vontade, estendendo-as como um leito sob o meu coração. Este repousou nelas, porque aí estavam os vossos ouvidos e não os de qualquer homem que soberbamente interpretasse o meu choro.

Confesso-vos agora tudo isto, Senhor, por escrito. Leia-o quem quiser, interprete-o como lhe parecer. Se alguém julgar

---

46. *Deus, creator omnium*
Polique rector vestiens
Diem decoro lumine
Noctem soporis gratia

Artus solutos ut quies
Reddat laboris usui
Mentesque fessas allevet
Luctusque solvat anxios.

que eu pequei, chorando uns breves minutos por minha mãe - que eu nesses momentos via morta ante os meus olhos a que tantos anos por mim chorara para que eu vivesse aos vossos olhos -, esse não se ria. Mas se é dotado de grande caridade, chore pelos meus pecados diante de Vós, que sois o Pai de todos os irmãos do vosso Cristo.

13. Preces pela mãe

Agora, sarado já o meu coração desta ferida, na qual se poderia censurar a minha sentimentalidade, derramo diante de Vós, meu Deus, pela vossa serva, uma outra espécie de lágrimas. Manam de um espírito comovido pelos perigos que cercam toda a alma que morre em Adão. Vivificada em Cristo, ainda antes de ser libertada da carne, vivia de tal modo que o vosso nome era louvado na sua fé e nos seus bons costumes.

Contudo, não ouso dizer que, desde o tempo em que a regenerastes pelo batismo, não caísse de sua boca alguma palavra oposta à vossa lei. O vosso Filho, que é a Verdade, declarou: "Se alguém chamar 'louco' a seu irmão, será réu do fogo da geena"[47]. E ai da vida humana, ainda a mais louvável, se a julgardes sem a Vossa misericórdia! Mas porque não examinais as nossas faltas com rigor, confiadamente esperamos algum lugar junto de Vós. Quem, porém, vos enumera os seus verdadeiros méritos, que outra coisa expõe senão os vossos benefícios? Oh! se os homens se reconhecessem como homens, "se aquele que se gloria se gloriasse no Senhor"![48]

Por isso, "Deus do meu coração, minha glória e minha vida"[49], esqueço um momento as boas ações de minha mãe, pelas quais alegremente vos dou graças, para vos pedir perdão de seus pecados. Ouvi-me em nome daquele que é a Medicina das nossas chagas, que foi suspenso do madeiro da cruz e, sentado à

47. Mt 5,22.

48. 2Cor 10,17.

49. Sl 117,14.72.26.

vossa direita, intercede por nós. Sei que ela praticou a misericórdia e que perdoou de coração as faltas contra ela cometidas; perdoai-lhe também as suas dívidas se algumas contraiu em tantos anos que se seguiram ao batismo.

Perdoai-lhe, Senhor, perdoai-lhe, eu vo-lo suplico, e "não entreis com ela em juízo"[50]. "Que a vossa misericórdia supere a Vossa justiça[51] pois são verdadeiras as vossas palavras e prometestes misericórdia aos misericordiosos. Contudo, se alguém foi misericordioso, a Vós o deve, a Vós "que vos compadecereis de quem já tiverdes tido piedade e usareis de misericórdia com quem tiverdes sido misericordioso"[52].

Creio que fizestes já o que vos suplico, mas desejo, Senhor, que "aproveis esta oblação voluntária da minha boca"[53]. Perto do dia da sua morte, minha mãe não desejou que seu corpo fosse pomposamente sepultado, nem que fosse ungido com aromas, nem ambicionou um túmulo magnífico, nem se preocupou com tê-lo na pátria. Nenhuma destas coisas nos recomendou. Mostrou apenas desejo de que nos lembrássemos dela junto do vosso altar, onde nunca tinha faltado um só dia rendendo-vos homenagens, porque sabia que lá se distribui a vítima santa que "destruirá o libelo de condenação, contrário a nós"[54]. Com essa vítima triunfou do inimigo que enumera as nossas faltas e procura acusações contra nós. Mas o nosso adversário nada encontrou naquele com quem nós vencemos.

Quem poderá restituir a Cristo Jesus seu sangue inocente? Quem lhe poderá restituir o preço com que nos resgatou do inimigo para nos arrancar dele? Era a este mistério da vossa redenção que a vossa serva ligara a sua alma pelos vínculos da fé. Ninguém a arranque jamais da vossa proteção. Que o leão e o dragão nem à força nem por insídias se entreponham entre ela e Vós. Para que o astuto acusador não a convença e arrebate, ela

50. Sl 142,2.

51. Tg 2,13.

52. Rm 9,15; cf. Ez 33,19.

53. Sl 113,108.

54. Cl 2,14.

não responderá que nada deve. Dirá antes que as suas dívidas lhe foram perdoadas por aquele a quem ninguém pode restituir o que por nós pagou sem ser devedor.

Que ela esteja em paz com o marido já que, anteriormente ou posteriormente à sua união com ele, com ninguém mais se desposou. Serviu-o com paciência, alcançando méritos para também o ganhar para Vós.

Inspirai, meu Senhor e meu Deus, inspirai aos vossos servos, meu irmãos, aos vossos filhos, meus senhores, a quem sirvo pelo coração, pela voz e pela pena, inspirai a todos os que lerem estas páginas que se lembrem, junto ao altar, de Mônica, vossa serva, e de Patrício, outrora seu esposo, pelos quais me introduzistes nesta vida, de um modo tal que eu ignoro.

Que se lembrem, com piedoso afeto, dos que foram meus pais nesta vida transitória e meus irmãos em Vós, nosso Pai, e na Igreja Católica, nossa Mãe, e meus concidadãos na eterna Jerusalém. Por esta suspira o vosso povo na sua peregrinação desde a partida até ao regresso.

Assim, graças a estas *Confissões*, o desejo último de minha mãe será mais copiosamente cumprido com as orações de muitos do que somente com as minhas.

PARTE II

LIVRO X

O encontro de Deus

1. O apelo à verdade

Fazei que eu vos conheça, ó Conhecedor de mim mesmo, sim, que vos conheça como de Vós sou conhecido[1]. Ó virtude da minha alma, entrai nela, adaptai-a a Vós, para a terdes e possuirdes sem mancha nem ruga. É esta a esperança com que falo, a esperança em que me alegro quando gozo de uma alegria sã. Os outros bens desta vida, tanto menos se deveriam chorar quanto mais os choramos; e tanto mais se deveriam chorar quanto menos os choramos. Mas Vós amastes a verdade, e quem a pratica alcança a luz. Quero também praticá-la no meu coração, confessando-me a Vós, e, nos meus escritos, a um grande número de testemunhas.

2. Deus tudo penetra

Para Vós, Senhor, a cujos olhos está patente o abismo da consciência humana, que haveria em mim oculto, ainda que vo-lo não quisesse confessar? Poder-vos-ia ocultar-me a mim mesmo, mas não poderia esconder-me de Vós. Agora que os meus gemidos são testemunhas de que me desagrado, Vós me iluminais, me agradais e eu de tal modo vos amo e desejo, que já me envergonho de mim. Desprezo-me e escolho-vos. Só por vosso amor desejo agradar-vos a Vós e a mim.

1. A filosofia de Santo Agostinho sintetiza-se na expressão: "Que me conheça a mim, que te conheça a ti, Deus" (*Solilóquios*, liv. II, cap. 1).

Senhor, me conheceis tal como sou. Já vos disse com que fruto me vou confessando a Vós. Não vos faço esta confissão com palavras e vozes da carne, mas com palavras da alma e gritos do pensamento, que vossos ouvidos já conhecem. Quando sou mau, o confessar-me a Vós é o mesmo que desagradar-me a mim próprio; porém, quando sou bom, o confessar-me a Vós só significa que não atribuo nada a mim, porque abençoais, Senhor, o justo e o justificais. Assim, ó meu Deus, a *confissão* que faço na vossa presença é e não é em silêncio. É em silêncio quanto às palavras; mas é em clamor quanto aos afetos. Nenhuma verdade digo aos homens que Vós já antes não me tenhais ouvido. Nem me ouvis nada que já antes não me tivésseis dito.

3. Confessar-me aos homens?!

Que tenho eu a ver com os homens, para que me ouçam as *Confissões*, como se houvessem de me curar das minhas enfermidades? Que gente curiosa para conhecer a vida alheia e que indolente para corrigir a própria. Por que pretendem que lhes declare quem sou, se não desejam também ouvir de Vós quem eles são? Ouvindo-me falar de mim, como hão de saber que lhes declaro a verdade, se ninguém sabe o que se passa num homem, a não ser o espírito que nele habita? Se, porém, vos ouvem falar a seu respeito, não poderão dizer: "Nosso Senhor mente". Com efeito, o ouvirem-vos falar a seu respeito equivale a conhecerem-se a si mesmos! E quem há que, conhecendo-se, diga sem mentir: "é falso"? A caridade tudo crê[2], sobretudo entre os que ela unifica, ligando-os entre si. Por isso também eu, Senhor, me confesso a Vós, para que os homens, a quem não posso provar que falo verdade, me ouçam. Mas aqueles a quem a caridade abre em meu proveito os ouvidos acreditam em mim.

Vós, que sois o Médico do meu interior, esclarecei-me sobre o fruto com que faço esta confissão. Na verdade *as confissões* dos meus males passados – que perdoastes e esquecestes para

---

2. 1Cor 13,7.

me tornardes feliz em Vós, transformando-me a alma com a fé e com o vosso sacramento – quando se leem ou ouvem, despertam o coração para que não durma no desespero nem diga: "não posso". Despertam-na para que vigie no amor da vossa misericórdia e na doçura da vossa graça, com a qual se torna poderoso o fraco que, por ela, toma consciência da sua fraqueza. Consolam-se, além disso, os bons ao ouvirem os males passados daqueles que já não sofrem. Deleitam-se não por serem males, mas porque o foram e agora não o são.

Ó Senhor meu – a quem a minha consciência quotidianamente se confessa, mais confiada na esperança da vossa misericórdia do que na sua inocência – mostrai-me, eu vo-lo peço, que proveito, sim, que proveito haverá em confessar, neste livro, também aos homens, diante de Vós, não quem fui, mas quem sou? Já vi e recordei o fruto que daí se tira. Há muitos, porém, que desejam saber quem eu sou no momento atual em que escrevo as *Confissões*. Desses, uns conhecem-me, outros não; ou, simplesmente ouviram de mim ou de outros, a meu respeito, alguma coisa. Mas os seus ouvidos não me auscultam o coração, onde eu sou o que sou. Querem, pois, ouvir-me confessar quem sou no interior, para onde não podem lançar o olhar, o ouvido ou a mente. Querem-no contudo, dispostos a acreditar. Poder-me-ão conhecer? A caridade, porém, que os torna justos, diz-lhes que eu, ao confessar-me, não minto. É ela quem os faz acreditar em mim.

4. O fruto das *Confissões*

Querem ouvir-me; mas com que fruto? Desejarão congratular-se comigo, ouvindo quanto a vossa graça me aproximou de Vós? Desejarão orar por mim, sabendo quanto o peso dos meus pecados me faz atrasar (na virtude)? Bem, mostrar-lhes-ei quem sou. Já não é pequeno fruto, Senhor meu Deus, que muitos vos rendam graças por mim e que numerosas pessoas vos implorem em meu favor. Oxalá que o coração dos meus irmãos ame, em mim, o que ensinais a amar e igualmente aborreça o que ensinais a aborrecer!

Que isto brote de um coração fraterno, não de um coração estranho, nem de filhos espúrios "cuja boca falou vaidade e cuja direita é mão de iniquidade"[3]. Faça isto um coração fraterno que se alegre comigo quando me aprova e se entristeça quando me desaprova, porque igualmente me ama quer me aprove quer me desaprove. A estes é que me revelarei: *respirem* eles nas minhas ações boas, e *suspirem nas más.* As ações boas são obras e dons vossos; as más são delito meu e juízos vossos. Respirem nas ações boas e suspirem nas más. Subam à vossa presença hinos e lágrimas destes corações fraternos que são os vossos turíbulos.

Vós, Senhor, deleitado com os perfumes do vosso santo templo, "tende piedade de mim, segundo a vossa grande misericórdia", por causa do vosso nome. Se nunca abandonais as obras começadas, aperfeiçoai o que em mim há incompleto.

O fruto das minhas *Confissões* é ver não o que fui, mas o que sou. Confesso-vos isto, com íntima exultação e temor, com secreta tristeza e esperança, não só diante de Vós, mas também diante de todos os que creem em Vós; dos que participam da mesma alegria e, como eu, estão sujeitos à morte; dos que são meus concidadãos e peregrinam neste mundo; e enfim, diante dos que me precedem, me seguem ou me acompanham no caminho da vida. Estes são os vossos servos, os meus irmãos, aos quais constituístes vossos filhos e meus senhores. A eles me mandastes servir, se quisesse viver de Vós e convosco.

Mas esta ordem dir-me-ia pouco se o vosso Filho, antes de me preceituar com palavras, não fosse à frente com obras. Eu cumpro-a com fatos e palavras. Faço-o ao abrigo das vossas asas; porque o perigo seria grande se, debaixo das vossas asas, a minha alma não vos estivesse sujeita e a minha fraqueza não vos fosse conhecida. Sou uma criancinha, mas meu Pai vive sempre e é para mim o tutor idôneo. Foi ele quem me gerou e é ele quem me protege. Vós sois todo o meu bem, Vós, onipotente, que estais comigo, mesmo antes de eu estar convosco. Revelarei, pois, àqueles a quem me mandais servir, não o que fui, mas o que já

3. Sl 143,7.

sou e o que ainda sou. Mas não me julgo a mim mesmo. Seja, pois, escutado assim.

5. A ignorância humana

Vós, Senhor, podeis julgar-me porque ninguém conhece o que se passa num homem, senão o seu espírito que nele reside. Há, porém, coisas no homem que nem sequer o espírito que nele habita conhece. Mas Vós, Senhor, que o criastes, sabeis todas as suas coisas. Eu, ainda que diante de Vós me despreze e me tenha em conta de terra e cinza, sei de Vós algumas coisas que não conheço de mim. "Nós agora vemos como por um espelho, em enigma e não ainda face a face"[4]. Por isso, enquanto peregrino longe de Vós, estou mais presente a mim do que a Vós. Sei que em nada podeis ser prejudicado, mas ignoro a que tentações posso ou não posso resistir. Todavia, tenho esperança, porque sois fiel e não permitis que sejamos tentados acima das próprias forças. Com a tentação, dai-nos também os meios para a podermos suportar.

Confessarei, pois, o que sei de mim, e confessarei também o que de mim ignoro, pois o que sei de mim, só o sei porque Vós me iluminais; e o que ignoro, ignorá-lo-ei somente enquanto as minhas trevas não se transformarem em meio-dia, na vossa presença.

6. Quem é Deus?[5]

A minha consciência, Senhor, não duvida, antes tem a certeza de que vos amo. Feristes-me o coração com a vossa palavra e amei-vos. O céu, a terra e tudo o que neles existe, dizem-me por toda a parte que vos ame. Não cessam de o repetir a todos os ho-

---

4. 1Cor 13,12.

5. Este capítulo é dos mais célebres das *Confissões.* Nele se exemplifica um dos processos literários favoritos do Hiponense: Interrogar os seres sob o aspecto estético em ordem a um fim metafísico: "Quem é Deus?" Perguntei-o à terra e disse-me: "Eu não sou".

mens, para que sejam inescusáveis. Compadecer-vos-eis mais profundamente daquele de quem já vos compadecestes, e concedereis misericórdia àquele para quem já fostes misericordioso. De outro modo, o céu e a terra só a surdos cantariam os vossos louvores.

Que amo eu, quando vos amo? Não amo a formosura corporal, nem a glória temporal, nem a claridade da luz, tão amiga destes meus olhos, nem as doces melodias das canções de todo o gênero, nem o suave cheiro das flores, dos perfumes ou dos aromas, nem o maná ou o mel, nem os membros tão flexíveis aos abraços da carne. Nada disto amo, quando amo meu Deus. E, contudo, amo uma luz, uma voz, um perfume, um alimento e um abraço, quando amo meu Deus, luz, voz, perfume e abraço do homem interior, onde brilha para a minha alma uma luz que nenhum espaço contém, onde ressoa uma voz que o tempo não arrebata, onde se exala um perfume que o vento não esparge, onde se saboreia uma comida que a sofreguidão não diminui, onde se sente um contacto que a saciedade não desfaz. Eis o que amo, quando amo meu Deus.

Quem é Deus?

Perguntei-o à terra e disse-me: "Eu não sou". E tudo o que nela existe respondeu-me o mesmo. Interroguei o mar, os abismos e os répteis animados e vivos e responderam-me: "Não somos o teu Deus; busca-o acima de nós". Perguntei aos ventos que sopram; e o ar, com os seus habitantes, respondeu-me: "Anaxímenes[6] está enganado; eu não sou o teu Deus". Interroguei o céu, o sol, a lua, as estrelas e disseram-me: "Nós também não somos o Deus que procuras". Disse a todos os seres que me rodeiam as

6. Filósofo do século VI antes de Cristo. Era natural de Mileto, na Jônia, província da Ásia Menor. Supunha ele que a matéria era dotada essencialmente de vida. Por isso, não admitia um ser supremo que estivesse para além do mundo. Vendo a evolução constante a que estavam sujeitos os seres, procurou indagar qual o princípio que presidia a estas transformações. Notando que o ar restaurava, pela respiração, a vida animal, e que o espírito, na hora derradeira, era exalado como um sopro, escolheu o ar como princípio de tudo. Do ar vivo e infinito, por dilatações e contrações, provinham todos os seres. A água era para Anaxímenes, o ar condensado; e o fogo era o ar rarefeito. Anaxímenes, Tales, Anaximandro, Empédocles e Anaxágoras constituem, na História da Filosofia Grega, a Escola Jônica.

portas da carne: "Já que não sois meu Deus, falai-me de meu Deus, dizei-me ao menos alguma coisa dele". E exclamaram com alarido: "Foi Ele quem nos criou"[7].

A minha pergunta consistia em contemplá-las; a sua resposta era a sua beleza.

Dirigi-me, então, a mim mesmo, e perguntei-me: "E tu quem és"? "Um homem", respondi. Servem-me um corpo e uma alma; o primeiro é exterior, a outra interior. Destas duas substâncias, a qual deveria eu perguntar quem é o meu Deus, que já tinha procurado com o corpo, desde a terra ao céu, até onde pude enviar, como mensageiros, os raios dos meus olhos? À parte interior, que é a melhor. Na verdade, a ela é que os mensageiros do corpo remetiam como a um presidente ou juiz as respostas do céu, da terra e de todas as coisas que neles existem, que diziam: "Não somos Deus; mas foi Ele quem nos criou". O homem *interior* conheceu esta verdade pelo ministério do homem *exterior.* Ora eu, homem interior - alma - eu conheci-a também pelos sentidos do corpo. Perguntei pelo meu Deus à massa do universo, e respondeu-me: "Não sou eu; mas foi Ele que me criou".

Mas, não se manifesta esta beleza a todos os que possuem sentidos perfeitos? Por que não fala a todos do mesmo modo? Os animais, pequenos ou grandes, veem a beleza, mas não a podem interrogar. Não lhes foi dada a razão - juiz que julga o que os sentidos lhe anunciam. Os homens, pelo contrário, podem interrogá-la, para verem as perfeições invisíveis de Deus, considerando-as nas obras criadas. Submetem-se, todavia, a estas pelo amor, e assim já não as podem julgar. Nem a todos os que as interrogam respondem as criaturas, mas só aos que as julgam. Não mudam a voz, isto é, a beleza, se um a vê simplesmente, enquanto outro a vê e a interroga. Não aparecem a um de uma maneira e a outro de outra... Mas aparecendo a ambos do mesmo modo, para um é muda e para outro fala. Ou antes, fala a todos, mas somente a entendem aqueles que comparam a voz vinda de *fora* com a verdade *interior.*

---

7. Sl 99,3.

Ora, a verdade diz-me: "O teu Deus não é o céu, nem a terra, nem corpo algum". E a natureza deles exclama: "repara que a matéria é menor na parte que no todo". Por isso, te digo, ó minha alma, que és superior ao corpo, porque vivificas a matéria do teu corpo, dando-lhe vida, o que nenhum corpo pode fazer a outro corpo. Além disso, teu Deus é também para ti vida da tua vida.

7. Ultrapassando a força corpórea...

Que amo então quando amo meu Deus? Quem é Aquele que está no cimo da minha alma? Pela minha própria alma hei de subir até Ele. Ultrapassarei a força com que me prende ao corpo e com que encho de vida o meu organismo. Mas não é com essa vida que encontro meu Deus, porque (nesse caso) também "o cavalo e a mula que não têm inteligência"[8] o encontrariam, pois possuem essa mesma força que lhes vivifica os corpos.

Há, portanto, outra força que não só vivifica, mas também sensibiliza a carne que o Senhor me criou, mandando aos olhos que não ouçam e ao ouvido que não veja, mas aos primeiros que vejam e a este que ouça e a cada um dos restantes sentidos o que é próprio dos seus lugares e ofícios. É por eles que eu – espírito uno – realizo as diversas funções. (Na minha investigação) ultrapassarei ainda esta força que igualmente o cavalo e a mula possuem, visto que também sentem por meio do corpo.

8. O palácio da memória

Transporei, então, estas forças da minha natureza, subindo por degraus até àquele que me criou.

Chego aos campos e vastos palácios da memória onde estão tesouros de inumeráveis imagens trazidas por percepções

---

8. Sl 31,9

de toda a espécie. Aí está também escondido tudo o que pensamos, quer aumentando quer diminuindo ou até variando de qualquer modo os objetos que os sentidos atingiram. Enfim, jaz aí tudo o que se lhes entregou e depôs, se é que o esquecimento ainda não absorveu e sepultou.

Quando lá entro, mando comparecer diante de mim todas as imagens que quero. Umas apresentam-se imediatamente, outras fazem-me esperar por mais tempo, até serem extraídas, por assim dizer, de certos receptáculos ainda mais recônditos. Outras irrompem aos turbilhões e, enquanto se pede e se procura uma outra, saltam para o meio como que a dizerem: "Não seremos nós?" Eu então, com a mão do espírito, afasto-as do rosto da memória, até que se desanuvie o que quero e do seu esconderijo a imagem apareça à vista. Outras imagens ocorrem-me com facilidade e em série ordenada, à medida que as chamo. Então as precedentes cedem o lugar às seguintes e, ao cedê-lo, escondem-se para de novo avançarem, quando eu quiser. É o que acontece, quando de memória digo alguma coisa.

Lá se conservam distintas e classificadas todas as sensações que entram isoladamente pela sua porta. Por exemplo, a luz, as cores e as formas dos corpos penetram pelos olhos; todas as espécies de sons, pelos ouvidos; todos os cheiros, pelo nariz; todos os sabores, pela boca. Enfim, pelo tato entra tudo o que é duro, mole, quente, frio, brando ou áspero, pesado ou leve, tanto extrínseco como intrínseco ao corpo.

O grande receptáculo da memória - sinuosidades secretas e inefáveis, onde tudo entra pelas portas respectivas e se aloja sem confusão - recebe todas estas impressões, para as recordar e revistar quando for necessário. Todavia, não são os próprios objetos que entram, mas as suas imagens: imagens das coisas sensíveis sempre prestes a oferecer-se ao pensamento que as recorda.

Quem poderá explicar o modo como elas se formaram, apesar de se conhecer por que sentidos foram recolhidas e escondidas no interior? Pois mesmo quando me encontro em trevas e silêncio, posso representar na memória, se quiser, as cores e distinguir o branco do preto e todas as mais entre si. Os sons não invadem nem perturbam as imagens que aí se encontrarem. Estão como que escondidos e retirados. Se me apetece chamá-los, imediatamente se apresentam. Então, estando a língua em repouso e a garganta em silêncio, canto o que me apraz. Aquelas imagens das cores, que não obstante lá continuam, não se interpõem nem me interrompem quando manejo este outro tesouro que entrou pelos ouvidos.

Do mesmo modo, conforme me agrada, recordo as restantes percepções que foram reunidas e acumuladas pelos outros sentidos. Assim sem cheirar nada, distingo o perfume dos lírios do das violetas, ou então, sem provar nem apalpar, apenas pela lembrança, prefiro o mel ao arrobe e o macio ao áspero.

Tudo isto realizo no imenso palácio da memória. Aí estão presentes o céu, a terra e o mar com todos os pormenores que neles pude perceber pelos sentidos, exceto os que já esqueci. É lá que me encontro a mim mesmo, se recordo as ações que fiz, o seu tempo, lugar e até os sentimentos que me dominavam ao praticá-las. É lá que estão também todos os conhecimentos que recordo, aprendidos ou pela experiência própria ou pela crença no testemunho de outrem.

Deste conjunto de ideias tiro analogias de coisas por mim experimentadas ou em que acreditei apoiado em experiências anteriores. Teço umas e outras com as passadas. Medito as ações futuras, os acontecimentos, as esperanças. Reflito em tudo, como se me estivesse presente. "Farei isto e aquilo" – digo no meu interior, nesse seio imenso do espírito, repleto de imagens de tantas e tão grandes coisas. Tiro esta ou aquela conclusão: "Oh! se sucedesse tal e tal acontecimento! Afaste Deus esta ou aquela calamidade!"

Eis o que exclamo dentro de mim. Ao dizer isto, tenho presentes as imagens de tudo o que exprimo, hauridas do tesouro da memória, pois, se faltassem, absolutamente nada disto poderia dizer.

É grande esta força da memória, imensamente grande, grande, ó meu Deus. É um santuário infinitamente amplo. Quem pode sondá-lo até ao profundo? Ora esta potência é própria do meu espírito e pertence à minha natureza. Não chego, porém, a apreender todo o meu ser. Será porque o espírito é demasiado estreito para se conter a si mesmo? Então onde está o que de si mesmo não encerra? Estará fora e não dentro dele? Mas como é que não o contém?

Este ponto faz brotar em mim uma admiração sem limites que me subjuga.

Os homens vão admirar os píncaros dos montes, as ondas alterosas, as largas correntes dos rios, a amplidão do Oceano, as órbitas dos astros: mas não pensam em si mesmos! Não se admiram de eu ter falado (agora) de todas estas coisas num tempo em que não as via com os olhos! Ora, não poderia falar delas se, dentro da minha memória, nos espaços tão vastos como se fora de mim os visse, não observasse os montes, as ondas, os rios, os astros que contemplei e o Oceano em que acredito por testemunho alheio[9]. Mas, ao presenciá-lo com os olhos, não os absorvi com a vista: residem em mim, não os próprios objetos mas as suas imagens. Conheço com que sentido do corpo me foi impressa cada imagem.

9. A memória intelectual

Não é só isto o que a capacidade imensa da minha memória encerra. Também lá se encontra tudo o que não esqueci, aprendido nas artes liberais.

Estes conhecimentos serão como que retirados num lugar mais íntimo, que não é lugar. Ora, eu não trago comigo as suas imagens, mas as próprias realidades. As noções de literatura, de dialética, as diferentes espécies de questões e todos os conhecimentos que tenho a este respeito existem também na minha me-

9. O oceano era para os antigos romanos o mar que cercava toda a terra. Era particularmente o Atlântico que recebia este nome. Cícero, por exemplo, no *Sonho de Cipião:* "a terra está rodeada daquele mar que se chama Atlântico, o Grande, o Oceano...". Santo Agostinho apenas sulcou as ondas do Mediterrâneo e Mar Tirreno, onde não há marés.

mória, mas de tal modo que, *se não retivesse a imagem, deixaria fora o objeto*[10]. Neste caso sucederia como à voz que ressoa e logo passa, deixando nos ouvidos a impressão de um rasto que no-la faz recordar, como se continuasse a ressoar quando na realidade já não ressoa. Sucederia como ao perfume que, ao passar e desvanecer-se nos ares, afeta o olfato, donde transmite para a memória a sua imagem que se reproduz com a lembrança; como ao alimento que no estômago perde o sabor, mas parece conservá-lo na memória; finalmente como acontece a qualquer objeto que o corpo sente pelo tato e que a memória imagina, mesmo quando afastado de nós.

De fato, todas estas realidades não nos penetram na memória. Só as suas imagens é que são recolhidas com espantosa rapidez e dispostas, por assim dizer, em células admiráveis, donde admiravelmente são tiradas pela lembrança.

10. A memória e os sentidos

Quando ouço dizer que há três espécies de questões, a saber: "se uma coisa *existe* (*an sit*)? qual a sua *natureza* (*quid sit*)? e qual a sua *qualidade* (*quale sit*)!", retenho as imagens dos sons de que se formaram estas palavras, e vejo que eles passaram com ruído através do ar e já não existem. Não foi por nenhum dos sentidos do corpo que atingi essas coisas significadas nestes sons, nem as vi em parte nenhuma a não ser no meu espírito. Escondi na memória não as suas imagens, mas os próprios objetos.

Que digam, se podem, por onde entraram em mim. Percorrendo todas as portas do corpo não consigo saber por qual entraram. Os olhos dizem: "se eram coloridas, fomos nós que anunciamos". Replicam os ouvidos: "se ressoaram, foram por nós comunicadas". Declara o olfato: – "se tinham cheiro, passaram por mim". Afirma ainda o sentido do gosto: "se não tinham

10. Distingue Santo Agostinho entre ciência e imagens de objetos. A ciência está em nós sem imagens, e os objetos estão em nós pelas suas imagens.

sabor, nada me perguntes". E o tato: "se não eram sensíveis, não as apalpei; e se não as apalpei, não as pude indicar".

Donde e por que parte me entraram na memória? Ignoro-o, porque quando as aprendi não acreditei, nelas fiado num parecer alheio, mas reconheci-as existentes em mim admitindo-as como verdadeiras. Entreguei-as ao meu espírito, como quem as deposita para depois as tirar quando quiser. Estavam lá, portanto, mesmo antes de as aprender, mas não estavam na minha memória. Onde estavam então? Por que as conheci, quando disse: "Sim, é verdade", senão porque já existiam na minha memória? Mas tão retiradas e escondidas em concavidades secretíssimas estavam, que não poderia talvez pensar nelas, se dali não fossem arrancadas por alguém que me advertisse.

11. A memória e as ideias inatas

Por esta razão, aprender estas noções - de que não haurimos as imagens pelos sentidos, mas que sem imagens vemos no nosso interior tais como são em si mesmas - achamos que consiste apenas em coligir pelo pensamento aquelas coisas que a memória encerrava dispersas e desordenadas e em obrigá-las, pela força da atenção, a estarem sempre como que à mão e a apresentarem-se com facilidade ao esforço costumado do nosso espírito.

Quantas destas espécies nos traz a nossa memória as quais já antes havíamos encontrado e - como já me exprimi - as tivemos como que à mão! Nós somos de parecer que já em tempos aprendemos e conhecemos estas coisas[11]. Mas se deixar de as recordar, ainda que seja por pequeno espaço de tempo, de novo imergem e como que escapam para esconderijos mais profundos. E assim como se fossem novos, é necessário pensar segun-

11. Alusão à teoria agostiniana da reminiscência. Segundo esta, Deus, iluminando a nossa mente, deporia em nós muitos conhecimentos que viriam depois a ser utilizados pela alma, à medida que os recordasse. Santo Agostinho adotou assim em parte a teoria platônica das ideias, segundo a qual a alma, ao encarnar num corpo, trazia do outro mundo as imagens das coisas. Aprender seria, portanto, recordar o que vira noutros tempos.

da vez nesses conhecimentos existentes na memória - pois não têm outra habitação - e juntá-los (*cogenda*) novamente, para que se possam saber. Quer dizer, precisamos de os coligir (*colligenda*), subtraindo-os a uma espécie de dispersão. E daqui (*cogenda, cogo*) *é* que vem *cogitare;* pois *cogo* e *cogito* são como *ago* e *agito, facio* e *facito.* Porém a inteligência reivindicou como próprio este verbo (*cogito*), de tal maneira que só ao ato de coligir (*colligere*), isto é, ao ato de juntar (*cogere*) no espírito e não em qualquer parte, é que propriamente se chama "pensar" (*cogitare*).

12. A memória e as matemáticas

Do mesmo modo a memória contém as noções e as regras inumeráveis dos números e das dimensões. Não foram os sentidos que nos gravaram estas ideias, porque estas não têm cor, nem som, nem cheiro, nem gosto, nem são tácteis. Quando delas se fala, ouço os sons das palavras que as significam. Mas os números soam diferentemente em grego e em latim. Porém, as ideias nem são gregas nem latinas, nem de nenhuma outra língua.

Vi linhas traçadas por artistas, tão adelgaçadas como um fio de aranha. Mas estas linhas materiais são diferentes das imagens que os olhos carnais me anunciaram. Quem quer as pode conhecer e representar interiormente, sem ter necessidade de pensar num corpo. Por todos os sentidos corporais é que cheguei também ao conhecimento dos números. Mas esses números com que contamos são bem diferentes: não são as imagens dos números sensíveis. Por conseguinte, são mais reais. Ria-se de mim quem não compreender estas coisas que exponho. Eu terei compaixão de quem escarneça de mim.

13. "A memória lembra-se de se lembrar"

Conservo tudo isto na memória e, bem assim, o modo por que o aprendi. Retenho na memória as muitas disputas que ouvi, cheias de erros contra estas verdades. Ainda que falsas, não é falso lembrar-me delas. Recordo-me também de ter sabido, nessas disputas, discernir as verdades das falsidades.

Agora vejo que as distingo de um modo inteiramente diferente daquele com que as distingui tantas vezes, quando, com frequência, as considerava. Recordo-me, portanto, de muitas vezes ter compreendido isto. E o que agora entendo e distingo, conservo-o na memória para depois me lembrar que agora o entendi. Por isso lembro-me de que me lembrei. E assim, se mais tarde me lembrar que agora pude recordar estas coisas, será pela força da memória!

14. A lembrança dos afetos da alma

Encerro também na memória os afetos da minha alma, não da maneira como os sente a própria alma, quando os experimenta, mas de outra muito diferente, segundo o exige a força da memória.

Não é isto para admirar tratando-se do corpo: porque o espírito é uma coisa e o corpo é outra. Por isso se recordo, cheio de gozo, as dores passadas do corpo, não é de admirar. Porém, aqui o espírito é a memória[12]. Efetivamente, quando confiamos a alguém qualquer negócio, para que se lhe grave na memória, dizemos-lhe: "vê lá, grava-o bem no teu espírito". E quando nos esquecemos, exclamamos: "não o conservei no espírito" ou então "escapou-se-me do espírito"; portanto chamamos espírito à própria memória.

Sendo assim, por que será que, ao evocar com alegria as minhas tristezas passadas, a alma contém a alegria, e a memória a tristeza, de modo que a minha alma se regozija com a alegria que em si tem, e a memória não se entristece com a tristeza que em si possui? Será porque não faz parte da alma? Quem se atreverá a afirmá-lo?

12. Traduzimos o vocábulo *animus* ordinariamente por espírito, mas também tem o sentido de alma (*anima*) ou mente (*mens*).

Não há dúvida que a memória é como o ventre da alma. A alegria, porém, e a tristeza são o seu alimento, doce ou amargo. Quando tais emoções se confiam à memória, podem ali encerrar-se depois de terem passado, por assim dizer, para esse estômago; mas não podem ter sabor. É ridículo considerar estas coisas como idênticas. Contudo, também não são inteiramente dissemelhantes.

Reparai que me apoio na memória quando afirmo que são quatro as *perturbações* da alma: o desejo, a alegria, o medo e a tristeza[13]. Qualquer que seja o raciocínio que possa fazer, dividindo cada uma delas pelas espécies dos seus gêneros e definindo-as, aí encontro que dizer e declaro-o depois. Mas não me altero com nenhuma daquelas perturbações, quando as relembro com a memória. Ainda antes de eu as recordar e revolver, já lá estavam. Por isso consegui, mediante a lembrança, arrancá-las dali.

Assim como a comida, graças à ruminação, sai do estômago, assim também elas saem da memória, devido à lembrança. Então por que é que o disputador, ou aquele que se vai recordando, não sente, na boca do pensamento, a doçura da alegria, nem a amargura da tristeza? Porventura nisto é *dissemelhante* o que não é semelhante em todos os seus aspectos?

Quem de nós falaria voluntariamente da tristeza e do temor se fôssemos obrigados a entristecer-nos e a temer, sempre que falamos de tristeza ou temor? Contudo, não os traríamos à conversa se não encontrássemos na nossa memória, não só os sons destas palavras, conforme as imagens gravadas em nós pelos sentimentos corporais, mas também a noção desses mesmos sentimentos. As noções não as alcançamos por nenhuma porta da carne, mas foi o espírito que, pela experiência das próprias emoções, as sentiu e confiou à memória; ou então foi a própria memória que as reteve sem que ninguém as entregasse a ela.

13. Estas perturbações são o que a psicologia chama paixões fundamentais. Cícero também as denomina perturbações (*Tusculanas*, IV, 6).

15. A memória das coisas ausentes

Quem poderá facilmente explicar se esta recordação se produz por meio de imagens ou não? Pronuncio o nome, por exemplo, de "pedra", ou de "sol", quando tais objetos não me estão presentes aos sentidos. É claro que as suas imagens me estão presentes na memória. Evoco a dor corporal: se nada me dói, não a posso ter presente. Contudo, se a sua imagem não me estivesse presente na memória, eu não sabia o que dizia e, ao raciocinar, não a distinguiria do prazer. Profiro o nome de "saúde" corporal, quando estou bem de saúde. Aqui já tenho presente o próprio objeto. Porém, se a sua imagem não residisse na minha memória, de modo nenhum poderia recordar a significação que tem o som desta palavra. Os doentes, ao ouvirem o nome "saúde", não saberiam de que se tratava, se a força da memória não lhes conservasse a própria imagem, embora a realidade esteja longe do corpo.

Pronuncio os nomes dos números por que contamos. Ficam-me presentes na memória, não as suas imagens, mas os próprios números. Evoco a imagem do sol e logo se me apresenta na memória. Neste caso, eu não recordo a imagem de uma imagem, mas a própria imagem. É ela que se me apresenta quando a relembro. Nomeio a palavra "memória" e reconheço o que nomeio. Onde o reconheço senão na própria memória? Mas então está ela presente a si mesma, pela sua imagem, e não por si própria?

16. A memória lembra-se do esquecimento

E mesmo quando falo no esquecimento e conheço o que pronuncio, como poderia reconhecê-lo, se dele não me lembrasse? Não falo do som desta palavra, mas do objeto que exprime. Se o esquecesse, não me poderia lembrar do que esse som significava. Ora, quando me lembro da memória, esta fica presente a si, por si mesma. Quando me lembro do esquecimento, estão ao mesmo tempo presentes o esquecimento e a memória: a memória que faz com que me recorde, e o esquecimento que lembro.

Que é o esquecimento senão a privação da memória? E como é, então, que o esquecimento pode ser objeto da memória se, quando está presente, não me posso recordar? Se nós retemos na memória aquilo de que nos lembramos, e se nos é impossível, ao ouvir a palavra *esquecimento*, compreender o que ela significa, a não ser que dele nos lembremos, conclui-se que a memória retém o esquecimento. A presença do esquecimento faz com que não o esqueçamos; mas quando está presente, esquecemo-nos. Não se deverá concluir que o esquecimento, quando o recordamos, está presente na memória, não por si mesmo, mas por uma imagem sua? De fato, se ele estivesse presente por si mesmo, faria com que não o lembrássemos, mas o esquecêssemos.

Quem poderá penetrar, quem poderá compreender o modo como isto se realiza? Eu, Senhor, cogito este problema, trabalho em mim mesmo e me transformei numa terra de dificuldades e de suor copioso. Agora já não escalo as regiões do firmamento; não meço as distâncias dos astros; não procuro as leis do equilíbrio da terra; sou eu que me lembro, eu, o meu espírito. Não é de admirar que esteja longe de mim tudo o que não sou eu. Todavia, que há mais perto de mim do que eu mesmo?

Oh! nem sequer chego a compreender a força da minha memória, sem a qual não poderia pronunciar o meu próprio nome! Que direi eu, pois, quando tenho a certeza de que me lembro do esquecimento? Poderei afirmar que não existe na minha memória aquilo de que não me lembro? Ou então, que o esquecimento está na minha memória, para que não o esqueça?

Ambas estas hipóteses são, em extremo, absurdas. Vejamos, pois, a terceira que antes insinuei. Com que fundamento posso alvitrar que é a imagem do esquecimento, e não o próprio esquecimento, que está gravado na memória, quando dele me lembro? Como poderei afirmar tal hipótese, se, quando a imagem de qualquer objeto se nos imprime na memória, é preciso que primeiro o próprio objeto nos esteja presente, para que nos possa ser gravada a imagem? E assim que relembro Cartago, todos os lugares em que estive, os rostos das pessoas que vi, todos os objetos anunciados pelos outros sentidos e, do mesmo modo, a saúde e as dores do próprio corpo. Quando a memória tinha estas coisas presentes, tomou-lhes as imagens, para eu, depois, as poder contemplar e repassar no espírito, ao recordá-las quando ausentes.

Se, pois, é pela imagem, e não por si mesmo, que o esquecimento se enraíza na memória, foi preciso que se achasse presente para que a memória pudesse captar a imagem. Como pôde o esquecimento, quando estava presente, gravar a sua imagem na memória, se ele, com a sua presença, apaga tudo o que lá encontra impresso? Enfim, seja como for, apesar de ser inexplicável e incompreensível o modo como se realiza este fato, estou certo *de que me lembro do esquecimento,* que nos varre da memória tudo aquilo de que nos lembramos.

17. Da memória a Deus

Grande é a potência da memória, ó meu Deus! Tem não sei quê de horrendo, uma multiplicidade profunda e infinita. Mas isto é o espírito, sou eu mesmo. E que sou eu, ó meu Deus? Qual é a minha natureza? Uma vida variada de inumeráveis formas com amplidão imensa.

Eis-me nos campos da minha memória, nos seus antros e cavernas sem número, repletas, ao infinito, de toda a espécie de coisas que lá estão gravadas, ou por imagens, como os corpos, ou por si mesmas, com as ciências e as artes, ou então por não sei que noções e sinais, como os movimentos da alma, os quais, ainda quando não a agitam, se enraízam na memória, posto que esteja na memória tudo o que está na alma. Percorro todas estas paragens. Vou por aqui e por ali. Penetro por toda a parte quanto posso, sem achar fim. Tão grande é a potência da memória e tal o vigor da vida que reside no homem vivente e mortal!

Que farei, ó meu Deus, ó minha verdadeira Vida? Transporei esta potência que se chama memória. Traspô-la-ei para chegar até Vós, ó minha doce Luz? Que me dizeis? Subindo em espírito, até Vós, que morais lá no alto, acima de mim, transporei esta potência que se chama memória. Quero alcançar-vos por onde podeis ser atingido, e prender-me a Vós por onde for possível. Os animais e as aves têm também memória. De outro modo não poderiam regressar aos covis e ninhos, nem fariam muitas outras coisas a que estão acostumados. Sem a memória não poderiam contrair hábito nenhum.

Passarei, pois, além da memória, para poder atingir Aquele que me distinguiu dos animais e me fez mais sábio que as aves do céu. Passarei, então, para além da memória, para vos encontrar. Mas onde, ó Bondade verdadeira e suavidade segura? Para Vos encontrar, mas onde? Se vos encontro sem a memória, estou esquecido de Vós. E como vos hei de lá encontrar se não me lembro de Vós?

18. A lembrança do objeto perdido

A mulher que perdera a dracma[14] e a procurou com a lanterna não a teria encontrado se dela não se lembrasse. Tendo-a depois achado, como saberia se era aquela, se dela não se recordasse já? Lembro-me de ter procurado muitos objetos perdidos, e de os ter encontrado. Sei porque, se ao procurar algum desses objetos me perguntavam: "É este? Não será talvez aquele?" respondia sempre: "Não é" até aparecer o que buscava.

Se já não me recordasse desse objeto, fosse ele qual fosse, poderiam apresentá-lo a mim que eu não o descobriria por não o poder reconhecer. É sempre o que sucede quando procuramos e encontramos alguma coisa perdida. Se, por acaso, um objeto – por exemplo, um corpo qualquer visível – nos desaparece dos olhos e não da memória, conservamos a sua imagem lá dentro e o procuramos, até se nos oferecer à vista. Quando for encontrado, o reconhecemos pela imagem que ficara dentro.

Não dizemos ter achado uma coisa que se perdera, se não a conhecemos, nem a podemos conhecer, se dela não nos lem-

14. Cf. Lc 15,8.

bramos. Esse objeto desaparecera para os olhos, mas a memória o conservara[15].

19. O que é a reminiscência?

Quando a própria memória perde qualquer lembrança, como sucede quando nos esquecemos e procuramos lembrar-nos, onde é que, afinal, a procuramos, senão na própria memória? E se esta casualmente nos apresenta uma coisa por outra, repelimo-la, até nos ocorrer o que buscamos. Apenas nos ocorre, exclamamos: "É isto!" Ora, não soltaríamos tal exclamação se não conhecêssemos esse objeto, nem o reconheceríamos, se dele nos não lembrássemos. É certo, portanto, que o tínhamos esquecido. Poder-se-ia também dizer que esse objeto não fugira totalmente, mas que nós, por meio da parte que nos ficou impressa, procurávamos a outra? Com efeito, a memória sentia que já não podia revolver em conjunto o que conjuntamente costumava e, truncada no seu hábito e a coxear, exigia a entrega da parte que lhe faltava.

O mesmo sucede quando uma pessoa conhecida se nos depara à vista ou ao pensamento e, esquecidos do seu nome, o procuramos. Ao ocorrer-nos outro nome, não o ligamos (a tal pessoa), porque nunca nos acostumamos a associá-los no nosso pensamento. Por isso afastamos esse nome até se nos apresentar aquele que simultânea e perfeitamente concorde com o conhecimento habitual.

Donde nos vem esse nome senão da própria memória? Supondo que o conhecemos por advertência de outra pessoa, ainda é da memória que nos vem, porque não o reconhecemos como um novo conhecimento, senão que, recordando-o, aprovamos ser esse o nome que nos disseram. Se se apagou completamente do espírito, não nos lembramos dele, ainda que nos avisem. Mas aquilo de que nos lembramos ter esquecido, ainda não

---

15. A memória sensitiva conserva a imagem do objeto perdido e a memória intelectual guarda a sua ideia.

o esquecemos inteiramente. Por isso, não podemos procurar um objeto perdido, se dele nos esquecemos totalmente.

20. Como procurar a felicidade

Então, como vos hei de procurar, Senhor? Quando vos procuro, meu Deus, busco a vida eterna. Procurar-vos-ei, para que a minha alma viva. O meu corpo vive da minha alma e esta vive de Vós.

Como procurar então a vida feliz? Não a alcançarei enquanto não exclamar: "Basta, ei-la". Mas onde poderei dizer estas palavras? Como procurar essa felicidade? Como? Pela lembrança, como se a tivesse esquecido, e como se agora me recordasse que a esqueci? Pelo desejo de travar conhecimento com uma vida, para mim incógnita, ou porque nunca a cheguei a conhecer, ou porque já a esqueci tão completamente, que nem sequer me lembro de a ter esquecido? Então, não é feliz aquela vida que todos desejam, sem haver absolutamente ninguém que não a queira? Onde a conheceram para assim a desejarem? Onde a viram para a amarem? Que a possuímos, é certo. Agora, o modo, é que eu não sei.

Há uma maneira diferente de ser feliz, quando cada um possui a felicidade em concreto. Há quem seja feliz simplesmente em esperança. Estes possuem a felicidade de um modo inferior ao daqueles que já são realmente felizes. Mas, ainda assim, estão muito melhor que aqueles que não têm nem a felicidade, nem a sua esperança. Mesmo antes devem experimentá-la de qualquer modo, porque no caso contrário não desejariam ser felizes. Ora, é absolutamente certo que eles o querem ser.

Não sei como conheceram a felicidade, nem por que noção a apreenderam. O que me preocupa é saber se essa noção habita na memória. Se lá existe, é sinal de que alguma vez já fomos felizes. Eu agora não procuro indagar se fomos todos felizes individualmente, ou se o fomos somente naquele homem que primeiro pecou, em quem todos morremos, e nascemos na infelicidade.

O que quero saber é se a vida feliz reside ou não na memória. Se não a conhecêssemos, não a podíamos amar.

Mal ouvimos este nome "felicidade", imediatamente temos de confessar que é isso mesmo o que apetecemos; não nos deleitamos simplesmente com o som da palavra. Quando um grego ouve pronunciar esse vocábulo em latim, não se deleita, porque ignora o sentido. Mas nós nos deleitamos; e ele também se deleita, se ouve em grego, porque a felicidade real não é grega nem latina, mas os gregos, os latinos e os homens de todas as línguas têm um desejo ardente de a alcançar. E assim, se fosse possível perguntar-lhes a uma só voz se "queriam ser felizes", todos, sem hesitação, responderiam que sim. O que não aconteceria se a memória não conservasse a própria realidade, significada nessa palavra.

21. A lembrança da felicidade

Quem recorda esta felicidade, recordá-la-á como à cidade de Cartago quem a viu? Não, a felicidade não é um corpo e por isso não se vê com os olhos.

Lembramo-la, então, como quem lembra números? Não, porque a estes, quem já os conhece, não os procura *adquirir*. Ora, nós, tendo conhecimento da felicidade, amamo-la. Mais ainda: queremos *possuí-la*, para sermos felizes.

Lembramo-la, talvez, como à eloquência? Também não, porque muitos, ao ouvirem pronunciar a palavra "eloquência", recordam logo a sua realidade e desejam ser eloquentes, eles que ainda não o são, e que possuem já qualquer ideia de eloquência. Pelos sentidos corporais prestaram atenção a outros oradores. Foi por isso que se deleitaram, e agora desejam também ser eloquentes. É certo que não se deleitariam com a eloquência se não a conhecessem por qualquer noção interior, nem a quereriam alcançar, se com ela não se deleitassem. Porém, não é pelos sentidos corporais que descobrimos a vida feliz dos outros.

Recordá-la-emos, então, como a alegria? Sim, talvez. Lembro-me da alegria passada, mesmo quando estou triste e penso na felicidade, quando me encontro desolado. Nunca vi, nem ouvi, nem cheirei, nem gostei, nem apalpei a alegria com os sentidos corporais. Simplesmente a experimentei na alma, quando me alegrei.

A ideia de alegria enraizou-se-me na memória para mais tarde a poder recordar, umas vezes com enfado, outras com saudade, segundo as circunstâncias em que me lembro de ter estado alegre. Assim, por exemplo, inundei-me de gozo em ações torpes que agora, ao lembrá-las, detesto e aborreço; ou, então, alegrei-me em atos legítimos e honestos, que lembro agora com saudade. Como não os tenho já presentes, evoco com tristeza essa antiga alegria.

Onde e quando experimentei a vida feliz, para a poder recordar, amar e desejar? Não sou eu o único, nem são poucos os que a desejam. Todos, absolutamente todos, querem ser felizes. Se não conhecêssemos a vida feliz por uma noção certa, não a desejaríamos com tão firme vontade. Que significa isto?

Se perguntarmos a dois homens se querem alistar-se no exército, é possível que um responda que sim, outro que não. Porém, se lhes perguntarmos se querem ser felizes, ambos dizem logo, sem hesitação, que sim, que o desejam, porque tanto o que quer ser militar como o que não quer têm um só fim em vista: o serem felizes. Opta um por um emprego, e outro por outro. Mas ambos são unânimes em quererem ser felizes, como o seriam também se lhes perguntassem se queriam ter alegria. De fato, já chamam felicidade à alegria. Ainda que um siga por um caminho e outro por outro, esforçam-se por chegar a um só fim que é alegrarem-se. Como ninguém pode dizer que não experimentou a alegria, encontramo-la na memória e reconhecemo-la sempre que dela ouvimos falar.

22. A alegria é só em Deus

Longe de mim, Senhor, longe do coração deste vosso servo, que se confessa a Vós, o julgar-se feliz, seja com qualquer alegria. Há uma alegria que não é concedida aos ímpios mas só àqueles que desinteressadamente vos servem: essa alegria sois Vós.

A vida feliz consiste em nos alegrarmos em Vós, de Vós e por Vós. Eis a vida feliz, e não há outra. Os que julgam que existe outra, apegam-se a uma alegria que não é a verdadeira. Contudo a sua vontade jamais se afastará de alguma imagem de alegria...

23. A felicidade na verdade

Poderemos então concluir que nem todos querem ser felizes porque há alguns que não querem alegrar-se em Vós, que sois a única vida feliz? Não, todos querem uma vida feliz. Mas como a carne combate contra o espírito e o espírito contra a carne, muitos não fazem o que *querem*, mas entregam-se àquilo que *podem* fazer. Com isso se contentam porque aquilo que não *podem* realizar, não o querem com a vontade quanta é necessária para o poderem fazer.

Pergunto a todos se preferem encontrar a alegria na verdade ou na falsidade. Todos são categóricos em afirmar que a preferem na verdade, como em dizer que desejam ser felizes. A vida feliz é a alegria que provém da verdade. Tal é a que brota de Vós, ó Deus que sois a minha luz, a felicidade do meu rosto e meu Deus. Todos desejam esta vida feliz. Oh! todos querem esta vida que é a única feliz; sim, todos querem a alegria que provém da verdade.

Encontrei muitos com desejos de enganar outros, mas não encontrei ninguém que quisesse ser enganado. Onde conheceram eles esta vida feliz senão onde alcançaram o conhecimento da verdade? Amam a verdade, porque não querem ser enganados; e, ao amarem a verdade feliz, que não é mais do que a alegria oriunda da verdade, amam, com certeza, também a verdade. Não a poderiam amar se não tivessem na memória qualquer noção de verdade.

Por que não encontram nela a sua alegria? Por que não são felizes? Não são felizes, porque, entregando-se com demasiado afinco a outras ocupações que, em vez de ditosos, os tornam ainda mais desgraçados, recordam, apenas frouxamente, aquela Verdade que os pode fazer felizes. “Por enquanto ainda há uma luz entre os homens”[16]. Caminhem, caminhem depressa “para que as trevas não os surpreendam!”

Por que é que a *verdade gera o ódio?*[17] Por que é que os homens têm como inimigo aquele que prega a verdade, se amam a vida feliz que não é mais que a alegria vinda da verdade? Talvez por amarem de tal modo a verdade que todos os que amam outra coisa querem que o que amam seja verdade. Como não querem ser enganados, não se querem convencer de que estão em erro. Assim, odeiam a verdade, por causa do que amam em vez da verdade. Amam-na quando os ilumina e odeiam-na quando os repreende. Não querendo ser enganados e desejando enganar, amam-na *quando ela se manifesta e odeiam-na quando os descobre.* Porém, a verdade os castigará, denunciando todos os que não quiserem ser manifestados por ela. Mas nem por isso ela se lhes há de mostrar.

É assim, é assim, é assim também a alma humana: cega, lânguida, torpe e indecente, procura ocultar-se e não quer que nada lhe seja oculto. Em castigo, não se pode ocultar à verdade, mas esta se oculta a ela. Apesar de ser tão infeliz, antes quer encontrar a alegria nas coisas verdadeiras do que nas falsas. Será feliz quando, liberta de todas as moléstias, alegrar-se somente na Verdade, origem de tudo o que é verdadeiro.

24. Deus na memória

Eis o espaço que percorri através da memória para vos buscar, Senhor, e não vos encontrei fora dela. Nada encontrei que se

16. Jo 12,35.

17. Terêncio, *Andria,* 68.

referisse a Vós, que não me lembrasse, pois desde que vos conheci, nunca me esqueci de Vós.

Onde encontrei a verdade, aí encontrei o meu Deus, a própria Verdade. Desde que a conheci, nunca mais a deixei esquecer. Por isso, desde que vos conheci, permaneceis na minha memória, onde vos encontro sempre que de Vós me lembro e em Vós me deleito. São estas as minhas santas delícias que, por vossa misericórdia, me destes, ao olhardes para a minha pobreza.

25. Onde?

Onde residis, Senhor, na minha memória? Em que lugar aí estais? Que esconderijo fabricastes dentro dela para Vós? Que santuário edificastes? Vós vos dignastes tributar esta honra à minha memória, mas o que eu pretendo saber é em que parte habitais.

Ao recordar-vos, ultrapassei todas aquelas partes da memória que os animais também possuem, porque não vos encontrava entre as imagens dos seres corpóreos. Cheguei àquelas regiões onde tinha depositado os afetos da alma. Nem mesmo lá vos encontrei. Entrei na sede da própria alma, na morada que ela tem na memória – pois o espírito também se recorda de si mesmo – e nem aí estáveis. Assim como não sois nem imagem corpórea nem afeto de ser vivo, como a alegria, a tristeza, o desejo, o temor, a lembrança, o esquecimento e outras paixões semelhantes, assim também não podeis ser o meu espírito, porque sois o seu Senhor e o seu Deus. Tudo isto muda. Vós, porém, permaneceis imutável sobre todas as coisas e, apesar disso, vos dignastes habitar na minha memória, desde que vos conheci.

Por que procuro eu o lugar onde habitais, como se na memória houvesse compartimentos? É fora de dúvida que residis dentro dela porque me lembro de Vós, desde que vos conheci, e vos encontro lá dentro, sempre que de Vós me lembro.

26. O encontro de Deus

Mas onde vos encontrei para vos poder conhecer? Vós não habitáveis na minha memória quando ainda não vos conhecia. Onde vos encontrei, para vos conhecer, senão em Vós mesmo que estais acima de mim? Nessa região não há espaço absolutamente nenhum. Quer retrocedamos, quer nos aproximemos de Vós, aí não existe espaço.

Ó Verdade, Vós em toda a parte assistis a todos os que vos consultam e ao mesmo tempo respondeis aos que vos interrogam sobre os mais variados assuntos. Respondeis com clareza, mas nem todos vos ouvem com a mesma lucidez. Todos vos consultam sobre o que desejam, mas nem sempre ouvem o que querem. O vosso servo mais fiel é aquele que não espera nem prefere ouvir aquilo que quer, mas se propõe aceitar, antes de tudo, a resposta que de Vós ouviu.

27. Tarde vos amei!

Tarde vos amei, ó Beleza tão antiga e tão nova, tarde vos amei! Eis que habitáveis dentro de mim, e eu lá fora a procurar-vos! Disforme, lançava-me sobre estas formosuras que criastes. Estáveis comigo, e eu não estava convosco!

Retinha-me longe de Vós aquilo que não existiria se não existisse em Vós. Porém me chamastes com uma voz tão forte que rompestes a minha surdez! Brilhastes, cintilastes e logo afugentastes a minha cegueira! Exalastes perfume: respirei-o suspirando por Vós. Eu vos saboreei, e agora tenho fome e sede de Vós. Vós me tocastes e ardi no desejo da vossa paz.

28. Miséria da vida humana...

Quando estiver unido a Vós com todo o meu ser, em parte nenhuma sentirei dor e trabalho. A minha vida será então verdadeiramente viva, porque estará toda cheia de Vós. Libertais do seu peso aqueles que encheis. Porque não estou cheio de Vós, sou ainda peso para mim.

As minhas alegrias, que deviam ser choradas, lutam com as tristezas que me deviam incutir júbilo. Ignoro de que lado está a vitória. Ai de mim! Ó Senhor, tende piedade de mim! As tristezas do meu mal pelejam com os contentamentos bons, e não sei de que parte está o triunfo.

Ai de mim! Ó Senhor, tende compaixão de mim! Olhai, eu não escondo as minhas feridas. Vós sois o médico, e eu o enfermo; sois misericordioso e eu miserável. Não é a vida do homem, sobre a terra, uma contínua tentação? Quem deseja trabalhos e preocupações? Ordenais aos homens que as suportem e não que as amem. Ninguém ama o que lhe custa, ainda quando goste de o suportar, porque, apesar de se alegrar com o sofrimento, prefere não ter nada que sofrer. Nos reveses anseio pela prosperidade, e nas coisas prósperas temo a adversidade.

Entre estes dois extremos, qual será o termo médio onde a vida humana não seja tentação? Ai das prosperidades do mundo, repito, ai das prosperidades do mundo por causa do receio da desgraça e da corrupção da alegria! Ai das adversidades do mundo, uma, duas e três vezes, por causa do desejo da prosperidade, por ser a desgraça dura e ameaçar destruir a paciência! Não é a vida humana sobre a terra uma tentação contínua?

29. Toda a esperança está em Deus

Só na grandeza da vossa misericórdia coloco toda a minha esperança. Dai-me o que me ordenais e ordenai-me o que quiserdes[18]. Vós nos ordenais a continência. Ora, afirmou um sábio: Ao

18. É um dos pensamentos mais belos das *Confissões* e um dos mais profundos de Santo Agostinho. *Da quod iubes et iube quod vis.* Contra estas palavras insurgiu-se Pelágio, quando, em Roma, um bispo, amigo do Santo Doutor, as recordou àquele herege. Através das suas obras, o bispo de Hipona parafraseia-as, a cada passo, com novos e profundíssimos conceitos. No tratado *De Bono Perseverantiae*, por exemplo, diz: *Quid vero nobis primitus et maxime Deus iubet, nisi ut credamus in Eum? Et hoc ergo ipse dat.* "Que nos ordena Deus em primeiro lugar e com mais insistência, senão que acreditemos nele? Ora é precisamente esta graça que Ele nos concede". *Da quod iubes, et iube quod vis* aparece quatro vezes neste livro X.

conhecer que ninguém pode ser casto sem o dom de Deus, é já um efeito da sabedoria o saber de quem provém este dom.

Pela continência, reunimo-nos e reduzimo-nos à unidade, da qual nos afastamos ao derramarmo-nos por inumeráveis criaturas. Pouco vos ama aquele que ama, ao mesmo tempo, outra criatura, a quem ele ama não por amor a Vós. Ó amor que sempre ardeis e nunca vos extinguis! Ó caridade, ó meu Deus, inflamai-me! Ordenais-me a continência? Dai-me o que me ordenais e ordenai-me o que quiserdes!

30. Tríplice tentação

Vós me mandais, sem dúvida, que me abstenha da concupiscência da carne, da concupiscência dos olhos e da ambição do mundo. Vós me ordenastes que me abstivesse das relações luxuriosas. Quanto ao matrimônio, apesar de o permitirdes, me ensinastes que havia outro estado melhor. E porque me concedestes isso, abracei-o antes de ser nomeado dispensador do vosso sacramento[19].

Mas na minha memória, de que longamente falei, vivem ainda as imagens de obscenidades que o hábito inveterado lá fixou. Quando, acordado, me vêm à mente, não têm força. Porém, durante o sono, não só me arrastam ao deleite, mas até à aparência do consentimento e da ação. A ilusão da imagem possui tanto poder na minha alma e na minha carne, que, enquanto durmo, *falsos fantasmas* me persuadem a ações a que, acordado, nem sequer as *realidades* me podem persuadir.

Meu Deus e Senhor, não sou eu o mesmo nessas ocasiões? Apesar disso, que diferença tão grande vai de mim a mim mesmo, desde o momento em que ingresso no sono até àquele tempo em que de lá volto!

Onde está nesse momento a razão que resiste a tais sugestões quando estou acordado e permanece inabalável, quando as

---

19. Santo Agostinho abraçou a vida religiosa antes de ser ordenado sacerdote.

próprias realidades se lhe introduzem? Fecha-se, quando cerro os olhos? Dorme simultaneamente com os sentidos corporais? E por que é que muitas vezes, mesmo no sono, resistimos, lembrados do nosso propósito, e nele permanecemos castos, não dando nenhum consentimento a tais enganos? Contudo, a diferença é tão grande, que, quando no sono nos sucede não resistir, ao acordar voltamos ao descanso da consciência. Por essa mesma diferença é que vemos que não praticamos voluntariamente essas ações, dado o fato de sentirmos pena de que tais atos se tivessem passado em nós.

Não é poderosa a vossa mão, ó Deus triunfante, para me sarar todas as enfermidades da alma e para extinguir, com graça mais abundante, os movimentos lascivos mesmo durante o sono? Aumentareis, Senhor, em mim, cada vez mais as vossas dádivas, para que a minha alma, liberta do visco da concupiscência, siga até Vós. Para que não seja rebelde, nem sequer no sono; para que não cometa tais torpezas e depravações sob a ação de imagens animalescas, descendo até à lascívia carnal; para que, enfim, de modo nenhum, nelas consinta.

Não é muito para Vós, ó Onipotente - que podeis fazer ainda mais do que aquilo que pedimos e compreendemos - impedir não só nesta vida, mas também nesta idade, que alguma das tentações me deleite, mesmo que seja tão pequena como a que posso vencer logo, ao primeiro esforço da vontade, quando adormeço em pensamentos castos. Agora, porém, exultando embora com tremor perante o bem que me concedestes, e lamentando-me diante do que ainda não obtive, disse ao meu Senhor que ainda me encontrava neste gênero de mal. Espero que aperfeiçoareis em mim as vossas misericórdias até à plena paz, que os sentidos interiores e exteriores terão convosco, quando a morte for substituída pela vitória.

31. A gula

"Outro mal tem o dia" (Mt 6,34) e oxalá lhe bastasse! Reparamos os gastos quotidianos do corpo, comendo e bebendo até ao momento em que Vós, destruindo os alimentos e o estômago, matardes a minha indigência com uma saciedade maravilhosa e revestirdes este corpo corruptível com a eterna incorruptibilidade. Por enquanto, esta necessidade (de alimento) me é agradável e combato contra esta delícia, para não me deixar dominar por ela.

Sustento uma guerra quotidiana com jejuns, reduzindo o corpo à escravidão. Mas depois disto vem o prazer para afastar as minhas dores. Efetivamente, se o remédio dos alimentos não nos socorrer, a fome e a sede tornam-se tormentos que abrasam e matam como a febre. Ora, estando este remédio sempre ao nosso alcance, graças à liberalidade dos vossos dons que faz com que a terra, a água e o céu sirvam à nossa enfermidade, chamamos delícias a tal desgraça.

Vós nos ensinastes a tomar os alimentos só como remédio. Mas, quando passo do tormento da indigência ao descanso da saciedade, o laço da concupiscência arma-me ciladas no caminho. Com efeito, esta passagem é um prazer e não há outro por onde se possa ir para chegar onde a necessidade nos obriga.

Sendo a saúde o motivo do comer e beber, o prazer junta-se a esta necessidade, como um companheiro perigoso. Ordinariamente procura ir adiante para que se faça por ele o que, segundo vou dizendo, faço ou quero fazer por causa da saúde. Ora, o limite não é o mesmo para ambos os casos, pois o que basta à saúde é insuficiente para o prazer.

Muitas vezes não se vê bem ao certo se é o cuidado necessário do corpo que pede esse reforço do alimento, ou se é a voluptuosa e enganadora sensualidade que exige ser servida. A infeliz alma alegra-se com esta incerteza, e nela procura o apoio de uma escusa, regozijando-se com não poder determinar o que é suficiente para o cuidado moderado da saúde. Por isso, sob pretexto da sua conservação, encobre a satisfação do prazer.

Esforço-me todos os dias por resistir a estas tentações, invocando, em meu auxílio, a vossa destra e submetendo-vos as minhas incertezas, porque nesta matéria ainda não está firme o meu parecer.

Ouço a voz do meu Deus que me ordena: "Não se façam pesados os vossos corações com a intemperança e a embriaguez"[20]. A embriaguez está longe de mim. Vós tereis compaixão da minha alma, não a deixando aproximar de mim.

A intemperança, porém, algumas vezes arrasta o vosso servo, mas vos compadecereis de mim e a vossa misericórdia afastá-la-á para longe. Ninguém pode ser continente se Vós não lhe dais a graça. Vós nos concedeis muitos benefícios quando vos invocamos. Todo o bem que recebemos antes de orar, o recebemos de Vós. Enfim, é ainda um dom que nos concedeis, o reconhecermos depois como vosso esse benefício. Nunca estive embriagado. Mas conheci muitos que foram vítimas de tal vício e pela vossa graça tornaram-se sóbrios. Os que nunca foram inclinados à embriaguez devem-no a Vós; e os que, durante algum tempo, foram inclinados a ela, vos devem a cura. Uns e outros vos devem o saberem que fostes Vós quem lhes concedeu essa graça.

E ouvi também outra palavra vossa: "Não corras atrás das tuas concupiscências e reprime a tua sensualidade"[21].

Por benefício vosso, prestei ouvidos ainda a outra frase de que muito gostei: "Nem porque comamos, teremos abundância, nem porque não comamos, nos faltará"[22]. Quer dizer: nem a abundância me há de fazer rico, nem a necessidade me há de tornar pobre.

Ouvi ainda outra voz: "Aprendi a contentar-me com o que possuo; sei viver na abundância e sofrer a penúria. Tudo posso naquele que me conforta"[23]. Eis como fala um soldado dos acampamentos celestiais que não é o pó que nós somos. Mas lembrai-vos, Senhor, que somos pó e que do pó criastes o homem. Lembrai-vos que este tinha perecido e foi encontrado. Porque foi pó aquele a quem amei pelas palavras inspiradas que proferiu, também nada pôde por si mesmo, e assim disse: "Tudo pos-

---

20. Lc 21,34.

21. Eclo 18,30.

22. 1Cor 8,9.

23. Fl 4,12.13.

so naquele que me conforta". Concedei-me o que me ordenais e ordenai-me o que quiserdes. O Apóstolo confessa que tudo recebeu de Deus, e, quando se gloria, gloria-se no Senhor.

Ouvi também outro homem que vos pedia para receber de Vós esta graça: "Tirai-me as concupiscências do comer e do beber"[24]. Donde se conclui claramente, ó Deus Santo, que sois Vós que concedeis a graça, quando fazemos o que mandais.

Vós me ensinastes, Pai bondoso, que "tudo é puro para os puros", e que "o comer com escândalo dos outros é mau para o homem"; que "todas as vossas criaturas são boas, e nada se deve desprezar do que se pode tomar com ação de graças"; que "não é o alimento que nos faz recomendáveis a Deus"; que "ninguém nos julgue na comida e na bebida" e enfim que "aquele que come não despreze o que não come, e aquele que não come não condene aquele que come"[25].

Eis o que aprendi de Vós. Dou-vos graças e louvores, ó meu Deus e meu Mestre, a Vós que batestes às portas dos meus ouvidos e me iluminastes o coração. Arrancai-me de toda a tentação. Não receio a impureza do alimento, mas temo a imundície do prazer.

Sei que Noé teve licença para comer toda a espécie de carne que pudesse servir de alimento. Sei que Elias refez as forças, comendo carne; e que João, homem de admirável abstinência, não se manchou com animais, isto é, com os gafanhotos que lhe serviam de alimento. Mas sei também que Esaú se deixou enganar pela sofreguidão ardente de um prato de lentilhas; que Davi se repreendeu a si mesmo, por ter desejado água; e que o nosso Rei foi tentado não com carne, mas com pão. Por isso, o Povo (de Israel) mereceu ser repreendido no deserto, não por desejar carne, mas porque murmurou contra o Senhor por causa do desejo de alimento.

Exposto, portanto, a estas tentações, combato quotidianamente contra a concupiscência do comer e do beber, pois esta

24. Eclo 23,6.

25. 2Tm 1,15; Rm 14,20; 1Tm 4,4; 1Cor 8,8; Cl 2,16; Rm 14,3.

paixão não é coisa que se possa cortar logo de uma vez, com o simples propósito de jamais a tocar para o futuro, como pude fazer no concúbito. Por isso, devemos ter mão nos freios do gosto, para afrouxar as rédeas com moderação, ou retesá-las.

Quem será, Senhor, que não se deixe arrastar um pouco para além dos limites da necessidade? Se alguém há, como é grande! Engrandeça o vosso nome! Eu, porém, não sou deste número porque sou pecador. Mas também engrandeço o vosso nome. Sei que Aquele que venceu o mundo intercede, junto de Vós, pelos meus pecados. Sei que Ele me enumera entre os membros *enfermos* do seu corpo, porque os vossos olhos viram a imperfeição dele e todos hão de ser inscritos no vosso livro.

32. A sedução do perfume

Não me inquieto demasiado com as seduções do perfume. Quando está afastado não o procuro. Quando o tenho presente, não me esquivo, mas também estou preparado para dele me abster. Ao menos assim me parece. Talvez me engane.

A própria razão, que em mim existe, de tal maneira se esconde nestas trevas deploráveis que me rodeiam que, quando meu espírito se interroga a si mesmo acerca das próprias forças, julga que não deve acreditar facilmente em si, por desconhecer, na maior parte dos casos, o que nele se passa, exceto quando a experiência claramente lhe manifesta.

Ninguém se deve ter por seguro nesta vida que toda ela se chama tentação. Quem é que, sendo pior, não se pode tornar melhor, e de melhor descer a pior? Só há uma única esperança, uma única promessa inabalável: a vossa misericórdia.

33. O prazer do ouvido

Os prazeres do ouvido prendem-me e subjugam-me com mais tenacidade. Mas Vós me desligastes deles, libertando-me.

Confesso que ainda agora encontro algum descanso nos cânticos que as vossas palavras vivificam, quando são entoadas com suavidade e arte. Não digo que fique preso por eles. Mas custa-me deixá-los quando quero. Para que essas melodias se possam intrometer no meu interior, em companhia dos pensamentos que lhes dão vida, procuram no meu coração um lugar de certa dignidade. Mas eu apenas concedo o que lhes convém.

Às vezes parece-me que lhes tributo mais honra do que a conveniente. Quando ouço cantar essas vossas santas palavras com mais piedade e ardor, sinto que o meu espírito também vibra com devoção mais religiosa e ardente do que se fossem cantadas de outro modo. Sinto que todos os afetos da minha alma encontram na voz e no canto, segundo a diversidade de cada um, as suas próprias modulações, vibrando em razão de um parentesco oculto, para mim desconhecido, que entre eles existe. Mas o deleite da minha carne, ao qual não se deve dar licença de enervar a alma, engana-me muitas vezes. Os sentidos, não querendo colocar-se humildemente atrás da razão, negam-se a acompanhá-la. Só porque, graças à razão, mereceram ser admitidos, já se esforçam por precedê-la e arrastá-la! Deste modo peco sem consentimento, mas advirto depois.

Outras vezes, preocupando-me imoderadamente com este embuste, peco por demasiada severidade. Uso às vezes de tanto rigor, que desejaria desterrar dos meus ouvidos e da própria Igreja todas as melodias dos suaves cânticos que ordinariamente costumam acompanhar o saltério de Davi. Nessas ocasiões parece-me que o mais seguro é seguir o costume de Atanásio, bispo de Alexandria. Recordo-me de muitas vezes me terem dito que aquele prelado obrigava o leitor a recitar os salmos com tão diminuta inflexão de voz que mais parecia um leitor que um cantor.

Porém, quando me lembro das lágrimas derramadas ao ouvir os cânticos da vossa Igreja nos primórdios da minha conversão à fé, e ao sentir-me agora atraído, não pela música, mas pelas letras dessas melodias, cantadas em voz límpida e modulação apropriada, reconheço, de novo, a grande utilidade deste costume.

Assim flutuo entre o perigo do prazer e os salutares efeitos que a experiência nos mostra. Portanto, sem proferir uma sentença irrevogável, inclino-me a aprovar o costume de cantar na igreja, para que, pelos deleites do ouvido, o espírito, demasiado fraco, se eleve até aos afetos de piedade. Quando às vezes a música me sensibiliza mais do que as letras que se cantam, confesso com dor que pequei. Neste caso, por castigo, preferiria não ouvir cantar. Eis em que estado me encontro.

Chorai comigo, chorai por mim, Vós que praticais o bem no vosso interior donde nascem as boas ações. Estas coisas, Senhor, não vos podem impressionar, porque não as sentis. Porém, ó meu Senhor e meu Deus, olhai para mim, ouvi-me, vede-me, compadecei-vos de mim e curai-me. Sob o vosso olhar transformei-me, para mim mesmo, num enigma que é a minha própria enfermidade.

34. A sedução dos olhos

Resta-me falar da voluptuosidade destes olhos da minha carne. Oxalá os ouvidos piedosos de meus irmãos, em que habitais como em templo vosso, me escutassem esta confissão que vou fazer! Concluiremos, assim, as tentações da concupiscência da carne, que ainda me perseguem, fazendo-me gemer e desejar ser revestido pelo vosso tabernáculo, que é o céu.

Os olhos amam a beleza e a variedade das formas, o brilho e a amenidade das cores. Oxalá que tais atrativos não me acorrentassem a alma! Oxalá que ela só fosse possuída por aquele Deus que criou estas coisas tão belas! O meu bem é Ele, e não as criaturas que todos os dias me importunam acordado, não me dando descanso, como o dão as vozes dos cantores que por vezes ficam todas em silêncio.

A própria rainha das cores, esta luz que se derrama por tudo o que vemos e por todos os lugares em que me encontro no decorrer do dia, investe contra mim de mil maneiras e acaricia-me, até mesmo quando me ocupo em outra coisa que dela me abstrai. Insinua-se com tal veemência que, se de repente me for arrebatada, procuro-a com vivo desejo. Se se ausenta por muito tempo, a minha alma cobre-se de tristeza.

Ó luz que Tobias contemplava, quando, cego dos olhos corporais, instruía o filho no caminho da Vida, jornadeando à sua frente com os pés da Caridade, sem nunca se enganar.

Ó luz que Isaac via, quando, apesar da velhice lhe ter oprimido e fechado os olhos carnais, mereceu não abençoar os filhos reconhecendo-os, mas reconhecê-los abençoando-os!

Ó luz que Jacó via, quando, privado também da vista pela avançada idade, irradiou do seu coração iluminado fulgores para todas as gerações do povo futuro, representadas nos seus filhos!

Ó luz que Jacó contemplava quando impôs as mãos, misteriosamente cruzadas, sobre os netos, filhos de José, não segundo a ordem por que os colocara o pai que via com os olhos externos, mas segundo uma outra ordem que ele discernia no seu interior.

Eis a verdadeira Luz, a única Luz que de todos os que a veem e amam faz um todo único!

A outra luz corporal, a que me referia, ameniza a vida aos cegos amantes do século, com atraente e pérfida doçura. Contudo, os que nela sabem achar motivos para vos louvar, ó Deus, Criador de todas as coisas, assumem-na como um hino em vosso louvor, sem por ela serem engolidos no seu sono. É assim que eu quero ser.

Resisto às seduções dos olhos para que os pés, com que começo a andar no vosso caminho, não me fiquem presos. Levanto até Vós, por isso, os olhos invisíveis, a fim de que me livreis os pés do laço da tentação. Vós não *cessais* de os libertar, porque *frequentemente* se me prendem. E como fico, a cada passo, preso nas insídias espalhadas por toda a parte, Vós não cessais de os desenredar, porque sois o guarda de Israel e não adormeceis nem dormis.

Que multidão inumerável de encantos não acrescentaram os homens às seduções da vista, com a variedade das artes, com as indústrias de vestidos, calçados, vasos, com outros fabricos desta espécie, com pinturas e esculturas variadas, com que ultrapassam o uso necessário moderado e a piedosa representação dos objetos! No exterior correm atrás das suas obras. No interior esquecem Aquele que os criou e destroem o que por meio dele fizeram!

Eu, ó meu Deus e minha glória, até daqui tiro razões para vos cantar um hino, oferecendo um sacrifício de louvor ao meu Sacrificador[26], porque as belezas que passam da alma para as mãos do artista procedem daquela Beleza que está acima das nossas almas e pela qual a minha alma suspira de dia e de noite.

Mas os artistas e amadores destas belezas externas tiram desta suma Beleza apenas o critério para as apreciarem. Só não aprendem a regra para as usar bem! Contudo, esta também lá está. Porém, não a veem, porque do contrário não iriam tão longe, mas reservariam para Vós toda a sua força, e não a dissipariam em fatigantes delícias.

Eu mesmo, apesar de expor e compreender claramente esta doutrina, também me deixo prender por estas belezas; mas Vós, ó Senhor, me libertais! Vós me libertais, porque a vossa misericórdia está perante os meus olhos. Caio miseravelmente, e Vós me levantais misericordiosamente, umas vezes sem sofrimento, porque resvalei suavemente; outras com dor, por ter caído desamparado no chão!

35. A curiosidade

À tentação sobredita junta-se outra, mais perigosa sob múltiplos aspectos. Além da concupiscência da carne – que vegeta na deleitação de todos os sentidos e prazeres, e mata a todos os

26. Vários códices antigos das *Confissões*, em vez de meu Sacrificador, trazem meu Santificador.

que a servem, isto é, àqueles que se afastam para longe de Vós – pulula na alma, em virtude dos próprios sentidos do corpo, não um apetite de se deleitar na carne, mas um desejo de conhecer tudo, por meio da carne.

Este desejo curioso e vão disfarça-se sob o nome de "conhecimento" e "ciência". Como nasce da paixão de conhecer tudo, é chamado nas divinas Escrituras a concupiscência dos olhos, por serem estes os sentidos mais aptos para o conhecimento.

É aos olhos que propriamente pertence o ver. Empregamos, contudo, este termo, mesmo em relação aos outros sentidos, quando os usamos para obter qualquer conhecimento. Assim, não dizemos: "ouve como brilha", "cheira como resplandece", "saboreia como reluz", "apalpa como cintila". Mas já podemos dizer que todas essas coisas se veem. Por isso não só dizemos: "vê como isto brilha" – pois só os olhos o podem sentir –, mas também: "vê como ressoa, vê como cheira, vê como sabe bem, vê como é duro". É por isso, como já disse, que se chama concupiscência dos olhos à total experiência que nos vem pelos sentidos. Apesar do ofício da vista pertencer primariamente aos olhos, contudo os restantes sentidos usurpam-no por analogia, quando procuram um conhecimento qualquer.

Daqui se vê claramente quanto a volúpia e curiosidade agem em nós pelos sentidos: o prazer corre atrás do belo, do harmonioso, do suave, do saboroso, do brando; a curiosidade, porém, gosta às vezes de experimentar o contrário dessas sensações, não para se sujeitar a enfados dolorosos, mas para satisfazer a paixão de tudo examinar e conhecer.

Que gosto há em ver um cadáver dilacerado, a que se tem horror? Apesar disso, onde quer que esteja, toda a gente lá acorre, ainda que, vendo-o, se entristeça e empalideça. Depois, até em sonhos temem vê-lo, como se alguém os tivesse obrigado a ir examiná-lo, quando estavam acordados, ou como se qualquer anúncio de beleza os tivesse persuadido a lá irem.

O mesmo se dá com os outros sentidos. Iríamos longe se os percorrêssemos a todos. Por causa desta doença da curiosidade, exibem-se no teatro cenas monstruosas de superstição. Dela nasce o desejo de perscrutar os segredos preternaturais que afinal nada nos aproveita conhecer, e que os homens anseiam saber, só por saber.

É ainda a curiosidade que, com o mesmo intuito de alcançar uma ciência perversa, faz recorrer o homem às artes mágicas. Enfim é ela que, até na religião, nos arrasta a tentar a Deus, pedindo-lhe milagres e prodígios, não porque os exija a salvação das almas, mas só porque se deseja fazer a experiência.

Neste bosque imenso, repleto de tantas insídias e perigos, cortei e expulsei da minha alma muitos males. Vós assim me concedestes, ó Deus da minha salvação. Mas quando no meio de tantas tentações desta espécie, que por todos os lados me circundam a vida quotidiana, ousarei afirmar que nenhuma delas me há de prender a atenção? Quando poderei afirmar que não hei de ver, nem me hei de deixar arrastar por nenhuma curiosidade vã?

Os teatros, é certo, já não me arrebatam nem procuro conhecer o curso dos astros, nem nunca a minha alma esperou as respostas das sombras de que se vale a magia para as suas respostas. Detesto todos estes ritos sacrílegos. Mas, ó Senhor meu Deus, a quem devo servir na humilhação e simplicidade, com quantas maquinações me incita o inimigo a pedir-vos um sinal! Contudo suplico-vos pelo nosso chefe e nossa pátria – a pura e casta Jerusalém – que assim como até agora esteve longe de mim este consentimento, assim continue a estar cada vez mais. Quando vos peço a salvação de alguém, o fim do meu intento é muito diferente. Concedei-me agora e no futuro a graça de vos servir jubilosamente fazendo Vós o que quiserdes.

Contudo, quem poderá contar as insignificantes e desprezíveis misérias que todos os dias tentam a nossa curiosidade, e o número de vezes em que escorregamos? Quantas e quantas vezes não ouvimos contar banalidades! Ao princípio as toleramos, só para não ofender os fracos; mas depois as ouvimos com gosto sempre crescente!

Já não contemplo um cão a correr atrás de uma lebre quando isso sucede no circo. Mas se a caçada for no campo, que eu casualmente atravesso, talvez ela me distraia de um pensamento importante e, se não me obriga a mudar de caminho para a seguir a cavalo, sigo-a ao menos com um desejo de coração. Se imediatamente, por meio da minha já tão conhecida fraqueza, não me avisardes que me liberte desse espetáculo, e se eu não me elevar até Vós com alguma consideração, ou desprezando-o por completo ou passando adiante, ficarei loucamente absorvido.

Quando estou sentado em casa não me prende também muitas vezes a atenção um estelião[27] caçando moscas, ou uma aranha enredando as que se atiram às suas teias? Acaso, por serem animais pequenos, a curiosidade deixará de ser a mesma? É certo que disto me aproveito para vos louvar, ó Criador admirável e coordenador de todas as coisas. Mas não é isto o que primeiro me desperta a atenção. Uma coisa é levantar-me após a queda, e outra coisa é não cair nunca.

De tais misérias está repleta a minha vida. A minha única esperança é a vossa infinita misericórdia. Como o nosso coração é recipiente de todas estas misérias e porque traz essa imensa multidão de vaidades, muitas vezes as nossas orações se interrompem e se perturbam.

Enquanto na vossa presença elevamos até junto de vossos ouvidos a voz da nossa alma, não sei donde provêm tantos pensamentos fúteis, que se despenham sobre nós e nos cortam a atenção em coisa tão importante.

36. O orgulho

Teremos estas misérias na conta de desprezíveis? Haverá qualquer coisa que me restitua à esperança a não ser a vossa conhecida misericórdia que principiou a obra da minha conversão? Vós sabeis quanto me transformastes já. Vós me curastes a paixão da vingança, para depois me perdoardes todas as minhas

27. Espécie de lagartixa do norte da África que no dorso apresenta manchas parecidas a estrelas.

maldades, para me curardes todas as fraquezas, para me resgatardes da morte à vida, para me coroardes com a vossa graça e misericórdia, e, enfim, para saciardes com os vossos bens os meus desejos. Depois, rebatestes o meu orgulho com o vosso temor e amansastes a minha cerviz sob o vosso jugo. Trago-o agora e sinto-me leve, porque assim prometestes e o cumpristes. Ele era, na verdade, leve, mas eu não sabia, quando receava tomá-lo.

Acaso, ó Senhor - único Senhor que não reina com orgulho, porque sois o único Senhor verdadeiro, o único que não tem senhor –, acaso cessou em mim ou poderá jamais cessar em toda a minha vida este terceiro gênero de tentações, que consiste em querer ser temido e amado dos homens só com o fim exclusivo de encontrar uma alegria que não é alegria? Oh! que vida miserável! Que repugnante arrogância! Tal é o motivo por que não vos amamos, nem santamente vos tememos. Por isso, resistis aos soberbos e dais a vossa graça aos humildes! Trovejais sobre as ambições do século, fazendo abalar até as raízes das montanhas.

Em face dos deveres exigidos pela sociedade, precisamos ser amados e temidos dos homens. Mas o inimigo da nossa felicidade espalha laços por toda a parte e insta conosco, gritando: "Vamos, coragem!", para que, ao procurarmos com avidez estas lisonjas, nos deixemos prender incautamente e desliguemos a nossa alegria da vossa verdade, colocando-a na mentira humana.

O inimigo incita-nos a que gostemos de ser amados e temidos, não *por amor* de Vós, mas *em vez* de Vós; para que assim, assemelhando-nos a ele, vivamos na sua companhia, associados aos seus suplícios, e não unidos na concórdia da caridade. Determinou ele "estabelecer a sua morada no aquilão" para que naquelas obscuras e geladas regiões o servíssemos como vosso sinuoso e perverso imitador.

Mas olhai, Senhor! Nós somos o vosso pequenino rebanho! Sede o nosso possuidor! Estendei as vossas asas, para nos refugiarmos debaixo delas. Sede a nossa glória! Fazei que sejamos amados só por amor de Vós e que a vossa palavra ache em nós acatamento.

Reprovais aquele que deseja ser louvado pelos homens. Por isso não será defendido pelos homens quando o julgardes, nem liberto quando o condenardes. "Não louvamos o pecador nos desejos da sua alma, nem é bem-aventurado o que faz iniquidade"[28]. Se um homem glorificado por qualquer dom que Vós, ó meu Deus, lhe concedestes, se compraz mais em louvar-se do que em possuir esse dom que lhe atrai o louvor – Vós o reprovais, apesar de louvado pelos homens. E nesse caso, aquele que o louvou é melhor que aquele que foi louvado; porque o primeiro comprazeu-se com o dom de Deus dado ao homem e o segundo alegrou-se mais com o dom do homem do que com o dom de Deus.

37. A tentação do louvor

Todos os dias nos vemos investidos por estas tentações, ó Senhor! Somos tentados sem interrupção! Os louvores humanos são a fornalha onde quotidianamente somos postos à prova. Também nesta miséria nos ordenais a continência. Concedei-nos o que nos ordenais e ordenai-nos o que quiserdes. Conheceis os gemidos que, a este respeito, se evolam do meu coração para Vós. Conheceis os rios de lágrimas que rebentam dos meus olhos! Ah! dificilmente entrevejo até que ponto estou limpo desta peste.

Receio muito as minhas venialidades ocultas que vossos olhos conhecem, e os meus não veem. Nos outros gêneros de tentações, posso examinar-me sem dificuldade; mas neste, quase nada. A facilidade que alcancei em refrear a alma quanto aos prazeres da carne e quanto à vã curiosidade, reconheço-a quando me abstenho dessas paixões, quer seja voluntariamente quer porque as não tenha diante de mim. Nestes casos, pergunto a mim mesmo se me causa maior ou menor pena o não tê-las.

28. Sl 10,3.

Quanto às riquezas que se ambicionam para satisfazer uma ou duas ou mesmo três concupiscências, se acaso a alma, ao possuí-las, não pode sentir se as despreza, ainda pode afastá-las para provar o seu desapego. Mas, para carecer de louvores e experimentar se podemos passar sem eles, precisaremos nós entregar-nos a uma vida pecaminosa tão perdida e brutal que ninguém nos conheça sem nos detestar? Que maior loucura se pode dizer ou imaginar?

Se o louvor deve ser habitualmente companheiro da vida sã e das boas obras, nesse caso não nos podemos abster do convívio do louvor que acompanha a vida santa. A verdade, porém, é que não distinguimos se a privação de um bem nos é indiferente ou molesta, senão na ausência desse bem.

Que vos hei de confessar, Senhor, neste gênero de tentações? Que me deleito muito com os louvores? Mas ainda me deleito mais com a verdade do que com os louvores! Pois, se me dessem à escolha ou ser um doido que se engana em todas as coisas, mas que é louvado por todos, ou ser um homem seguríssimo da verdade, mas por toda a gente escarnecido, bem sei o que escolheria. Portanto, não quereria que o louvor saído de uns lábios alheios aumentasse o gosto que experimento pela boa obra, seja ela qual for. Porém, tenho de confessar que não só o louvor lhe aumenta o deleite, mas também que o vitupério o diminui.

Quando me perturbo com esta minha miséria, penetra-me na mente uma desculpa, cuja natureza Vós conheceis, meu Deus. Torno-me duvidoso e perplexo ante ela.

Essa desculpa é que Vós, não só nos ordenastes a continência que nos ensina que coisas devemos afastar da nossa afeição, mas também preceituastes a justiça que nos ensina para onde havemos de dirigir o nosso amor. Não quisestes que nos amássemos somente a nós, mas também ao próximo. Ora, muitas vezes, quando retamente me deleito no louvor que é dado por uma pessoa inteligente, parece que me comprazo no aproveitamento e nas esperanças de que dá mostras. E, pelo contrário, entristeço-me com a sua maldade, quando a ouço censurar o que ignoro ou o que é bom.

Algumas vezes também me contristo com os louvores que me dirigem, quando enaltecem em mim coisas que me desagradam, ou quando apreciam bens somenos e transitórios, com maior estima do que merecem. Mas, repito de novo, como hei de saber se este sentimento me aflige por causa de eu não querer que o meu admirador pense a meu respeito de modo diverso do que eu penso?

Será, não porque me deixe arrastar pelo valor e utilidade desse meu admirador, mas porque àqueles bens que em mim me agradam, me são mais saborosos, quando agradam também aos outros? De certo modo, não sou louvado quando a minha opinião a meu respeito não é elogiada, porque, ou enchem de elogios as coisas que me desagradam, ou louvam ainda mais as coisas que menos me comprazem. Sobre este ponto não sou eu um enigma para comigo mesmo?

Em Vós, ó Verdade, vejo que não é por causa de mim, mas por utilidade do próximo que me devo sensibilizar com os louvores que me dirigem. Se é este ou não o meu caso, ignoro-o. Nesta questão, conheço-vos melhor a Vós do que a mim mesmo.

Peço-vos, meu Deus, que me mostreis as feridas que em mim encontrava para que as manifeste aos meus irmãos, dispostos a orar por mim. Fazei que me examine ainda mais diligentemente.

Se nos louvores que me tributam tenho em vista a utilidade do próximo, qual é a razão por que, ao ser outro injustamente vituperado, me sensibilizo menos do que se essa injúria me fosse dirigida a mim? Por que é que a mordedura de um ultraje que me fere me é mais sensível do que a injúria igualmente injusta, arremessada a outro, na minha presença? Ignoro também isto?

Deduzirei ainda que me engano a mim mesmo e corrompo a verdade diante de Vós no meu coração e na minha língua? Afastai, Senhor, para longe de mim esta loucura, para que as minhas palavras não sejam azeite de pecador ungindo a minha cabeça.

38. A vanglória

Sou necessitado e pobre e o melhor que há em mim é aborrecer-me a mim mesmo, entre os secretos gemidos do meu coração, buscando eu a vossa misericórdia até ver a minha indigência reparada, e aperfeiçoada com a paz desconhecida aos olhos do soberbo. Porém, as nossas palavras saídas da boca e as nossas ações conhecidas dos homens escondem uma tentação muito perigosa, originada da estima do louvor, a qual recolhe e mendiga votos e pareceres alheios. A vanglória tenta-me até mesmo quando a critico em mim. Mas eu repreendo-a desse mesmo desejo de louvor.

O homem muitas vezes gloria-se vãmente no desprezo da vanglória. Mas, de fato, já não se pode gloriar nesse desprezo de glória, porque, quando se gloria, já não despreza a glória![29]

39. O amor-próprio

Existe dentro, bem dentro de nós, outro mal, oriundo do mesmo gênero de tentação, que faz vãos todos os que se comprazem em si, ainda quando não agradam aos outros – e até lhes desagradam – ou mesmo quando nem sequer procuram agradar-lhes. Ora, os que assim se comprazem em si mesmos, desagradam-vos muito, ó meu Deus, não só quando se gloriam dos males como se fossem bens, mas sobretudo quando se gloriam dos vossos bens como se fossem seus; ou quando, reconhecendo-os como provenientes de Vós, os atribuem à vossa graça, não se alegram amigavelmente de que os outros também os possuam, tendo-lhes ainda, por isso mesmo, inveja.

Em todos estes perigos e trabalhos, Vós vedes claramente quanto teme meu coração. Eu sinto que, no entanto, sois mais diligente em me curar do que eu em não me infligir novas feridas.

---

29. Os filósofos antigos Antístenes e Diógenes vangloriavam-se de desprezar a vanglória!

40. À busca de Deus

Quando é que Vós, ó Verdade, não me acompanhastes para me ensinardes o que havia de evitar e o que devia desejar, todas as vezes que vos consultei? Por mim, quanto possível, vos foi manifestado tudo o que pude observar no meu interior.

Percorri o melhor possível, com os sentidos, o mundo exterior. Observei em mim a vida do corpo e os próprios sentidos. Passei depois às profundezas da memória, a essas amplidões sucessivas. Observei-as, estupefacto. Mas, sem Vós, nada pude distinguir. Contudo, reconheci que Vós nada disto éreis.

Não era eu quem descobria estas maravilhas. É certo que as percorri a todas e tentei distingui-las e avaliá-las no seu justo valor, tomando e interrogando os seres que traziam mensagens aos meus sentidos. Analisei outros seres que sentia unidos a mim e examinei as suas informações. Revolvia nos grandes tesouros da memória várias impressões, ora percorrendo umas, ora manifestando outras. Mas não era eu quem fazia tudo isto, nem era a força com que eu agia, a qual não éreis Vós, porque sois a luz imutável, que eu consultava acerca da existência, da qualidade e do valor de todas estas coisas. Eu ouvia os vossos ensinamentos e as vossas ordens. Costumo fazê-lo muitas vezes, porque sinto nisso grande alegria. Sempre que, nos meus trabalhos de obrigação, posso dispor de algum descanso, refugio-me nestes prazeres. Entre todas estas coisas que percorro, depois de vos consultar, só em Vós encontro um reduto para a minha alma. Nele se reúnem os meus pensamentos dispersos, e nada de mim se afasta de Vós.

Algumas vezes, me submergis em devoção interior deveras extraordinária, que me transporta a uma inexplicável doçura, a qual, se em mim atingisse o fastígio, alcançaria uma nota misteriosa que já não pertence a esta vida[30]. Mas caio em baixezas

30. Santo Agostinho teve graças místicas de oração e parece ter alcançado o grau supremo. A tradução literal daquela frase é: "a qual se em mim atingisse o fastígio, não sei o que será, porque esta vida não subsistiria". Texto latino: *quae si perficiatur in me néscio quid erit quod vita ista non erit.*

cujo peso me acabrunha. Deixo-me absorver e dominar pelas imperfeições habituais. Choro muito por isso, mas sinto-me ainda muito preso. Tão pesado é o fardo do costume! Não quero estar onde posso, nem posso estar onde quero, de ambos os modos sou miserável!

41. A tríplice concupiscência

Considerei, portanto, as fraquezas dos meus pecados na tríplice concupiscência, e invoquei a vossa destra para me salvar. Com efeito, apesar de ter o coração ferido, ainda pude ver o vosso esplendor. Mas obrigado a recuar, exclamei: quem pode lá chegar? "Fui expulso dos vossos olhos"[31].

Vós sois a verdade que preside a tudo, e eu, na minha avareza, não vos queria perder. Mas, além de Vós, desejava possuir também a mentira. Nisto parecia-me com aqueles que não querem mentir muito, com receio de perder a noção da verdade. Foi assim que vos perdi, porque Vós não permitis que vos possuamos juntamente com a mentira.

42. Falsos mediadores...

Poderia encontrar alguém que me reconciliasse convosco? Deveria eu recorrer aos anjos? Mas com que orações? Com que ritos? Ouvia dizer que muitos, querendo voltar para Vós, tentaram meter-se por este caminho, já que não podiam fazê-lo por si mesmos. Mas caíram no desejo de presenciar visões curiosas, merecendo, por isso, ficar entregues às ilusões.

Esses soberbos vos procuravam, levados mais pelo intento de ostentar o fausto da ciência do que pelo desejo de bater no peito. Por isso, dada a analogia dos seus corações com os demônios aéreos, por cujo poder mágico se deixaram iludir, atraíram

31. Sl 30,23.

a si os espíritos maus como cúmplices e companheiros da sua soberba. Procuravam um mediador que os purificasse e não o acharam. O demônio tinha-se transfigurado em anjo de luz. Ele seduziu-lhes fortemente a carne orgulhosa, precisamente pela prerrogativa de não possuir corpo carnal[32].

Eles eram mortais e pecadores. E Vós, Senhor, com quem soberbamente procuravam reconciliar-se, sois imortal e sem pecado. Convinha que o mediador entre Deus e os homens tivesse semelhança com Deus e os homens; pois, se se parecesse só com os homens, estaria longe de Deus e se fosse semelhante só a Deus, estaria longe dos homens. Assim não haveria mediador!

Aquele falso intermediário (o demônio), que por vossos ocultos juízos tem licença para iludir a soberba humana, possui apenas uma coisa de comum com os homens: o pecado. Finge, contudo, assemelhar-se com Deus. Em razão de não estar vestido de carne mortal, mostra-se imortal. Mas como "a morte é o castigo do pecado"[33], o demônio traz de comum com os homens a este, o que faz com que seja condenado à morte juntamente com eles.

43. Cristo, Mediador Imortal

O verdadeiro Mediador, que por vossa oculta misericórdia mostrastes e enviastes aos homens para que a seu exemplo aprendessem a humildade, é Jesus Cristo, Mediador entre Deus e os homens.

Apareceu como intermediário entre os mortais pecadores e o Justo Imortal. Apareceu mortal com os homens e justo com Deus. Como a recompensa da Justiça é a vida e a paz, pela justiça unida a Deus desfez a morte dos ímpios justificados, querendo compartilhá-la com eles.

32. Alude o santo aos neoplatônicos e aos seus ritos religiosos. Porfírio e Apuleio interpunham entre os deuses e os homens os demônios que habitavam na região do ar (cf. *De Civit. Dei*, X, 26 e 29). Estes levavam petições dos mortais às divindades e traziam favores. Assim julgavam os neoplatônicos.

33. Rm 6,23.

Cristo foi revelado aos santos do Antigo Testamento para que se salvassem pela fé na sua futura paixão, como nós nos salvamos pela fé já passada. De fato, só é Mediador enquanto homem. Como Verbo não é intermediário, porque é igual a Deus e é Deus em Deus, sendo ao mesmo tempo um só Deus.

Como nos amastes, ó Pai bondoso! Não perdoastes ao vosso Filho Único! Vós o entregastes à morte por nós, ímpios pecadores! Como nos amastes! Foi por nosso amor que Ele, "não considerando como rapina o ser igual a Vós, se fez por nós obediente até à morte e morte de cruz"[34]. Ele era o único entre os mortos que estava isento da morte, o único que tinha o poder de entregar a vida e de a reassumir de novo! Foi, diante de Vós, o nosso vencedor e vítima. Tornou-se vencedor porque foi vítima. Foi, diante de Vós, o nosso sacerdote e sacrifício. De escravos fez-nos vossos filhos, servindo-nos apesar de ter nascido de Vós.

Com razão nele coloco toda a minha firme confiança, esperando que curareis todas as minhas enfermidades, por intermédio daquele que, sentado à vossa direita, intercede por nós. De outro modo, desesperaria pois são muitas e grandes as minhas fraquezas! Sim, são muitas e grandes, porém maior é o poder da vossa medicina. Poderíamos pensar que o vosso Verbo se tivesse afastado da união com o homem e desesperado de nos salvar, se não se tivesse feito homem e habitado entre nós.

Atemorizado com os meus pecados e com o peso da minha miséria, tinha resolvido e meditado, em meu coração, o projeto de fugir para o ermo[35]. Mas Vós me proibistes e me fortalecestes dizendo: "Cristo morreu por todos, para que os viventes não vivam para si, mas para aquele que morreu por eles"[36].

Pois bem, Senhor, lanço em vossas mãos o cuidado da minha vida para que viva, e meditarei nas maravilhas da vossa lei. Conheceis a minha ignorância e doença. Ensinai-me e curai-me.

---

34. Fl 2,6.8.

35. Santo Agostinho pensava em tornar-se eremita quando habitou em Cassicíaco, e mais tarde, quando bispo, esteve a ponto de retirar-se para o seu mosteiro de Hipona, por causa dos ágapes sobre os sepulcros dos mártires. Os hiponenses não queriam corrigir-se deste costume meio pagão.

36. 2Cor 5,15.

O vosso Filho Único, em que estão escondidos os tesouros da sabedoria e da ciência, remiu-me com o seu sangue. Não me caluniem os soberbos[37], porque eu conheço bem o preço da minha redenção. Como o Corpo e bebo o Sangue desta Vítima. Distribuo pelos outros. Sou pobre e anelo saciar-me com ela na companhia daqueles que a comem e se saciam (na Eucaristia).

"Louvarão o Senhor, aqueles que o buscam"[38].

37. Os soberbos são os neoplatônicos que adoravam demônios e bebiam sangue de vítimas. Santo Agostinho diz-lhes que bebe o Sangue de Cristo na Eucaristia.
38. Sl 21,27.

LIVRO XI

O homem e o tempo

1. Confessar a Deus o que Ele já conhece?

Sendo Vossa a eternidade, ignorais porventura, Senhor, o que eu vos digo, ou não vedes no tempo o que se passa no tempo? Por que razão vos narro, pois, tantos acontecimentos? Não é, certamente, para que os conheçais por mim, mas para excitar o meu afeto para convosco e o daqueles que leem estas páginas, a fim de todos exclamarmos: "Deus é grande e digno de todo o louvor"[1]. Já disse e torno a repetir: Narro estas coisas pelo desejo de vos amar. Também nós oramos e contudo a Verdade nos diz: "Vosso Pai conhece o que vos é necessário, antes de lho pedirdes"[2].

Por isso patenteamos o nosso amor para convosco, confessando-vos as *nossas* misérias e as *vossas* misericórdias a fim de que ponhais termo à obra já começada da nossa libertação e que sejamos felizes *em Vós,* cessando de ser miseráveis *em nós.* Por isso nos chamastes para que fôssemos pobres de espírito e mansos, para que chorássemos tendo fome e sede de justiça, para que fôssemos misericordiosos, puros e pacíficos.

Já vos narrei muitas coisas segundo me foi possível e segundo o desejo de minha alma, já que fostes o primeiro a exigir de mim que me confessasse a Vós, meu Senhor e meu Deus, "porque sois bom e a vossa misericórdia é eterna"[3].

---

1. Sl 95,4.
2. Mt 6,8.
3. Sl 118,1.

2. Os arcanos das palavras divinas

Quando poderei eu, com a língua da minha pena, enumerar todas as vossas solicitações, terrores, consolações e incitamentos com que me introduzistes a pregar a vossa palavra e a distribuir a vossa doutrina ao vosso povo? Mesmo que fosse capaz de as enunciar por ordem, cada gota de tempo me é preciosa.

Desde menino que anseio ardentemente meditar a vossa lei, e nela confessar-vos a minha ciência e imperícia, os primeiros alvores da iluminação da minha alma e os restos das minhas trevas, até que a minha fraqueza seja absorvida pela vossa fortaleza.

Não quero gastar em outras coisas as horas que me deixam livres as necessidades de alimentar o corpo e de repousar da contensão do espírito. Gastarei nisso os momentos livres dos serviços que devemos aos homens e dos que lhes prestamos sem lhes dever.

Senhor, Deus meu, atendei a minha oração e oxalá que a vossa misericórdia ouça o meu desejo, porque não é só por mim que ele palpita, senão também por aqueles que a caridade me faz olhar como irmãos. Vós vedes no meu coração que assim é. Sacrificar-vos-ei as operações do meu pensamento e da minha língua. Dai-me, porém, aquilo que vos desejo oferecer e sacrificar. "Eu sou pobre e indigente. Vós sois rico para os que vos invocam"[4], vigiando sobre nós com segurança.

Purificai os meus lábios e o meu coração de toda a temeridade e mentira. Sejam as Sagradas Escrituras as minhas castas delícias. Que eu não seja enganado nelas, nem com elas engane os outros. Escutai a minha alma, Senhor, e tende piedade de mim, ó meu Deus, que sois luz dos cegos, força dos enfermos, e simultaneamente luz dos que veem e força dos fortes. Escutai compassivo a minha alma, ouvi-a enquanto clama do mais profundo abismo em que se encontra. Se os vossos ouvidos não estão presentes lá nesse abismo, para onde nos dirigiremos? Por quem chamaremos?

---

4. Rm 10,12.

"Vosso é o dia e Vossa é a noite"[5]. A um aceno da vossa vontade, os instantes voam. Concedei-me, por conseguinte, tempo para meditar os segredos da vossa lei, e não a fecheis aos que lhe vêm bater à porta. Não foi em vão que quisestes que fossem escritas tantas páginas sagradas cheias de mistérios. Porventura esses bosques não possuem também os seus veados que aí se acolhem e refugiam, aí passeiam e pastam, aí se deleitam ruminando?

Ó Senhor, aperfeiçoai-me e patenteai-me esses mistérios. A vossa palavra é a minha alegria. A vossa voz é mais deleitosa do que toda a afluência de prazeres. Concedei-me o que amo, porque estou inebriado de amor. Fostes Vós que me concedestes. Não abandoneis os vossos dons, nem deixeis de regar esta erva sequiosa.

Oxalá que vos confesse tudo o que encontrar nos vossos livros e ouça a voz dos vossos louvores. Possa eu inebriar-me de Vós e considerar as maravilhas da vossa lei, desde o princípio em que criastes o céu e a terra até ao tempo em que partilharemos convosco do reino perpétuo da vossa santa cidade.

Senhor, tende compaixão de mim e ouvi o meu desejo. Julgo que nele não há nada de terrestre, nem de ouro, nem de prata, nem de pedras preciosas, nem de vestidos luxuosos, nem de honras e poderes, nem de prazeres da carne, nem de coisas necessárias ao corpo e a esta nossa vida de peregrinos. Tudo nos é dado por acréscimo, a nós que buscamos o reino do céu e a vossa justiça.

Vede, Senhor meu Deus, donde nasce o meu anseio. "Os maus contaram-me as suas alegrias, mas estas não são como as que provêm da vossa lei, ó Senhor"[6]. Eis donde brota o meu anseio. Vede, ó Pai, aprovai e tende por bem que eu, sob o olhar da vossa misericórdia, encontre graça diante de Vós, para que os arcanos das vossas palavras se abram, quando o meu espírito lhes bater à porta.

Peço-vos por intermédio de Nosso Senhor Jesus Cristo, "vosso Filho, o homem sentado à vossa destra, o Filho do Ho-

5. Sl 73,16.
6. Sl 113,85.

mem"[7], ao qual confirmastes como Mediador entre Vós e nós. Por Ele nos buscastes quando não vos procurávamos. Vós nos buscastes para que também vos buscássemos.

Rogo-vos por intermédio do vosso Verbo, pelo qual criastes todas as coisas e, entre elas, a mim. Rogo-vos pelo vosso Unigênito, pelo qual chamastes à adoção o povo dos crentes, entre os quais estou eu também. Por Ele, que "está sentado à vossa direita e intercede por nós diante de Vós"[8]. "Nele se encontram todos os tesouros de sabedoria e ciência"[9], aos quais procuro nos vossos livros. Moisés escreveu a seu respeito: "Isto diz Ele, isto diz a Verdade".

3. Como compreender Moisés?

Concedei-me que eu ouça e compreenda como "no princípio criastes o céu e a terra"[10]. Isto escreveu Moisés. Escreveu-o e deixou este mundo. Partiu daqui, de Vós para Vós e agora não está na minha presença. Se estivesse presente, detê-lo-ia para lhe pedir e suplicar por vosso intermédio que me patenteasse o sentido desta frase. Prestaria atenção às palavras saídas dos seus lábios. Se Moisés falasse na língua hebraica, em vão impressionaria os meus ouvidos, porque nenhuma ideia atingiria a minha mente[11]. Se porém se exprimisse em latim, compreenderia o que ele me dissesse.

Mas como saberia eu que ele falava verdade? E quando o soubesse, sabê-lo-ia por seu intermédio? A mesma Verdade, que não é hebraica, nem grega, nem latina, nem bárbara, dir-me-ia interiormente, dentro do domicílio do meu pensamento, sem o auxílio dos órgãos da boca e da língua e sem ruído de sílabas: "Moi-

7. Sl 79,18.
8. Rm 8,34.
9. Cl 2,3.
10. Gn 1,1.
11. Santo Agostinho ignorava a língua hebraica.

sés fala verdade". E eu, imediatamente, com toda a certeza e confiança, diria àquele vosso servo: "Dizeis a verdade".

Como não posso consultá-lo, interrogo-vos, ó Verdade, cuja plenitude ele possuía e com a qual enunciou aquelas verdades. Suplico-vos, ó meu Deus, que me perdoeis os pecados e, já que permitistes que aquele vosso servo dissesse estas coisas, fazei também que eu as compreenda.

4. Deus, no poema da criação

Existem, pois, o céu e a terra. Em alta voz dizem-nos que foram criados, porque estão sujeitos a mudanças e vicissitudes. Ainda mesmo o que não foi criado e todavia existe, nada tem em si que antes não existisse. Portanto, sofreu mudança e passou por vicissitudes[12]. Proclamem todas estas coisas que não se fizeram a si próprias: "Existimos porque fomos criados. Portanto não existíamos antes de existir, para que nos pudéssemos criar".

A mesma evidência é a voz com que o céu e a terra nos falam. Vós, Senhor, os criastes. Porque sois belo, eles são belos; porque sois bom, eles são bons; porque existis, eles existem. Não são tão formosos, nem tão bons, nem existem do mesmo modo que Vós, seu Criador. Comparados convosco nem são belos nem são bons nem existem.

Graças vos sejam dadas por sabermos estas coisas. Mas a nossa ciência, comparada com a vossa, é ignorância.

---

12. "Ainda mesmo o que não foi criado e todavia existe..." Esta frase só se compreende tendo em vista a teoria agostiniana da criação. Para o Santo Doutor, as criaturas foram tiradas do nada num só momento. Algumas apareceram logo na sua forma perfeita, como o firmamento, os astros, a alma do homem, os anjos. Outras surgiram na terra sob uma forma incompleta, mas dotadas de virtudes intrínsecas evolutivas (*rationes seminales*). Assim se originaram da matéria bruta, por evolução, os animais e até o corpo do primeiro homem. No seu tempo, dizia Santo Agostinho, apenas se verificava esta lei nos animais inferiores, como nas rãs, lagartixas, etc. que eram produzidas pela terra, na qual já se encontravam os germes desses mesmos seres.
Por conseguinte, a frase parcialmente transcrita deve entender-se: "Ainda mesmo o que não foi criado na sua forma definitiva e perfeita e todavia, por processo evolutivo das razões seminais, obteve a existência; nada tem em si que antes não existisse..."

5. A palavra criadora

De que modo, porém, criastes o céu e a terra e qual foi a máquina de que vos servistes para esta obra tão imensa, se não procedestes como o artífice que forma um corpo de outro corpo, impondo-lhe, segundo a concepção da sua mente vigorosa, a imagem que vê em si mesma, com os olhos do espírito? Donde lhe viria esse poder, se Vós não lhe tivésseis criado a imaginação?

O artífice impõe a forma à matéria – a qual já existia e já a continha –, isto é, à terra ou à pedra, ou à madeira ou ao ouro ou a qualquer coisa material. Mas donde proviriam estes seres, se não os tivésseis criado? Fizestes ao artífice o corpo, fizestes-lhe a alma que impera aos membros. Criastes a matéria com que fabrica os objetos, a inspiração com que ele concebe a arte e vê internamente o plano que executa no exterior.

Concedestes ao artista os sentidos do corpo, com os quais, servindo-se deles como de intérpretes, transpõe da fantasia para a matéria a figura que deseja realizar. Com eles anuncia ao espírito o que faz, para que este lá dentro pergunte à Verdade – juiz da alma – se a obra foi bem realizada.

Todas estas criaturas vos louvam como Criador de tudo. Mas, de que modo as fazeis? Como fizestes, meu Deus, o céu e a terra? Sem dúvida, não fizestes o céu e a terra, no céu ou na terra, nem no ar ou nas águas, porque também estes pertencem ao céu e à terra. Nem criastes o universo no universo, porque antes de o criardes não havia espaço onde pudesse existir. Nem tínheis à mão matéria alguma com que modelásseis o céu e a terra. Nesse caso, donde viria essa matéria que Vós não criáreis e com a qual pudésseis fabricar alguma coisa? Que criatura existe que não exija a vossa existência?

Portanto, é necessário concluir que falastes e os seres foram criados. Vós os criastes pela vossa palavra!

6. A voz ecoando no silêncio

Mas como é que falastes? Porventura do mesmo modo como quando se ouviu de entre a nuvem a voz que dizia: "Este é o meu Filho predileto"?[13]

Com efeito aquela voz ecoou e sumiu. Começou e findou. Ressoaram as sílabas e passaram, a segunda após a primeira, a terceira após a segunda, e todas pela mesma ordem até à última e, depois da última: o silêncio... Donde claramente ressalta que uma criatura as pronunciou, mediante uma vibração temporal, ao serviço da vossa eterna vontade. *Estas palavras* transitórias anunciou-as ela, por intermédio dos ouvidos externos, à inteligência que as compreende e cujos órgãos interiores da audição estão dispostos para escutarem o vosso verbo eterno.

A inteligência comparou *essas palavras*, proferidas no tempo, com o vosso *verbo, gerado* no eterno silêncio, e disse: "Sim, a diferença é grande, muito grande! *Estas palavras* estão muito abaixo de mim. Nem sequer existem, porque fogem e passam". Porém o *verbo* de Deus permanece sobre mim eternamente.

Se foi, portanto, por meio de palavras soantes e transitórias que dissestes que fossem feitos o céu e a terra, e se assim os criastes, conclui-se que já antes do céu e da terra existia uma criatura material por cujas vibrações aquela voz pôde correr no tempo.

Porém, nenhum corpo existia antes do céu e da terra, ou, se existia, o tínheis certamente criado sem ser por meio de voz transitória. Por ele emitistes a voz passageira com que dissestes que o céu e a terra fossem feitos.

Efetivamente, qualquer que seja a substância com que produzistes essa voz, de modo algum poderia existir, se não a tivésseis criado. Mas que palavra pronunciastes para dar ser à matéria com que havíeis de formar aquelas palavras?

13. Mt 3,17; 17,5.

7. O Verbo de Deus coeterno com Deus

Assim nos convidais a compreender o Verbo, Deus junto de Vós que sois Deus, o qual é pronunciado por toda a eternidade e no qual tudo é pronunciado eternamente. Nunca se acaba o que estava sendo pronunciado nem se diz outra coisa para dar lugar a que tudo se possa dizer, mas tudo se diz *simultânea e eternamente.* Se assim não fosse, já haveria tempo e mudança e não verdadeira eternidade e verdadeira imortalidade.

Tudo isso entendi, meu Deus, e por isso vos dou graças. Confesso-vos, Senhor, que o entendi, e comigo vos conhece e bendiz todo o que não é ingrato à infalível Verdade. Sabemos, Senhor, sabemos que uma coisa morre e nasce, consoante deixa de ser o que era e passa a ser o que não era. No vosso Verbo, porém, nada desaparece, nada se substitui, porque é verdadeiramente eterno e imortal. Por isso, ao Verbo, que é coeterno convosco, dizeis, ao mesmo tempo e eternamente, tudo o que dizeis. E tudo o que dizeis que se faça, realiza-se! Para Vós não há diferença nenhuma entre o *dizer* e o *criar.* Nem tudo, porém, o que fazeis com a vossa palavra se realiza simultaneamente e desde toda a eternidade.

8. Nós, discípulos do Verbo

Dizei-me a causa de tudo isto, eu vos peço, Deus e Senhor meu! Alguma coisa entendo, mas não sei como me exprimir. Limito-me a dizer que tudo quanto começa a existir ou deixa de existir só principia ou acaba quando se conhece, na vossa Razão eterna, que tudo isso deve ter começado ou terminado, ainda que nela nada comece e nada desapareça.

O vosso Verbo é esta mesma Razão e Princípio de todas as coisas, o qual também nos fala interiormente. Assim falou-nos no Evangelho por meio do seu corpo. Ressoou essa voz exteriormente aos ouvidos dos homens para que acreditassem nele, o buscassem dentro de si mesmos e o encontrassem na eterna Verdade, onde o bom e único Mestre ensina a todos os discípulos.

Senhor, ouço a vossa voz me dizer que só nos fala verdadeiramente aquele que nos ensina. Quem não nos ensina, ainda que nos fale é como se não nos falasse. Mas além da Verdade Imutável, quem é que nos ensina? Ainda quando somos elucidados pela criatura mutável, somos encaminhados também para a Verdade Imutável, onde *verdadeiramente* aprendemos. Então conservamo-nos de pé a ouvi-lo e "enchemo-nos de alegria por causa da voz do Esposo"[14], que nos conduz à origem donde somos.

Portanto, é Ele o princípio, porque se Ele não permanecesse, não teríamos para onde voltar quando vagueássemos errantes. Quando, porém, voltamos do erro, voltamos com plena consciência. Ensina-nos, a fim de que possuamos essa plena consciência da nossa volta, porque é o Princípio. Ele nos fala.

9. A luz do Verbo em mim

Criastes, ó Deus, o céu e a terra, neste princípio, no vosso Verbo, no vosso Filho, na vossa virtude, na vossa Sabedoria, falando e agindo de um modo admirável. Quem poderá compreendê-lo? Quem poderá contá-lo? Que luz é esta que me ilumina de quando em quando e me fere o coração, sem o lesar? Horrorizo-me e inflamo-me: horrorizo-me enquanto sou diferente dela, inflamo-me enquanto sou semelhante a ela.

É a Sabedoria, a própria Sabedoria que bruxuleia em mim e rasga a minha nuvem. Esta me encobre de novo quando desanimo por causa da escuridão e do peso das minhas misérias.

"Enfraqueceu-se de tal modo na indigência o meu vigor"[15] que não suporto o meu próprio bem, até que Vós, Senhor, que "vos tornastes compassivo para com todas as minhas iniquidades", me cureis também de todos os achaques. Resgatareis pois a minha alma da corrupção, me coroareis na vossa compaixão e

14. Jo 3,29.
15. Sl 30,11.

misericórdia, saciareis de bem o meu desejo, porque então a minha juventude será renovada como a águia"[16]. Fomos salvos pela esperança e aguardamos com paciência as vossas promessas[17]. Ouça, pois, vossa voz em seu interior quem puder! Eu clamarei, confiado no vosso oráculo: "Quão magníficas são as vossas obras, Senhor! Tudo fizestes na vossa Sabedoria"[18]. É ela o Princípio, e foi neste Princípio que criastes o céu e a terra.

10. Uma objeção dos velhos de espírito

Não é verdade que estão ainda cheios de velhice espiritual[19] aqueles que nos dizem: "Que fazia Deus antes de criar o céu e a terra? Se estava ocioso e nada realizava - dizem eles - por que não ficou sempre assim no decurso dos séculos, abstendo-se, como antes, de toda a ação? Se existiu em Deus um novo movimento, uma vontade nova para dar o ser a criaturas que nunca antes criara, como pode haver verdadeira eternidade, se nele aparece uma vontade que antes não existia?"

A vontade de Deus não é uma criatura; está antes de toda a criatura, pois nada seria criado se antes não existisse a vontade do Criador. Essa vontade pertence à própria substância de Deus. Se alguma coisa surgisse na substância de Deus que antes lá não estivesse, não podíamos, com verdade, chamar a essa substância eterna. Mas, se desde toda a eternidade é vontade de Deus que existam criaturas, por que razão não são as criaturas eternas?[20]

---

16. Sl 102,3-5.

17. Cf. Rm 8,29.

18. Sl 103,24.

19. *Pleni vetustatis suae,* diz Santo Agostinho. No sermão 267 explica: *carnalitas, vetustas est*: a sensualidade é velhice (espiritual).

20. Santo Agostinho trata este mesmo assunto no *De Genesi contra manichaeos,* liv. I, cap. 2. A criação não foi *ab aeterno.* Deus criou livremente por um ato eterno de volição. As ideias das coisas existem na inteligência divina desde toda a eternidade. Porém os termos ou objetos que Deus quer produzir só aparecem no momento determinado pela sua volição. Os filósofos escolásticos medievais combateram o averroísmo e a tese de Aristóteles que propunha a eternidade do mundo.

11. O tempo não pode medir a eternidade

Quem afirma tais coisas, ó Sabedoria de Deus, Luz das inteligências, ainda não compreendeu como se realiza o que se faz por Vós e em Vós. Esforça-se por saborear as coisas eternas, mas o seu pensamento ainda volita ao redor das ideias, ideias da sucessão dos tempos passados e futuros e, por isso, tudo o que excogita é vão.

A esse, quem o poderá prender e fixar para que pare um momento e arrebate um pouco do esplendor da eternidade perpetuamente imutável, para que veja como a eternidade é incomparável, se a confronta com o tempo que nunca para? Compreenderá então que a duração do tempo não será longa, se não se compuser de muitos movimentos passageiros[21]. Ora, estes não podem alongar-se simultaneamente.

Na eternidade, ao contrário, nada passa, tudo é presente, ao passo que o tempo nunca é todo presente. Esse tal verá que o passado é impelido pelo futuro e que todo o futuro está precedido de um passado, e todo o passado e futuro são criados e dimanam daquele que sempre é presente. Quem poderá prender o coração do homem, para que pare e veja como a eternidade imóvel determina o futuro e o passado, não sendo nem passado nem futuro? Poderá, porventura, a minha mão que escreve explicar isto? Poderá a atividade da minha língua conseguir pela palavra realizar empresa tão grandiosa?

12. O que fazia Deus antes da criação do mundo

Eis a minha resposta àquele que pergunta: "Que fazia Deus antes de criar o céu e a terra?" Não lhe responderei nos mesmos termos com que alguém, segundo se narra, respondeu, eludindo, com graça, a dificuldade do problema: "Preparava - disse - a geena para aqueles que perscrutam estes profundos mistérios!"

21. Ações sucessivas transitórias.

Uma coisa é ver a solução do problema e outra é rir-se dela. Não darei essa resposta. Gosto mais de responder: não sei - quando de fato não sei - do que apresentar aquela solução, dando motivo a que se escarneça do que propôs a dificuldade e se louve aquele que respondeu sofisticamente.

Mas eu digo, meu Deus, que sois o Criador de tudo o que foi criado. Se pelo nome de "céu e terra" se compreendem todas as criaturas, não temo afirmar que, antes de criardes o céu e a terra, não fazíeis coisa alguma. Pois se tivésseis feito alguma coisa, que poderia ser senão criatura vossa? Oxalá eu soubesse tudo o que me importa conhecer, como sei que Deus não fazia nenhuma criatura antes que se fizesse alguma criatura!

13. O eterno "hoje"

Mas se a célere fantasia de alguém anda vagueando por tempos imaginários anteriores à criação e se se admira de que Vós, Deus Onipotente, Criador e Mantenedor de todas as coisas, Artífice do céu e da terra, antes de empreenderdes essa empresa, vos tenhais abstido, durante inumeráveis séculos, da realização de tão grande obra, esse que atenda e considere quão falso é o objetivo da sua admiração.

Como poderiam ter passado inumeráveis séculos, se Vós, que sois o Autor e o Criador de todos os séculos, ainda não os tínheis criado? Que tempo poderia existir se não fosse estabelecido por Vós? E como poderia esse tempo decorrer, se nunca tivesse existido?

Sendo, pois, Vós, o obreiro de todos os tempos - se é que existiu algum tempo antes da criação do céu e da terra -, por que razão se diz que vos abstínheis de toda a obra? Efetivamente fostes Vós que criastes esse mesmo tempo, nem ele podia decorrer antes de o criardes! Porém, se antes da criação do céu e da terra não havia tempo, para que perguntar o que fazíeis *então?* Não podia haver *então*, onde não havia tempo. Não é no tempo que Vós precedeis o tempo, pois, de outro modo, não seríeis anterior a todos os tempos.

Precedeis, porém, todo o passado, alteando-vos sobre ele com a vossa eternidade sempre presente. Dominais todo o futuro porque está ainda para vir. Quando ele chegar, já será pretérito. Vós, pelo contrário, permaneceis sempre o mesmo e os vossos anos não morrem[22].

Os vossos anos não vão nem vêm. Porém, os nossos vão e vêm, para que todos venham. Todos os vossos anos estão conjuntamente parados, porque estão fixos, nem os anos que chegam expulsam os que vão, porque estes não passam. Quanto aos nossos anos, só poderão existir *todos*, quando já todos não existirem. Os vossos anos são como um só dia, e o vosso dia não se repete de modo que possa chamar-se quotidiano, mas é um perpétuo *hoje*, porque este vosso *hoje* não se afasta do *amanhã*, nem sucede ao *ontem*. O vosso *hoje* é a eternidade. Por isso gerastes coeterno vosso Filho a quem dissestes: "Eu hoje te gerei"[23].

Criastes todos os tempos e existis antes de todos os tempos. Não é concebível um tempo em que se possa dizer que não havia tempo.

14. O que é o tempo?

Não houve tempo nenhum em que não fizésseis alguma coisa, pois fazíeis o próprio tempo.

Nenhum tempo vos é coeterno, porque Vós permaneceis imutável, e, se os tempos assim permanecessem, já não seriam tempos. Que é, pois, o tempo? Quem poderá explicá-lo clara e brevemente? Quem poderá apreendê-lo, mesmo só com o pensamento, para depois nos traduzir por palavras o seu conceito? E que assunto mais familiar e mais batido nas nossas conversas do que o tempo? Quando dele falamos, compreendemos o que dizemos. Compreendemos também o que nos dizem quando dele

22. "O tempo é um vestígio de eternidade" (Santo Agostinho *De Gemesi*, lib. imperf. XIII, 38).

23. Sl 2,7; Hb 5,5.

nos falam. O que é, por conseguinte, o tempo? Se ninguém me perguntar, eu sei; se quiser explicá-lo a quem me fizer a pergunta, já não sei. Porém, atrevo-me a declarar, sem receio de contestação, que, se nada sobrevivesse, não haveria tempo futuro, e, se agora nada houvesse, não existia o tempo presente.

De que modo existem aqueles dois tempos – o passado e o futuro – se o passado já não existe e o futuro ainda não veio? Quanto ao presente, se fosse sempre presente e não passasse para o pretérito, já não seria tempo, mas eternidade. Mas se o presente, para ser tempo, tem necessariamente de passar para o pretérito, como podemos afirmar que ele existe, se a causa da sua existência é a mesma pela qual deixará de existir? Para que digamos que o tempo verdadeiramente só existe porque tende a não ser?[24]

15. As três divisões do tempo

Contudo, dizemos tempo *longo* ou *breve*, e isto só podemos afirmar do futuro ou do passado. Chamamos *longo* ao tempo passado, se é anterior ao presente, por exemplo, cem anos. Do mesmo modo dizemos que o tempo futuro é *longo*, se é posterior ao presente, também cem anos. Chamamos *breve* ao passado, se dizemos, por exemplo, "há dez dias"; e ao futuro, se dizemos "daqui a dez dias". Mas como pode ser breve ou longo o que não existe? Com efeito, o passado *já não existe* e o futuro *ainda não existe*. Não digamos: "é longo"; mas digamos do passado: "foi longo"; e do futuro: "será longo".

Nesta questão, escarnecerá do homem a vossa Verdade, ó meu Deus e minha Luz? O tempo longo, já passado, foi longo depois de passado ou quando ainda era presente? Só então podia ser longo (nesse momento presente), quando existia alguma coi-

24. O tempo é um ser de razão com fundamento na realidade. Santo Agostinho estuda o problema do tempo apenas sob o aspecto psicológico: como é que nós o apreendemos. Não o estuda sob o aspecto ontológico: como é em si mesmo. Para este último caso teria de considerá-lo como indivisível.

sa capaz de ser longa. O passado já não existia; portanto não podia ser longo aquilo que totalmente deixara de existir.

Não digamos, pois, "o tempo passado foi longo" porque não encontraremos aquilo que tivesse podido ser longo, visto que já não existe desde o instante em que passou. Digamos antes: "aquele tempo presente foi longo", porque só enquanto foi presente é que foi "longo". Ainda não tinha passado ao não ser, e portanto existia uma coisa que podia ser longa. Mas logo que passou, simultaneamente deixou de ser longo, porque deixou de existir.

Vejamos, portanto, ó alma humana, se o tempo presente pode ser longo. Foi-te concedida a prerrogativa de perceberes e medires a sua duração. Que me responderas? Porventura cem anos presentes são muito tempo? Considera primeiro se cem anos podem ser presentes. Se o primeiro ano está decorrendo, este é presente, mas os outros noventa e nove são futuros, portanto ainda não existem. Se está decorrendo o segundo ano, um é passado, outro presente e os restantes futuros. Se apresentarmos como presentes qualquer dos anos intermediários da série centenária, notamos que os que estão antes dele são passados, e os que estão depois são futuros. Pelo que, cem anos não podem ser presentes.

Examina pelo menos se o ano que está passando pode ser presente. Com efeito, se o primeiro mês está passando, os outros são futuros. Se estamos no segundo mês, o primeiro já passou e os outros ainda não existem. Logo nem o ano que está decorrendo pode ser todo presente, e se não é todo presente, não é um ano presente. O ano compõe-se de doze meses; um mês qualquer é presente enquanto decorre; os outros são passados ou futuros. Nem sequer, porém, o mês que está decorrendo é presente, mas somente o dia. Se é o primeiro dia, todos os outros são futuros; se é o último, todos os outros são passados; se é um dia intermediário, está entre dias passados e futuros.

O tempo presente – o único que julgávamos poder chamar longo – ei-lo reduzido apenas ao espaço de um só dia! Mas discutamos também acerca dele, porque nem sequer um dia é inteiramente presente.

O dia e a noite compõem-se de vinte e quatro horas, entre as quais a primeira tem as outras todas como futuras, e a última tem a todas como passadas. Com respeito a qualquer hora intermediária são pretéritas aquelas que a precedem, e futuras as subsequentes. Uma hora compõe-se de fugitivos instantes. Tudo o que dela já debandou é passado. Tudo o que ainda resta é futuro. Se pudermos conceber um espaço de tempo que não seja susceptível de ser subdividido em tais partes, por mais pequeninas que sejam, só a este podemos chamar tempo presente. Mas este voa tão rapidamente do futuro ao passado que não tem nenhuma duração. Se a tivesse, dividir-se-ia em passado e futuro. Logo, o tempo presente não tem nenhum espaço.

Onde existe, portanto, o tempo que podemos chamar longo? Será o futuro? Mas deste tempo não dizemos que é longo, porque ainda não existe. Dizemos: "será longo". E quando será? Se esse tempo ainda agora está para vir, nem então será longo, porque ainda não existe nele aquilo que seja capaz de ser longo. Suponhamos que, ao menos, no futuro será longo. Mas só poderá começar a ser no instante em que ele nasce desse futuro – que ainda não existe – e se torna tempo presente, porque só então possui capacidade de ser longo. Mas com as palavras que acima deixamos transcritas, o tempo presente clama que não pode ser longo.

16. Pode-se medir o tempo

E contudo, Senhor, percebemos os intervalos dos tempos, comparamo-los entre si e dizemos que uns são mais longos e outros mais breves. Medimos também quando este tempo é mais comprido ou mais curto do que outro, e respondemos que um é duplo ou triplo, ou que a relação entre eles é simples, ou que este é tão grande como aquele.

Mas não medimos os tempos que passam, quando os medimos pela sensibilidade. Quem pode medir os tempos passados que já não existem ou os futuros que ainda não chegaram? Só se alguém se atrever a dizer que pode medir o que não existe! Quando está decorrendo o tempo, pode percebê-lo e medi-lo. Quando, porém, já tiver decorrido, não o pode perceber nem medir, porque esse tempo já não existe[25].

17. Através do pretérito e do futuro

Não afirmo, ó Pai. Apenas pergunto. Meu Deus, assisti-me e dirigi-me!

Quem se atreveria a dizer-me que não há três tempos, conforme aprendemos na infância e ensinamos às crianças: o pretérito, o presente e o futuro? Existirá somente o presente, visto que os outros dois não existem? Ou eles também existem, e então o tempo procede de algum retiro oculto, quando de futuro se faz presente? Entra o tempo em outro esconderijo quando de presente se faz passado? Onde é que os adivinhos viram as coisas futuras que vaticinaram, se elas ainda não existem? Efetivamente não é possível ver o que não existe. E os que narram fatos passados, sem dúvida não os poderiam veridicamente contar, se não os vissem com a alma. Ora, se esses fatos passados não existissem, de modo nenhum poderiam ser vistos. Existem, portanto, fatos futuros e pretéritos.

18. O vaticínio do futuro pelo presente

Permiti, Senhor, minha Esperança, que eu leve mais além as minhas investigações. Não se perturbe a minha atenção!

Se existem coisas futuras e passadas, quero saber onde elas estão. Se ainda não posso compreender, sei todavia que em qualquer parte onde estiverem, aí não são futuras nem pretéritas, mas presentes. Pois, se também aí são futuras, ainda lá não es-

25. O tempo não é apenas uma sucessão de instantes separados. É um contínuo e como tal é indivisível. O tempo para ser estudado na sua metafísica não se deve dividir no "antes" e no "depois", mas considerar-se na sua síntese de continuidade.

tão; e, se nesse lugar são pretéritas, já lá não estão. Por conseguinte, em qualquer parte onde estiverem, quaisquer que elas sejam, não podem existir senão no presente. Ainda que se narrem os acontecimentos verídicos já passados, a memória relata não os próprios acontecimentos que já decorreram, mas sim as palavras concebidas pelas imagens daqueles fatos, os quais, ao passarem pelos sentidos, gravaram no espírito uma espécie de vestígios. Por conseguinte, a minha infância, que já não existe presentemente, existe no passado que já não é. Porém, a sua imagem, quando a evoco e se torna objeto de alguma descrição, vejo-a no tempo presente, porque ainda está na minha memória.

Confesso-vos, meu Deus, que não sei se a causa pela qual se prediz o futuro equivale ao fenômeno de se apresentarem ao espírito as imagens já existentes das coisas que ainda não existem. Sei com certeza que nós, a maior parte das vezes, premeditamos as nossas ações futuras e essa premeditação é presente, ao passo que a ação premeditada ainda não existe, porque é futura. Quando empreendermos e começarmos a realizar o que premeditamos, então essa ação existirá, porque já não é futura, mas presente. De qualquer modo que suceda este pressentimento oculto das coisas futuras, não podemos ver senão o que possui existência. Ora, o que já existe não é futuro, mas presente. Por conseguinte, quando se diz que se veem os acontecimentos futuros, não se veem os próprios acontecimentos ainda inexistentes – isto é, os fatos futuros –, mas sim as suas causas ou talvez os seus prognósticos já dotados de existência. Portanto, com relação aos que os veem, esses acontecimentos não são futuros, mas sim presentes. Por esses vaticínios é apenas profetizado o futuro já preconcebido na alma. Estes vaticínios, repito, já existem, e aqueles que predizem o futuro já os veem como presentes junto a si.

Tomemos algum exemplo da multidão tão numerosa de fenômenos.

Vejo a aurora e prognostico que o sol vai nascer. O que vejo é presente, o que anuncio é futuro. Não é o sol que é futuro, porque esse já existe, mas sim o seu nascimento, que ainda não se realizou. Contudo, não poderia prognosticá-lo sem conceber também, na minha imaginação, o mesmo nascimento, como agora o faço quando isto declaro. Mas nem aquela aurora que eu vejo no céu e que precede o aparecimento do sol, nem aquela imagem formada no meu espírito, são o mesmo nascimento do sol, ainda que, para se predizer este futuro, se devam enxergar a aurora e a sua imagem como presentes.

Por conseguinte, as coisas futuras ainda não existem; e se ainda não existem, não existem presentemente. De modo algum podem ser vistas se não existem. Mas podem ser prognosticadas pelas coisas presentes que já existem e se deixam observar.

19. Oração ao Senhor do futuro

Declarai-nos, pois, ó Soberano Senhor das vossas criaturas, de que modo ensinais às almas os acontecimentos futuros, pois não se pode duvidar que os revelastes aos vossos profetas. De que modo ensinais as coisas futuras, ó Senhor, para quem não há futuro? Ou antes, de que modo ensinais algumas coisas presentes acerca do futuro? Pois o que não existe também não pode, evidentemente, ser ensinado!

Este modo misterioso está demasiado acima da minha inteligência. Supera as minhas forças. Por mim não poderei atingi-lo. Porém, o poderei por Vós, quando me concederdes, ó doce luz dos ocultos olhos da minha alma.

20. Conclusão desta análise: nova terminologia

O que agora claramente transparece é que nem há tempos futuros nem pretéritos. É impróprio afirmar que os tempos são três: pretérito, presente e futuro. Mas talvez fosse próprio dizer que os tempos são três: presente das coisas passadas, presente das presentes, presente das futuras. Existem, pois, estes três tempos na minha mente que não vejo em outra parte: lembrança presente das coisas passadas, visão presente das coisas presentes e esperança presente das coisas futuras. Se me é lícito empregar tais expressões, vejo então três tempos e confesso que são três.

Diga-se também que há três tempos: pretérito, presente e futuro, como ordinária e abusivamente se usa. Não me importo, nem me oponho, nem critico tal uso, contanto que se entenda o que se diz e não se julgue que aquilo que é futuro já possui existência, ou que o passado subsiste ainda. Poucas são as coisas que exprimimos com terminologia exata. Falamos muitas vezes sem exatidão, mas entende-se o que pretendemos dizer!

21. Novas dificuldades: Como se pode medir o tempo?

Disse há pouco que medimos os tempos que passam, de modo que podemos afirmar: este espaço de tempo é duplo de tal outro, ou é-lhe equivalente, ou este é igual àquele. Do mesmo modo exprimimos outras subdivisões do tempo, se mais alguma outra medida pudermos enunciar. Por conseguinte, como dizia, medimos os tempos ao decorrerem. E se alguém me disser: "Como sabes?" – Responderei: "Sei porque os medimos. Não medimos o que não existe. Ora as coisas pretéritas ou futuras não existem". Como medimos nós o tempo presente, se não tem espaço? Mede-se quando passa. Porém, quando já tiver passado, não se mede, porque já não será possível medi-lo.

Mas de onde se origina ele? Por onde e para onde passa, quando se mede? De onde se origina ele senão no futuro? Por onde caminha senão pelo presente? Para onde se dirige senão para o passado? Portanto, nasce naquilo que ainda não existe, atravessando aquilo que carece de dimensão, para ir para aquilo que já não existe.

Porém, que medimos nós senão o tempo em algum espaço? Não diríamos tempos simples, duplos, triplos e iguais ou com outras denominações análogas, se não os considerássemos como espaços de tempo. Em que espaço medimos o tempo que está para passar? Será no futuro, de onde parte? Mas não podemos medir o que ainda não existe! Será no presente, por onde parte? Mas não medimos o que não tem nenhuma extensão! Será no passado, para onde parte? Mas, para nós, não é mensurável o que já não existe!

22. Senhor, desfazei este enigma!

Meu espírito ardeu em ânsias de compreender este enigma tão complicado. Não fecheis, Senhor meu Deus e Pai bondoso - peço-vos, por amor de Jesus Cristo - não fecheis ao meu desejo estes problemas comuns e ao mesmo tempo misteriosos. Fazei, Senhor, que penetre neles e que me sejam claros e manifestos pela vossa misericórdia.

A quem devo interrogar sobre estas questões ou a quem poderei com mais fruto confessar a minha ignorância do que a Vós, a quem não molestam as minhas ânsias excessivamente inflamadas no estudo das vossas Escrituras? Dai-me o que amo, pois Vós me concedestes esta graça de amar. Dai-me, Pai, o que vos peço, Vós que verdadeiramente sabeis presentear os vossos filhos com dádivas valiosas. Dai-me porque determinei conhecê-lo e não descansarei enquanto não o manifestardes a mim.

Peço-vos por intermédio de Jesus Cristo, em nome do Santo dos Santos, que ninguém me perturbe nesta investigação. Acreditei, e eis o motivo por que falo. É esta a minha esperança. Vivo para ela a fim de contemplar as delícias do Senhor. "Tornastes velhos os meus dias"[26] e eles passam sem saber como.

Falamos do tempo e mais do tempo, dos tempos e ainda dos tempos. Andamos constantemente com o "tempo" na boca: "Por quanto *tempo* falou este homem?" "Quanto *tempo* demorou fazendo isto?" "Há quanto *tempo* não vi aquilo?" "Esta sílaba longa tem o dobro de tempo daquela sílaba breve". Dizemos e ouvimos semelhantes expressões. Os outros nos compreendem e nós os compreendemos.

---

26. Sl 38,6.

São palavras muito claras e muito vulgares, mas ao mesmo tempo bastante obscuras. Exigem, por isso, uma nova análise.

23. O tempo é uma certa distensão

Ouvi dizer de um homem instruído que o tempo não é mais que o movimento do sol, da lua e dos astros[27]. Não concordei. Por que não seria antes o movimento de todos os corpos? Se os astros parassem e continuasse a mover-se a roda do oleiro, deixaria de haver tempo para medirmos as suas voltas? Não poderíamos dizer que estas se realizavam em espaços iguais, ou se a roda umas vezes se movesse mais devagar, outras mais depressa, não poderíamos afirmar que umas voltas demoravam mais, outras menos? Ou, ao dizermos isto, não falamos nós no tempo, e não há nas nossas palavras sílabas longas e sílabas breves, assim chamadas porque umas ressoam durante mais tempo e outras durante menos tempo? Fazei, meu Deus, com que os homens conheçam, por meio deste simples exemplo, as noções comuns das coisas grandes e pequenas.

Há estrelas e luzeiros no céu que servem de sinais, indicam as estações, as horas e os anos. Com certeza, existem. Mas nem eu afirmo que uma volta daquela roda de madeira represente um dia, nem aquele sábio se atreverá a dizer que esse giro não representa um determinado tempo.

Desejo saber a força e a natureza do tempo com que medimos os movimentos dos corpos e dizemos, por exemplo, que tal movimento é duas vezes mais longo no tempo do que outro qualquer. Prossigamos na investigação: chamamos dia não somente a demora do sol sobre a terra, pela qual se diferencia o dia e a noite, mas também ao giro completo que o sol descreve do Oriente ao Ordiente. Por isso dizemos: "Passaram-se tantos dias". Entendemos também as respectivas noites, sem enumerar à parte os seus espaços. Portanto, já que o movimento do sol e o seu

27. Assim o afirmava Eratóstenes: "O tempo é o curso do sol". Igual teoria se atribui a Platão no livro *Timeu.* A este se refere o texto.

percurso do Oriente ao Oridente completam um dia, desejava saber se é o movimento que constitui o dia, ou se é a duração em que se realiza esse movimento, ou se são estas duas coisas conjuntamente.

Se fosse o *movimento* do sol que constituísse o dia, teríamos um dia, ainda que o sol completasse a sua carreira num tão pequeno espaço de tempo quanto é o de uma hora. Se fosse a *duração* do percurso do sol que constituísse o dia, não haveria dia, se de um nascer a outro nascer do sol houvesse a breve duração de tempo quanto é o de uma hora. Mas seria preciso que o sol desse vinte e quatro voltas para completar um dia. Se fossem o *movimento* do sol e a *duração* desse movimento a dar origem ao dia, este não se poderia apelidar com tal nome, se o sol perfizesse o seu giro completo no espaço de uma hora. Também não o chamaríamos dia, se se passasse tanto tempo estando o sol parado quanto este costumava gastar no seu percurso de uma manhã a outra manhã.

Agora não procuro averiguar em que consiste aquilo que apelidamos dia, mas sim o que seja o tempo, unidade pela qual, medindo o trajeto do sol, diríamos que o completou em menos de metade do espaço de tempo costumado, se acaso o perfizesse no espaço de tempo quanto é aquele em que decorrem doze horas. Comparando as duas durações, diremos que uma é simples e outra dupla, ainda que o sol demorasse umas vezes o tempo simples, outras vezes o dobro, no seu percurso do Oriente ao Oridente[28].

Ninguém me diga, portanto, que o tempo é o movimento dos corpos celestes. Quando com a oração de Josué o sol parou, a fim de concluir vitoriosamente o combate, o sol estava parado, mas o tempo caminhava[29]. Este espaço de tempo foi o suficiente para executar e pôr termo ao combate. Vejo portanto que o tem-

28. Os romanos mediam o dia de um nascer do sol até ao outro nascer do sol. Os judeus, ao contrário, contavam-no de um pôr do sol até ao outro pôr do sol.

29. Santo Agostinho pretende distinguir o tempo astronômico do tempo metafísico e do tempo psicológico. Aqui se refere ao astronômico.

po é uma certa distensão. Vejo, ou parece-me que vejo? Só Vós, Luz e Verdade, o demonstrareis a mim[30].

24. O tempo não é o movimento dos corpos

Se alguém me disser que o tempo é o movimento de um corpo, mandar-me-eis estar de acordo? Não mandareis. Ouço dizer que os corpos só se podem mover no tempo. Vós mesmo o afirmais. Mas não ouço dizer que o tempo é esse movimento dos corpos. Não o dizeis. Quando um corpo se move, é com o tempo que meço a duração desse movimento desde que começou até acabar. Se não o vi principiar a mover-se e persevera, de modo a não poder notar quando termina, só me é permitido medir a duração do movimento desde o instante em que comecei a vê-lo até que o deixei de ver. Se o presencio por longo espaço, não posso dizer *quanto tempo* demorou, mas somente que demorou *muito tempo*, porque o *quanto* só por comparação o podemos avaliar. Dizemos, por exemplo, que "isto durou tanto quanto aquilo", que "isto durou o dobro daquilo" e de modo semelhante, nos outros casos. Se pudermos observar de que lado vem o corpo que se move e para onde vai, ou se as suas partes se movem como um todo, poderemos dizer *quanto tempo* durou de um lugar a outro o movimento deste corpo ou das suas partes.

Portanto, sendo diferentes o movimento do corpo e a medida da duração do movimento, quem não vê qual destas duas coisas se deve chamar tempo? Num corpo que umas vezes se move com diferente velocidade e outras vezes está parado, medimos não somente o seu movimento, mas também o tempo que está parado. Dizemos: "Esteve tanto tempo parado como a andar" "ou esteve parado o dobro ou o triplo do tempo em que esteve em movimento", e assim por diante. Ainda no cálculo exato ou aproximativo, costuma-se dizer "mais" e "menos".

Portanto, o tempo não é o movimento dos corpos.

---

30. O tempo psicológico é a impressão do antes e depois que as coisas gravam no espírito. É o sentimento de presença das imagens que se sucedem, sucederam ou hão de suceder, referidas a uma anterioridade.

25. "Senhor, iluminareis as minhas trevas"

Confesso-vos, Senhor, que ainda ignoro o que seja o tempo. De novo vos confesso também, Senhor - isto não ignoro -, que digo estas coisas no tempo e que já há muito que falo do tempo e que esta longa demora não é outra coisa senão a duração de tempo. E como posso saber isto, se ignoro o que seja o tempo? Acontecerá talvez que não saiba exprimir o que sei? Ai de mim, que nem ao menos sei o que ignoro!

Eis-me diante de Vós, ó meu Deus, para vos declarar que não minto. Falo-vos tal qual é o meu coração. "Vós acendereis a minha candeia, Senhor meu Deus, e iluminareis as minhas trevas"[31].

26. Nova teoria sobre o tempo

Acaso minha alma não vos engrandece ao declarar-vos que meço os tempos? Efetivamente, meu Deus, meço-os e não sei o que meço. Meço o movimento de um corpo com o tempo. Não poderei eu medir o tempo do mesmo modo? Ser-me-á possível medir o movimento de um corpo enquanto ele perdura, e quanto o corpo demora a chegar de um lugar a outro sem que meça o tempo em que se move?

Com que posso eu medir o tempo? É com um espaço mais breve de tempo que calculamos outro mais longo, do mesmo modo que medimos o comprimento de um caibro com o côvado? Igualmente vemos que, pela duração de uma sílaba breve, se avalia a de uma sílaba longa, e afirmamos que a duração de uma é dupla da outra. Assim, medimos a extensão de um poema pelo número de versos, a grandeza dos versos pela dos *pés*, a dos *pés* pela duração das sílabas, as sílabas longas pelas breves, e não pelo número de páginas, pois deste modo mediríamos os espaços e não os tempos. Conforme as palavras passam e nós as pro-

31. Sl 17,29.

nunciamos, dizemos: "Este poema é extenso, pois se compõe de tantos versos; os versos são compridos porque constam de tantos pés; os pés também são compridos, pois se estendem por tantas sílabas; estas são longas porque são o dobro das breves".

Mas nem assim alcançamos a medida certa para o tempo, porque pode suceder que um verso menos extenso ressoe por maior espaço de tempo, se se pronuncia mais lentamente do que outro mais longo, se é proferido mais depressa. O mesmo sucede aos poemas, pés e sílabas.

Pelo que, pareceu-me que o tempo não é outra coisa senão *distensão;* mas de que coisa o seja, ignoro[32]. Seria para admirar que não fosse a da própria alma[33]. Portanto, dizei-me, eu vo-lo suplico, meu Deus, que coisa meço eu, quando declaro *indeterminadamente:* "Este tempo é mais longo do que aquele", ou quando digo *determinadamente:* "Este é duplo daquele outro"? Sei perfeitamente que meço o tempo, mas não o futuro, porque ainda não existe. Também não avalio o presente, pois não tem *extensão,* nem o passado, que não existe. Que meço eu então? O tempo que presentemente decorre e não o que já passou? Assim o tinha dito eu.

27. Uma experiência

Insiste, ó minha alma, e redobra esforçadamente de atenção: "Deus nos ajudará, pois Ele nos criou e não fomos nós que nos criamos"[34].

Fixa o olhar onde desponta o amanhecer da Verdade. Supõe, por exemplo, que a voz de um corpo começa a ressoar, ecoa, continua a ecoar e cala-se. Fez-se silêncio... a voz esmore-

32. Santo Agostinho não emprega o termo espacial da "extensão", para se referir ao tempo. Em vez daquele vocábulo, usa "distensão".

33. No conceito de tempo há dois elementos. Um transitório (sucessão) e outro permanente (duração). O tempo psicológico não é mais do que a percepção dessa sucessão contínua no campo da consciência com aspecto de localização e de anterioridade.

34. Sl 61,9; 99,3.

ceu... já não é voz. Era futura antes de ecoar e não podia ser medida porque ainda não existia, e agora também não é possível medi-la porque já se calou. Nesses instantes em que ressoava era comensurável, porque então existia uma coisa susceptível de ser medida. Mas mesmo nesses momentos não era estável. Ia esmorecendo e passava. Não seria por acaso esta instabilidade ou movimento o que a tornava mensurável? Com efeito, ao esmorecer, estendia-se por um espaço de tempo pretérito onde seria possível medi-la, já que o presente não tem nenhuma extensão.

Porém, se então era possível medi-la, suponhamos que outra voz começou a ressoar e ainda ressoa numa vibração contínua e de igual intensidade. Meçamo-la enquanto ela ressoa, pois desde que cesse de vibrar, já será pretérita e não poderemos medi-la. Meçamo-la por conseguinte e calculemos a sua duração. Todavia, ainda soa e não a podemos avaliar senão desde o princípio - em que começou a ressoar - até ao fim, quando emudecer, porque todo o intervalo se mede desde um certo ponto até um limite determinado. Por este motivo, a voz que ainda não terminou não é suscetível de ser comensurada, de modo que possamos calcular a sua longa ou breve duração. Nem podemos afirmar que seja igual a alguma outra, ou que a sua relação seja simples ou dupla, nem estabelecer qualquer outra proporção. Logo que essa voz cesse, fica destituída de existência. Então de que modo poderá ser avaliada? Com efeito medimos os tempos, mas não os que ainda não existem ou já passaram, nem os que não têm relação alguma, nem os que não têm limites. Não medimos, por conseguinte, os tempos futuros nem os passados, nem os presentes, nem os que estão passando. Contudo, medimos os tempos!

Este verso *Deus Creator omnium*[35], de oito sílabas, vai-se alternando com sílabas breves e longas. Quatro breves: a primeira, terceira, quinta e sétima. Estas são simples, comparadas com as quatro longas: a segunda, quarta, sexta e oitava. Cada uma destas tem o dobro de tempo com relação às outras. Assim o noto

35. *Deus Creator omnium,* "Deus Criador de tudo". Pertence a um hino de Santo Ambrósio.

pelo testemunho dos sentidos. Segundo o que estes me revelam, meço a sílaba longa pela breve e vejo que a longa contém duas vezes a breve. Mas quando soa uma após a outra, se a primeira é breve e a segunda é longa, como hei de reter a breve?

Como hei de aplicar a breve à longa para medir esta, de modo a poder averiguar que a longa tem o dobro de duração? Não é verdade que a longa só começa a ressoar no momento em que a breve tenha cessado?

Também não meço esta mesma sílaba longa enquanto é presente, pois só me é possível medi-la depois de terminada. E uma vez terminada, passou. Que medirei eu, portanto? Onde está a longa para eu a medir? Ambas ressoaram, voaram, foram passando e já não existem. Meço-as e, com a certeza que me pode dar a percepção de um sentido, respondo confiadamente que no espaço de tempo uma é simples, outra é dupla. Nem posso dizer isto senão porque passaram e terminaram. Não as meço, portanto, a elas que já não existem, mas a alguma coisa delas que permanece gravada na minha memória.

Em ti, ó meu espírito, meço os tempos! Não queiras atormentar-me, pois assim é. Não te perturbes com os tumultos das tuas emoções. Em ti, repito, meço os tempos. Meço a impressão que as coisas gravam em ti à sua passagem, impressão que permanece, ainda depois de elas terem passado. Meço-as, a ela enquanto é presente, e não àquelas coisas que se sucederam para a impressão ser produzida. É a essa impressão ou percepção que eu meço, quando meço os tempos. Portanto, ou esta impressão são os tempos ou eu não meço os tempos.

Quando medimos os silêncios e dizemos que aquele silêncio durou o mesmo tempo que aquela voz, não dirigimos o pensamento para a duração da voz, como se ressoasse ainda, a fim de podermos avaliar no espaço de tempo o intervalo dos silêncios? Com efeito, quando, sem abrir a boca nem pronunciar palavra, fazemos mentalmente poemas, versos e qualquer discurso, ou medimos quaisquer movimentos nós os comparamos pelos espaços de tempo e achamos a relação de uns com os outros como se os pronunciássemos em voz alta.

Se alguém quisesse soltar uma palavra um pouco mais longa e regulasse com o pensamento a sua duração, esse delimitaria o espaço de tempo em silêncio. Confiando-o à memória, começaria a produzir aquela palavra que soa, até atingir o limite proposto. Mas essa voz ressoa e ressoará, pois a parte que esmoreceu sem dúvida já ressoou e o que resta soará ainda. Vai assim emudecendo pouco a pouco, enquanto a presente atenção do espírito vai lançando o futuro para o passado. Com a diminuição do futuro, o passado cresce até ao momento em que seja tudo pretérito, pela consumação do futuro.

28. O tempo e o espírito

Mas como diminui ou se consome o futuro, se ainda não existe? Ou como cresce o pretérito, que já não existe, a não ser pelo motivo de três coisas se nos depararem no espírito onde isto se realiza: expectação, atenção e memória? Aquilo que o espírito espera, passa através do domínio da atenção para o domínio da memória.

Quem, por conseguinte, se atreve a negar que as coisas futuras *ainda* não existem? Não está já no espírito a expectação das coisas futuras? Quem pode negar que as coisas pretéritas *já* não existem? Mas está ainda na alma a memória das coisas passadas. E quem contesta que o presente carece de espaço, porque passa num momento? Contudo a atenção perdura, e através dela continua a retirar-se o que era presente. Portanto, o futuro não é um tempo longo, porque ele não existe: o *futuro longo* é apenas a *longa expectação do futuro.* Nem é longo o tempo passado porque não existe, mas o *pretérito longo* outra coisa não é senão a *longa lembrança do passado.*

Vou recitar um hino que aprendi de cor. Antes de principiar, a minha expectação estende-se a todo ele. Porém, logo que o começar, a minha memória dilata-se, colhendo tudo o que passa de expectação para o pretérito. A vida deste meu ato divide-se em *memória,* por causa do que já recitei, e em *expectação,* por causa do que hei de recitar. A minha atenção está presente e por ela passa o que era futuro para se tornar pretérito. Quanto mais o hino se aproxima do fim, tanto mais a memória se alonga e a expectação se abrevia, até que esta fica totalmente consumida, quando a ação, já toda acabada, passar inteiramente para o domínio da memória[36].

Ora o que acontece em todo o cântico, isso mesmo sucede em cada uma das partes, em cada uma das sílabas, em cada ação mais longa - da qual aquele cântico é talvez uma parte - e em toda a vida do homem cujas partes são os atos humanos. Isto mesmo sucede em toda a história dos filhos dos homens, da qual cada uma das vidas individuais é apenas uma parte.

29. A unidade do meu ser

Mas porque a vossa misericórdia é superior às vidas, confesso-vos que a minha vida é *distensão*[37]. "A vossa destra recolheu-me"[38] por meio do meu Senhor, Filho do Homem e Mediador entre Vós que sois *uno* e nós que, além de sermos *muitos* em número, vivemos apegados e divididos por muitas coisas. Assim me unirei por Ele a Vós a quem, por seu intermédio, fui ligado. Desprendendo-me dos dias em que dominou em mim a "concupiscência", alcançarei a unidade do meu ser, seguindo a Deus Uno. Esquecerei as coisas passadas. Preocupar-me-ei sem distração alguma, não com as coisas futuras e transitórias, mas com aquelas que existem no presente. "Com fervor de espírito, dirijo-me para a palma da celestial vocação, onde ouvirei o cântico dos vossos louvores e contemplarei a vossa alegria"[39] que não conhece futuro nem passado.

---

36. A atenção na sua função de síntese liga o passado ao futuro.

37. Termo já usado por Plotino, na forma grega *diástasis*, no sentido de dilatação (*Enéades*, III, 7).

38. Sl 17,36; 62,9.

39. Fl 3,12-14; Sl 25,7; Sl 26,4.

Agora, porém, "os meus anos decorrem entre gemidos"[40]. Vós, Senhor, consolação minha, sois eternamente meu Pai. Mas eu dispersei-me no tempo cuja ordem ignoro[41]. Os meus pensamentos, as entranhas íntimas da minha alma, são dilaceradas por tumultuosas vicissitudes até ao momento em que eu, limpo e purificado pelo fogo do vosso amor, me una a Vós.

30. Para além dos tempos...

Estarei firme e imutável em Vós, na minha forma, na vossa verdade. Não tolerarei as questões dos homens que, devido à enfermidade, castigo da sua culpa, têm mais sede de saber do que permite a sua capacidade. Perguntam: "Que fazia Deus antes de criar o céu e a terra?" Ou também: "Como lhe veio à mente a ideia de fazer alguma coisa, já que antes nunca fizera nada?"

Concedei-lhes, Senhor, a graça de pensarem bem no que dizem e de saberem que não se emprega o advérbio *nunca*, onde não existe o tempo. Por conseguinte, dizer que "Deus nunca fizera nada" não é o mesmo que afirmar que Deus em nenhum tempo criara coisa alguma? Que eles vejam que nenhum tempo pode existir sem a criação e deixem essa linguagem oca. Que estendam também o pensamento por aquelas coisas que estão antes e entendam que Vós sois, antes de todos os tempos, o eterno Criador de todos os tempos. Estes não podem ser coeternos convosco, nem nenhuma outra criatura, ainda que haja algumas que preexistam aos tempos.

31. Deus conhece de modo diferente das criaturas

Que abismo, Senhor, meu Deus, o dos vossos profundos segredos, e quão longe deles me levaram as consequências dos

40. Sl 30,11.

41. Alusão ao tempo vital ou biológico que se revela nos sinais do envelhecimento.

meus delitos! Sarai os meus olhos para me alegrar com a vossa luz! Se realmente existe um espírito dotado de tão grande ciência e presciência que conheça todo o passado e futuro – como eu sei um cântico dos mais vulgarizados – esse espírito é extraordinariamente maravilhoso e vertiginosamente estupendo.

Com efeito, a ele nada se esconde nem do passado nem dos restantes séculos, assim como, quando entoo aquele cântico, não me escapa o número de estrofes proferidas desde o início nem as que faltam para chegar ao termo. Mas longe de mim pensar que Vós, Criador do universo, Criador das almas e dos corpos, longe de mim, pensar que conheceis assim todos os segredos futuros e passados. Vosso conhecimento diverge muito do nosso. É extraordinariamente mais admirável e incomparavelmente mais misterioso.

Quando se canta uma melodia conhecida, o afeto varia e o sentimento se espraia com a expectativa dos sons que estão para vir ou com a recordação dos que passaram. A Vós, que sois imutavelmente eterno, isto é, verdadeiramente eterno Criador das inteligências, não sucede o mesmo. Assim como, sem variar de ciência, conhecestes "no princípio o céu e a terra", assim também criastes no princípio o céu e a terra sem modificação alguma da vossa atividade.

Entoe vossos louvores aquele que compreende, e quem não compreende enalteça-vos também! Oh! quão sublime sois! Contudo a vossa morada são os humildes de coração! Levantais os que caíram, e não caem aqueles de quem Vós sois a altura!

LIVRO XII

A criação

1. A grande tortura

Senhor, na miséria desta vida, meu coração, agitado pelas palavras da vossa Sagrada Escritura, anda profundamente inquieto. Por isso, na maior parte dos casos, a pobreza da inteligência humana se manifesta na abundância de palavras porque a investigação é mais loquaz no buscar do que no descobrir, o pedir demora mais do que o obter, e a mão, batendo à porta, cansa-se mais do que recebendo. Mas temos a vossa promessa e quem a destruirá? Se Deus é por nós, quem será contra nós? Pedi e recebereis; buscai e achareis; batei e será aberto. Com efeito todo aquele que pede, recebe; o que busca, encontra; e a quem bate, se abrirá.

2. Dois céus e duas terras

A humildade da minha língua confessa a vossa excelsitude, porque fizestes o céu e a terra. Sim, criastes este céu que vejo e esta terra que piso e donde tirastes a terra que em mim levo.

Onde está, Senhor, o céu do céu, do qual ouvimos dizer pela voz do salmista: "O céu do céu é do Senhor, mas deu a terra aos filhos dos homens"?[1] Onde está o céu que não vemos, ante o qual todo este que vemos é terra? Com efeito, ainda que todo este mundo corpóreo, cujo fundo é a nossa terra, não seja intei-

1. Sl 113,16.

ramente belo em todas as suas facetas, contudo recebeu uma aparência de formosura, mesmo nos seus últimos elementos. Não obstante, em comparação daquele céu do céu, o céu da nossa terra é terra. Não é, portanto, absurdo dizer que cada um destes dois grandes corpos (o nosso céu e a nossa terra) são terra, se os compararmos àquele céu misterioso que pertence ao Senhor e não aos filhos dos homens.

3. Trevas sobre o abismo

Não admira, pois, que esta terra fosse invisível e informe. Reduzia-se a uma espécie de abismo profundo onde não entrava luz por não ter nenhuma forma. Por isso, mandastes que se escrevesse: "As trevas estavam espalhadas sobre o abismo".

Que são as trevas senão a ausência da luz? Se houvesse luz, onde é que ela poderia existir se não iluminasse nem aclarasse a superfície da terra? E quando a luz ainda não existia, o que era a presença das trevas, senão a ausência da luz?

As trevas reinavam sobre o abismo, porque a luz não brilhava sobre ele, do mesmo modo que reina o silêncio onde não há som. E que significa haver silêncio senão o não haver som?

Não fostes Vós, Senhor, que ensinastes esta alma que a Vós se confessa? Não me ensinastes, Senhor, que antes de formardes e diferenciardes esta matéria informe, nada existia: nem cor, nem figura, nem corpo, nem espírito? Não era, porém, o nada absoluto. Era antes a massa informe sem figura.

4. A matéria informe

Que nome darei a esta matéria? Com que sentido e de que modo poderei dá-la a conhecer a inteligências curtas, a não ser por meio de algum vocábulo já usado? E pode acaso descobrir-se em todas as partes da terra alguma coisa mais parecida com essa deformidade total do que a terra e o abismo? Na verdade, em razão do seu grau ínfimo de ser, a terra e o abismo são menos formosos que os outros corpos superiores, tão brilhantes e tão belos!

Então, por que não hei de admitir esta matéria informe comodamente manifestada aos homens pelo nome de "terra invisível e desordenada" que criastes sem beleza, para dela fazerdes um mundo belo?

5. Sua natureza

Quando o nosso pensamento, ao procurar saber o que os nossos sentidos atingem a respeito desta matéria informe, se responde a si mesmo: "Não é uma forma inteligível como a vida nem como a justiça, porque ela é matéria corpórea; nem mesmo forma sensível, porque o que se vê e se sente não pode ser invisível e informe"; quando o pensamento humano se diz estas coisas, procura conhecê-la, ignorando-a, ou ignorá-la, conhecendo-a?

6. O conceito de matéria informe

Senhor, se pela boca e pela pena vos confessar tudo o que acerca desta matéria me ensinastes, tenho a dizer-vos que não percebia nada quando outrora ouvia pronunciar este nome a pessoas que também nada entendiam. Imaginava-a sob numerosas formas diversas sem conseguir concretizá-la na imaginação. O meu espírito revolvia, em imensa desordem, formas hediondas e horríveis. Mas, enfim, sempre eram formas. Chamava informe a essa matéria não porque não tivesse forma, mas por ser tal que, se me aparecesse assim tão insólita e imprópria, ela afastaria os meus sentidos e perturbaria a minha fraqueza de homem.

O que imaginava era informe, não por carência de toda a forma, mas por comparação com as formas mais belas. Mas a verdadeira razão persuadia-me a que, se quisesse imaginar um ser informe, o abstraísse de todas as minudências de forma. Não me era possível, porque mais depressa julgava como inexistente o que não tinha forma do que concebia um meio-termo entre a forma e o nada, que não fosse nem forma, nem nada, mas um ser informe próximo do não ser.

A minha inteligência, então, cessou de interrogar a imaginação, cheia de imagens de formas corpóreas que ela, a seu arbítrio, ia mudando e variando. Fixei a atenção nos mesmos corpos, analisando mais profundamente a sua mutabilidade, pela qual deixam de ser o que tinham sido, para começarem a ser o que não eram. Suspeitei que esta transição de uma forma para a outra se fazia por meio de qualquer ser informe, e não pelo nada absoluto.

Mas o que eu desejava era saber e não suspeitar. Se a minha voz e a minha pena vos confessassem todos os nós que nesta questão me desatastes, quem dos meus leitores seria capaz de me compreender? Por isso, meu coração não cessará de vos honrar com um cântico de louvor por tudo aquilo que não consigo exprimir com palavras.

A própria mutabilidade das coisas mutáveis é capaz de tomar todas as formas em que se transfiguram as coisas mutáveis. O que é ela? Um espírito? Um corpo? Uma espécie de espírito ou de corpo? Se pudéssemos dizer: "um certo nada que é e não é" – eis o nome que lhe daria. Mas tinha de existir de qualquer maneira, para poder tomar estas formas visíveis e complexas.

7. A criação do céu e da terra

Se a mutabilidade existia, de onde provinha senão de Vós, de quem todas as coisas recebem o ser, de qualquer modo que elas sejam? Tanto mais longe estão de Vós quanto mais diferentes são de Vós. Porém, tal distância não é espacial.

Vós, pois, Senhor, que não sois umas vezes uma coisa e outras vezes outra, mas o mesmo, o mesmo, sempre o mesmo, o Santo, Santo, Santo, o Senhor Deus onipotente, Vós, no princípio que procede de Vós, e na Sabedoria que procedeu de vossa substância, criastes alguma coisa do nada.

Criastes, sim, o céu e a terra, sem os tirardes de Vós. De outro modo, seriam iguais ao vosso Filho Unigênito e, por isso mesmo, iguais também a Vós. Ora, de modo nenhum seria justo que fosse igual a Vós o que não é da vossa substância.

Nada havia, fora de Vós, com que os pudésseis criar, ó Trindade Una e Unidade Trina. Do nada, pois, fizestes o céu e a terra, àquele, grande e a esta, pequena, porque sois Onipotente e bom para criardes tudo bom: um céu grande e uma terra pequena. Só Vós existíeis e nada mais. Deste nada fizestes o céu e a terra, duas coisas: uma perto de Vós, outra perto do nada; uma que só a Vós tem como superior, outra que nada tem inferior a ela.

8. O princípio do mundo visível

Mas este céu do céu pertence-vos, Senhor. A terra que destes aos filhos dos homens para a verem e tocarem não era como agora a vemos e tocamos. Era invisível e informe. Era um abismo sobre o qual não havia luz. As trevas estendiam-se sobre o abismo, isto é, mais do que se estivessem no abismo. Sim, porque este abismo das águas, agora visíveis, tem ainda nas suas entranhas uma espécie de luz, de algum modo sensível aos peixes e aos animais que se arrastam no fundo. Mas tudo isto era um quase nada, pois que ainda era absolutamente informe; porém já era um ser capaz de ter forma.

Criastes, portanto, Senhor, o mundo, da matéria informe. Criastes do nada este quase nada, donde, depois, fizestes as grandes coisas, que nós, os filhos dos homens, admiramos. De fato, é verdadeiramente admirável este céu corpóreo, este firmamento que separa umas águas das outras, por Vós criado, no segundo dia, depois da luz, quando dissestes: “Faça-se, e assim se fez”.

Chamastes céu ao firmamento. Chamastes céu ao céu desta terra e deste mar que criastes no terceiro dia, dando uma forma visível à matéria informe que tínheis criado antes de haver dia. Já anteriormente a este, tínheis criado outro céu que era o céu do céu, porque *no princípio criastes o céu e a terra.* Porém, esta mesma terra a que destes o ser, era matéria informe, por ser invisível e informe e por se estenderem as trevas sobre o abismo. Desta terra invisível e informe, deste caos, deste quase nada, fizestes tudo aquilo de que é formado (ou não), o mundo mutável onde aparece esta mobilidade na qual se pode sentir e medir o tempo. Este é feito das mudanças das coisas, enquanto variam e se transformam as formas cuja matéria, como já disse, é terra invisível.

9. O caos transcende o tempo

E por isso o Espírito, Mestre do vosso servo[2], quando recorda que no princípio criastes o céu e a terra, cala-se perante o tempo. Fica em silêncio perante os dias. O céu do céu, criado por Vós no princípio, é, por assim dizer, *uma criatura intelectual,* que, apesar de não ser coeterna convosco, ó Trindade, participa contudo da vossa eternidade. Conserva-se totalmente imóvel pela doçura que sente em vos contemplar na suprema felicidade. Sem movimento nenhum desde que foi criada, permanece sempre unida a Vós, ultrapassando por isso todas as volúveis vicissitudes do tempo.

Porém, este caos, esta terra invisível e informe não foi numerada entre os dias[3]. Onde não há nenhuma forma nem nenhuma ordem, nada vem e nada passa; e onde nada passa, não pode haver dias nem sucessão de espaços de tempo!

2. Moisés, o autor inspirado do Gênesis.

3. Quer dizer: Moisés no Gênesis, ao descrever, por dias, a criação do universo, em nenhum deles se refere expressamente à criação desta matéria informe.

10. Invocação à Verdade

Ó Verdade, Luz do meu coração, não me falem as minhas trevas. Por elas me deixei escorregar e obscureci-me. Mas, mesmo no fundo desse abismo, sim, desse abismo, amei-vos. Errei, mas recordei-me de Vós. Ouvi atrás de mim a vossa voz a exortar-me a que voltasse. Porém, dificilmente podia ouvi-la por causa do tumulto dos turbulentos.

Agora, ardente e anelante, volto à tua frente. Ah! ninguém me impeça; beberei, e assim viverei. Oxalá eu não seja a minha própria vida! Por minha culpa, mal vivi; causei-me a morte. Em Vós revivo. Falai, conversai comigo. Acreditei nos vossos livros cujas palavras encerram grandes mistérios.

11. Vós me revelastes...

Já dissestes, Senhor, com voz forte, aos meus ouvidos interiores, que sois eterno e que só Vós possuís a imortalidade, porque não mudais sob o aspecto de forma ou de movimento. A vossa Vontade não varia com o tempo, porque uma vontade mutável não pode ser imortal. Vejo claramente esta verdade na vossa presença. Peço-vos que a veja cada vez mais claramente e que, debaixo das vossas asas, persista com sobriedade neste conhecimento.

Outrossim, dissestes, Senhor, com voz forte, aos meus ouvidos interiores, que todas as naturezas e substâncias que não são o que Vós sois, mas existem, foram criadas por Vós. Só não veio de Vós o que não existe, bem como o movimento da vontade que se afasta de Vós, Ser Supremo, para se rebaixar ao menos ser, porque tal movimento é delito e pecado.

Vós me dissestes que nenhum pecado vos prejudica ou perturba a ordem do vosso império no sumo como no ínfimo. Vejo claramente esta verdade na vossa presença. Peço-vos que a veja cada vez mais claramente e que, protegido pelas vossas asas, persista com sobriedade neste conhecimento.

Ainda dissestes, com voz forte, aos meus ouvidos interiores, que aquela criatura cujo deleite sois Vós também não é coeterna convosco. Dissestes que ela goza de Vós em castidade firme e perseverante; que nunca mostra em parte nenhuma a sua mutabilidade natural; que vos tem sempre presente e se conserva sempre unida a Vós com todo o afeto; que não tem nada a esperar do futuro, nem fatos passados a recordar; que, enfim, não varia com as vicissitudes nem se distende no tempo.

Se tal criatura existe, oh! como é feliz por estar unida à vossa felicidade, tendo-vos como seu eterno habitador e iluminador! Nada encontro que mais naturalmente se possa chamar "céu do céu[4] que pertence ao Senhor" do que a vossa habitação que contempla as vossas delícias sem nenhum defeito que a arraste para outra parte. Ela é alma pura, entranhadamente unida, por um laço de paz, aos santos espíritos, cidadãos da vossa cidade, situada no céu que está acima do nosso céu.

Se a alma que peregrinou longe de Vós já teve sede de Vós; se "as suas lágrimas foram para ela o pão, quando todos os dias lhe dizem: Onde está o teu Deus?"; se pede e busca unicamente a graça de habitar em vossa casa todos os dias durante toda a sua vida. E quem é a sua vida senão Vós? Que são os vossos dias senão a vossa eternidade, ou que são os vossos anos que não acabam em razão de serdes sempre o mesmo! Essa alma compreenda, se pode, como é que sois eterno, inteiramente superior a todos os tempos.

Vossa Casa que nunca se afastou de Vós, apesar de não ser eterna como Vós, não sofre as vicissitudes do tempo, pelo fato de vos estar incessante e indefectivelmente unida!

Vejo claramente esta verdade na vossa presença. Peço-vos que a veja cada vez mais claramente, e que, protegido pelas vossas asas, persista com humildade neste conhecimento.

Não sei que informidade vejo nas mudanças das últimas e ínfimas criaturas. E quem me poderá dizer senão aquele que, com suas imaginações, divagueia e se revolve nas frivolidades do

4. Sl 113,16.

coração? Quem, senão este, me ousará dizer que a informidade poderia significar as vicissitudes do tempo, contanto que todas as formas diminuíssem e se consumissem, ficando só esta massa informe que faz com que todas as coisas se mudem e se transformem ora em uma ora em outra forma? Esta hipótese é absolutamente impossível, porque não há tempo sem variedade de movimentos; nem há variedade alguma onde não há nenhuma forma.

12. Duas criaturas prescindem do tempo

Enquanto me permitistes, meditei, ó meu Deus, nestas verdades. Durante elas, me excitastes a bater à porta e a abristes para mim. Ora, após essas reflexões, encontrei duas criaturas que não estão sujeitas ao tempo, apesar de nenhuma delas vos ser coeterna; uma de tal modo é formada que goza da vossa eternidade e imutabilidade, sem nunca cessar de vos contemplar nem sofrer intervalo de mudança alguma, ainda que seja mutável por natureza. A outra é tão informe, que não pode mudar de forma nem no movimento nem no estado de repouso. É-lhe impossível estar sujeita ao tempo. Mas não permitistes que ficasse informe porque, antes de qualquer dia, criastes no princípio o *céu* e a *terra*, as duas criaturas a que me referia.

Mas "a terra era invisível, desorganizada; e as trevas cobriam a face do abismo"[5]. Estas palavras insinuam a ideia de matéria informe[6], para se instruírem gradualmente aqueles que não podem conceber que uma coisa possa ser privada de toda a espécie de forma, sem estar contudo reduzida a nada. Desta matéria informe é que nasceriam este outro céu e esta outra terra visível e organizada, esta água cristalina e, enfim, tudo o que na criação do mundo foi feito em dias sucessivos, como se recorda na Bíblia. Com efeito, todas estas criaturas estão de tal modo cons-

5. Gn 1,1.

6. O texto latino diz informidade, em vez de matéria informe.

tituídas que, devido às mudanças ordenadas dos movimentos e das formas, se realizam nelas alternativas dos tempos.

13. Interpretação das primeiras palavras bíblicas

"No princípio criou Deus o céu e a terra; a terra, porém, era invisível e desorganizada; e as trevas cobriam a face do abismo".

Quando ouço, ó meu Deus, estas palavras da Escritura, e noto que não se faz referência ao dia em que os criastes, interpreto-as deste modo: "o céu do céu" é o céu intelectual onde a inteligência conhece simultaneamente e não por partes, nem por enigmas ou como em espelho, mas inteiramente, com toda a clareza, face a face. Conhece, não agora uma coisa, logo outra, mas, como já disse, simultaneamente, sem vicissitude de tempo. A terra invisível e desorganizada é a massa informe, sem aquela alternativa de tempo que costuma fazer com que as coisas tenham ora isto, ora aquilo, porque onde não há forma, também não existe "isto e aquilo".

Sem mencionar o dia, diz a vossa Escritura: "No princípio criou Deus o céu e a terra". Sobre estes dois elementos "céu e terra", o primeiro formado desde o princípio, e o segundo inteiramente informe, eis a minha opinião: *céu* significa o céu do céu; e *terra* quer dizer a terra invisível e desorganizada. Por isso a Escritura ajuntou imediatamente a que terra se referia. Já ao narrar que no segundo dia foi criado o firmamento que se chama céu, dá a entender a que céu se referia antes, quando não mencionou o dia.

14. A profundeza da Escritura

Oh! que admirável profundeza a das vossas palavras. Como a sua face nos acaricia como a crianças! Oh! que admirável profundeza, ó meu Deus, que admirável profundeza! Atemoriza-nos lançar os olhos para ela: temor de respeito e temor de amor!

Odeio com veemência os seus inimigos. Oh! Se os matásseis com uma espada de dois gumes, para que desaparecessem! O meu desejo era vê-los morrer a si mesmos, a fim de viverem para Vós!

Outros, então, apresentam-se não como críticos, mas como panegiristas do Gênesis. Dizem eles: "O Espírito de Deus que, por meio de seu servo Moisés, escreveu estas palavras, não quis de maneira nenhuma dar-lhes esse sentido com que o interpreta, mas este outro que nós lhe damos".

Eis, ó Deus de todos nós, a resposta que dou a esses intérpretes, tomando-vos por árbitro.

15. Em discussão

Acaso ousareis apontar como falso o que a Verdade, com voz clara, comunica ao ouvido da minha alma, acerca da verdadeira eternidade do Criador? Direis que a sua substância nunca varia com o tempo nem jamais a sua vontade prescinde da sua subsistência? Deste princípio se deduz que Deus não quer ora isto, ora aquilo, mas que o que uma vez quis, simultaneamente e para sempre o quer. Não pode querer repetidas vezes nem querer agora uma coisa e logo outra, nem querer depois o que antes não queria; ou deixar de querer o que queria, porque tal vontade, sendo mutável, não é eterna; ora o nosso Deus é eterno.

Mais ainda. Essa voz, que fala ao ouvido interno da minha alma, declara-me que a expectação das coisas futuras passará a ser intuição, quando se cumprirem. A sua intuição transformar-se-á em memória, depois de se realizarem. Mas todo o pensamento que assim varia é mutável e o mutável não é eterno; ora o nosso Deus é eterno.

Condensando e reunindo todas estas verdades, deduzo que meu Deus, o Deus eterno, não criou o mundo por um novo ato de vontade e que nem a sua ciência pode sofrer alguma transição.

Que me respondeis, ó contraditores? São falsas estas coisas? "Não", respondem. Então quê? Porventura é falso que toda a criatura revestida de forma, ou toda a matéria capaz de forma só existem por Aquele que, por ser o Ente supremo, é soberanamente bom? "Também não", dizem eles. Então, que negais? Talvez o que afirmei da existência de uma criatura sublime unida ao Deus verdadeiro e verdadeiramente eterno, por um amor tão puro? Esta, apesar de não lhe ser coeterna, não pode separar-se dele nem derivar para a variedade ou vicissitude do tempo, mas descansa apenas na contemplação da sua verdade. Essa criatura, amando-vos quanto Vós lhe mandais, não se afasta de Vós para si mesma, porque Vós, ó meu Deus, lhe mostrais a face e a saciais. Ela é a casa de Deus, mansão que não é terrena nem sequer formada de matéria celeste ou corpórea, mas espiritual e participante da vossa eternidade, porque permanece eternamente imaculada. Vós a fundastes pelos séculos dos séculos. Vós lhe fixastes uma ordem que não passará jamais. Porém, essa habitação não vos é coeterna, ó meu Deus, porque teve princípio. Foi criada.

É certo que antes dela não descobrimos o tempo, porque a sabedoria foi criada anteriormente a todas as coisas. Não me refiro é claro àquela Sabedoria de que Vós, ó meu Deus, sois Pai, e que é coeterna convosco, igual a Vós, pela qual todas as coisas são criadas, e em cujo Princípio fizestes o Céu e a terra, mas simplesmente a esta sabedoria criada, quer dizer, a esta natureza intelectual que é luz pela contemplação da luz, e é chamada também sabedoria, ainda que criada.

Porém, a diferença que há entre a luz que ilumina e a luz iluminada é tão grande como a que separa a Sabedoria criadora da sabedoria criada, ou como a que distingue a Justiça justificante da justiça feita em nós pela justificação. Nós somos também chamados a vossa Justiça. Diz um vosso servo: "Para que em Cristo nos tornemos a justiça de Deus"[7]. Portanto, antes de tudo, criastes uma sabedoria criada, espírito racional e intelectual que habita na vossa casta cidade.

Esta última é nossa mãe, que está lá no alto, livre e eterna nos céus, e em que céus senão nos céus dos céus que vos lou-

7. 2Cor 5,21.

vam, por serem o céu do céu que pertence ao Senhor? Se não encontramos o tempo antes dessa sabedoria, por ter sido também criada antes de todas as coisas e preceder a criação do tempo, então é evidente que existe antes dela a eternidade do Criador. Deste recebeu a origem, não no tempo, porque ainda não existia, mas na sua própria condição de ente criado.

A sabedoria criada procede, portanto, de Vós, ó meu Deus, apesar de ser inteiramente diferente de Vós e de ser de outra natureza. Não encontramos o tempo, não só antes dela, mas nem sequer nela, porque é suscetível de contemplar eternamente a vossa face, sem jamais dela se apartar, tornando-se, assim, inacessível a toda a variação. Contudo, é-lhe inerente a mesma mutabilidade que a entenebrecia e enregelaria, se não estivesse unida a Vós por um grande amor, brilhando sempre como a luz do meio-dia e refervendo ao contacto do calor que de Vós recebe.

O casa resplandecente e pura, amei a tua beleza e o lugar da habitação da glória do meu Senhor que te criou e possui. Por ti suspiro no meu exílio, pedindo ao teu Criador que também me possua dentro de ti, porque também a mim me criou. Andei errante como a ovelha desgarrada, mas espero ser reconduzido para dentro de ti, aos ombros daquele que é o meu Pastor e teu arquiteto.

Que me respondeis, ó contraditores e meus interlocutores? Que me podeis responder, se acreditais em Moisés - o piedoso servo de Deus - e nos seus livros, oráculos do Espírito Santo? Não é esta a casa de Deus, que, apesar de não ser coeterna com Deus, é, a seu modo, eterna nos céus, onde procurais as vicissitudes dos tempos, mas em vão, porque não podeis encontrá-las? Ela transcende toda a extensão e todo o espaço volúvel do tempo. A sua felicidade consiste em estar sempre unida a Deus.

"É certo", dizem eles.

Então, qual destas verdades proclamadas ante meu Deus pelo meu coração, quando escutava no seu interior a voz dos seus louvores, podeis apontar como falsa? O ter afirmado que a matéria era informe e que nela não podia haver ordem, porque não tinha forma? Mas, olhai que onde não havia ordem, também não podia haver vicissitude de tempo. Mas este quase-nada, visto não ser um nada absoluto, provinha, é certo, daquele de quem nasce tudo o que de qualquer modo existe.

"Também não te contestamos isso", respondem eles.

16. Adversários rejeitados

Quero, ó meu Deus, conversar um pouco na vossa presença, só com aqueles que reconhecem como verdadeiras todas estas iluminações que a vossa Verdade não esconde ao meu espírito.

Os outros que a negam, ladrem para aí quanto quiserem até enrouquecerem. Pela minha parte, esforçarme-ei por persuadi-los a que acalmem e deem acesso, em seus corações, às vossas palavras. Se recusarem e me repelirem, peço-vos, ó meu Deus, que não sejais surdo aos meus rogos. Falai ao meu coração a linguagem da Verdade, pois só Vós assim falais. Deixá-los-ei fora a soprar o pó e a levantar a terra contra os próprios olhos. Entrarei no recinto do coração e vos cantarei hinos de amor, soluçando inefáveis gemidos, neste lugar do meu desterro, recordando Jerusalém, minha Pátria e Mãe, e para Vós, que sois o seu Rei, o seu Iluminador, o seu Pai, Defensor, Esposo, as suas castas e perpétuas delícias, a firme alegria, numa palavra, todos os bens inefáveis, porque sois único, sumo e verdadeiro Bem.

Não me apartarei de Vós, enquanto não me reunirdes todas as partes do meu ser, dispersas e deformadas, para que assim, ó meu Deus e misericórdia minha, me conformeis e estabeleçais na paz desta mãe tão amada (a Jerusalém celeste), onde estão as primícias do meu espírito e donde me vêm estas certezas.

A todos aqueles que não têm como falsas todas essas verdades e, pelo contrário, as veneram conosco, elevando ao cume da autoridade a vossa Sagrada Escritura ditada (em parte) por Moisés, e que não obstante nos contradizem em alguns pontos, dirijo estas palavras: ó meu Deus, sede Vós o árbitro entre as minhas confissões e as suas contradições.

17. Opiniões diversas

Dizem eles:

"Apesar de tuas afirmações serem verdadeiras, contudo, não era isso o que Moisés queria significar quando disse, por inspiração do Espírito Santo: 'no princípio criou Deus o céu e a terra'[8]. Com o nome *céu* não quis exprimir essa criatura espiritual ou intelectual que sempre contempla a face de Deus; nem com o vocábulo *terra* quis significar a matéria informe".

Então?

"Moisés, respondem eles, quis exprimir precisamente o que nós afirmamos. Foi isso o que ele declarou com tais palavras".

Isso, o quê?

"Com as palavras *céu* e *terra* quis primeiramente significar, numa expressão breve e resumida, todo este mundo visível, para depois classificar, pela enumeração dos dias, ponto por ponto, tudo o que ao Espírito Santo agradou enunciar assim. Moisés dirigia-se a homens que constituíam um povo rude e carnal; por isso julgou oportuno revelar-lhes só as obras visíveis de Deus".

Portanto, os meus adversários concedem-me que "por terra invisível e desorganizada e tenebroso abismo – os princípios de que foram sucessivamente criadas as coisas visíveis que todos conhecem – possa, sem perigo de contradição, entender a matéria informe de que falei".

E se alguém disser que este caos e esta informidade da matéria foram sugeridos primeiramente sob o nome de *céu* e *terra*, por se ter fundado e aperfeiçoado nestes dois elementos o *mundo visível* que se costuma designar por céu e terra, com todas as naturezas que nele tão claramente aparecem?

E se alguém propuser a hipótese de que as naturezas visíveis (da terra) e as invisíveis (do céu) não se chamam impropriamente céu e terra e que portanto todos os seres criados por

8. Gn 1,1.

Deus na Sabedoria, isto é, no Princípio, estão compreendidos igualmente nestes dois vocábulos? Porém, como não foram feitos da mesma substância de Deus, mas tirados do nada, e porque não são a mesma coisa que Deus, todos estão sujeitos a uma certa mutabilidade, quer permaneçam como a eterna mansão de Deus, quer mudem como a alma e o corpo do homem.

A matéria, comum a todas as coisas visíveis e invisíveis, até então informe, mas certamente suscetível de forma, donde se fariam o céu e a terra, isto é, as duas criaturas já formadas, a invisível e a visível, foi designada pelas expressões de "terra visível e desordenada", e "trevas sobre o abismo". Há apenas uma distinção a fazer: por "terra invisível e desordenada" entende-se a matéria corporal antes de ser qualificada pela forma; e "por trevas sobre o abismo" entende-se a matéria espiritual antes de Deus lhe reprimir aquela imoderação fluida e antes de iluminá-la com a sabedoria.

Outro, se quiser, ainda pode defender esta opinião: as palavras "céu e terra" que se leem no Gênesis quando diz: "No princípio criou Deus o céu e a terra", não designam as naturezas invisíveis ou visíveis já *perfeitas* e *formadas*, mas sim a matéria *informe* significada nesses termos. Essa matéria seria o princípio dos seres que se haviam de formar e criar, porque estes já nela existiam confusamente, se bem que ainda não diferenciados pelas qualidades e formas. Ora, esses seres dispostos por suas ordens chamam-se céu e terra: uma, criatura corporal, e o outro, espiritual.

18. Interpretações legítimas

Ouvidas e consideradas todas estas teorias, quero evitar questões de palavras que para nada aproveitam, senão para confusão dos ouvintes. Porém, a Lei é boa para edificação, e se se usa legitimamente, porque a Lei tem por fim a caridade nascida de um coração puro, de uma consciência reta e de uma fé não fingida. Nem se devem esquecer os dois preceitos em que nosso Mestre resumia toda a lei e os profetas. Ora, se eu confesso ardentemente esses preceitos, ó meu Deus, luz dos meus olhos na escuridão, que me interessa que se deem sentidos diferentes àquelas palavras, se todos são verdadeiros? Sim, que me interessa que outro tenha uma opinião diferente da minha, se julga ser esse o verdadeiro pensamento do Escritor?[9]

Nós todos os que o lemos, esforçamo-nos por indagar e compreender o pensamento do autor. Quando o temos por verídico, não ousamos imputar-lhe como dito por ele nada do que sabemos ou julgamos ser falso. Contanto que cada um se esforce por interpretar bem as passagens da Sagrada Escritura conforme a ideia daquele que as escreveu, que mal há em interpretá-las em outro sentido, se Vós, ó Luz de todas as mentes sinceras, lho mostrais como verdadeiro? Que mal há nisso, se o autor que lemos só teve em vista a verdade, apesar de não ter dado ao texto este segundo sentido?[10]

19. Interpretações únicas

É verdade, Senhor, que criastes o céu e a terra. É verdade que o Princípio é a vossa Sabedoria em que criastes todas as coisas.

É também verdade que este mundo visível se compõe de duas grandes partes: "o céu e a terra" - breve síntese de todas as naturezas criadas e constituídas. É ainda verdade que tudo o que é mutável apresenta ao nosso pensamento o conceito de uma massa informe, capaz de tomar forma, de se mudar ou de se transformar.

É verdade que um ser de si mutável, se está inerente a uma forma imutável, não se pode mudar nem se submeter ao tempo. É verdade que a massa informe, que afinal é quase o nada, não pode sofrer as alternativas do tempo. É verdade que a matéria, de que se faz uma coisa, pode já ter, se assim nos podemos expri-

9. De Moisés, a quem Santo Agostinho atribui a autoria do Gênesis.

10. Santo Agostinho, no livro XIII das *Confissões*, interpretará alegoricamente os primeiros versículos do Gênesis. Neste livro XII procura fazer exegese literal, o que nem sempre consegue, fugindo por vezes para a exegese alegórica.

mir, o nome do objeto que dela resulta e portanto também se pode chamar "céu e terra" àquela matéria informe donde foram criados o céu e a terra. É verdade que, de todas as coisas revestidas de forma, nada se aproxima mais do informe do que a terra e o abismo.

É verdade que Vós, origem de todas as coisas, fizestes não só o que foi criado e formado, mas também o que é criável e formável. Finalmente, é verdade que tudo o que se forma do informe é, ao princípio, informe, e só depois é que recebe forma.

20. Interpretações arbitrárias

A todas estas verdades, de que não duvida nenhum daqueles que de Vós recebeu a graça de as ver com o olhar íntimo da alma, crendo firmemente que o vosso servo Moisés falou em espírito de verdade, há quem lhe dê esta interpretação: as palavras "No princípio fez Deus o céu e a terra" querem dizer que Deus criou, no seu Verbo que lhe é coeterno, o mundo racional e sensível, ou espiritual e corporal.

Outro diz: "No princípio fez Deus o céu e a terra", isto é, Deus criou no seu Verbo, que lhe é coeterno, toda esta massa do mundo corpóreo, com tudo o que ele contém de realidades manifestamente conhecidas.

Outro afirma: "No princípio, criou Deus o céu e a terra" quer dizer que Deus fez no seu Verbo, que lhe é coeterno, a matéria informe das criaturas espirituais e corporais.

Sustenta outro: "No princípio, criou Deus o céu e a terra" significa que Deus criou no seu Verbo, que lhe é coeterno, a matéria informe da criatura corporal, onde, então, residiam confundidos o céu e a terra, que agora vemos já diferenciados e moldados nesta grande estrutura do mundo.

E ainda outro: "No princípio criou Deus o céu e a terra" quer dizer que Deus, quando começou a atuar e a operar, criou a matéria informe que em si continha confusamente o céu e a terra, que agora nos surgem e aparecem já formados, com tudo o que neles existe[11].

21. Segundo versículo do Gênesis

Do mesmo modo, pelo que pertence à interpretação das palavras que vêm a seguir, entre as muitas opiniões verdadeiras, uns escolhem esta: as palavras "a terra era invisível e em desordem e as trevas estavam sobre a face do abismo" significam que aquela massa corpórea que Deus fez era ainda a matéria informe das coisas corpóreas, sem ordem nem luz.

Outros dizem: "A terra era invisível e sem ordem e as trevas estavam sobre a face do abismo" quer dizer que tudo o que se chama céu e terra era ainda a matéria informe e tenebrosa, donde haviam de sair o céu corpóreo e a terra também corpórea, com tudo o que neles existe, apreendido pelos nossos sentidos corporais.

Outros optam por esta interpretação: "A terra era invisível e sem ordem e as trevas estavam sobre a face do abismo" significa que tudo o que se chamou "céu e terra" era ainda matéria informe e tenebrosa, donde haviam de sair o céu inteligível – ou, por outras palavras, o céu do céu – e a terra que era toda a natureza corpórea, entendendo igualmente sob este nome o céu material. Dessa matéria haviam de sair todas as criaturas invisíveis e visíveis.

Outros propõem: Com as palavras "a terra era invisível e sem ordem, e as trevas estavam sobre o abismo", não quis a Escritura chamar "céu e terra" a essa massa informe, pois ela já existia. Dessa massa informe chamada "terra invisível e desorganizada, e abismo tenebroso", Deus criou o céu e a terra, ou seja, as criaturas corporais e espirituais como foi dito anteriormente ao afirmar-se que da matéria informe Deus criara o céu e a terra.

---

11. "No princípio, criou Deus o céu e a terra" interpreta-se modernamente assim: "No começo antes do início dos tempos, Deus (Eloim) tirou do nada o céu e a terra, que não eram massa caótica, mas eram já o mundo organizado".

Outros dizem: "A terra era invisível e sem ordem, e as trevas estavam sobre o abismo" significa que essa massa informe era já a matéria de que Deus, como diz a Escritura anteriormente, formou o céu e a terra, ou, por outros termos, toda esta mole corpórea do mundo, dividida em duas grandes partes: a superior e a inferior, com todas as criaturas nelas existentes, que conhecemos e de que nos servimos[12].

22. Objeções

Poderia alguém tentar opor às duas últimas opiniões esta objeção: Se não quereis dar o nome de "céu e terra" a esta matéria informe, havia portanto alguma coisa que Deus não tinha feito, de que formou o céu e a terra, visto que a Escritura não referiu que Deus tivesse feito essa matéria – a não ser que a queiramos compreender na designação de *céu* e *terra* ou no simples nome de "terra" quando se diz: "No princípio criou Deus o céu e a terra". E assim, ainda que nos agrade chamar matéria informe a que é designada por estas palavras que se seguem: "A terra era invisível e sem ordem", contudo por "terra" não devemos entender outra além da que Deus fez conforme o que está escrito: "Fez Deus o céu e a terra".

Os que quiserem sustentar estas duas opiniões que pus em último lugar ou qualquer delas responderão, ao ouvir estas palavras:

"Não negamos, na verdade, que esta matéria informe tenha sido feita por Deus, de quem descem todas as coisas tão excelentes. Com efeito dizemos que o que foi criado e formado é um bem maior, assim como também confessamos que o que é meramente criável e formável constitui um bem menor, mas enfim um bem. Muito embora a Escritura não ateste que Deus fez esta massa informe, muitas outras coisas há de que ela também não

12. O segundo versículo do Gênesis traduz-se assim modernamente: "A terra era vazia e deserta e as trevas estavam por cima do oceano e o Espírito de Deus inclinava-se por cima das águas". Santo Agostinho adotou a tradução incorreta dos Setenta: "A terra era invisível e em desordem, etc.".

fala, como dos Querubins, dos Serafins e dos espíritos que o Apóstolo claramente denomina 'Tronos, Dominações, Potestades'[13], embora seja manifesto que Deus os criou.

E, se tudo se quer compreender nas palavras 'fez o céu e a terra', que dizer então das águas sobre que pairava o Espírito de Deus?[14] Se tudo pretendemos compreender na palavra 'terra', como é que no nome da 'terra' se pode conceber a matéria informe, quando vemos tanta beleza no mar? Se aquela realmente lá está compreendida, por que é que está escrito que desta massa informe foi formado o firmamento que se chamou céu, sem se declarar que também assim foram formadas as águas que, longe de serem informes e invisíveis, contemplamos em caudais tão lindos? Se receberam esta formosura quando Deus disse: 'Reunam-se as águas que estão debaixo do firmamento'[15], e se as embelezou ao reuni-las, que dizer das águas que estão sobre o firmamento? Se fossem ainda informes, não teriam recebido um lugar tão honroso. Nem está escrito com que palavras foram formadas.

Ora não repugna à fé sã nem à inteligência clara que o Gênesis passasse em silêncio alguma coisa das que Deus criou, nem ousa nenhuma doutrina séria sustentar que as águas são coeternas com Deus, pelo fato de as ouvirmos mencionadas no Livro do Gênesis, embora sem referência ao dia em que foram criadas. Logo, por que motivo não entendemos, como no-lo ensina a verdade, que esta massa informe chamada pela Escritura 'terra invisível, desorganizada e abismo tenebroso', a fez Deus do nada e que, por isso, não lhe é coeterna, ainda que a narração bíblica deixe de referir o momento preciso em que foi criada?"

23. Duas espécies de questões

Tenho ouvido e meditado estas teorias, segundo me permite a debilidade do meu entendimento. Eu vo-la confesso, meu

13. Cl 1,16.
14. Gn 1,2.
15. Gn 1,9.

Deus, se bem que a conheçais! Vejo que duas espécies de questões se podem originar, quando uma coisa é enunciada por intérpretes fidedignos: uma é sobre a veracidade das afirmações em si mesmas; outra, se eles, os intérpretes, estão em desacordo com a intenção do que as enuncia. Uma coisa é inquirir a verdade sobre a criação, outra, procurar saber o que Moisés, egrégio confidente da vossa fé, quis significar a quem o lê ou escuta.

Quanto ao primeiro problema, afastem-se de mim todos os que têm como verdadeiras essas suas falsidades. Quanto ao segundo, retirem-se também da minha presença os que atribuem essas falsas doutrinas a Moisés como tendo sido proferidas por ele. Possa eu associar-me e deliciar-me em Vós, Senhor, com aqueles que se alimentam com a vossa verdade, na amplidão da caridade. Aproximemo-nos simultaneamente das palavras do vosso livro, procurando nelas o sentido genuíno do vosso pensamento, segundo a intenção do vosso servo, a cuja pena as revelastes.

24. O pensamento de Moisés

Entre tantas opiniões verdadeiras que ocorrem aos intérpretes destas palavras compreendidas ora de uma maneira ora de outra, quem de nós encontrou o verdadeiro sentido, de tal modo que possa determinar com segurança o pensamento de Moisés e o significado das suas narrações? Com que segurança esse tal o pode afirmar como verdade, quer Moisés tenha pensado isso quer tenha pensado outra coisa?

Eu, vosso servo - meu Deus, eu vo-lo manifesto! - determinei consagrar-vos nestas páginas o sacrifício da minha confissão. Peço à vossa misericórdia que se realize este meu desejo. Senhor, eis que eu proclamo confiadamente que tudo, o visível e invisível, foi criado por Vós, no vosso Verbo imutável. Mas posso eu dizer com a mesma certeza que foi esta e não outra a intenção de Moisés, ao escrever: "No princípio criou Deus o céu e a terra"? Se bem que me persuada que isto é certo na vossa Verdade, não vejo porém qual fosse o pensamento do seu espírito, ao escrever tais palavras.

Pôde ele, de fato, referir-se ao começo da criação, quando disse: *"No princípio"*. Pôde voluntariamente significar nesta passagem por *"céu e terra"* não uma natureza, ou espiritual ou corporal já perfeitamente constituída, mas uma e outra, ainda incipientes e informes. Vejo que verdadeiramente se pode afirmar qualquer destas opiniões, mas não vejo, com a mesma clareza, que sentido deu ele a essas palavras. Porém, ou esse grande homem, ao proferir estas expressões, lhe tenha dado um destes dois sentidos, ou qualquer outro que eu não declarei, não duvido contudo que ele tenha conhecido a verdade e que a enunciou de modo adequado.

25. A refutação

Ninguém mais me queira molestar, dizendo-me: "Moisés não pensou o que tu dizes, mas o que eu digo". Se alguém me dissesse: "Como sabes tu que esse sentido atribuído por ti às palavras de Moisés é autenticamente o de Moisés?", eu não me deveria agastar e responderia talvez como acima o fiz, ou responderia com algum desenvolvimento, se o meu impugnador fosse mais pertinaz. Mas quando alguém me declara: "Não pensou ele o que tu dizes, mas o que eu digo", sem contudo o contraditor negar a veracidade do que ambos afirmamos, então, ó meu Deus, ó vida dos pobres, em cujo seio não pode haver contradição, derramai uma chuva de suavidades no meu ânimo, para que possa suportar tais homens com paciência!

Não afirmam isto porque sejam muito espirituais ou porque leiam no coração do vosso servo o que proclamam, mas sim, por serem soberbos. Não conhecem a opinião de Moisés, mas amam somente o próprio parecer, não por verdadeiro, mas por ser o deles. Se assim não fosse, estimariam igualmente a opinião dos outros quando é verdadeira, assim como eu estimo o que eles dizem, quando afirmam a verdade, e por esse motivo já não é um bem exclusivo deles. Se amam essa opinião por ser a verdade, pertence-lhes a eles e a mim. É um bem comum, pertencente a todos os amantes da verdade.

Quanto ao pretenderem que Moisés não pensou segundo a minha interpretação, mas segundo a deles, isto é que eu não aceito. Ainda que assim fosse, a sua temeridade não é concebida pela ciência, mas pela audácia; não é gerada pela clarividência, mas pelo orgulho.

São terríveis os vossos juízos, Senhor, pois a vossa verdade não é minha nem de qualquer outro, mas de todos nós, a quem manifestamente convidais a participar dela. Vós nos admoestais severissimamente a que não queiramos tê-la como bem privativo, para que não nos privemos dela. Efetivamente, quem reivindica só para si próprio aquilo que ofereceis para gozo de todos, querendo como particular o que é de todos, é repelido desses bens comuns para os seus, isto é, da verdade para a mentira. "Com efeito, quem fala de si próprio mente"[16].

Ouvi, ó Juiz ótimo, ó Deus que sois a própria Verdade, ouvi a minha resposta, dirigida a esse impugnador. Atendei. Digo-a diante de Vós e dos meus irmãos que "seguem legitimamente a lei cujo fim é a caridade". Escutai e vede se vos apraz o que eu lhes digo. Eis as palavras fraternas e pacíficas que lhes dirijo:

Se ambos vemos que é verdade o que tu dizes e se ambos vemos que é verdade o que eu digo, onde, pergunto eu, o vemos nós? Nem eu, sem dúvida, o vejo em ti, nem tu em mim, mas vemo-lo ambos na imutável Verdade, que está acima das nossas inteligências. Não discutindo nós da própria luz do Senhor nosso Deus, por que razão havemos de disputar sobre o pensamento dos outros, ao qual não podemos contemplar como se contempla a Verdade imutável? Ainda que Moisés nos aparecesse e dissesse "este é o meu pensamento", nem assim o *compreenderíamos*, mas somente *acreditávamos* nele.

Por isso, "ninguém se exalte contra outro acerca do que afirmam as Escrituras"[17], esquecendo-se do preceito que manda amar o Senhor nosso Deus "com todo o nosso coração, com toda a nossa alma, com todo o nosso espírito, e ao nosso próxi-

16. Jo 8,44.
17. 1Cor 4,16.

mo, como a nós mesmos"[18]. Se não acreditarmos que tudo o que Moisés exarou naqueles livros o pensou por causa destes dois preceitos da caridade, faremos do Senhor um mentiroso, ao interpretarmos o pensamento do seu servo de modo diferente do que Ele lhe ensinou. Entre tão grande número de opiniões verdadeiras que daquelas palavras se podem deduzir, vede já como é estulto afirmar temerariamente a qual delas Moisés dera o seu assentimento. Seria expor a caridade a ofensas e a perniciosas contendas. Ora, por causa dela é que Moisés proferiu todas as palavras que procuramos interpretar!

26. Se eu fosse o escritor do Gênesis!

Ó meu Deus, elevação da minha baixeza e descanso dos meus trabalhos, que me ouvis as minhas *Confissões* e me perdoais os pecados!

Já que me ordenais que ame o próximo como a mim mesmo, não posso contudo crer que Moisés, vosso servo tão fiel, fosse cumulado de menos dons do que eu teria desejado e apetecido para mim, se tivesse nascido naquela época e me tivésseis posto em seu lugar, para distribuir a Escritura pelo ministério do meu coração e da minha língua. Ela, muito tempo depois, deveria ser útil a todas as gentes e com o seu prestígio e excelsa autoridade deveria rebater, no mundo inteiro, as afirmações das doutrinas falsas e orgulhosas.

Quereria eu, se então estivesse em lugar de Moisés - pois vimos todos da mesma massa; e "que é o homem se não vos lembrais dele?"[19] - se eu fosse o que ele foi, e Vós me tivésseis encarregado de escrever o Gênesis, eu quereria receber de Vós uma tal arte de expressão e uma tal modalidade de estilo que, até esses que não podem compreender como é que Deus cria, se não recusassem a acreditar nas minhas palavras, por ultrapassarem as suas forças. Eu quereria que aqueles que já são capazes desta

18. Mt 22,37.39.

19. Sl 8,5.

compreensão, se acaso, refletindo, chegassem a qualquer outra doutrina verdadeira, a pudessem encontrar consignada nas poucas palavras do vosso servo. E se, à luz da verdade, a outro se representasse diferente opinião, eu desejaria que a pudesse também aí encontrar.

27. O passarinho implume!

A fonte (cujas águas se aglomeram) num pequeno reservatório é (depois) mais abundante e fornece o caudal a diversos regatos para uma extensão mais ampla do que a de qualquer deles. Estes, oriundos da mesma fonte, espalham-se por muitos lugares. Assim, de modo idêntico, a narração do vosso Dispensador que havia de ser útil a todos os intérpretes, de poucas e modestas palavras faz deslizar correntes de verdade cristalina. Destas, cada um pode haurir a parte de verdade que é capaz, uns de uma maneira outros de outra, para a desenvolverem em seguida por longos rodeios de expressão.

Alguns, ao lerem ou escutarem as palavras (da criação) supõem a Deus como homem, ou como um personagem dotado de imensa estrutura, e que, por decisão nova e repentina, criou fora de si mesmo, como em lugares distantes, o céu e a terra, dois corpos gigantescos, um no alto, outro embaixo, nos quais estão contidas todas as coisas. E ao ouvirem: "Disse Deus: faça-se aquilo e logo foi feito", supõem que são palavras que começam e acabam, que soam no tempo e passam. Julgam que imediatamente após o desvanecimento destas palavras começou a existir o que fora mandado que existisse. E, se por acaso têm alguma opinião diversa, igualmente se ressentem da baixeza humana.

Mas estes são ainda como crianças, pois a sua debilidade alimenta-se desta humílima espécie de palavras como quem se alimenta do seio materno. Com isto, a fé se fortifica neles salutarmente. Por ela têm como certo e sustentam que Deus criou todas as naturezas às quais os seus sentidos descobrem numa variedade admirável.

Mas se algum deles, desprezando a quase vulgaridade de vossas palavras e cheio de orgulhosa debilidade, se lançar fora do ninho onde fora criado, então, cairá miseravelmente! Vós, Senhor Deus, tende compaixão dele, para que os que passam pelo caminho não calquem aos pés esse passarinho implume. Enviai o vosso anjo. Ele o torne a colocar no ninho, para que assim a avezinha possa viver enquanto não souber voar.

28. Multiplicidade de interpretações

Outros, para quem estas palavras (da criação) não são já um ninho, mas um vergel cheio de sombra, descobrem nelas frutos escondidos e volitam cheios de alegria, cantando festivamente enquanto buscam e colhem esses frutos.

Quando leem e ouvem palavras de Moisés, veem que a vossa eterna e estável subsistência, ó Deus, domina todos os tempos, passados e futuros, e, por conseguinte, não há criatura temporal que não seja obra vossa. Veem que a vossa vontade, que se confunde convosco, criou as coisas, sem sofrer mudança alguma ou impulso que antes não estivesse nela. Com um ato de vontade, criastes todas as coisas, tirando de Vós, não um modelo que fosse a forma substancial de todos os seres, mas sim, tirando do nada uma matéria informe que não fosse igual a Vós.

A esta daríeis uma forma segundo a vossa imagem, recorrendo Vós à vossa unidade, segundo a medida preestabelecida que coube a cada um dos seres na sua própria espécie[20]. Veem que todas as obras da criação são muito boas, quer permaneçam à volta de Vós, quer, afastando-se pouco a pouco para mais longe de Vós, através do espaço e do tempo, sofram ou assumam variedades belas.

Reconhecem estas coisas e alegram-se à luz da vossa verdade, quanto as suas forças lhes permitem cá na terra. Outro, exa-

20. Alusão à sua teoria do exemplarismo. Segundo esta, Deus realiza a criação pelas ideias exemplares, isto é, pelas imagens intelectuais dos seres, as quais subsistem nele *ab aeterno*.

minando o sentido destas palavras “No princípio criou Deus”, reconhece por *“princípio”* a Sabedoria, porque ela mesma no-lo diz. Outro, considerando igualmente estas palavras, entende por “princípio” o começo de todos os seres criados. Para eles, *“Deus no princípio criou”* significa: “Deus fez primeiramente”.

Então, entre aqueles que no vocábulo “princípio” entendem que Deus criou, na sua sabedoria, o céu e a terra, um crê que “o céu e a terra” designam a matéria de que o céu e a terra foram criados; outro pensa que a expressão se aplica a naturezas formadas e distintas; outro sustenta que pela palavra *“céu”* se designa substância formada e espiritual, e pelo vocábulo *“terra”* a substância informe e corporal.

Aqueles, porém, que entendem pelas palavras “céu e terra” a matéria ainda informe, com a qual se haviam de formar o céu e a terra, esses não são unânimes nessa mesma interpretação: um pretende que dessa matéria hão de provir as criaturas inteligentes e sensíveis; outro julga que dela somente há de nascer uma certa massa sensível e corpórea contendo no seu volumoso seio todas as substâncias lúcidas e já visíveis[21].

Também não são concordes os que creem que, neste texto, se chama “céu e terra” às criaturas já dispostas e coordenadas. Um pretende que significa o mundo invisível e visível; outro, a natureza visível, na qual vemos o céu luminoso e a terra tenebrosa com tudo o que neles há.

29. Objeções e prioridade da matéria

Mas aquele que às palavras: “No princípio criou” dá este mesmo sentido, como se dissessem: “Primeiramente criou”, esse não tem outra possibilidade de entender com verdade *“céu e terra”* senão significando por estes vocábulos a matéria do céu e da

21. A Santo Agostinho não repugnava que houvesse matéria espiritual mais lúcida, mais transparente e mais fluida que a deste mundo. No livro inacabado *De Genesi* (IV, 17) diz: “Pode entender-se por espírito de Deus, uma criatura vital em que este universo, o mundo visível e todos os corpos se contêm...”

terra, isto é, a criação universal, ou, por outros termos, a criação espiritual e material. Pois se quisesse referir-se ao conjunto da criação já formado, poder-se-ia com razão perguntar-lhe: "Se Deus criou isto em primeiro lugar, o que criou em seguida?" Depois do conjunto da criação, nada mais encontrará que fosse criado e por isso há de ouvir com desprazer esta pergunta: "Como criou primeiramente aquilo, se nada criou depois?"

Quando, porém, afirma que ao princípio a matéria era informe e que depois a dotara de uma forma, isto já não é absurdo, ainda que importe distinguir o que seja prioridade quanto à eternidade, ao tempo, ao apreço, à origem: quanto à eternidade, por exemplo, Deus antecede tudo; quanto ao tempo, a flor antecede o fruto; quanto ao apreço, o fruto antecede a flor; quanto à origem, o som antecede o canto. Destas quatro afirmações, a primeira e a última que citei dificilmente se compreendem; as duas intermediárias, porém, entendem-se com facilidade. Com efeito é raro e dificultoso ao entendimento chegar a conhecer bem, Senhor, a vossa eternidade, a qual, permanecendo imutável, cria as coisas mutáveis e por isso é anterior a elas.

Depois, quem tem a vista tão penetrante que possa com a inteligência distinguir, sem grande trabalho, de que maneira o som antecede o canto? Podemos chegar a compreendê-lo refletindo nisto: o som precede ao canto, porque o canto não é outra coisa senão um som que recebeu a sua forma. Ora, pode muito bem *existir* alguma coisa que ainda não tenha forma, mas esta nunca pode ser infundida naquilo que não existe. A matéria é assim anterior àquilo que dela se formou.

É anterior, não porque fosse sua causa eficiente, pois ela também é antecipadamente criada. Nem a sua prioridade é de intervalo de tempo. Com efeito, não entoamos em primeiro lugar sons informes, independentemente do canto, para em seguida os ligarmos e dispormos em forma de melodia, como manufaturamos a madeira de que se faz a arca ou a prata de que é fabricado o vaso.

Estas substâncias precedem, por certo, no tempo, as formas das coisas que delas se fazem. No canto não é assim. Quando se canta, ouvimos o som, mas este não soa primeiro desarmoniosamente para, em seguida, receber a *forma* do canto. Com efeito, uma vez que o som tiver ressoado, já passou. Nem se encontrará dele qualquer coisa que, retomada, se possa coordenar pela arte. Por conseguinte, o canto é constituído pelo próprio som que é a sua matéria. Por isso, esta recebe uma forma para ser canto. Por conseguinte, como dizia, a matéria (o som) é anterior à forma que é o canto. A prioridade não se radica ao poder de criar, pois o som não é artífice do canto, mas está subordinado à alma do cantor ao ser emitido por um órgão corporal com o qual canta. Nem é anterior ao tempo, pois é entoado conjuntamente. Nem é o primeiro na preferência, pois o som não é superior ao canto, visto que o canto não é somente som, mas também um som artístico. Mas é anterior na origem, porque o canto não é formado para que seja som, mas o som é formado para que seja canto.

Com este exemplo já se pode compreender como a matéria das coisas foi *primeiramente* criada e chamada *céu* e *terra*, porque dela foi formado o céu e a terra. Não foi criada *primeiramente* no tempo, porque as formas das coisas é que produzem o tempo. Ora aquela matéria estava informe, a qual só depois de receber a forma se pôde observar juntamente com o tempo. Nem afinal se pode narrar alguma coisa acerca da matéria informe, se não se considera anterior ao tempo, se bem que, no valor e estima, ela ocupe o último lugar, pois, sem dúvida, são melhores as coisas formadas do que as informes. A matéria informe é também precedida pela eternidade do Criador, que a fez para que fossem extraídas do nada as coisas.

30. A concórdia

Nesta diversidade de pareceres verdadeiros, a mesma verdade faça nascer a concórdia! Que o nosso Deus tenha compaixão de nós, "para que usemos legitimamente da lei, segundo o preceito que tem por fim a caridade pura"[22].

---

22. 1Tm 1,8.

Por isso, se alguém me perguntar o que pensou acerca disto aquele vosso servo Moisés, não serão verdadeiras as palavras das minhas *Confissões*, se não vos confessar que o ignoro. Sei todavia que essas opiniões são legítimas, excluídas as interpretações grosseiras, acerca das quais expus o meu parecer. São porém "meninos" de grandes esperanças os que não temem estas palavras do vosso livro, humildemente sublimes e eloquentemente breves. Mas confesso que todos os que nestas palavras distinguimos e dizemos a verdade, nos amamos uns aos outros.

A Vós, nosso Deus, Fonte de Verdade, nós vos amamos igualmente, se tivermos sede não de simples quimeras, mas da própria verdade. E àquele vosso servo, cheio do vosso espírito, por quem recebemos esta Escritura, reverenciemo-lo. Estejamos certos de que ele, ao escrever estas coisas por vossa revelação, teve em vista aquilo que nelas ressalta, principalmente a luz da verdade e o fruto da utilidade.

31. Moisés e os diversos sentidos da Bíblia

Assim, quando alguém disser: "Moisés entendeu isto como eu"; e outrem replicar: "Pelo contrário, pensou como eu"; julgo que, com mais piedade, se diria: "Por que não quis ele antes expressar uma e outra coisa, se ambas são verdadeiras?" Se alguém encontrar um terceiro e um quarto ou mais sentidos verdadeiros, por que não acreditaremos que todas estas interpretações as viu Moisés, por meio do qual o *único* Deus acomodou a Escritura Sagrada à inteligência de *muitos* que haviam de descobrir nela coisas verdadeiras e diferentes?

Eu, sem duvidar, digo com intrepidez do fundo do coração: "Se eu, elevado ao cume da autoridade, escrevesse alguma coisa, preferiria fazê-lo de tal modo que as minhas palavras proclamassem tudo aquilo que alguém pudesse conceber de verdadeiro acerca dessas coisas". Quereria antes isso do que pôr um só sentido autêntico, de tal forma claro, que excluísse os restantes cuja falsidade não pudesse me ofender. Assim, não desejo ser tão temerário, meu Deus, que acredite que qualquer homem merecesse de Vós tal graça.

32. Senhor, inspirai-me!

Enfim, Senhor - que sois Deus e não carne e sangue! -, se o homem nem tudo pode ver completamente, porventura o vosso bom espírito, que me há de conduzir à terra da retidão, pôde desconhecer qualquer das coisas que, por estas palavras, tencionáveis revelar aos leitores vindouros, apesar de Moisés, por cujo meio foram pronunciadas, não as entender senão num único sentido dos muitos verdadeiros? Se assim é, a interpretação que Moisés deu é mais elevada que as outras. Mas, Senhor, mostrai-nos essa interpretação ou aquela outra que seja verdadeira e mais vos agrade, para que, patenteando-nos o mesmo sentido revelado ao vosso servo, ou outro em conformidade com a ocasião em que essas palavras foram pronunciadas, nos alimenteis, para não nos deixarmos iludir com o erro. Vede, Senhor, Deus meu, sim, vede, eu vo-lo peço, quantas e quantas coisas escrevi sobre tão poucos versículos! Deste modo, como terei forças e tempo suficientes para examinar todos os vossos livros?

Por isso permiti-me que seja mais breve ao vos enaltecer neles e que, entre as muitas interpretações que me ocorrem, e acerca dos quais muitas outras poderão ocorrer-me, eu escolha uma única, que seja verdadeira, boa e inspirada por Vós. Deste modo serei fiel em confessar-vos. Se exprimir o mesmo sentido que seguiu o vosso servo Moisés, eu o declararei perfeita e exatamente, pois devo esforçar-me por isso. Se ainda não consegui, possa ao menos declarar o que a vossa verdade, pelas suas palavras, me quis dizer, a qual também inspirou a Moisés o que lhe aprouve.

LIVRO XIII

A paz

1. Benefícios de Deus para com o homem

Invoco-vos, ó meu Deus, misericórdia minha, que me criastes e não vos esquecestes de quem vos esqueceu. Chamo-vos à minha alma que preparastes para vos receber inspirando-lhe esse desejo. Agora, não desampareis aquele que vos invoca.

Vós me prevenistes antes de vos invocar e instastes comigo, de tantos e repetidos modos, para que de longe vos escutasse, me convertesse e chamasse por Vós que chamáveis por mim. Sim, Vós, Senhor, apagastes todos os meus delitos para os não castigardes como mereciam as obras de minhas mãos, as quais me afastaram de Vós.

Antecipastes todas as minhas obras para me dardes a recompensa do trabalho de vossas mãos que me criaram, porque Vós já *éreis* antes de eu existir. Nem eu era digno de que Vós me concedêsseis a existência! Contudo, eis que existo por um gesto de vossa bondade que precedeu tudo aquilo de que me fizestes. Não tivestes necessidade de mim para nada, nem sou um bem tão valioso que de mim vos possais ajudar, meu Senhor e meu Deus. Não sou homem que com os meus serviços vos possa aliviar, como se Vós sentísseis fadiga no trabalho. Nem o vosso poder diminui, se carecer das minhas homenagens. Se não vos prestar *culto*, não sucede como à terra, que fica inculta se o lavrador não *cultivá-la*. Devo servir-vos e honrar-vos para que a felicidade me venha de Vós, de quem recebi a existência e a aptidão para gozar do bem.

2. Deus, subsistência da criação

Com plenitude da vossa bondade subsistem as criaturas: o bem - embora inútil para Vós e que de modo algum se pode igualar convosco ainda que provenha de Vós - não deixará de existir.

Que merecimentos poderiam apresentar-vos o céu e a terra para que no princípio os criásseis? Que tinham merecido essas naturezas de ordem espiritual e corpórea que criastes segundo a vossa sabedoria? Que me digam o que elas mereceram para receber de Vós, cada uma na sua espécie espiritual ou corporal, esse ser, mesmo imperfeito, informe e caminhando para a dissolução e para longe da vossa imagem!

Um ser espiritual, ainda que informe, vale mais do que qualquer corpo material organizado. Por sua vez o ser material, ainda que informe, é preferível ao puro nada. Assim essas criaturas dependiam do vosso Verbo e ficariam informes, se Ele mesmo não as houvesse chamado à vossa Unidade e não lhes desse uma forma, de tal modo que todas vos ficaram devendo o serem muito boas, ó único e sumo Bem. Que merecimentos antecipados apresentaram diante de Vós estas criaturas que nem sequer informes existiriam, se não as criásseis?

Que vos mereceu a matéria corporal para que existisse, ao menos invisível e inorgânica, se nem sequer isso fora, se não a tivésseis chamado à existência? Nenhuma coisa perante Vós podia merecer o dom da criação visto que não existia para o merecer. E que favores devíeis à criatura espiritual ainda incipiente para que vagueasse pelo menos tenebrosa, semelhante aos abismos e diferente de Vós, se o vosso Verbo não a conduzisse ao mesmo Verbo que a criou, e não a iluminasse e transformasse em luz - luz não igual (ao Verbo), mas semelhante à sua Beleza que é igual a Vós?

Assim como para um corpo não é a mesma coisa ser corpo e ser belo - caso contrário não poderia haver disformidade -, assim também para um espírito criado não é a mesma coisa viver e viver sapientemente, pois de outro modo a sua ciência seria imutável. Mas é para ele sumamente proveitoso permanecer sempre unido a Vós, para que, afastando-se, não perca a claridade que adquiriu com o voltar-se para Vós, e não resvale para a vida semelhante às trevas dos abismos.

Na verdade, nós que, pela alma, somos criaturas espirituais, afastados outrora de Vós - nossa luz - fomos trevas nessa vida. E por entre os restos da nossa escuridão, lutamos até que nos tornemos vossa justiça, em vosso único Filho, e nos assemelhemos às montanhas de Deus. Efetivamente fomos objeto dos vossos juízos, que são profundos como o abismo.

3. O manancial divino

A respeito das palavras que dissestes nos alvores da criação: "Faça-se a luz, e fez-se a luz[1] entendo que a sua aplicação se adapta bem às criaturas espirituais, porque já então existia qualquer espécie de vida que poderíeis iluminar. Mas assim como nenhuma possui títulos especiais para ser essa vida que pudésseis iluminar, do mesmo modo nenhuma delas mereceu, depois de adquirir a existência, a graça de a iluminardes, tanto mais que a sua "informidade"[2], "se a luz não fosse feita", de nenhum modo vos agradaria.

A criatura espiritual vos agrada não pelo fato de existir, mas por ver a luz que a ilumina e por aderir a ela. Assim, deve a sua vida e toda a sua felicidade de viver apenas à vossa graça. Com efeito, por uma feliz escolha voltou-se para o que é incapaz de mudança para melhor, ou para pior. Voltou-se para Vós, que sois o único que não possuís outra vida senão a vida feliz, pois sois a vossa felicidade.

---

1. Gn 1,3.

2. Não se confunda "informidade" com "disformidade". A primeira é ausência de "forma" e a segunda significa "fealdade", ou forma defeituosa.

4. Deus não precisa das criaturas

O que faltaria, portanto, ao vosso bem – que para Vós consiste em Vós mesmo – se essas criaturas espirituais ou quaisquer outras inteiramente não existissem ou se permanecessem informes? Não as fizestes por necessidade. Levado unicamente pela plenitude da vossa bondade, as amoldastes e lhes impusestes uma forma. Mas não foi para completardes com elas o vosso gozo. A sua imperfeição desagrada-vos porque sois perfeito, e por isso as aperfeiçoais para que vos possam agradar, e não para que hajais de ser aperfeiçoado por elas.

Com efeito, vosso Espírito bom era levado sobre as águas, mas não era levado por elas, como se nelas descansasse. Diz-se que vosso Espírito bom nelas repousava, quando era ele que em si as fazia repousar. Mas a vossa vontade incorruptível e imutável, que se basta a si própria, era levada sobre aquela vida que tínheis criado. Para esta não é o mesmo *viver e viver feliz,* porque não deixa de viver ainda que flutue na sua obscuridade. Essa vida tem necessidade de voltar-se para o Criador, de viver cada vez mais próxima da Fonte da Vida, de ver a luz na Luz divina. Precisa de aperfeiçoar-se, iluminar-se e nela alcançar a felicidade.

5. A Trindade divina

Eis que me aparece, como num enigma, a Trindade. Sois Vós, meu Deus, pois Vós, Pai, criastes o céu e a terra no princípio da nossa sabedoria, que é a vossa sabedoria que de Vós nasceu, igual e coeterna convosco, isto é, no Vosso Filho.

Já largamente falei do *céu do céu,* da *terra invisível e informe,* e do *abismo das trevas,* onde as naturezas espirituais permaneceriam errantes na sua imperfeição primitiva, se não se voltassem para aquele donde procede toda a vida. Naquele abismo de trevas a Luz divina ia espalhar alguns raios de beleza para que fossem o "céu do seu céu", que foi mais tarde criado entre as águas superiores e as águas inferiores.

No vocábulo "Deus" eu entendia já o Pai que criou todas as coisas; e pela palavra "Princípio" eu entendia o *Filho*, no qual tudo foi criado pelo Pai. E, como eu acreditasse que meu Deus é Trino, procurava a Trindade nas vossas Escrituras e via que o vosso *Espírito* "pairava sobre as águas". Eis a vossa Trindade, meu Deus: Pai, Filho e Espírito Santo. Eis o Criador de toda a criatura.

6. Por que pairava o Espírito sobre as águas

Que razão houve, ó Luz verdadeira - aproximo de Vós o meu coração para que não me iluda com falsidades e lhe dissipeis as trevas - dizei-me, eu vo-lo peço pela nossa mãe a Caridade, dizei-me a razão por que só depois de se nomear o céu, a terra invisível e informe e as trevas sobre os abismos é que a Escritura fala no vosso Espírito? Será porque convenha apresentá-lo, dizendo que Ele "pairava sobre alguma coisa"? E como se poderia dizer isto sem fazer menção do elemento sobre o qual se poderia imaginar pairando o vosso Espírito? De fato não pairava acima do Pai, nem acima do Filho, nem se poderia dizer que pairava, se não pairasse *sobre* alguma coisa.

Era, pois, necessário falar primeiro do elemento sobre que pairava, e depois, nomear aquele a quem não podia referir-se de outra maneira senão dizendo que pairava.

Mas, por que não convinha apresentá-lo, senão dizendo que pairava?

7. Dons do Espírito Santo

Agora, aquele que puder siga pela inteligência o vosso Apóstolo quando diz que "a vossa caridade se difundiu nos nossos corações pelo Espírito Santo que nos foi dado"[3]. O Apóstolo nos

3. Rm 5,5.

instrui nas coisas espirituais, demonstrando-nos a excelsa via da caridade e ajoelhando-se por nossa causa diante de Vós, "para que conheçamos a altíssima ciência da caridade de Cristo"[4].

Por isso, como era "sobre-eminente" desde o princípio, pairava sobre as águas.

Mas a quem hei de falar? Como falar do peso da concupiscência que nos arrasta para o abismo escarpado? Como falar da caridade que nos eleva pelo vosso Espírito adejante sobre as águas? Que termos empregarei? "Submergimos" e "emergimos"? Mas nem sequer há lugar onde mergulhemos e venhamos à superfície. Que maior semelhança e que maior diferença? Por um lado são os nossos afetos, os nossos amores, a imundície do nosso espírito a deixar-se arrastar para baixo, pelo amor das preocupações. Por outro é a vossa santidade que nos eleva por amor da tranquilidade, para que levantemos os corações ao alto até junto de Vós, onde o vosso Espírito paira sobre as águas, e para que cheguemos à excelsa paz, depois de "nossa alma ter atravessado as águas desta vida que nada têm de firme"[5].

8. A inquietação e o regaço de Deus

Caiu o anjo, caiu a alma do homem, mostrando com a sua queda que lá nas profundezas das trevas havia o abismo. Este encerraria todas as criaturas espirituais, se não tivésseis dito desde o princípio: "Faça-se a luz!", e a luz não tivesse aparecido, e todas as inteligências da vossa cidade celeste se não unissem a Vós pela obediência e descansassem em vosso Espírito que pairava imutável sobre os seres transitórios.

De outro modo, "o céu do céu" seria em si um abismo de trevas, ao passo que agora é luz do Senhor. Nesta lamentável inquietação dos espíritos caídos que mostram suas trevas despidas de vossa luz, suficientemente demonstrais quão sublime fizestes a

4. Ef 3,14.19.

5. Sl 123,5.

criatura racional. Efetivamente, tudo o que for menor do que Vós de modo algum a sacia na ânsia de felicidade e repouso, e, por isso mesmo, nem sequer se contenta a si própria.

Vós, o nosso Deus, esclarecereis as nossas trevas: de Vós provêm as nossas vestes tecidas da vossa luz; "as nossas trevas serão como as trevas do meio-dia"[6].

Dai-vos a mim, ó meu Deus: entregai-vos a mim. Eu vos amo; e se é ainda pouco, fazei que vos ame com mais força. Não posso avaliar quanto amor me falta para ter o suficiente a fim de a minha vida correr para o vosso regaço e não sair dele, enquanto não se esconder nos segredos do vosso rosto. Uma só coisa reconheço; é que tudo me corre mal fora de Vós, e não só à volta de mim, mas até em mim. Toda a abundância que não é o meu Deus, é para mim indigência.

9. O peso do amor

Porventura o Pai e o Filho não pairavam sobre as águas? Se se imagina um corpo pairando num espaço, o conceito não se pode aplicar nem mesmo ao Espírito Santo. Mas se se considera a eminência imutável da Divindade pairando acima de tudo o que é transitório, então o Pai e o Filho também eram levados sobre as águas como o Espírito Santo.

Qual o motivo por que só se faz esta afirmação do Espírito Santo? Por que é que só a Ele se refere a Escritura ao falar de uma espécie de *lugar* onde estava aquele que certamente não ocupa espaço e do qual unicamente se disse que é o "vosso dom"? É no "vosso dom" que repousamos. Nele gozaremos de Vós. É o nosso descanso, é o nosso *lugar.* É para lá que o Amor nos arrebata e que o "Espírito Santo levanta o nosso abatimento desde as portas da morte"[7]. Na vossa "boa-vontade" temos a paz.

---

6. Sl 17,29.

7. Sl 9.15.

O corpo, devido ao peso, tende para o lugar que lhe é próprio, porque o peso não tende só para baixo, mas também para o lugar que lhe é próprio. Assim o fogo se encaminha para cima, e a pedra para baixo. Movem-se segundo o seu peso. Dirigem-se para o lugar que lhes compete. O azeite derramado sobre a água aflora à superfície; a água vertida sobre o azeite, submerge debaixo deste: movem-se segundo o seu peso e dirigem-se para o lugar que lhes compete. As coisas que não estão no próprio lugar agitam-se, mas, quando o encontram, ordenam-se e repousam.

O meu amor é o meu peso. Para qualquer parte que vá, é ele que me leva. O vosso dom nos inflama e nos arrebata para o alto. Ardemos e partimos. Fazemos ascensões no coração e cantamos o "cântico dos degraus"[8]. É o vosso fogo, o vosso fogo benfazejo que nos consome enquanto vamos e subimos para a paz da Jerusalém celeste. "Regozijei-me com aquilo que me disseram: Iremos para a casa do Senhor"[9]. Lá nos colocará a "boa-vontade" para que nada mais desejemos senão permanecer ali eternamente.

10. Tudo o que temos é dom de Deus

Feliz a criatura que não conheceu outro estado! E contudo ela não o teria alcançado, se imediatamente após a sua criação, sem nenhum intervalo de tempo, o vosso Deus que paira sobre todo o objeto mutável a não tivesse erguido, com a palavra que dissestes: "Faça-se a luz! e fez-se a luz"[10]. Em nós distingue o tempo em que fomos trevas daquele em que fomos feitos luz. Mas daquela criatura a Bíblia não faz mais que indicar o que ela teria sido, se não fosse iluminada. Por isso fala dela como se antes fosse flutuante e tenebrosa. Assim aparece melhor a causa que a conduziu ao resplendor inextinguível e a transfigurou em luz.

---

8. Sl 119. *Canticum graduum* (o cântico dos degraus) é um gracioso saltério composto de quinze salmos (129-133).

9. Sl 121,6.

10. Gn 1,3.

Entenda estas coisas aquele que puder, e o que não puder que vos peça a graça de as compreender. Mas por que razão este me faz perguntas importunas, como se eu fosse a luz que "ilumina todo o homem vindo a este mundo"?[11]

11. A concepção da Trindade

Quem compreende a Trindade Onipotente? E quem não fala dela, ainda que não a compreenda? É rara a pessoa que ao falar da Santíssima Trindade saiba o que diz. Contendem e disputam. E contudo ninguém contempla esta visão sem paz interior. Quisera que os homens meditassem três coisas, dentro de si mesmos. Todas estão muito afastadas da Augusta Trindade, mas apresento-lhes assunto onde se exercitem, experimentem e sintam quão longe estão de compreender este mistério.

As três coisas que digo são: *existir, conhecer* e *querer.* Existo, conheço e quero. Existo sabendo e querendo; e sei que existo e quero; e quero existir e saber.

Repare, quem puder, como a vida é inseparável nestes três conceitos: uma só vida, uma só inteligência, uma só essência, sem que seja possível operar uma distinção que, apesar de tudo, existe.

Cada um está diante de si mesmo. Estude-se, veja e responda-me. Mas se refletir nesta matéria e me responder o que tiver descoberto, não julgue que chegou a conhecer o que é Incomutável. Este, como tal, é superior a todas estas operações da alma. É Incomutável no Ser, Incomutável no Conhecimento e Incomutável na Vontade. Mas é por causa destas três faculdades que existe em Deus a Trindade? Ou estas três faculdades existem em cada uma das Pessoas Divinas, de tal maneira que as três se encontram em cada uma delas? Ou ambas as coisas se realizam misteriosamente numa simplicidade que é justamente multiplicidade, sendo a Trindade o seu próprio fim infinito, pelo qual exis-

11. Jo 1,9.

te, se conhece e se basta imutavelmente na magnitude copiosa da sua Unidade?

Quem facilmente o pensará? Quem poderá explicá-lo de algum modo? Quem se atreverá temerariamente a dar uma solução de qualquer modo?

12. O "fiat lux" na Igreja

Ó minha fé, avança na tua confissão! Diz ao Senhor teu Deus: "Santo, Santo, Santo é o Senhor meu Deus". Em vosso nome, Pai, Filho, Espírito Santo, fomos batizados. Em vosso nome, Pai, Filho e Espírito Santo, batizamos, pois pelo seu Cristo criou Deus entre nós um "céu" e uma "terra", isto é, os perfeitos e os imperfeitos da sua Igreja. A nossa "terra" antes de receber a forma da doutrina era "invisível e desordenada". Estávamos enterrados nas trevas da ignorância, porque castigastes o homem pela sua iniquidade, e os vossos justos juízos são como abismos profundos.

Mas, porque o vosso Espírito "pairava sobre as águas", a vossa misericórdia não abandonou a nossa miséria e dissestes: "Faça-se a luz"; "Fazei penitência, pois se aproximou o reino dos céus"[12]. "Fazei penitência, faça-se a luz".

Porque a alma nos perturba, lembramo-nos de Vós, ó Senhor, na terra do Jordão, na montanha igual a Vós, mas diminuída em altura, por nossa causa. Desagradaram-nos as nossas trevas. Voltamo-nos para Vós, e fez-se a luz. Fomos outrora trevas; agora, porém, somos *luz* do Senhor.

13. Somos lamparina que há de ser estrela

Contudo, somos luz só *pela fé* e não pela visão clara (de Deus). "Fomos salvos pela esperança"[13]. E quando se vê o que

---

12. Mt 3,2.

13. 2Cor 5,7.

se espera, não há esperança. Ainda "o abismo chama por outro abismo", mas é já por intermédio do sussurro das vossas cataratas[14].

São Paulo que diz: "Não vos pude falar como a espirituais, mas sim como a carnais"[15], até ele julga que ainda não alcançou a meta. Assim, esquecendo-se das coisas passadas, estende o seu pensamento para as coisas futuras e geme sob o peso que o esmaga. Sua alma anseia pelo Deus vivo "como a corça pelas fontes vivas"[16], e exclama: "Quando chegarei lá?" Desejando "abrigar-se sob a sua morada, que está no céu"[17], chama também pelos que estão no abismo inferior, dizendo: "Não queirais conformar-vos com este século, mas reformai-vos pela renovação do vosso espírito"[18]. "Não queirais ser crianças nas vossas mentes, mas sede como crianças quanto ao mal, para que sejais perfeitos no espírito"[19].

E repreende também: "Ó loucos gálatas, quem vos fascinou?"[20]

Isto diz (São Paulo), não já com a sua voz, mas com a vossa. Enviastes lá de cima o Espírito Santo, por intermédio de Jesus que subiu ao alto para abrir as cataratas dos vossos dons, para que a torrente caudalosa alegrasse a vossa cidade. Por esta, suspira (São Paulo) o amigo do Esposo, possuindo já, em si, as primícias do espírito, mas gemendo ainda consigo mesmo, esperando a adoção e o resgate do seu corpo. Por Ela suspira - pois é membro da Esposa; por Ela se abrasa em zelo - pois é o amigo do Esposo[21]. Zela pela Igreja e não por si, porque com a voz das vossas cataratas, e não com a sua, chama por outro abismo[22], ob-

14. Sl 41,8.

15. 1Cor 3,1.

16. Sl 41,3.4.

17. 2Cor 5,2.

18. Rm 12,2.

19. 1Cor 14,20.

20. Gl 3,1.

21. No sentido místico, o Esposo é Jesus Cristo, e a Esposa é a Igreja.

22. Isto quer dizer que instrui os outros não em seu próprio nome, mas em nome de Jesus Cristo.

jeto do seu zelo e dos seus temores. Receia que "assim como a serpente enganou a Eva com a sua astúcia, assim os sentidos (dos imperfeitos) degenerem da castidade"[23], que está no nosso Esposo, vosso único Filho.

Quão resplandecente será aquela luz da sua beleza, quando o contemplarmos tal qual é e tiverem passado "as lágrimas que se tornaram o meu pão de dia e de noite ao me perguntarem todos os dias: Onde está o teu Deus?[24]"

14. Na esperança

E eu digo: "Meu Deus, onde estais? Onde estais Vós? Respiro em Vós um pouco, quando derramo a minha alma sobre mim num cântico de exultação e de louvor, semelhante ao ruído de um festim"[25]. Mas ainda está triste, porque escorrega e se transforma em abismo, ou melhor, sente que é ainda abismo.

A minha fé, a fé que acendestes à minha frente para de noite alumiar meus pés, diz-lhe: "Por que estais triste, ó minha alma! E por que me perturbas? Espera no Senhor"[26]; a sua palavra é lâmpada para os teus passos. Espera e persevera até que passe a noite, que é a mãe dos maus, até que passe a ira do Senhor, ira de quem fomos filhos quando outrora éramos trevas. Destas arrastamos ainda os restos no corpo morto pelo pecado, até que chegue o alvorecer do dia e se dissipem as sombras. Espera no Senhor. De manhã me porei na sua presença e o contemplarei; sempre o hei de louvar. "De manhã me porei na sua presença"[27]. "Verei a salvação do meu rosto"[28], isto é, meu Deus, que "vivificará os nossos corpos mortais pelo seu Espírito, que em nós habi-

23. 2Cor 11,3.

24. Sl 41,4.

25. Sl 41,5.

26. Sl 41,6.

27. Sl 5,5.

28. Sl 42,5.

ta"[29]. Ele desliza misericordiosamente à superfície do nosso interior tenebroso e flutuante.

Recebemos por isso nesta peregrinação o penhor de sermos já luz (nesta vida), ao sermos salvos pela esperança. De filhos da noite e das trevas que dantes éramos, tornamo-nos filhos da luz e do dia. Só Vós por entre a incerteza da ciência humana distinguis entre uns e outros, porque provais os nossos corações e chamais à luz, dia, e às trevas, noite. Sim, quem, senão Vós, pode fazer este discernimento? Mas que coisa possuímos que não tenhamos de Vós recebido? Fomos feitos vasos de honra, da mesma massa de argila de que outros foram feitos vasos de ignomínia.

15. A Escritura e os anjos[30]

Mas quem senão Vós, Senhor, estendeu sobre nós e para nosso proveito o "firmamento" de autoridade da vossa divina Escritura? "O céu será dobrado como um livro"[31] e agora se estende como um pergaminho sobre as nossas cabeças.

A vossa divina Escritura goza da mais sublime autoridade depois que aqueles mortais, por quem no-la dispensastes, encontraram a morte. Vós, Senhor, sabeis como vestistes de peles[32] os homens, ao se tornarem mortais pelo pecado. Pelo que, desdobrastes como um pergaminho o firmamento do vosso livro.

Desenrolastes os vossos oráculos em tudo concordes, que dispusestes acima de nós por meio do ministério de homens mortais. Sem dúvida, pela sua morte, o fundamento da autoridade em vossas palavras por eles divulgadas, admiravelmente se estende acima de tudo o que exista cá embaixo na terra. Enquanto eles viveram no mundo, essa autoridade não se havia

---

29. Rm 8,11.

30. Novos símbolos e alegorias: o firmamento é a alegoria da Escritura; as águas colocadas sobre o firmamento são alegoria dos anjos.

31. Is 34,4; Sl 103,2.

32. Para a aproximação de ideias, advertimos que Santo Agostinho emprega a mesma palavra (*pellis*) para significar pele e pergaminho.

dilatado tão sublimemente. Ainda não tínheis desenrolado o céu como se faz a um pergaminho. Ainda não tínheis divulgado por toda a parte a fama que alcançariam aos nossos olhares! Vejamos, ó Deus, os céus, obra de vossas mãos[33]; dissipai de nossos olhos a nuvem com que os encobristes. Neles está o vosso testemunho que dá sabedoria aos humildes. Completai, meu Deus, os vossos louvores pelos lábios daqueles que ainda são meninos e crianças de peito.

De fato, não conhecemos outros livros que assim destruam a soberba e assim arruínem o inimigo defensor que resiste a toda a reconciliação convosco e advoga seus pecados. Não conheci, ó Senhor, não conheci palavras tão puras, que tanto me persuadissem a confessar-vos, que tanto suavizassem a sujeição da minha mente ao vosso jugo e me convidassem a servir-vos tão desinteressadamente! Possa eu compreender essas verdades, ó Pai querido. Concedei este favor à minha sujeição, já que para os submissos as firmastes.

Há sobre este firmamento outras águas que, segundo creio, são imortais e isentas de toda a corrupção terrena. Que elas louvem o vosso nome! Que os povos supracelestes de vossos anjos, que não têm necessidade de olhar este firmamento nem de conhecer, pela leitura, a vossa palavra, vos bendigam! Eles veem continuamente a vossa face e percebem, sem o auxílio de sílabas que passam, a vossa vontade. Sim, percebem-na, elegem-na e amam-na. Aprendem continuamente, e nunca esquecem o que aprendem!

Elegendo e amando a vossa vontade, leem a imutável estabilidade de vossas resoluções. Os seus códices não se fecham nem os seus livros se cerram porque Vós mesmo sois eternamente o seu livro, já que estabelecestes os vossos anjos acima deste firmamento, por Vós assente sobre a fraqueza dos homens, para que estes, olhando-o, conheçam a vossa misericórdia que no tempo vos enaltece, a Vós, Criador dos tempos. "No céu, Se-

33. Sl 8,4.

nhor, reside a vossa misericórdia e a vossa verdade levanta-se até às nuvens"[34].

Passam as nuvens, porém o céu permanece. Passarão desta vida à eterna os pregadores da vossa palavra, mas a vossa Escritura estender-se-á sobre todos os povos até ao fim dos séculos. "Também o firmamento e a terra deixarão de existir. Porém, vossas palavras jamais hão de emudecer"[35]. Este "pergaminho" será enrolado e o feno sobre o qual se estendia sumir-se-á com o seu resplendor. Mas a vossa palavra permanece eternamente. Agora, ela aparece-nos não como é, mas em enigma de nuvens e através do espelho do céu, porque "ainda não manifestou o que havemos de ser"[36], posto que também nós sejamos diletos ao vosso Filho.

Jesus nos olha através da teia da carne. Acariciou-nos, inflamou-nos no seu amor, e "nós corremos atrás do aroma do seu perfume"[37]. Mas "quando aparecer, seremos semelhantes a Ele, porque o veremos tal qual é"[38]. Senhor, concedei-nos a graça de o vermos como é, pois ainda o não podemos contemplar.

16. Ciência, luz e vida

Ora, assim como sois o Ser absoluto, assim também sois o único que possui a verdadeira ciência.

Vós sois imutável na vossa existência; imutável na vossa sabedoria; imutável na vossa vontade. A vossa essência sabe e quer imutavelmente; a vossa sabedoria é e quer imutavelmente; a vossa vontade imutavelmente é e sabe. Nem parece justo aos vossos olhos que o ser mutável e por Vós iluminado conheça a luz imutável como ela se conhece a si própria. Por isso, "a minha alma é,

34. Sl 35,6.

35. Mt 24,35.

36. 1Jo 3,2.

37. Ct 1,3.

38. Jo 3,2.

aos vossos olhos, como terra ressequida sem água"[39], porque assim como ela não se pode iluminar por si mesma, assim também, por virtude própria, não se pode saciar. "Em Vós jorra a fonte da vida, e na vossa luz veremos a luz"[40].

17. As águas amargas, alegoria dos mundanos

Quem é que reuniu num só espaço as águas amargas? Têm estas como fim obter uma felicidade temporal e terrena. Para a alcançar não se poupam a esforços, apesar de serem já muitos e variados os cuidados que as agitam. Quem, Senhor, senão Vós, disse às águas que "se reunissem num só lugar", e que aparecesse a terra enxuta, sedenta de Vós?

O mar é vosso, fostes Vós que o fizestes. Foram as vossas mãos que formaram a terra "enxuta". Chama-se mar não à amargura das vontades, mas à reunião das águas. Reprimis as tendências más das almas e determinais os limites até onde podem avançar as águas para que as ondas se quebrem contra si próprias. Assim, criais o mar (do mundo) submetido ao vosso poder universal.

Porém às almas que têm sede de Vós e que aparecem aos vossos olhos separadas do mar (do mundo) por outra vocação, Vós as regais com uma água misteriosa e doce, para que a "terra" dê o seu fruto. E então quando Vós, seu dono e seu Deus, o ordenais, a nossa alma germina em obras de misericórdia, conformes à sua própria condição, amando o próximo, ajudando-o nas necessidades materiais.

Essa "terra" (a alma misericordiosa) contém em si esta semente de compaixão, conforme for a sua semelhança com o próximo, porque é o sentimento nascido da nossa miséria que nos leva a ter piedade dos que estão precisados, na proporção em que desejaríamos que nos auxiliassem, se tivéssemos as mesmas necessidades.

---

39. Sl 142,6.

40. Sl 35,10.

Devemos socorrer o próximo não somente nas coisas fáceis, semelhantes às ervas nascidas de semente, mas também obsequiá-lo com uma proteção forte e vigorosa. Assim a terra produz árvores de fruto, isto é, obras que arrebatam das mãos dos poderosos os que sofrem vitupérios e lhes dão a sombra da nossa proteção, com o roble resistente da verdadeira justiça.

18. Os justos, astros no firmamento

Assim como Vós, Senhor, criais e repartis a alegria e a força, assim, eu vo-lo peço, nasça também da "terra" a verdade; a "justiça" olhe para nós do céu, e façam-se astros no "firmamento". Repartamos o nosso pão com os que têm fome, alojemos em nossa casa o pobre sem abrigo, vistamos os nus e não desprezemos os que, "habitando sobre o mesmo teto, são nossos semelhantes"[41].

Nascidos estes frutos na nossa "terra", vede, Senhor, como a germinação é boa. Fazei que apareça a nossa luz no momento oportuno. Com esta pequena colheita das nossas boas obras, fazei que obtenhamos a graça de nos elevarmos até à contemplação das delícias do Verbo da vida, para que brilhemos no mundo como astros fixos no firmamento da vossa Escritura. Nela nos ensinais a distinguir as coisas inteligíveis das sensíveis, como o dia da noite. Nela nos ensinais a diferenciar as almas espirituais daquelas que se entregam aos sentidos.

Deste modo, já não sois Vós o único a separar a luz das trevas, nos arcanos da vossa inteligência, como sucedia antes de estar criado o firmamento. Também as vossas criaturas espirituais dispostas e ordenadas no mesmo firmamento, depois da vossa graça se ter manifestado através do mundo, brilham sobre a terra, dividindo o dia da noite e determinando as diferenças dos tempos.

41. Is 63,7-8.

Com efeito a antiga aliança passou e eis que surge outra nova. A nossa salvação está mais perto do que quando começamos a acreditar. A noite avançou em sua marcha e aproximou-se o dia. Vós coroais o ano da vossa bênção enviando operários para a vossa messe, em cuja sementeira outros trabalharam, e enviando-os também para outra sementeira, cuja colheita não se há de recolher antes do fim dos séculos.

Deste modo realizais os desejos dos justos e abençoais os seus anos. Porém Vós sois sempre o mesmo e nos vossos anos que não têm fim preparais um celeiro para os anos que passam.

Por um desígnio eterno lançais sobre a terra os dons celestes no tempo determinado: a uns dais, por meio do Espírito Santo, a palavra da Sabedoria, semelhante ao grande corpo luminoso, destinado àqueles que se deleitam - como ao raiar do dia - com a luz cintilante da verdade; a outros dais, por meio do mesmo Espírito, a palavra de ciência, corpo já menos luminoso; a outros dais a Fé, a outros o poder de curar, a outros o dom dos milagres, a outros o da profecia, a outros o dom do discernimento dos espíritos, a outros o dom das línguas. E todos estes dons são como estrelas... "Todas estas graças as opera um só e mesmo Espírito, que reparte por cada um os seus dons como lhe agrada"[42]. É Ele quem distintamente, para utilidade dos fiéis, faz aparecer o brilho destes astros.

O dom da ciência - que contém todos os vossos mistérios, os quais, como a lua, têm a sua fase segundo os tempos"[43] - e todos os outros dons sucessivamente mencionados, comparei-os eu às estrelas. Mas, do brilho da Sabedoria com que se alegra o anunciado dia distinguem-se tanto que, em sua comparação, não são mais do que o começo da noite! Porém os vossos dons são necessários àqueles a quem vosso servo prudente (São Paulo) não pôde falar como a homens espirituais, mas como a homens carnais, ele que pregou a Sabedoria entre os perfeitos.

---

42. 1Cor 12,7.11.

43. Quer o Santo Doutor dizer, nesta frase, que os sinais misteriosos do Antigo Testamento não são os mesmos do Novo Testamento. O próprio Santo Agostinho afirma: "Os mistérios (*sacramenta*) não são os mesmos porque uns são os que dão a salvação e outros são os que prometem o Salvador" (*Enarratio* sobre o Sl 73,2).

Quanto ao homem "carnal" - como menino em Cristo que ainda se sustenta de leite - não se considere abandonado na sua noite, mas esteja contente com a luz da lua e das estrelas até que alcance forças para poder mastigar alimentos sólidos e fixar os olhos no brilho do sol.

Eis o que sapientissimamente nos ensinais, nosso Deus, no vosso livro, no vosso firmamento, para que discernamos todas as coisas por meio de uma contemplação inefável, apesar de estarmos sujeitos, por enquanto, às constelações, ao tempo, aos dias e aos anos.

19. Alegoria da "terra enxuta"[44]

Mas, antes de tudo, "lavai-vos e sede limpos; tirai a maldade de vossas almas e da presença de meus olhos"[45], para que a terra "enxuta" comece a aparecer. Aprendei a praticar o bem, prestai justiça ao órfão, mantende os direitos da viúva, para que a terra produza erva de pastagem e árvores frutíferas. Em seguida vinde, disputemos - diz o Senhor -, para que brilhem os astros no firmamento e espalhem a sua luz sobre a terra.

Perguntava aquele rico ao Bom Mestre que havia de fazer para conseguir a vida eterna[46]. Diga-lhe o Bom Mestre - Bom, porque é Deus, mas a quem o rico tinha na conta de simples homem e de nada mais! -, diga-lhe o Bom Mestre que, se quiser conseguir a vida, guarde os mandamentos e aparte de si a amargura da malícia e da iniquidade; que não mate, não cometa adultério, não roube, não pronuncie falsos testemunhos, para que apareça a "terra enxuta" e germine o respeito ao pai e à mãe, e o amor ao próximo.

"Tudo isto fiz eu", respondeu o rico.

---

44. A "terra enxuta" significa a alma que faz o bem.

45. Is 1,16-18.

46. Cf. Mt 19,16-22; Mc 10,17-22; Lc 18,18-23.

Donde provêm então tantos espinhos, se esta terra é boa e frutífera?

Vai, arranca os silvados densos da avareza, vende quanto possuis, enche a tua alma de frutos, dando tudo aos pobres, e terás um tesouro no céu; segue ao Senhor se queres ser perfeito e do número daqueles que Ele instrui na Divina Sabedoria. O Senhor sabe a distinção que é preciso formular entre o dia e a noite e fará que a conheças para que tenhas lugar entre os astros do firmamento do céu. Isto não se poderá realizar, se o teu coração não estiver no céu, o que igualmente acontecerá se nele não residir o teu tesouro, como ouviste dizer ao Bom Mestre.

Mas a terra estéril entristeceu-se e os espinhos sufocaram a palavra divina.

Vós, porém, geração escolhida, sem valor para o mundo, que deixastes tudo para seguir ao Senhor, caminhai em seu seguimento e confundi os fortes. Segui-o com os pés resplandecentes e brilhai no "firmamento" para que "os céus narrem a sua glória"[47]. Sabei distinguir entre a luz dos perfeitos, que não é ainda como a dos anjos, e as trevas dos pequenos, a quem não faltou a esperança. Resplandecei sobre toda a terra e que o vosso dia, incandescente com o sol, revele ao dia a palavra da Sabedoria, e que a noite iluminada pela lua anuncie à noite a palavra da ciência.

A lua e as estrelas alumiam a noite. Mas esta não as obscurece, antes, pelo contrário, elas esclarecem a noite na medida em que pode ser iluminada. Assim sucedeu nos princípios da Igreja, como se Deus dissesse: "Apareçam os astros no firmamento do céu!" – e subitamente se produzisse um ruído vindo do céu, como se soprasse um turbilhão veemente de vento. Foram vistas línguas de fogo, que, dividindo-se, pousaram sobre cada um dos apóstolos. Assim se criaram, no "firmamento" do céu, astros que possuíam a palavra da Vida. Discorrei por toda a parte, luminares sacrossantos, astros brilhantes! Vós sois a luz do mundo e não deveis permanecer sob o alqueire. Aquele a quem vos ligas-

47. Sl 18,2.

tes foi exaltado e exaltou-vos. Discorrei e dai-vos a conhecer a todas as gentes!

20. Interpretações místicas

Que o mar conceba também e dê à luz as vossas obras, e que "as águas gerem os répteis de almas vivas"[48]. Pois, separando o precioso do vil, vós vos tornastes a boca de Deus, por quem Ele diz: "Que as águas produzam", não as almas vivas que a terra origina, mas "répteis dotados de almas vivas e as aves que voam sobre a terra". Os vossos sacramentos são como estes répteis que pelas obras dos vossos santos, ó meu Deus, deslizaram por meio das ondas das tentações do século para banharem os gentios com o vosso nome e os regenerarem pelo vosso batismo.

Então (no início da Igreja) foram operadas grandes maravilhas - semelhantes a enormes cetáceos - e as vozes dos vossos mensageiros voaram sobre a terra, perto do firmamento da vossa Escritura. Esta os protegia com sua autoridade e sob esse firmamento voavam, para qualquer parte que se dirigissem. "Não há língua nem palavras em que não se ouçam as suas vozes"[49]. Efetivamente o brado dos apóstolos espalhou-se por toda a terra e as suas palavras chegaram até aos confins do orbe. Vós, Senhor, as multiplicastes com as vossas bênçãos.

Porventura, falto à verdade ou confundo a questão, misturando os conhecimentos claríssimos referentes a estas coisas resplendorosas no firmamento do céu, não as distinguindo das obras corporais criadas no mar agitado do mundo e sob o firmamento do céu? Não, certamente! Por um lado, as noções acerca dos seres materiais são sólidas e invariáveis, nem se multiplicam de geração em geração como as luzes da Sabedoria e da Ciência. Por outro lado, estes seres orgânicos comportam muitas e variadas operações corporais e, crescendo uns de outros, multipli-

48. Gn 1,20. Os "répteis dotados de almas vivas" simbolizam os sacramentos; "as aves que voam sobre a terra" são a alegoria dos apóstolos e missionários.

49. Sl 18,6.

cam-se sob a vossa bênção, ó meu Deus. Consolastes, por este meio, o fastio dos sentidos do corpo, permitindo que uma verdade única seja figurada e apresentada ao entendimento de múltiplos modos, por meio de diversas operações sensíveis.

Eis as maravilhas que as águas produziram pela onipotência da vossa palavra. As necessidades dos povos, afastados da vossa eterna verdade, provocam estes prodígios por intermédio do vosso Evangelho. Efetivamente foram as águas que lançaram de suas entranhas essas maravilhas. A sua amargura doentia deu ocasião a que esses seres se originassem da vossa palavra[50].

Todas as coisas são belas, pois Vós sois o seu autor; mas Vós criastes tudo, sois indizivelmente mais belo! Se Adão, pela sua queda, não se tivesse afastado de Vós, não se difundiria do seu regaço a salsugem do mar, isto é, o gênero humano profundamente curioso procelosamente intumescido, inconstante e movediço nas suas ondas. Não seria necessário que, no meio de tantas águas[51], os vossos dispensadores[52] descobrissem, material e sensivelmente, tantos fatos alegóricos e palavras misteriosas.

Foi assim que me ocorreu interpretar aqueles "répteis" e "aves". Até mesmo os homens imbuídos e iniciados neste simbolismo não avançariam mais "no conhecimento destes mistérios" se a sua alma, subindo mais alto, não se robustecesse na vida espiritual e se após as palavras iniciais (do batismo) não aspirasse à perfeição.

21. A alma cristã

Pelo que, não foi o mar profundo, mas a terra separada das águas amargas que lançou de si, impelida pela vossa palavra,

---

50. Santo Agostinho quer dizer que "as águas amargas", isto é, os mundanos, deram azo a que Deus efetuasse prodigiosos milagres nos primórdios da Igreja. Com efeito os apóstolos, para converter os infiéis, lançaram mãos de maravilhas sobrenaturais, como de curas extraordinárias, profecias, etc.

51. "Tantas águas" simbolizam os vários povos.

52. Os pregadores da palavra de Deus.

não répteis de almas vivas e aves, mas uma "alma viva"[53]. Já não tem necessidade do batismo, imprescindível aos gentios, e igualmente indispensável para a alma, quando ainda se encontrava coberta pelas "águas".

A alma não pode entrar no Reino dos Céus por outro caminho, porque assim o determinastes. Não busca deslumbramentos de milagres para se enraizar na fé.

Essa alma é a terra *fiel* separada das águas amargas do mar, símbolo do paganismo. Por isso, não deixa de acreditar mesmo que não veja milagres e prodígios, pois "o prodígio das línguas não é para os fiéis, mas para os infiéis"[54]. A terra por Vós estabelecida sobre as águas não tem necessidade desta espécie de aves que as águas produziram em obediência à voz do vosso mando. Enviai-lhe a vossa palavra por intermédio dos vossos mensageiros!

Nós falamos das maravilhas dos apóstolos, mas quem age, por seu intermédio, para que possam produzir uma alma viva, sois Vós.

Quem a germina é a terra, porque é a causa de que se realizem estes fenômenos à sua superfície, assim como o mar foi a causa de que fossem produzidos "os répteis de almas vivas e as aves, sob o firmamento" do céu. A terra já não precisa de aves e répteis, porque se alimenta do peixe[55] tirado do fundo do oceano, para aquela "mesa (da Eucaristia) que preparastes na presença"[56] dos crentes. Pois se foi extraído do fundo das águas, foi para alimentar a terra. E as aves, ainda que nascidas do mar, multiplicam-se também sobre a face da terra.

A infidelidade dos homens foi a causa das primeiras palavras dos evangelizadores, que exortam os fiéis e lhes lançam a bênção de muitos modos, de dia em dia. Mas a alma viva (a alma cristã) recebeu a sua origem da terra, porque só aos fiéis é meritório refrearem-se no amor a este mundo, para que a alma deles

53. A "alma viva" produzida pela terra (Gn 1,24) é alegoria da alma cristã.

54. 1Cor 14,22.

55. Alusão à figura do peixe, sob a qual os primeiros cristãos representavam a Jesus Cristo.

56. Sl 22,5.

viva para Vós. Sim, ela estava morta quando vivia, Senhor, nas delícias que eram mortíferas, porque só Vós sois as delícias vitais do coração puro.

Que os vossos ministros trabalhem na terra, não como entre as águas da infidelidade, anunciando e falando por milagres e frases místicas que, à vista destes prodígios misteriosos, tornam atenta a ignorância, mãe da admiração. Tal é a entrada da fé para os filhos de Adão que, esquecidos de Vós, se escondem da vossa face e se tornam um abismo. Os vossos ministros arroteiem esse campo como "terra enxuta" separada das fauces do abismo e sejam modelo para os fiéis, vivendo na sua presença de tal modo que os excitem a imitar o bem.

Assim, os fiéis ouvem não só para ouvir, mas também para praticar o que lhes é ensinado: "Buscai a Deus e a vossa alma viverá", para que a terra produza uma alma viva[57]; "não vos conformeis com este mundo"[58]; abstende-vos dele. Se a alma evita o mundo, vive, e se o busca, morre.

Refreai-vos na violenta bestialidade da soberba, no prazer inerte da luxúria, na fama enganadora da ciência, a fim de que as *alimárias* sejam mansas e os *animais domésticos* sejam domados, e as *serpentes* não sejam venenosas. Tais são as paixões da alma, representadas alegoricamente. Mas o desdém da arrogância, o prazer da torpeza e o veneno da curiosidade são os movimentos da alma inerte, a qual não morre a ponto de carecer de todo o movimento. Morre, afastando-se da fonte da Vida, e é arrebatada pelo mundo que passa e com o qual se conforma.

A vossa palavra, porém, meu Deus, é fonte de Vida eterna, e não passa. Pela vossa palavra é-nos proibido esse afastamento de Vós, ao dizer-nos: "Não vos conformeis com este mundo, a fim de que a terra produza uma alma viva"[59], na fonte da Vida, uma alma pura que observe a vossa palavra declarada pelos evangelistas e imite os imitadores do vosso Cristo.

---

57. Sl 68,65.

58. Rm 12,2.

59. 1Cor 11,1.

Eis o sentido místico da expressão "segundo a espécie", porque o homem imita aquele que ama. "Sede como eu, disse São Paulo, porque também sou como vós"[60].

Deste modo, as feras (as paixões) da alma viva se tornarão boas, na doçura das suas ações. Assim no-lo ordenastes ao dizer: "Realiza as tuas obras na mansidão e serás amado por todos os homens"[61].

Os animais domésticos serão bons. Se comerem não terão fastio e, se não comerem, não padecerão de fome. As serpentes se tornarão boas. Não serão venenosas para fazer mal, mas astutas para se acautelarem. Investigarão a natureza das coisas temporais tanto quanto basta para compreenderem, por meio das coisas criadas, a eternidade. Estes animais, as paixões, servem à razão, quando vivem refreados em todos os seus caminhos de morte e forem bons.

22. Renovação de espírito

Deste modo, Deus, Senhor e Criador nosso, quando os afetos do amor mundano forem refreados - *vivendo mal,* com eles morremos - e, quando a alma for vivente - *vivendo bem* - e estiver cumprida aquela sentença que dissestes pela boca do Apóstolo: "Não vos conformeis com este mundo"[62], seguir-se-á aquilo que imediatamente ajuntastes. Assim dissestes: "Mas reformai-vos no rejuvenescimento da vossa mente", não já "segundo a espécie" como quem imita um personagem ou como quem vive cingido à autoridade de um homem mais justo. Não dissestes: "Faça-se o homem, segundo a sua espécie", mas: "Façamos o homem à nossa imagem e semelhança"[63], para que entendamos qual seja a vossa vontade.

---

60. Gl 6,12.

61. Eclo 3,19.

62. Rm 12,2.

63. Gn 1,26.

Além disso, o vosso dispensador (São Paulo), que gerava os filhos pelo Evangelho, não querendo que aqueles que alimentara com o leite e que, como ama, criara, fossem criancinhas, disse-lhes: "Reformai-vos no rejuvenescimento do vosso espírito para entenderdes qual seja a vontade de Deus, e discernirdes o bom, o agradável e o perfeito"[64]. Por isso, não dizeis: "Faça-se o homem", mas: "Façamos o homem". Nem dizeis "segundo a espécie", mas: "à nossa imagem e semelhança".

O homem, renovado pelo espírito e vendo perfeitamente a Vossa verdade, não precisa das indicações de outro homem para proceder "segundo a sua espécie". Graças aos vossos ensinamentos, ele mesmo compreende a vossa vontade e aquilo que é bom, agradável e perfeito. Vós o ensinais a ver a Trindade da Unidade e a Unidade da Trindade, porque já é capaz deste ensinamento. Tendo Vós falado no plural: "Façamos o homem", afirma-se logo no singular: "E fez Deus o homem". Tendo Vós falado no plural: "À nossa imagem", enuncia-se no singular: "À imagem de Deus".

Deste modo o homem renova-se no conhecimento de Deus, segundo "a imagem daquele que o criou"[65] e, tornando-se espiritual, julga de todas as coisas que certamente hão de ser julgadas. Porém Ele por ninguém é julgado.

23. De que coisas pode julgar o homem espiritual

Quando, porém, lemos que o homem "julga todas as coisas", isto significa que tem poder sobre os peixes do mar, sobre as aves do céu, sobre todos os animais domésticos e feras, sobre toda a terra e sobre os répteis que pela terra se arrastam. Este poder exerce-o por meio da inteligência, pela qual percebe o que é do Espírito de Deus. Mas o "homem, posto em lugar de honra, não entendeu a sua grandeza e igualou-se aos jumentos insensatos, tornando-se semelhante a eles"[66]. Por isso, na vossa Igreja,

64. Rm 12,2.

65. Cl 3,10.

66. Sl 48,21.

meu Deus, tanto os que presidem como os que obedecem julgam pelo Espírito segundo a graça que a cada um concedestes, porque "somos obra vossa e criados para obras boas"[67]. Deste modo formastes a criatura humana, o homem e a mulher, na vossa graça espiritual, sem que no entanto houvesse na ordem do espírito distinção de sexo entre eles, porque "não há judeu, nem grego, nem escravo, nem homem livre"[68].

Portanto, os "espirituais", quer os que presidem, quer os que obedecem, julgam espiritualmente. A sua inteligência não se exerce sobre os pensamentos intelectuais que brilham no firmamento - pois não lhes pertence formular juízos sobre tão sublime autoridade. Nem julgam da vossa Escritura, ainda que esta contenha obscuridades, porque lhe devemos sujeitar a inteligência. Temos como certo ainda mesmo o que permanece velado à nossa compreensão e acreditamos que isso não foi dito com justiça e com verdade.

Deste modo o homem, se bem que já espiritual e renovado "no conhecimento de Deus, segundo a imagem daquele que o criou"[69], deve ser cumpridor e não juiz da lei. Igualmente não pode ajuizar daquilo que distingue os homens espirituais dos carnais. Estes, meu Deus, são conhecidos aos vossos olhos. Ainda não se manifestaram a nós com nenhuma das suas obras, para que pelos seus frutos os conheçamos. Porém, Vós, Senhor, já os conheceis, já os classificastes, já lhes fizestes ocultamente o convite antes de ser criado o firmamento.

Também não é da gente alvoroçada deste mundo que o homem espiritual julga. Efetivamente, que tem ele a julgar dos que estão fora, ignorando quem de entre eles chegará à doçura da vossa graça e quem há de permanecer na eterna amargura da impiedade?

Portanto, o homem que fizestes à vossa imagem não recebeu poder sobre os astros do céu, nem sobre o próprio firma-

67. Ef 2,10.

68. Cl 3,11.

69. Cl 3,10.

mento misterioso, nem sobre o dia e a noite que chamastes à existência antes da criação do céu, nem sobre a junção das águas que é o mar. Mas recebeu jurisdição sobre os peixes do mar, sobre as aves do céu, sobre todos os animais, sobre toda a terra e sobre todos os répteis que rastejam no chão.

Julga, pois, e aprova o que é bom e condena o que é mau, quer na celebração dos sacramentos pelos quais são iniciados os que a vossa misericórdia procuram no mar profundo; quer no banquete em que se apresenta o Peixe[70], tirado do fundo do oceano para alimento da terra fiel; quer nas vozes alegóricas e nas palavras sujeitas à autoridade do vosso livro[71], e que voam, por assim dizer, sob o vosso firmamento, quando o vosso pregador interpreta, expõe, disserta, disputa, louva e vos chama com orações. Estas brotam em voz alta dos seus lábios, para que o povo responda: Assim seja!

A razão por que precisamos de enunciar tudo isto por palavras materiais é o abismo do mundo e a cegueira da carne que não nos permite contemplar os pensamentos alheios, e por isso nos obriga a valer-nos de vozes e de sons que firam ruidosamente os ouvidos dos outros, para lhes comunicarmos os nossos pensamentos. Assim, ainda que as aves se multipliquem sobre a terra, recebem contudo a sua origem das águas.

Também o homem que vive segundo o espírito formula o seu parecer, aprovando o que é reto e censurando o que encontra de vicioso nas almas e costumes dos fiéis. Julga das esmolas que são como frutos da terra, da alma viva que dominou as suas afeições pela castidade, pelos jejuns, pelos pensamentos piedosos. Julga de tudo aquilo que pelos sentidos corporais se manifesta. Resumindo, afirmo que o homem espiritual tem a faculdade de julgar de tudo que possa corrigir.

70. O peixe é um símbolo de Nosso Senhor Jesus Cristo e particularmente da Sagrada Eucaristia.

71. A Sagrada Escritura.

24. "Crescei e multiplicai-vos!"

Mas que é isto e que mistério é? Abençoais os homens, Senhor, para que "cresçam, se multipliquem e encham a terra"[72]. Não querereis nos dar a perceber algumas coisas sobre estas palavras?

Por que não abençoastes assim a luz, a que chamastes dia, nem ao firmamento do céu, nem aos astros, nem às estrelas, nem à terra, nem ao mar? Eu diria, meu Deus, que nos criastes à vossa imagem. Sim, eu diria que quisestes conceder particularmente este dom ao homem, mesmo que assim não tivésseis abençoado os peixes e os cetáceos para que crescessem, se multiplicassem e ocupassem as águas do mar, e para que as aves se multiplicassem sobre a terra.

Do mesmo modo afirmaria que esta bênção se estende também a todas as espécies que a si mesmas se propagam por meio de geração, se acaso as encontrasse entre os arbustos, entre as árvores de fruto e entre os animais da terra. Porém, nem às ervas, nem às árvores, nem aos animais ferozes, nem às serpentes foi dito: "Crescei e multiplicai-vos!"[73], se bem que todos estes seres se multipliquem por geração como os peixes, as aves e os homens, e, deste modo, mantêm a sua espécie.

Que direi então, ó Verdade e minha Luz? Que estas palavras foram proferidas inutilmente e sem motivo? De modo nenhum, Pai de misericórdia. Longe de mim que o servo do vosso Verbo diga tal coisa! Se eu não entendo o que quereis dizer com estas palavras, entendam-no outros melhores que eu, quer dizer, outros mais inteligentes segundo a capacidade, meu Deus, que a cada um proporcionastes.

Agrade-vos, pois, a minha confissão, feita diante de vossos olhos. Por ela declaro-vos que creio, Senhor, que não foi em vão que assim falastes! Nem calarei o que estas palavras me sugeriram ao lê-las. O que eu penso é verdadeiro e nada impede que eu

---

72. Gn 1,28.

73. Gn 1,28.

assim explique as palavras figuradas dos vossos livros. Sei que, por meio de sinais sensíveis, se significam *diversas* coisas que o nosso espírito percebe de uma *única* maneira; e que, pelo contrario, o espírito entende de *muitas* maneiras o que os sinais sensíveis representam de uma só. Assim, por exemplo, o amor de Deus e do próximo, com quantas metáforas, em que inúmeras línguas - e em cada língua, com que inúmeras expressões! - se enuncia de maneira concreta!

É neste sentido que "crescem e se multiplicam os peixes das águas".

Mas tu, leitor, quem quer que sejas, atende novamente. A Escritura declara de uma só maneira, e a nossa voz, também de um só modo, pronuncia estas palavras: "No princípio criou Deus o céu e a terra..."[74] E, no entanto, não é verdade que se interpretam sob vários aspectos, não sofisticada e falsamente, mas segundo a variedade de pontos de vista legítimos?

Assim crescem e se multiplicam as gerações dos homens.

Se considerarmos não alegoricamente, mas no sentido real, a natureza das coisas, vemos que as palavras "crescei e multiplicai-vos" se estendem a tudo o que nasce de semente. Se, pelo contrário, as interpretarmos em sentido figurado, que era, a meu ver, o que a Escritura pretendia - a qual, com certeza, não atribui inutilmente esta bênção só às crias dos peixes ou aos filhos dos homens! - encontraremos uma grande multidão de criaturas corporais e espirituais, *simbolizadas no céu e na terra;* as almas dos justos e perversos, *simbolizadas na luz e nas trevas;* os santos legisladores por quem Deus nos deu a Lei, *simbolizados no firmamento que foi estabelecido entre as águas superiores e as águas inferiores;* a sociedade dos povos amargurados pelas suas paixões, *simbolizada pelo mar;* as afeições das almas piedosas, *simbolizadas na terra "enxuta";* as obras de misericórdia praticadas nesta vida, *simbolizadas nas ervas que nascem de sementes e nas árvores frutíferas;* os dons espirituais manifestados para utilidade do *próximo, simbolizados nos as-*

74. Gn 1,1.

tros do céu; as afeições regradas pela temperança, *simbolizadas na alma viva.*

Em tudo isto, pois, encontramos variedade, abundância e acréscimo. Mas, que uma só coisa cresça e se multiplique de tal modo que se enuncie de muitas formas e uma só perfeição se entenda de muitas maneiras, não o encontramos senão nos símbolos sensíveis e nas alegorias concebidas pelo espírito. Nós entendemos como equivalendo a "símbolos sensíveis" "as gerações criadas nas águas", porque esses símbolos foram necessariamente motivados pela profundeza da nossa miséria carnal. Simbolizamos também por "gerações humanas" as alegorias concebidas pelo espírito, por causa da fecundidade da razão[75]. Por isso, Senhor, creio que dissestes a uns e a outros: "Crescei e multiplicai-vos!" Por meio desta bênção, concedeis-nos o poder e a licença de enunciar de *diversos modos* o que o nosso espírito concebe de *maneira simples*, e de perceber sob *várias formas* o que nos vossos livros lemos enunciado, obscuramente, *de uma só maneira.*

É assim que se povoam "as águas do mar", que não se moveriam, sem estas diversas interpretações. É assim que as várias gerações dos homens enchem a terra, cuja "aridez" se fertiliza pela paixão da verdade, sob o domínio da razão.

25. "Os frutos da terra"

Quero também expor, Senhor meu Deus, o que sugere a vossa Escritura, ao continuar a lê-la, e o direi sem me envergonhar. Exporei verdades que me inspirastes e aquilo que Vós quisestes que eu daquelas palavras deduzisse. Nem creio que diga a verda-

75. Santo Agostinho, nesta passagem, aplica a frase "crescei e multiplicai-vos", alegoricamente, quer às imagens sensíveis quer às puras concepções intelectuais. A multiplicação dos peixes simboliza - diz ele - as imagens sensíveis, porque estas originam-se no mar da nossa miséria e imperfeição, fôssemos puros espíritos, não precisaríamos de imagens sensíveis. A multiplicação dos homens representa as nossas concepções intelectuais e as alegorias porque se originam em outro elemento mais nobre, na fecundidade do nosso entendimento.

de, se outro além de Vós me inspirar, pois só Vós sois "a Verdade e todo o homem é mentiroso"[76]. Por isso, "quem fala de si mesmo, enuncia mentira[77]. Portanto, eu, para falar verdade, falarei do que me inspirastes.

Destes-nos, "para alimento, todas as ervas semeáveis que produzem semente à superfície da terra, e as árvores que têm em si o fruto, junto com o germe"[78]. Não as concedestes só a nós, mas também às aves do céu, aos animais da terra e às serpentes. Não as ofertastes, porém, aos peixes e aos grandes cetáceos.

Dizíamos nós que nestes frutos da terra se significavam e representavam alegoricamente as obras de misericórdia, as quais brotam da terra fecunda, para ocorrerem às necessidades da vida[79]. O piedoso Onesíforo era semelhante a esta terra. Foi à sua casa que concedestes misericórdia por ter matado a sede muitas vezes ao vosso servo Paulo e por não se ter envergonhado das cadeias do Apóstolo. O mesmo fizeram "os irmãos que da Macedônia lhe forneceram o necessário"[80], dando com isso mostras de produzir iguais frutos. Igualmente se queixava São Paulo de algumas árvores que não lhe deram o fruto que deviam. Por isso diz: "Na minha primeira defesa ninguém me assistiu; todos me abandonaram; que isto não lhes seja imputado![81]"

Devemos dar estes frutos aos que nos ministram doutrina conforme a razão, explicando-nos os divinos mistérios. Por este motivo os frutos são-lhes devidos como a homens. São-lhes devidos também como a almas vivas, pois nos dão exemplos de todas as virtudes. Do mesmo modo, esses frutos são-lhes devidos como a aves do céu, por causa das suas bênçãos que se multiplicam sobre a terra, pois a toda ela se estendeu a sua voz.

---

76. Jo 14,6; Rm 3,4.

77. Jo 8,44.

78. Gn 1,29.

79. Os frutos da terra (Gn 1,29) figuram as obras de piedade e o emolumento devido a quem anuncia a palavra de Deus.

80. 2Cor 11,9.

81. 2Tm 4,16.

26. Almas refloridas. São Paulo

Mas com estes frutos só se nutrem aqueles que alegremente os saboreiam. Os outros, "cujo Deus é o seu ventre"[82], não podem regozijar-se com eles. Até mesmo nos que dão esmola o "fruto" não é o que eles dão, mas o espírito com que a oferecem. Vejo por isso perfeitamente qual era a fonte destas alegrias em São Paulo, que servia a Deus e não ao seu ventre. Vejo e intensamente me congratulo com ele.

Recebera o Apóstolo, por intermédio de Epafrodito, as ofertas que lhe enviaram os filipenses. Vejo a causa da sua alegria. O que o alegrava era aquilo de que São Paulo se nutria, pois afirma com verdade: "Alegrei-me sumamente no Senhor, por ter de novo florescido a vossa estima para comigo, em que antes abundáveis, já que eu vos tinha causado aborrecimento"[83]. Portanto, tinham eles emurchecido com um prolongado aborrecimento e como que secaram para os frutos das boas obras. Congratula-se com eles porque refloresceram e não se congratula consigo mesmo por terem acudido à sua indigência.

Por isso declara São Paulo logo a seguir: "Não digo isto porque alguma coisa me falte, pois nas circunstâncias em que me acho aprendi a contentar-me. Sei passar privações e sei viver na abundância. Em tudo e por tudo tenho sido ensinado a tolerar a fartura e a penúria, a estar na abundância e a sofrer necessidades. Tudo posso naquele que me conforta"[84].

Qual o motivo da tua alegria, ó grande Paulo? Qual o motivo do teu júbilo? De que te alimentas, ó homem "renovado para o conhecimento de Deus segundo a imagem do que te criou", ó alma viva, tão pura, língua alada que nos fala de mistérios? Por que a esta espécie de animais se deve tal alimento? Dize-me o

---

82. Fl 3,19.

83. Fl 4,10. Por deficiência do texto grego que Santo Agostinho utilizou, houve confusão por parte do Santo Doutor, ao traduzir esta passagem para o latim, onde São Paulo louvava os filipenses. Não os repreendeu, ao contrário do que insinua Santo Agostinho. Em vez de "já que eu vos tinha causado aborrecimento", o texto grego da Epístola aos Filipenses diz: "faltou-vos ocasião".

84. Fl 6,11.12.

que é que naquela obra dos filipenses serviu de manjar à sua alma? – A alegria.

Ouçamos o que segue: "Contudo, diz ele, fizestes bem em partilhar da minha tribulação"[85]. O que lhe dá alegria, o que o nutre é terem eles procedido bem; e não o ter sido alargada a sua estreiteza. Por isso, meu Deus, ele afirma: Vós "na angústia, me dilatastes o coração"[86]. Aprende em Vós – que o confortais – a estar na abundância e a sofrer privação. "Também vós, ó filipenses – acrescentou ele –, sabeis que no começo da pregação do Evangelho, quando parti da Macedônia, nenhuma Igreja teve comigo intercâmbio para dar e para receber, senão vós somente, porque para Tessalônica várias vezes enviastes com que ocorrer às minhas necessidades"[87]. Agora rejubila por terem voltado a praticar tão boas obras e alegra-se por terem reflorido como um campo fértil e verdejante.

Seria acaso por causa das suas privações, pois declarou: "ocorrestes às minhas necessidades"? Alegra-se, porventura, por causa disso? Não, decerto. Como sabemos? Porque logo acrescenta: "Não é a vossa dádiva que eu busco, mas o fruto"[88].

Aprendi de Vós, meu Deus, a distinguir entre a *dádiva* e o *fruto*. A dádiva é o próprio objeto oferecido por quem nos provê nas necessidades, como dinheiro, comida, bebida, roupa, pousada e ajuda. O fruto, porém, é a obra e sincera boa vontade do doador. O nosso Mestre, na verdade, não disse somente: "o que receber um profeta", mas acrescentou: "na sua qualidade de profeta". Nem afirmou apenas: "quem receber um homem justo", mas acrescentou também: "na sua qualidade de justo". Deste modo, aquele receberá a recompensa do profeta, e este a do homem justo. Não se limita só a dizer: "o que der um copo de água fresca a um dos mais pequeninos dos meus", mas ajuntou: "só na sua qualidade de discípulo". Por isso conclui: "Em verdade vos digo, não ficará sem recompensa".

---

85. Ibid. 4,14.

86. Sl 4,2.

87. Fl 4,15.

88. Fl 4,17.

É uma dádiva receber um profeta, receber um justo, dar um copo de água fresca a um discípulo. O fruto, porém, está em praticar esta ação como a um profeta, como a um justo, como a um discípulo. Com o fruto era Elias sustentado pela viúva, porque esta sabia que alimentava um homem de Deus, e por isso mesmo o alimentava. Porém o profeta nutria-se com a dádiva do corvo. Não era o Elias interior que era alimentado, mas só o Elias exterior, que poderia morrer à míngua deste alimento.

27. Os "peixes" e os "cetáceos"

Portanto, Senhor, direi a verdade diante de Vós. Algumas vezes os homens ignorantes e infiéis, que para serem iniciados e ganhos à fé precisam destas metáforas de principiantes e destes milagres grandíloquos - figurados, assim creio, sob o nome de "peixes" e de "cetáceos" - tomam o encargo de aliviar os vossos filhos ou de os auxiliar nalguma necessidade da vida presente.

Mas como ignoram a natureza da sua ação e o verdadeiro motivo por que a devem praticar, nem eles os alimentam, nem estes são alimentados por eles; porque nem os primeiros praticam essas boas obras com santa e reta intenção, nem os segundos se alegram com as dádivas, nas quais não descobrem ainda fruto algum. Ora a alma só se alimenta daquilo que lhe traz alegria. Por isso os "peixes" e os "cetáceos" não se nutrem de alimentos que brotam da terra só depois de separada e limpa da salsugem das águas marinhas.

28. A obra da criação é essencialmente boa

Vós vistes, ó meu Deus, todas as coisas que criastes. Pareceram-vos elas muito boas e assim também nós as vemos e as achamos igualmente excelentes.

Depois de dizerdes a cada uma das espécies das vossas obras que "fossem criadas" e depois de elas o serem, vistes que eram boas.

Sete vezes, contei-as eu, está escrito que vistes ser excelente a obra por Vós criada. Na oitava declara-se que contemplastes todas as vossas criaturas como obra vista de conjunto, e eis que elas então não só vos pareceram "boas", mas "muito boas".

Cada uma das criaturas separadamente era boa. Porém, consideradas em conjunto, eram não só "boas" mas até "muito boas". Isto mesmo o afirma também a beleza de qualquer ser orgânico. Um corpo, formado de membros todos belos, é muito mais belo que cada um dos seus membros de cuja conexão harmoniosíssima se forma o conjunto, posto que também cada membro, separadamente, tenha uma beleza peculiar.

29. Fora do tempo

Inquiri atentamente se foram sete ou oito vezes que vos pareceram boas as vossas obras, ao Vos agradarem[89]. Nessa vossa contemplação não encontrei o tempo pelo qual pudesse compreender ser esse o número de vezes que admirastes a criação. Por isso exclamei: ó Senhor, eu creio que é verdadeira a vossa Escritura, pois não fostes Vós, a autêntica e a própria Verdade, que a ditastes? Por que me dizeis que a vossa visão dos seres criados não está sujeita ao tempo, se a vossa Escritura me narra, dia a dia, terdes Vós contemplado a excelência das vossas criaturas, e tendo-as eu contado as vezes que as vistes, achei o seu número?

A isto me respondeis. Porque sois o meu Deus Vós o dizeis com voz forte ao ouvido interior do vosso servo, rompendo a minha surdez e exclamando: "Homem, o que a minha Escritura diz, Eu o digo. Mas ela o diz no tempo, e este não atinge o meu Verbo que subsiste comigo numa eternidade igual à minha. Assim, o que vedes pelo meu espírito sou Eu que o vejo; o que dizeis pelo meu espírito, sou Eu que o digo. Mas assim como quando vós *contemplais* estas coisas no tempo, Eu não as *con-*

89. Segundo a versão bíblica dos Setenta que Santo Agostinho seguia, foram oito vezes. Segundo a Vulgata que consultou, foram sete vezes.

templo no tempo, assim quando vós as *dizeis* no tempo, Eu não as *digo* no tempo".

30. Erros dos maniqueístas sobre a criação

Eu ouvi, Senhor, meu Deus, a vossa voz. Tomei uma gota de doçura da vossa verdade. Compreendi que há alguns a quem desagradam vossas obras, dizendo que muitas delas as criastes impelido pela necessidade, como por exemplo a estrutura do céu e a organização dos astros. Afirmam que as não fizestes por Vós mesmo, mas que já existiam criadas noutro lugar. Tirando-as de lá, simplesmente as reunistes, compondo-as e coordenando-as, quando edificastes as muralhas do mundo, depois de vencidos os inimigos, para que cativos nessa fortaleza jamais pudessem de novo rebelar-se contra Vós.

Dizem que nem criastes os outros seres nem os ordenastes, como por exemplo os organismos corpóreos, todos os animais pequeninos e também tudo o que se agarra à terra por meio de raízes. Declaram que um espírito hostil e uma outra natureza por Vós não criados os formam e geram nas regiões inferiores do mundo. Esses insensatos afirmam tais coisas porque não veem as vossas obras através do vosso Espírito, nem vos reconhecem nelas[90].

31. Deus ilumina o nosso olhar

O contrário sucede àqueles que contemplam essas obras pelo vosso Espírito, porque então sois Vós quem vê neles. Por conseguinte, quando veem que são boas, Vós vedes também

90. Refere-se, neste capítulo, o Santo Doutor, aos maniqueístas. Estes, não podendo compreender a origem do mal ou a imperfeição nos seres e querendo ser reverentes para com Deus, admitiram um princípio criador da matéria, independente do Ser infinito, e recorreram às fábulas para explicar a criação. Imaginaram uma luta entre o primeiro homem e os demônios, a prisão destes nos astros e a queda de fetos de origem diabólica das estrelas para a terra (cf. *Contra Faustum*, VI, 8).

essa bondade. Em tudo o que lhes agrada, por causa de Vós, nisso vos tornais agradável; e aquilo que pelo vosso espírito nos agrada, é em nós que vos agrada. Quem dos homens sabe o que é do homem, senão o espírito do homem que nele está? Assim também o que pertence a Deus ninguém o sabe, senão o Espírito de Deus. "Nós, porém, diz São Paulo, recebemos não o espírito deste mundo, mas o Espírito que é de Deus para conhecermos os dons que Deus nos concedeu"[91].

Sinto-me impelido a perguntar: não sabendo ninguém com certeza o que é de Deus senão o Espírito de Deus, como conhecemos nós também os dons que Deus nos concede?

Responder-me-á alguém: "As coisas que nós conhecemos pelo seu Espírito, ninguém as sabe senão o Espírito de Deus". Por conseguinte, assim como se disse com toda a razão àqueles que falavam pelo Espírito de Deus: "Não sois vós quem fala"[92]; e aos que sabem pelo Espírito de Deus: "Não sois vós quem sabe"; não menos retamente se diz àqueles que veem pelo Espírito de Deus: "Não sois vós quem vê". Deste modo, tudo o que pelo Espírito de Deus veem de bom não são eles, mas Deus quem o vê assim.

Por isso, uma coisa é um julgar como mau o que é bom, como os (maniqueístas) de que acima falei; e outra, ver o homem a quem agrada a vossa criação por esta ser excelente. Contudo, não sois Vós que lhe agradais nela, pois querem antes o gozo da criatura do que a Vós. Enfim, outra coisa sucede quando o homem vê que alguma criatura é boa sendo Deus quem vê nele que a criatura é boa, porque é bom que Deus seja amado naquilo que criou. Ele somente será amado pelo Espírito que nos concedeu, "pois a caridade de Deus foi difundida em nossos corações pelo Espírito Santo que nos foi dado"[93]. Por Ele vemos que é bom tudo o que *de qualquer modo existe*, pois procede daquele que *não existe de qualquer modo*, pois o que Ele é, é-o por essência.

91. 1Cor 2,11-12.

92. Mt 10,20.

93. Rm 5,5.

32. O conjunto da criação

Graças vos damos, Senhor! Vemos o céu e a terra, isto é, as partes superior e inferior corpórea, ou a criação espiritual e material. Para adorno destas partes componentes de toda a massa do mundo ou de toda a criação no seu conjunto, vemos a luz, criada e separada das trevas.

Vemos o firmamento do céu, quer o entendamos como sendo o primeiro corpo do universo situado entre as águas espirituais superiores e as águas corporais inferiores, quer seja este espaço do ar, a que também se dá o nome de atmosfera. Por esta divagueiam as aves, entre as águas que se lhes sobrepõem em forma de vapor - que em noites serenas cai em gotas de orvalho - e as águas em estado líquido pela terra.

Vemos a formosura das águas reunidas nas campinas do mar. Vemos a terra árida, nua, ou de forma visível e ordenada, essa terra, mãe das plantas e das árvores.

Vemos brilhar por cima de nós os luzeiros do céu, o sol bastar ao dia, a lua e as estrelas consolarem a noite, e as divisões do tempo serem designadas e medidas por todos estes astros.

Contemplamos por toda a parte o elemento da água, fecundo em peixes, em monstros marinhos e em aves[94], pois a densidade do ar, que sustenta o voo dos pássaros, cresce com a exalação das águas.

Vemos a face da terra embelezar-se com animais terrestres. Vemos o homem, criado à vossa imagem e semelhança, constituído em dignidade acima de todos os viventes irracionais, por causa de vossa mesma imagem e semelhança, isto é, por virtude da razão e da inteligência. E assim como na sua alma há uma parte que impera pela reflexão e outra que se submete para obedecer, assim também a mulher foi criada, quanto ao corpo, para o homem. Ela, possuindo sem dúvida uma alma de igual nature-

94. Porque na atmosfera há vapor de água, Santo Agostinho diz que as águas são fecundas em aves.

za racional e de igual inteligência, está, quanto ao sexo, dependente do sexo masculino, assim como o apetite, de que nasce o ato, se subordina à inteligência para conceber da razão a facilidade em ordem ao bom procedimento.

Estas são as coisas que contemplamos, as quais, tomadas de per si, são belas e em seu conjunto são ainda mais belas.

33. A matéria e a forma do universo

Enalteçam-vos as vossas obras, para que vos amemos! Que nós vos amemos, para que as vossas obras vos enalteçam! Elas têm princípio e fim no tempo, nascimento e morte, progresso e decadência, beleza e imperfeição. Portanto, todas elas têm sucessivamente manhã e tarde, ora oculta, ora manifestamente.

Foram feitas por Vós do nada, não porém da vossa substância ou de certa matéria pertencente a outrem ou anterior a Vós, mas de matéria *concriada*, isto é, criada por Vós ao mesmo tempo que elas, e que, sem nenhum intervalo de tempo, fizestes passar da informidade à forma.

É certo que a matéria do céu é diferente da da terra e a beleza de um difere da beleza da outra, pois a matéria do mundo Vós a tirastes do nada e a beleza do mundo, da matéria informe. Vós as criastes contudo, ao mesmo tempo, a matéria e a forma, porque entre a criação da matéria e a da forma não mediou nenhum espaço de tempo.

34. Simbolismo da criação

Meditei igualmente sobre as verdades espirituais que quisestes significar, quer pela ordem e sucessão de vossas obras, quer pela ordem com que quisestes que fossem referidas. Notei que as vossas obras, consideradas singularmente, são belas, e em seu conjunto são ainda mais belas.

No vosso verbo, no vosso Único Filho, criastes o céu e a terra, a cabeça e o corpo da Igreja, numa predestinação anterior a todos os tempos, sem manhã nem tarde. Logo, porém, começastes a executar no tempo o que tínheis predestinado, a fim de manifestardes os vossos planos misteriosos e coordenardes as nossas desordens, pois sobre nós pesavam os nossos pecados. Longe de Vós, precipitamo-nos na voragem das trevas. O vosso misericordioso Espírito pairava sobre nós, para vir em nosso auxílio, em tempo oportuno.

Justificastes os ímpios, separando-os dos pecadores, e confirmastes a importância da vossa Escritura entre as pessoas de autoridade que vos haviam de ser dóceis, e entre os súditos, que se haviam de sujeitar a elas. Congregastes numa só aspiração a sociedade dos infiéis[95], para que aparecessem os bons sentimentos dos fiéis e produzissem em vossa honra obras de misericórdia, distribuindo aos pobres igualmente os bens da terra para adquirirem os do céu.

Depois acendestes no firmamento alguns luzeiros, isto é, os vossos Santos, que têm palavras de vida e refulgem pela sublime autoridade conferida pelos dons espirituais. Para comunicardes a vossa Lei às nações idólatras, formastes de matéria visível os sacramentos, fizestes milagres visíveis e determinastes, em conformidade com o firmamento da vossa Escritura, as "palavras das vossas palavras", para que com elas fossem abençoados os fiéis. Em seguida, formastes no vigor da continência a *alma viva* dos cristãos por meio dos afetos ordenados.

Finalmente, renovastes, à vossa imagem e semelhança, a alma, somente a Vós submissa e que não precisa de nenhum exemplo de autoridade humana para imitar. Sujeitastes a atividade racional ao poder do entendimento, como a mulher ao homem. Quisestes que a todos os vossos ministros, necessários para aperfeiçoar nesta vida os cristãos, fossem prestados auxí-

95. O problema da convivência dos bons e dos maus, dos fiéis e dos infiéis, trata-o Santo Agostinho no livro *Cidade de Deus*. Esta resume-se na frase: "Dois Amores fizeram duas cidades: a terrena, fê-la o amor de si até ao desprezo de Deus; a celeste, fê-la o amor de Deus até ao desprezo de si" (*Cidade de Deus*, livro XIV, cap. 28).

lios pelos mesmos fiéis, nas necessidades temporais. Esta obra de caridade lhes será valiosa para o futuro.

Vemos todas estas coisas e todas elas são muito boas, porque as contemplais em nós, ó Deus, que nos concedestes o Espírito para as podermos ver e para nelas vos amarmos.

35. A paz

Ó Senhor meu Deus, concedei-nos a paz, pois tudo nos oferecestes; a paz tranquila, paz do sábado que não entardece. Com efeito, toda esta ordem formosíssima de seres excelentemente bons há de passar, depois de realizados os seus modos de existência. Fez-se neles *alvorada* e *tarde*[96].

36. O penhor da vida eterna

Ora o sétimo dia não tem crespúsculo. Não possui ocaso porque Vós o santificastes para permanecer eternamente. Aquele descanso com que repousastes no sétimo dia, após tantas obras excelentes e sumamente boas - as quais realizastes sem fadiga - significa-nos, pela palavra da vossa Escritura, que também nós depois dos nossos trabalhos, que são bons porque no-los concedestes, descansaremos em Vós, no sábado da Vida Eterna.

37. O repouso de Deus

Também então *repousareis* em nós, da mesma maneira que agora *operais* em nós. Este nosso repouso será vosso, por nós, como são vossas estas ações por nós.

---

96. O universo evoluirá até gastar as energias latentes. Depois virá a derrocada.

Senhor, Vós sempre estais ativo; sempre estais em repouso. Não vedes, não vos moveis, nem descansais, conforme o tempo. Porém, nos concedeis que vejamos no tempo, fazeis o próprio tempo e o nosso repouso, para além do tempo.

38. A ação de Deus em nós

Nós vemos todas estas vossas criaturas porque existem e têm ser. Mas porque Vós as vedes é que elas existem. Externamente, vemos que existem; e no nosso íntimo notamos que são boas. Vós, porém, as vistes feitas, onde julgastes que se deviam fazer.

Nós agora somos inclinados a praticar o bem, depois que nosso coração o concebeu, inspirado pelo vosso Espírito. Mas, ao princípio, desertando de Vós, éramos arrastados para o mal[97]. Contudo, Vós, meu Deus e único Bem, nunca deixastes de nos beneficiar. Com a vossa graça algumas obras realizamos; mas estas não são eternas. Depois de as termos praticado, esperamos repousar na vossa grande santificação. Vós sois o Bem que de nenhum bem precisa. Estais sempre em repouso, porque sois Vós mesmo o vosso descanso.

Quem dos homens poderá dar a outro homem a inteligência deste mistério? Que anjo a outro anjo? Que anjo ao homem? A Vós se peça, em Vós se procure, à vossa porta se bata. Deste modo sim, deste modo, se há de receber, se há de encontrar e se há de abrir a porta do mistério.

97. Alusão à sua vida de pecador e maniqueísta: desgarramento moral doutrinário.

EDITORA VOZES LTDA.
Rua Frei Luís, 100 – Centro – Cep 25689-900 – Petrópolis, RJ
Tel.: (24) 2233-9000 – E-mail: vendas@vozes.com.br